U0133895

〔英〕温斯顿·丘吉尔

二战回忆录

挽回非洲败局

〔英〕温斯顿·丘吉尔◎著

蔡　亮◎译

吉林出版集团股份有限公司 | 全国百佳图书出版单位

图书在版编目（CIP）数据

挽回非洲败局 /（英）温斯顿·丘吉尔著；蔡亮译
. -- 长春：吉林出版集团股份有限公司，2023.7
（二战回忆录）
ISBN 978-7-5581-7133-8

Ⅰ . ①挽… Ⅱ . ①温… ②蔡… Ⅲ . ①丘吉尔（
Churchill，Winston Leonard Spencer 1874–1965）—回忆
录②第二次世界大战—史料 Ⅳ . ① K835.167=5 ② K152

中国版本图书馆 CIP 数据核字（2022）第 005047 号

审图号：GS（2021）134 号

二战回忆录
WANHUI FEIZHOU BAIJU

挽回非洲败局

著　　者：〔英〕温斯顿·丘吉尔
译　　者：蔡　亮
出版策划：崔文辉
项目统筹：郝秋月
责任编辑：颜　明
出　　版：吉林出版集团股份有限公司（www.jlpg.cn）
　　　　　（长春市福祉大路 5788 号，邮政编码：130118）
发　　行：吉林出版集团译文图书经营有限公司
　　　　　（http: //shop34896900.taobao.com）
电　　话：总编办 0431-81629909　　营销部 0431-81629880/81629900
印　　刷：三河市兴国印务有限公司
开　　本：720mm × 1000mm　1/16
印　　张：38.25
字　　数：545 千字
版　　次：2023 年 7 月第 1 版
印　　次：2023 年 7 月第 1 次印刷
书　　号：ISBN 978-7-5581-7133-8
定　　价：98.00 元

印装错误请与承印厂联系　电话：0316-7151807

致　　谢

我应该再次感谢丹尼斯·凯利先生、伍德先生、迪金上校、艾伦海军准将、陆军中将亨利·博纳尔爵士、爱德华·马什爵士。我之前的各卷就是在他们的帮助下完成的。我也要感谢其他许多审阅过原稿并且提出了意见的人。

在本卷的写作中，伊斯梅勋爵和其他朋友继续给我提供帮助。

我能将某些官方文件的原文复制在本书中，有赖于英王陛下的同意，我在这里特别表示感谢。按法律规定，这类文件的王家版权属于英王陛下政府文书局局长。本书所刊载的某些电文，考虑到保密的因素，应英王陛下的要求，由我根据原来的意思加以了改动，但是并没有改变原来的含义。

我还要感谢美国海军预备队塞缪尔·埃里奥特·莫里森上校，他所写关于海军战斗的一些书籍，将美国舰队的战斗行动清晰地呈现了出来。

我还要感谢罗斯福财物保管理事会以及我的一些其他好友，前者同意了我在本书中引用总统的一些电报，后者同意发表他们的一些私人信件。

温斯顿·斯宾塞·丘吉尔

序　言①

　　对第二次世界大战的导火索，纳粹德国征服欧洲，英国顽强地孤军奋战，直至德国进攻苏联，以及苏联和美国因为日本猛攻而加入我们，我就我所掌握的信息通过《形势危急》《最荣耀的时刻》及《伟大的同盟》②各卷进行了叙述。

　　本卷的叙述开始于1942年1月17日我降落于普利茅斯时的情况。在1941年年末到1942年年初的那段时间，在双方海军顾问的支持下，我和罗斯福总统在华盛顿宣布成立了伟大的同盟，同时对未来战争的主要战略做了安排。现在，我们需要面对的是日本的猛烈攻击。

　　由于我是英国首相，同时又是肩负军事上特殊责任的国防大臣，我也是站在这两个身份的立场上来写本书的，我有必要重申这一点。我复制了我相关的电报、指令和备忘录，而它们在我当时起草的时候又意义和关系重大，此刻我也写不出表述这些材料的更好词句了。在事情当头的时候，我通过口授让秘书写成了这些文件。我希望自己做出判断时能以这些文件为依据，因为它们是我的手笔。但我必须把对事情的评判权交给历史学家，他们在时机成熟时自然会公布判断，在事情水落石出之后做一个事后的

---

①　本册及上册《日本的猛攻》在英文原版中同属一卷。——译注

②　英文版原卷名。——译注

智者太容易了。

在这一卷所涉及的时间里，我们不再面临接连不断的灾难，转而不断地获得胜利。我们在最开始的六个月当中什么事情都不顺利，但在最后的六个月当中又诸事皆顺。同时，这种让人喜闻乐见的转变一直持续到战争的结束。

温斯顿·斯宾塞·丘吉尔
写在肯特郡威斯特汉的恰特威尔庄园
1951 年 1 月 1 日

目　录

伟大的同盟的力量在不断增大。

第一章　第八集团军身陷绝境

奥金莱克和图卜鲁格的防御——危险形势下的电报往来——克洛普将军的任务——隆美尔的进攻——令人绝望的形势——混乱与投降——敌人夺取的大量战利品——敌人的计划完全被打乱——马耳他不再是他们的目标——里奇将军的精神——第八集团军撤退——中东防务委员会 6 月 21 日提出的意见——于 6 月 22 日致电奥金莱克将军——隆美尔乘胜追击——奥金莱克亲自指挥——新西兰师的非凡行动——空军给予全力支援——将在尼罗河三角洲反抗敌军——奥金莱克一意孤行——史默兹将军和图卜鲁格的投降——我于 7 月 11 日写信给弗雷泽先生和柯廷先生——隆美尔暂停进军——第八集团军克服了困难

2 月时，奥金莱克将军曾经下令说，图卜鲁格是重要的供应基地。但是现在，图卜鲁格的防御工作做得不是很好：工事中的很多地雷被挖了出来，用在其他地方；为了让车辆通行，在铁丝网上剪开了许多缺口；泥沙掩埋了很多反坦克壕沟——这些问题导致部分区域已经失去了防御功能，尤其是东部的情况很不好。另外，那里还堆积着大量没有撤出来的弹药、汽油和其他军需用品。坚固的防御只存在于环形阵地的西部和西南部。出现这种情况是因为奥金莱克同时下了这样的指示："这个城市如果被敌人包围了，我军就不应继续坚守该地。一旦无法避免这种情况，在撤出这里之前就需要摧毁它。"

里奇将军向奥金莱克提议：将图卜鲁格西面的防线接入向东南延长到艾德姆的总防线，同时联合在总防线南部地区活动的机动部队，防止敌人的包围。他同时说明，这样做可能会让敌人短期内包围图卜鲁格，但如果不采取这个策略，唯一的办法就只有撤掉全部的防御力量。一开始奥金莱克不赞成这个提议。6月14日，他给里奇发电报说："绝不能让敌人包围图卜鲁格，必须守住它。我的意思是，第八集团军必须守住阿科鲁马到艾德姆的战线及这条战线的南面地区。"过了一会儿，他又打电报强调说："调动兵力时，要把图卜鲁格和其他险要据点的防御为中心，切记绝不能让敌人把第八集团军围困在图卜鲁格。"

这两位司令官竟然计划从图卜鲁格撤退，这是在国内的我们完全没有想到的。内阁的想法毋庸置疑：就算敌人击退第八集团军，我们也要利用图卜鲁格牵制住敌人——就像去年一样。前卷书中谈到，6月14日——在我准备去华盛顿之前，为了证明奥金莱克确实也有这种想法，我给他发电报说：

> 我想，你无论如何都不会放弃图卜鲁格。

第二天，奥金莱克回复说，他根本没想过放弃图卜鲁格，他只是不希望敌人将他们困在图卜鲁格——他给里奇将军下达的命令旨意也在于此。因认为这个答复意思不明，我们便更明确地向其说明："战时内阁认为你的电报的意思是，里奇将军在必要的时候会调配所需的足够兵力，保护图卜鲁格。"

奥金莱克于6月16日回复了上述电报：

> 正如战时内阁所理解的，里奇将军正在调配他认为所需的兵力到

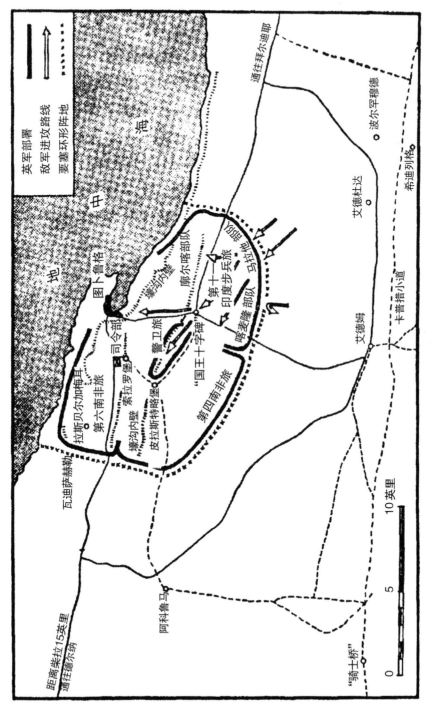

图卜鲁格被占领

该地驻守，哪怕那里最后成为孤岛，他也要守下去。

他同时给里奇将军发去了如下一封电报：

> 我曾向你表明绝不让敌人包围图卜鲁格，但是我现在意识到，那里的守军在我们反攻前暂时可能会孤立无援。

如果早知道这封电报，我当时肯定不满意。

*   *   *

弹药和物资足以满足守军三个月的需要，被指派防守图卜鲁格这个要塞的第二南非师师长科罗普将军相信，该要塞对整个计划的作用不会受到影响。在计划中，第八集团军要守住环形阵地外的艾德姆和波尔罕穆德这两个坚固的据点。该要塞的守军情况是这样的：步兵旅四个（十四个营）；坦克旅一个，由六十一辆步兵坦克组成；野战炮五门；另有中型炮炮兵团和大概七十门反坦克炮；[①]后勤和运输人员大概一万名，集中在港口和基地设施附近。

一年前图卜鲁格第一次被包围时的守军兵力，差不多就是现在环形阵地内的总兵力，即大约三万五千人。从附上的第一张地图可以看到防御的部署情况。

*   *   *

6月16日，歇息了仅仅两天的隆美尔重新发动一波迅猛的攻势，攻占了艾德姆、波尔罕穆德和阿科鲁马。6月17日，我们在希迪列格的第四装

---

① 图卜鲁格的战斗序列：第二南非师师部，第四和第六南非步兵旅，来自第一南非师的两个南非混合营，第七南非侦察营（装甲车），第十一印度步兵旅，第二百零一警卫旅，第三十二陆军坦克旅中的第四营和第七营，第二和第三南非野战炮炮兵团，第二十五野战炮炮兵团，第六十七和六十八中型炮炮兵团。——原注

甲旅被他击溃到只剩下二十辆坦克。两天后，敌人包围了图卜鲁格，那里的守军在增援坦克赶到之前只能孤军作战，得不到任何外部支援。6月20日早上六点，由第十一印度步兵旅驻守的图卜鲁格环形阵地东南地区，被敌人的大炮和俯冲轰炸机凶猛地轮番轰炸。这时，我们布置在图卜鲁格外面的装甲部队已经全军覆没，因此半个小时后，隆美尔决定投入德军全部兵力进行攻击，他的兵力包括：冲锋在前的第二十一装甲师及作为辅助的第十五装甲师，另外还有意大利装甲师和一个摩托化步兵师。进攻开始不久，敌人就击破了由印度旅中的一个营据守的防御最薄弱的地方，并由此深入。我们根本无法用战斗机掩护我们的部队，因为空军撤到了非常远的飞机场。

科罗普将军组织了一次急匆匆的反攻，但失败了。原因是由于组织仓促，进行反攻的两支力量——他的坦克部队和部分康斯特瑞姆警备队没有达成时间上的统一。

在一个叫作"国王十字碑"的公路交叉点的东南处有一片锅形宽阔地带，那里，被德军击退的英国坦克余部正联合剩余的印度步兵拼死抵抗敌人，结果也失败了。正午时分，我们的坦克所剩无几，支援炮台也被敌军占领了。之后，敌人主力部队向"国王十字碑"挺进，坦克部队则分别向向西向北两个方向前进。下午两点，隆美尔一到达那里便派出部分兵力直攻图卜鲁格。在被我军大炮重创的情况下，这部分兵力仍于下午三点三十分攻到了索拉罗山脊，下午六点他们便抵达图卜鲁格近郊。隆美尔的另一部兵力被派到"国王十字碑"正西方，试图走山路向皮拉斯特略前进。我们没有料到他们会走这个方向，因此，驻守在那里的警卫旅没有做好准备，匆促之中打了一仗。

警卫旅有了炮兵的大力援助，和敌人从下午战斗到了晚上，虽然损失惨重——有些地方被敌人夺去，旅部营地也失陷了——但敌人在傍晚时已无法前进。阵地呈环形的西线和南线还未受丝毫损失，廓尔喀部队正在保卫最左面的防线。不过，形势依然危急：敌人已经攻陷了图卜鲁格大部分地区；他们还紧盯着我们的后备部队，致使后者无法脱身。部分基地设施守不住了，我们只能下令将其摧毁。比如图卜鲁格市内的一些后备交通工具，虽然十分有必要把它们留给剩余守军，以便他们撤退时使用，但也被我们禁用并准备加以破坏。

*　　*　　*

6月20日晚上八点，第八集团军司令部收到科罗普将军的报告："环形阵地上的步兵正在奋力抵抗围困了我的司令部的敌军，我也正在作战，但不知道能坚持到何时。请求予以指示。"第八集团司令部回复他："明天晚上能冲出包围最好不过，不行的话就今晚。"然后，科罗普召开了高级军官会议，征求众人意见。他得到了两种不同意见：一部分人认为，由于敌人已经夺走了弹药等主要物资，继续作战只会使伤亡更惨重，没有任何意义，因此应让所有有能力的部队突围出去；另一部分人则支持继续作战，让所有力量集中在环形阵地的西南角抵抗敌人，他们的理由有二：一是在我军撤退时必不可少的交通工具已落入敌手，二是一支救援纵队很可能从南面赶来。月亮隐去的凌晨二点，从布雷区突围出来的可能性变成了零。在同里奇将军的无线电话会议中，科罗普将军说："现在是任人宰割的形势。"虽然前方还在奋战中，但继续战斗只会带来毁灭性的伤亡。里奇将军跟他说："每一天乃至每一个小时的战斗对我们的整体抗战来说都意义重大。不过，由于我不清楚前方的战况，所以还是得由你来决定是否投降……你们的英勇，整个第八集团军一直看在眼里。"

*　　*　　*

科罗普将军在21日黎明提出投降，德国军官接受了投降请求，并于早上七点四十五分抵达科罗普的司令部。德国档案显示，我们当时被俘人数是三万三千。这一投降命令对很多人来说都是难以接受的，其中有一些部队几乎尚未参加过战斗，他们对此感到沮丧，有的甚至还不相信这是真的。那些指挥官更难以接受投降了，科罗普只能亲自向他们传达这一命令。纵然如此，当时也有人不顾投降命令，试图突围，但几乎没有成功的。企图突围的几个小股部队中，只有人数较多的一支队伍获得了成功，这支英勇的部队就是由一百九十九名英国官兵和一百八十八名南非士兵组成的康斯特瑞姆警备队。他们首先找来了一些卡车，然后冲出环形阵地，最后从一片宽阔的地带突出重围。他们到达七十英里外的埃及国境线时，已是黑夜。

守军本抱着会有救援部队到来的希望，但希望破灭了。在南方沙漠中进行休整的第七装甲师于 20 日受命派出了一支部队前去救援，但他们还未出发便已经晚了，或者说隆美尔的速度实在是太快了。

＊　　　＊　　　＊

德国人从我军夺获的物资非常多。下面是后来成了隆美尔参谋长的将军的一封报告：

> 战利品可谓大丰收：一万多立方米的汽油以及三万人用三个月也绰绰有余的其他物资，这正好弥补了我军的不足——1942 年 4 月由海上运来的唯一一次送到我们手上的物资，只能供应一个月，根本不够我军未来几个月的使用。如今，各个装甲师的粮食及服装都无需担忧了。[①]

轴心国原本计划在攻下图卜鲁格后，让隆美尔暂时驻扎在埃及的国境线上，然后伺机派出空运部队和海运部队攻夺马耳他。事实上，墨索里尼在 6 月 21 日时还重申这一计划。如今，眼见攻占图卜鲁格如此顺利，他们的计划改变了。隆美尔在 22 日的报告中称，他的军队士气正盛，而英国士兵士气不佳，且如今他的军队拥有大量军资用品，所有这些优势都利于他们向埃及的中心挺进，他因此提议全部歼灭残留在国境线上的英国部

[①] 见韦斯特法尔《被束缚的军队》，第 180 页。韦斯特法尔的报告中关于所缴获的汽油的数据并不准确，在图卜鲁格陷落之前，当地储存的大量汽油已被破坏了。——原注

队，打通前往埃及的道路。希特勒接受了隆美尔的提议，并给墨索里尼写信，试图强迫他批准行动。

在战场上，这样的机会就出现一次，现在命运把这个机会给了我们……第八集团军已然覆灭。由于图卜鲁格的港口设施基本保持原样，这就等于我们多了一个辅助基地。另外，英国修建的那条通往埃及的铁路也具有重大作用。上一次战争中，英国军队在陷入绝境时也几乎进抵的黎波里，他们中途停下来是为了另派兵到希腊。这次若想避免同样的情况，我们必须消灭英国第八集团军的余部。领袖，若不乘胜追赶，战争女神给我们的这唯一的机会便失去了。[①]

所谓"领袖"，自然不需别人说服他。雄心勃勃要征服埃及的他决定推迟到9月份再进攻马耳他，同时，派隆美尔占领阿拉曼和卡达拉盆地之间的那条窄道。未来，隆美尔（他被升为了陆军元帅，这是意大利人没想到的）将带领部队从这条窄道出发，其目的是占领苏伊士运河。不过，凯塞林却认为，除非占领了马耳他，否则轴心国难以在沙漠中稳固下来。他不赞成改变计划，并向隆美尔表示了对这种"有勇无谋的冒险"的担忧。

*　　　*　　　*

希特勒不相信，这支意大利军队作为远征主力有攻陷马耳他的能力，认为他们若是进攻，八成会失败。图卜鲁格被攻陷虽说令人难以置信且痛心疾首，但是如今看来，正是因为它的陷落，这个岛才免遭了一次严峻的考验。对于这种事情，只要是真正的军人——不管他有没有参加过这次战斗，都会感到不好受。该承担这个责任的不是科罗普将军或者其部下，而应该是最高统帅部。

---

① 引用《最高统帅》第277页，作者喀瓦罗洛。——原注

里奇将军确实既有参谋能力，又兼备军官素质，但是，将他从奥金莱克的副参谋长职位升格到第八集团军司令官这一安排并不是很妥当，因为这两个职位有所不同，应该明确分工。指挥官在激烈战争中必须有自主发挥的权力，而里奇将军受其和奥金莱克之间私人关系的影响，失去了自主发挥的自由。此外，他和奥金莱克在职位上分工不明，使得兵力调配出现了问题，结果导致这场战斗成了英国军事的黑暗历史。那时候我们的指挥官们已经在图卜鲁格被敌人俘虏，我们也无法判定这件事情。现在所有人都知道了，那事情的真相就不应再含糊下去了。

*　　*　　*

这时，第八集团军的余部已经撤退到国境线的后方。开罗的中东防务委员会在 6 月 21 日的电报中说出他们还能想到的两个方法：

一是在装甲部队不足的情况下，冒着失去防御国境线的所有步兵兵力的风险，和敌人在国境线的防御工事里战斗；二是为了争取整合、组建一支有攻击能力的战斗部队，需要将第八集团军的主力撤退到马特鲁港的防御阵地，同时在国境线上用高机动部队牵制住敌人，再让我们的空军从中辅助……我们决定用第二种方法。

我在华盛顿发出如下电报，表达我对此决定的不满：

首相致奥金莱克将军　　　　　　　　　　　　　1942 年 6 月 22 日

1. 鉴于敌军面临极大压力，且我们强大的援军正在赶过去，我非常希望你们能在塞卢姆国境线上继续抗战，帝国总参谋长蒂尔也是这么想的。因结果事关重大，具有决定意义，请再坚持七天。我们想争取在本月底前调遣新西兰师，但具体日期还未确定。现在，即将赶到的是第八装甲师和第四十四师。史默兹将军建议，你在北方的敌军威

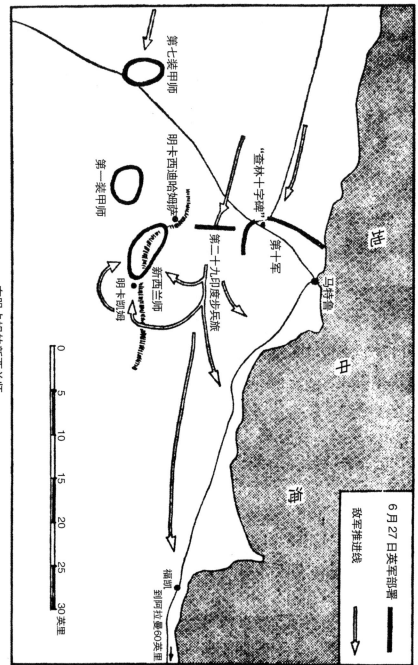

在明卡姆的新西兰师

第七装甲师

"查林十字碑"

第十军

明卡西迪哈姆萨

第二十九印度步兵旅

第一装甲师

新西兰师

明卡凯姆

马特鲁

地　中　海

福凯
到阿拉曼60英里

0
5
10
15
20
25
30英里

6月27日英军部署

敌军推进线

胁减弱时可以抽调第九集团军和第十集团军的人员。对此，我们是赞成的。如此一来，现驻于苏伊士运河以东的三个师都可以供你调遣，你可以在人员调整方面有大动作。

2. 从你报告的情况看来，我们这十八个月来所做的都白费了，现在等于是回到了十八个月前，所有工作必须重新开展。虽然处境让人进退两难，但我认为守住尼罗河三角洲也不是不可能。我的希望是：我们的士兵不会因敌人对我们的打击而产生任何错觉。我相信我们一定能够挽回局势，这么说是因为我深知你意志坚定、敢于冒险，并做好了长期作战的准备；此外，我们的援军大部队也即将到达。

3. 华盛顿这边，总统已经了解这里的情况，他以及美国其他高级官员都愿意最大力度地帮助我们。他让我转告你：7月5日左右，曾在加利福尼亚受过沙漠作战训练的美国第二装甲师将会出发前往苏伊士地区，到你那里应该是8月。因此，你可以改变原计划，即无需遣送印度师和第二百八十八印度装甲旅回印度。参谋长已在电报中说明相关情况，在此要补充的是：我们正通过其他方法，将原计划派到印度的飞机转送到利比亚战场……

4. 你现在最该做的是鼓舞士气，带领他们全力以赴战斗，充分发挥每个人的作用应对危机；而不是被隆美尔那点装甲部队力量吓着，做出什么反常决定。只要你尽最大力量进行勇猛的防御，英王陛下政府一定予以支持。

奥金莱克坚持他的意见。

＊　　　＊　　　＊

迅速展开追击的隆美尔在6月24日穿过国境线，虽然中途遭到了我们的阻击，但是最终进抵埃及。阻击他们的，是我们的轻机动纵队和皇家空军的战斗机中队——这支卓越的战斗机中队曾掩护第八集团军撤退到马特鲁。第八集团军在那里的阵地防守薄弱：城市周围虽然建立了一个有组织的防御网，但它的南边只有几道不连贯的布雷区，且防守兵力薄弱。我们要想守住马特鲁防线，就必须派一支精锐装甲部队驻守在它的南边——就像在已放弃的国境线阵地驻守时所做的那样。我们派出了第七装甲师，这个师当时有近一百辆坦克，但它也没能完成这个防守任务。

我早在 5 月就曾提议奥金莱克将军替换里奇将军指挥第八集团军，他当时就该听取我的意见。最终，他在 6 月 25 日到达马特鲁后才这么做。

首相致奥金莱克将军　　　　　　　　　　　　1942 年 6 月 28 日

你已接掌第八集团指挥权，我深感欣慰。请不要顾虑其他，全心全意作战，无论何时何地都坚持和敌人拼命到底。记住，当前至关重要的就是摧毁敌军的武装部队和装甲部队。我们正在派遣有力的援军，他们将陆续到达，相信你最后一定会获胜。

根本不可能在马特鲁立稳脚跟——在迅速得出此结论后，奥金莱克将军便做好准备，意图攻占在马特鲁后方一百二十英里的阿拉曼阵地。他的部署如下：命令第十军会同第十印度步兵师及英国第五十步兵师，共同据守在马特鲁防线；另外，命令受第十三军指挥的第二十九印度步兵旅和新西兰师扼守在马特鲁南面防守该地区的布雷区之间的一个六英里宽的缺口；命令第一装甲师和第七装甲师在沙漠侧翼防守。他想要阻止敌人前进，哪怕是暂时的。

于 6 月 21 日从叙利亚出发前往马特鲁的新西兰师，直到 26 日才加入战斗，在明卡姆附近的山脊上作战。也就是这天晚上，第二十九印度步兵旅失守了，敌军突破他们布雷不足的阵地后，汹涌而入，去到新西兰军的后方，展开了三面夹击。经过一整日的殊死搏斗后，新西兰师的覆灭似乎已无法避免。在弗赖伯格将军受重伤后，英勇的英格利斯准将接替了他并决定在午夜过后突围。是夜，第四新西兰旅各营队分开行动。他们拿上配着刺刀的枪支，在田野中安全无恙向东前进了一千码才遇到敌人。炮火一响，原本分头前进的各营队便集合成横队，冲向敌人。在这场月光刀影的激战中，始料未及的德国人被打败了。与此同时，新西兰师的其他部队则迂回向南。对于这段情节，隆美尔是这么描述的：

> 我的战地司令部也卷入了这场激烈的战斗中……两军的炮火你往我来，激烈到了一种疯狂的地步，令人震惊。我司令部周围的车辆随后都燃烧起来，这就更使得敌人将炮火对准了我们，对我们进行持续性的近距离炮火攻击。不久之后，我也觉得吃力了，于是命令我的部队和司令部人员向东南撤退。真是无法想象那一天晚上的疯狂。[①]

新西兰师就是这么突围出来的。他们随后在八十英里以外的阿拉曼阵地附近集合，并表现出足够强的纪律性以及昂扬的斗志，也因此马上便被派去巩固阿拉曼防线。

首相致弗赖伯格将军　　　　　　　　　　　　　1942 年 7 月 4 日

对你的负伤表示慰问，对你所获得的新荣誉表示高兴，对你所做的一切深为感动。希望你能够尽快康复，回到你的岗位上继续指挥你那英勇的部队。衷心地祝愿你以及你的部队。

* * *

在马特鲁周围的第十军的两个师，在克服重重困难后也到达了安全地带。他们在 6 月 27 日向南迎击突破防线的敌人，但遭到了敌人猛烈的反击，最终未能阻止他们前进。受敌人进攻的影响，沿海道路也不能走了，第十

———————

① 引自《隆美尔》第 269 页，作者德斯蒙德·扬。——原注

军最后只能向东撤退。他们一路抗击敌人，在最后关头又被敌军一支部队挡住去路，只能改向南突击。不过，他们最后还是成功穿过沙漠，到达了阿拉曼。第三十军也是撤到了阿拉曼，不过到达时间比第十军早得多。两军会师后的 6 月 30 日，他们的部队有的被派到了新战线上，有的被派到了战线的后方。这一遭下来，士兵们的情绪倒也称不上萎靡，确切地说应该是被吓到了。

＊　　　＊　　　＊

凯西在这场动乱中非常主动地给予了强有力的支持。我希望他在后方，驻焦躁的开罗把握局势。

首相致国务大臣　　　　　　　　　　　　　　1942 年 6 月 30 日

在如此紧要的形势下，我们做了我一直以来都主张的指挥官人事变动。在这种情况下，你的作用事关重要。我认为有必要让你清楚这一点。你应该竭力帮助前方的奥金莱克将军，充分动员后方力量，使每一个穿军装的人都时刻做好战斗的准备，就如在肯特郡和苏塞克斯郡被侵犯时我们所做的一样。你应该命令部队做好这些准备：反坦克小组务必配备黏性炸弹和炮弹，誓死守住所有防御地区以及每一座牢固的建筑物，力求所有据点都成为胜利的据点，尽可能把敌人挡在最远处。记住：哪怕做出最大的牺牲，也要守住埃及，绝不能为了保命而全军撤退。

第八集团军若得不到强大的空军支援，不可能有秩序地摆脱敌人。这一点，我是清楚的。前方机场上，我们的空军源源不断起飞，加入战斗，他们一直坚持到敌人完全越过那些机场。现在，他们正从基地安全性较高的埃及飞过来，阻止敌人前进。

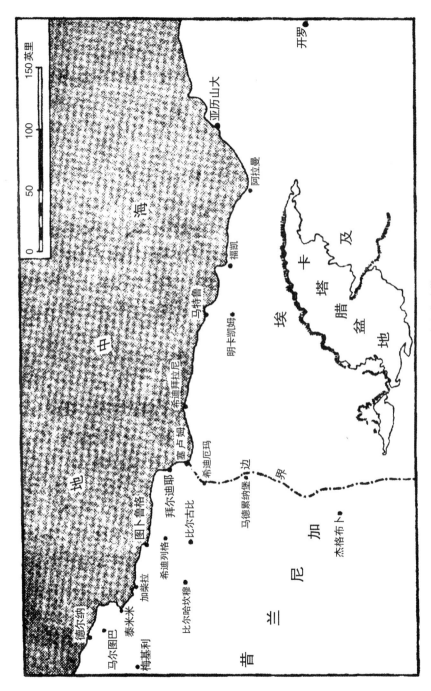

位于西面的沙漠地带

首相致空军上将特德　　　　　　　　　　　　　　1942 年 7 月 4 日

　　当下，皇家空军正在埃及战场上奋战，力争胜利；在当前的保卫尼罗河之战中，你的部队是重要的主力军。在国内的我们密切注视着那里的情况，有关情报也正在传回来。显然，不列颠战役在远离本土的地方重演了[①]。我们坚信你无论如何都会带领你英勇的部下坚持作战。

* * *

　　对于我们驻阿拉曼防线的部队来说，起自阿拉曼车站，向南延伸三十五英里到无法穿越的卡达拉盆地的这一条防线，不得不说非常长。我们在这条防线上做了很多准备，但已完成的工事都是互不关联的，位于阿拉曼附近的堡垒也只是半永久性的而已。好在的是，战线两边的防御工事还算牢固，且援军也已赶到，给第八集团军注入了更多的力量。打了那一场完美的胜仗的新西兰师仍保持很强的纪律性，而即将到达那里的第九澳大利亚师则声威显赫。第八集团军的调整在很短的时间内就完成了，这是因为交通线距离亚历山大港只有四十英里。

　　奥金莱克在率领第八集团军进行重要战斗的时候，还能同时防备叙利亚和波斯暗藏的危险，这让他像一位足智多谋的指挥官。现在看起来他有些不同了。为了取得战略先手，他在 7 月 2 日组织了一波持续到 7 月中旬的反击，使得隆美尔的优势也受到了威胁，几乎把他拉到和我们一样的水平线上。与此同时，我在讨论不信任决议案的当天早上，发了一份电报鼓励他。

首相致奥金莱克将军　　　　　　　　　　　　　　1942 年 7 月 4 日

　　我非常高兴看到这样的事态进展，我相信在幸运到来的时候，你会如你所言"毫不客气"地争取站在敌人的头上。

　　[①]　1940 年 8 月至 10 月，英国和德国在英国国境空域范围内进行的空战被称为不列颠战役。——译注

*　　*　　*

发生了一件让史默兹将军遭受政治、军事双重打击的始料未及的事情：在图卜鲁格由南非指挥官率领的南非师投降了。

首相致史默兹将军　　　　　　　　　　　　　　　1942 年 7 月 4 日

1.美国下院那些缺乏信心的同僚让我心情沮丧，以致我上周回来后，直到现在才想到和你说：我非常惋惜损失惨重的南非师，同时又对你的坚韧表示十分的钦佩——在那样的情况下，你还能以精神导师的身份去教导南非人坚强面对这样的打击。

2.过去三周内发生的悲剧，我就不跟你讨论了，因为我们共事已久，彼此思想相通。我想说的是，我非常希望挽回局势。罗斯福总统送给我们三百辆最新式"谢尔曼"——它们无疑比"格兰特"更有威力和用作反坦克武器的一百门一百零五毫米的自动榴弹炮以及大约一百架"解放者"飞机。除了"解放者"是在 7 月份运到，其他预计都是 9 月可运达埃及。从英格兰运送过来的两个重型"哈利法克斯"轰炸机中队预计可在十天内投入使用。同时，从塔克拉迪中转、运往埃及的六十架美国战斗机，此刻正飞越大西洋。以上提到的就是我们获得的额外空军支援，除这些志愿军以及我们的正规空军之外，我们还有的力量包括：配备有三百五十辆坦克，且大多数是"瓦伦丁"式的第八装甲师——你可能也已得知他们正在登陆、于 7 月 23 日登陆的英国第四十四步兵师以及登陆日期晚该师一个月的第五十一师。现在，阿拉曼的战斗将决定以上所有兵力能不能发挥全部的战斗力。

史默兹将军坦然面对命运之神的变化无常，这是因为他最清楚：

如何面对成功与危机这两个骗子，如何巧妙地以其人之道还治其人之身。

史默兹将军致首相   1942 年 7 月 7 日

　　昨天是我近期最高兴的日子，因为从中东传来了阿拉曼的情况马上会有变化这个令人振奋的电报信息。假设我们的反攻继续由奥金莱克负责指挥，那我们不但可以一雪图卜鲁格之仇，还能一直前进到的黎波里解救埃及和马耳他。这么想来，我觉得隆美尔有些太靠前了。你谈到的援兵将大大有助于我们实现这一伟大的计划，此外，他们也可以在保卫埃及安全的同时，建立起一个在未来可以反攻轴心国弱点的基地，由此还可能改变当前局势。比如，我相信这样做可以在很大程度上阻止德国人通过叙利亚到达伊拉克油田的企图。鉴于以上所述，我积极主张再接再厉，争取最大胜利。想到隆美尔的急功近利，我认为我们现在离胜利不远了。

　　在远距离撤离时，奥金莱克的运输工具损失惨重。如今在他前进路上的输油管和铁路势必又会遭到敌人严重的摧毁，且敌人自己的援军又即将到达。所以说，他这一路可谓困难重重。但不管怎样，我们空军的优势还在，它们疯狂轰炸敌人港口和交通线总会有意义。

　　为了我们能够掌控战争中的核心方针问题，我建议你多想想如何巧妙地引导华盛顿卷入战争，毕竟我们进行最后反击的最大后盾就是美国。你那些信心不足、只顾国内的同僚们，我希望能有办法让他们知道，现在对战争最重要的做法就是联系罗斯福——我认为，这和你在帝国战争中在做出的贡献同样重要。

＊　　　＊　　　＊

首相致弗雷泽先生和卡廷先生①   1942 年 7 月 11 日

　　西部沙漠战略要地的新西兰师再创辉煌，这都有赖于你同意留在

---

　　① 我在给卡廷先生的私人电报上说，我对他能让第九澳大利亚师加入西部沙漠战略要地的战役表示由衷的感谢。——原注

中东的那一师所取得的成果。目前，那场无法预测其将会使我们陷入何种境地的灾难终于暂时被遏止住了。这场灾难曾将我们从加柴拉赶到阿拉曼，曾使我们不得不放弃图卜鲁格，曾让我们损失了五万人。现在，得到援军支持的奥金莱克将军的兵力已达到了十万人，如果加上三角洲上的两万人，他的兵力就是隆美尔的两倍多。他的大炮也不逊色于敌方，不过装甲部队力量稍微弱些。考虑到两种情况：一是，隆美尔部队后方只有沙漠，奥金莱克如果被打败，形势要比隆美尔败退更严峻；二是，和敌人的援军相比，正前往支持奥金莱克将军的援军力量较小，奥金莱克将军仍须谨慎行事。

幸亏我于四个月前就用罗斯福总统援助的一批船运送了另外四万人到东方去，我们决定等他们绕过好望角后再决定其目的地。如今，这场出乎人意料的战争证明了这批援军的必要性。当然，这得首先感谢罗斯福，若没有他的帮助，我们根本不可能运送出这批援军。

我在华盛顿时，总统曾援助我们三百辆最新、最好的"谢尔曼"式坦克，它们原本属于美国陆军，而当时美国陆军也急需使用这些坦克。总统不仅派专门的运输船队直接将它们运往苏伊士，还随船运出了一百门一百零五毫米的自动榴弹炮——它们的性能无疑比八十八毫米的好得多——以及很多美国有关人员，所有这些都在将在9月初到达。我们现有的兵力——不算第八装甲师的话，除了正在前方作战的两个装甲旅和一个陆军坦克旅以外，还有尼罗河三角洲正的四个装甲旅在等待重新装备。这些人中有大概一半人员受过沙漠坦克作战训练。也就是说，我们训练有素的装甲师是中东，甚至可以说是世界范围内都未曾有的、最强大的一支部队，我希望能够如我们所愿——尽早决定让他们上战场的日期。考虑到敌军可能会从北方攻入埃及，从而威胁到我们——虽然我还没有如此断言，我觉得，越早做决定越好。

在图卜鲁格之战打响的第二天，总统便答应增援我们的空军力量。

我认为，这支增援力量同样具有重大意义。你也知道，由于技术问题或者军事因素阻挠，我们一直未能向中东战场提供他们屡次要求的重轰炸机。现在，总统向埃及战场增援了六十五架"解放者"轰炸机，其中二十架刚完成轰炸罗马尼亚油田的任务，正飞往印度；十架已经抵达印度；另外三十五架已从美国起飞。这些飞机加上我们自己的"解放者"飞机一共有八十五架，如果再算上我们那两个"哈利法克斯"轰炸机中队的力量，则一共有一百二十七架重轰炸机。所有这些飞机在本月内都将飞到战场，它们是我们用以攻打图卜鲁格和班加西，阻止隆美尔增援的主力军；袭击通过海道侵入埃及的敌人的这一任务，还是要交给一支战斗舰队。

关于为了向马耳他运送食粮而要做的许多准备工作，我在此就不细说了，因为这涉及重要的军事计划，我相信你是了解的。可以补充的是，我们已准备了大批军力在尼罗河三角洲，因此，哪怕沙漠战役失利，我们也不用担心，他们都已受命参加埃及的保卫战，就像英格兰被侵犯时来保卫英格兰一样。我们的装甲部队虽然很强大，但由于一直以来都被当作耕种用地的尼罗河三角洲地区并不适合装甲车辆行进，因此前者就无法好好发挥其优势。我们誓死作战到底，保卫每一寸土地，不允许任何人提议撤退。当然，我也说过我相信我军绝不会撤退。

这段时间很难熬，不过，下院亦如他们曾在反对拿破仑的斗争中表现得那样坚强，这让我更加有信心；同时，你国政府和人民的友好给了我莫大鼓舞；因此我坚信胜利的一方必定是我们——我从来没有如此坚定过。但是我们也不能有丝毫懈怠，毕竟斗争的道路还很漫长。

* * *

隆美尔的确最大化地发挥了其部队的交通运输功能，不过他的士兵力量也因此消耗殆尽，能上战场的坦克只有十二辆。英国的空军也再次占据上风，战斗机方面尤其具有显著优势。隆美尔已暂时转攻为守，整顿军队，休养补充体力。他在 7 月 4 日向上级报告了这一情况，不过同时说明他仍有信心攻下埃及，墨索里尼和希特勒也仍相信他。事实上，在没有征询意大利方面和他自己海军统帅意见的情况下，德国元首已决定在完全攻下埃及后再进攻马耳他。

7 月的头两个星期，隆美尔几乎无力应对奥金莱克猛烈的反攻。他在 7 月 15 日到 7 月 20 日试图打破英国的围攻而不得后，在 21 日向上面汇报说仍然处在困境中。26 日，他打算撤到国境线。他是有怨言的：军力补充太少，无论是士兵还是坦克、大炮都严重不足，而且英国的空军活动还非常频繁。在 8 月到来之前，敌我双方就处在势均力敌、互相制衡的状态中。第八集团军在奥金莱克将军的指挥下突破了困境，在与敌人的奋战中他们还俘虏了七千名敌兵。埃及如今安全了。

第二章 "火炬"作战计划

协同美国制订战斗计划的决定——我在 7 月 8 日发电报给罗斯福总统——司令官的人选——我们提议将横渡英吉利海峡的攻击任务交给马歇尔将军——解释密码代号——我将"朱庇特"计划交给加拿大陆军麦克诺顿将军研究——罗斯福总统回复密码代号问题的电报——我在 7 月 14 日将我的主要想法用电报发给罗斯福总统——气氛紧张的华盛顿——我们将和总统派来的重要顾问进行磋商——蒂尔详细记录关于华盛顿的情况——代表团抵达——总统在 7 月 16 日作出的重要文件——"总司令富兰克林·罗斯福"——三军参谋长于 7 月 18 日在契克斯的会议——7 月 20 日我在会议上的发言记录——会议在 7 月 22 日继续进行——"体育家"计划改名为"火炬"作战计划①——我对这些决定感到非常欣喜——总统表示满意——蒂尔在 7 月 30 日的来电——我对选择司令官的问题向总统提议——我开启旅程

① 简单说明下本章中的密码代号：

杂技大师：向的黎波里达尼亚进军；

波莱罗：大举攻入法国境内各种准备工作，是后来的"霸王"作战计划的基础；

体育家：在西北非登陆，后改为"火炬"；

朱庇特：在挪威北部的战役；

围歼：进攻德军在欧洲已占领的地区，后改为"霸王"；

痛击：在 1942 年袭击布雷斯特或瑟堡。——原注整个7月，我看不到这场战役有胜利的可能，政治方面我的立场也举步维艰。我被迫同意美国提出的在未来两年中实行的作战计划，虽然说不上会有什么样的结果。1942年横渡英吉利海峡的计划被否决了，美国的作战计划就是，在秋季或冬季派出强大的英美联合远征部队去攻夺法属北非。我用了很长时间分析罗斯福的想法以及这个计划引起的各方面反应，我确信他非常希望实行占领北非的计划。在1941年12月的文件中，我提到我一直想实现这个计划。但现在，英国方面和大西洋两岸的军事家都对1942年横渡英吉利海峡的计划抱悲观想法，前者认为它会失败，后者也不打算推荐实行此计划或者承担起相关责任。最终，英国方面的大致意见是：在1943年以前不应进行大规模的横渡英吉利海峡的军事行动，不过继续投入最大力量，做好渡海战役所需的一切准备工作。

在6月11日会议上，战时内阁批准了筹备"痛击"战斗计划——其目的在于攻打布雷斯特或者瑟堡——的一切工作，不过提出了个条件："只能在有十足的取胜把握的前提下才能发动进攻。"次月初，三军参谋长再次讨论这些情况。他们在7月2日拟出了一份报告，其中有针对战时内阁此前每次讨论的意见：

"首相在6月11日的战时内阁会议中提的意见已得到众人同意。1942年的战斗计划要想实现，也就是要想1942年在法国进行大规模的登陆，必须具备两个条件：其一，我们必须做好登陆后坚守阵地的准备；其二，德军因被苏联人打败而士气颓丧。不过，我们认为这两个条件不会实现，所以在今年几乎不可能找到时机实行'痛击'战斗计划。"

如此看来，放弃已经没有实施机会的"痛击"计划已成必然，必须将我们的策略简单化。在得到三军参谋长和所有同僚的肯定答复后，我用简洁的话语在给罗斯福总统的电报中解释了这件事。

前海军人员致罗斯福总统　　　　　　　　　　1942 年 7 月 8 日

1.英国海、陆、空三军的有关将领，都不打算推荐在 1942 年实行"痛击"计划，三军参谋长报告说："我们分析了要万无一失地实行"痛击"战斗计划的各种前提条件，认为这些条件几乎都不会实现。"他们正在向你们的三军参谋长送交这份分析报告。

2.尽管会使得英国的进口量减少大概二十五万吨，但我们还是开始抽调出船只转载物资，这么做是为了扰乱敌人的视线。事实上，这么做还有其他的危害。按照蒙巴顿的说法，如果停止军队的训练，损失登陆艇还只是其一，更严重的是，会推迟两三个月才能实行"围歼"战斗计划或 1943 年"波莱罗"战斗计划；就算登陆计划失败，部队登陆后不久再被迫造成的损失也是一样的。

3.如果攻下某个据点，我们就要对这个据点不断提供补给，将所有力量集中在这个桥头堡，如此，将会大幅度降低我们对德国的轰炸力度。这样即便不会导致 1943 年进行大规模战役的计划作废，也可能会影响到它。因为，为了这个狭小的具有先天优势的阵地，我们只能持续地不断地消耗我们的力量，尽管每次消耗都很小，但积少成多。所以说，不是很完善的、八成会以惨烈失败告终的 1942 年的战斗计划，肯定会影响到 1943 年的行动计划——它是更成熟完善的、更有组织性的。

4.1942 年真正的第二战场在法属北非，而我们用于该战场的"体育家"计划无疑是这年最好的缓解苏联战线压力的机会。包括内阁以及国防委员会在内的我们在讨论过一致认为，这一计划和你的主导思想以及你们的整体意见都是契合的。若想今年秋天对敌人进行一次最有效攻击，实行这一计划是最牢靠的。

5.把美国或者英国的登陆部队作为"体育家"计划中的部分力量，以及由我们提供登陆艇和船只，这些都不是问题，我们可以设法解决。

即使是抽调出部分军队给你们，也是可以的。我们可以让剩余部队经由大西洋出发，与你们并肩前进。

6. 维希是不会发出任何邀请或者作出任何承诺的，这一点我们必须清楚。在加来海峡，德国部队将会进行一次最凶猛的抵抗，当然，他们的反应也可能只是象征性的而已。显而易见，要想更顺利地战胜他们，你们必须更加强大。谁强谁胜，归根结底这与其说是军事理论不如说是一种政治理论。这一年很关键，在西线战场进行的战役又无疑是唯一具有重要意义的，因此我无论如何也不能放弃那里的战斗。

7. 此外，我们还打算在挪威北部也开辟一个战场，现在正在讨论这一可能性有多大——如果不行的话，就在挪威的另外一个地方。阻碍这一可能实现的巨大困难在于敌人从海岸基地上起飞的飞机将会阻止我们的船只。另一难题是，我们向苏联派出的船队会遭到各种阻挠。当前，设法排除万难，保持与苏联人的联系至关重要。

*　　*　　*

因为上述所有情况都关系到指挥官的人选问题，我便又发了两封电报给总统：

前海军人员致罗斯福总统　　　　　　　　　　　　　　1942 年 7 月 8 日

1. 我们已经深入讨论任选何人当指挥官，以落实大部队跨越英吉利海峡的最大规模的"波莱罗"计划，最终认为，马歇尔将军若能担任在 1943 年这项崇高任务的话，我们一定会十分高兴并给予他全力支持。

2. 我受命特此向你转达战时内阁的意见。

总统先生，我但愿你为 1943 年的"波莱罗"计划所做的选人决定，不会影响后面的其他作战行动，比如"体育家"计划。

作战计划代号的整理工作也十分重要。事实表明，这些代号应随着战争事态的发展而改变，如此才能保证实用性，否则就会导致不适用以及混乱。

前海军人员致罗斯福总统　　　　　　　　　　　　1942 年 7 月 6 日

我们有必要整理战争的秘密代号，英美联合参谋长委员会也正在做这么一个工作。避免产生歧义是修订工作的基本原则。以"波莱罗"计划为例，我们认为，它原指 1942 年和 1943 年这两年我们必须做好各种准备工作以使大陆战场上的战役更顺利地进行，它纯粹是个后勤计划，而非作战计划。再举两例：我们所说的"痛击"计划在你们那里却出现了"三分之一的波莱罗"这样的表述；"围歼"给人感觉不是狂妄自大就是战争太过于残酷，我也不喜欢这个词，但是它却被用来暗指 1943 年作战行动。

对于这种代号名称，你有什么想法？再想想，虽然你我所说的"体育家"计划，我认为就是你们的参谋长们所说的是"半体育家"的简称。而我也用"朱庇特"一词来指北极地区的一次战役。

*　　　　*　　　　*

我仍然对"朱庇特"战役抱有希望，只是事实上，关于它的具体计划，却几乎没有什么进展。两年来，在英国的加拿大陆军一直抱着急切的心情和侵略者作战，我认为这次作战行动能给予他们一个机会去夺取光荣的胜利。鉴于此，我和麦克诺顿将军在契克斯公园进行了一次长谈。我给这位可以影响加拿大政府的、我十分看重的将军讲述了整个形势，然后问他是否亲自审查我们的方案同时制订一个计划出来。我表明，在他订计划的过程中，我们的技术部门肯定会予以支持。他答应加入"朱庇特"战役并全力以赴。

首相致帝国总参谋长和参谋长委员会　　　　　　　1942 年 7 月 8 日

　　有关"朱庇特"作战计划的初步研究以及准备工作，应交予麦克诺顿将军负责。参谋长所属机构应尽可能予以必要的援助。根据当前的形势，若这项计划可落实，加拿大陆军是落实该任务的首选部队。不过要等过后再决定是否要采纳这项计划。

　　我等了很久也没有等来麦克诺顿将军的意见。罗斯福总统就密码代号的事情做了回复，从他的回复来看，他深知这件事情会涉及种种问题。他的建议如下：

　　1."波莱罗"既然指的是调派美军到欧洲战场这一行动，那么它就应包括一切准备和活动，诸如对美军的接待、支援美军在欧洲大陆战场所需的各种武器装备以及供应品的生产、运输、装配、接收和收藏等各事项。

　　2."痛击"指的是 1942 年英美军队对欧洲大陆发起的一次攻势行动；发动这次进攻的前提是：德军内部已经土崩瓦解了，或者苏联为了应对危急情况，不得不紧急发动一次进攻以驱赶苏联战线上的德军。

　　3."围歼"——你可能用其他名词——指的是英美联军在 1943 年或者更晚些时对德国已经占领的欧洲地区发动的一次攻势行动。

　　我因此给三军参谋长发去如下备忘录：

首相致霍利斯准将　　　　　　　　　　　　　　　1942 年 7 月 15 日

　　虽然"围歼"一词显得狂妄自大，而且看起来也不合适，但我担心美军会因"围歼"这一代号的改变而产生误解，所以仍得用原代号，即总统用的那个词语。但愿它不会给我们带来霉运。我们当前要解决的是代号问题，而非决策问题。暂且先照这个思路拟方案，美国若赞成我们的方案，再正式公布。

*　　*　　*

我在采用重大决策的前一天发电报给总统，告知他我的主要想法。

前海军人员致罗斯福总统　　　　　　　　　　　1942 年 7 月 14 日

　　我当前的处境是这样的：所有人都认为"痛击"计划不可行。我迫切希望你了解我的种种境地，由此尽快落实"体育家"计划，我还希望在落实"朱庇特"计划的时候苏联人能参与进来。另外，为了能在英格兰对岸牵制住最多的敌人，我们也该全力为 1943 年的"围歼"计划做好准备工作。我认为上面所述都是不言自明的。

*　　*　　*

不过，由于负责指挥的美国最高领导人之间关系紧张，我们还得等些时日才能最终决定这些作战行动。马歇尔将军和海军上将金二人的意见严重分歧，犹如一个是欧洲大陆，一个是太平洋，不过，他们谁都不愿意参加北非的冒险计划。然而，总统在这样的尴尬关系中却一日比一日更有兴趣参与北非战役。蒂尔陆军元帅的德才与智慧使他获得了所有反对派的信任和赞赏，我写了一封有关工作进展详情的信件给他。

首相致蒂尔陆军元帅（在华盛顿）　　　　　　　1942 年 7 月 12 日

　　1. 我已通过航空寄送出总参谋部文件的全文，里面提到的蒙巴顿的意见，请你予以特别注意，它指出了"痛击"计划对"围歼"计划的致命伤害。哪怕抛开这点不谈，"痛击"计划也存在着各种无法解决的问题。

　　2. 美国要想在 1942 年攻打希特勒，只能用"体育家"计划。一旦"体育家"成功，德国空军会因为我们给意大利造成的压力而撤走在苏联战场的主要力量。"体育家"计划带来的唯一影响是：我们需将那不参加"围歼"战役的六个美国师抽调回来——它们必然会由新的美国师代替并且在完成运输工作前准备就绪。正在此地进行的"围歼"计划不会受到任何影响，我们仍照常做好诸多准备以及各种训练。

3. 如果总统决定放弃"体育家"计划，那机会就溜走了，这一仗只能由打着美国旗号的军队进行。两国在1942年都没有行动，那就等着在1943年的"围歼"战役中竭尽全力打一仗。

4. 如此形势意味着，美国没有任何理由将军力转移（到太平洋），而且我也认为这种做法很难会被批准。

参加白宫会议的所有人的意见是一致的：只有访问英国，才能在这些问题上取得一致决定。我听说总统提议派他最信任的朋友和军官过来。

蒂尔陆军元帅致首相   1942年7月15日

明天晚上，上将金以及马歇尔和霍普金斯将离开美国去英国。

大概而言，之所以反对"体育家"计划是因为：

1. 你也知道，在太平洋战场的美军急需军舰，而这个计划要求从那里调离美国海军，特别是航空母舰的调离。

2. 该计划需开辟新的海上交通线，美军如维持这一新的交通线和承担其他任务颇有困难。

3. 很难在卡萨布兰卡登陆，而且敌军也不会因为我们在那里发动进攻便撤出苏联战场；另外，也没有足够的设备维持那里的战役。而如果袭击诸如阿尔及尔甚至比塞大之类的地中海内部地区，那就太冒险了。轴心国军队还可能因此顺利切断直布罗陀海峡的交通，如此，这一方案就更具危险性了。

4. "体育家"计划的落实意味着要承担艰巨的使命，使得没有任何可能再去实行1943年的"围歼"计划。

已向总统传达太平方面的大概作战计划……

一旦实行所有这些行动，那就意味着：原计划用于"波莱罗"计划的所有船只将会被抽走，同时，预定调往英国的美国空军也会减少到大概三分之一……显而易见，苏联人的压力不会因为我们在太平洋上的冒险行动而减少，相反，这倒会推迟战胜日军的日期。

不用说，马歇尔很希望实行他一开始就属意的计划。不过，他也认为在欧洲计划之后已无有效的力量。时间就在日复一日的会议、讨论中流逝了。今天的德军在东方忙乱的景象，此后不会再有了。错过了德军如此忙乱的机会，那么我们在西方自己面对德国时，就会发现它是这么强大，强大到我们根本不可能进攻欧洲大陆。到时我们即便还能派出空军对付敌人，也没有获取最终胜利的可能了。我相信马歇尔的想法必定是这样：如果一个商人谈妥了一笔可能使其成为大富翁也可能使他面临破产困境的买卖，他一定会想尽各种办法实现前一种可能，而且，这个商人多半会成功。

金只是专注于对日军的打击。

美国人想的是，或许可以用太平洋战役代替"波莱罗"计划，他们还非常渴望建立一支七百万人的陆军。美国人的这种愿望让我产生这么一种看法：一些地位较高的美国人认为，能使德军不退也不进就是最好的形势了。

我冒昧提出一个建议，即你要使你的访问者相信两点：第一，你有战胜德军的决心，哪怕是在欧洲大陆发动小规模的打击，你也会争取尽早对德军行动；第二，你不会支持任何有悖于这种决心的行动。在马歇尔看来，正如他最倾向于实行"波莱罗"计划一样，你最倾向的是"体育家"计划，而且，一些不值一提的因素又常常会使你想到执行"体育家"计划。让他相信你实行"波莱罗"计划的信念是坚定的，这点非常有必要。因为，若不然，我们当前认可的所有方案就会如同废纸。届时，美军撤离，专注于太平洋战争；我们只能获得他们有限的援助，然后拼尽全力和德军抵抗。

＊　　＊　　＊

罗斯福总统也意识到了我们有充分的理由反对"痛击"计划。如果他给我们致电时最先提及该计划，马歇尔将军一定会由此认为有很多机会实现它。要是它完全没被提到，结果会是什么样呢？美国总参谋部多数人认为："如果在欧洲战场无法有效发挥我们的兵力，那么就集中军力专门对付日本。这样一来，不仅美国陆海两军会意见一致，也能使马歇尔和海军上将金步伐统一。"7月15日，由奥金莱克指挥的保卫开罗战役即将打响，下院举行辩论不信任投票。也是在这天，"白宫上下无人不紧张"。听说美国三军各参谋长的意见是"只能二中选一"，而总统认为这无异于让人"各择其所好"。所有这些直白的说法都是一个意思："要是英国不愿意执行1942年的'痛击'计划或者不能执行该计划，我们就从欧洲战场撤军，转攻日本。"总统说，这么做实际上等同于放弃欧洲战场。目前，暂无证据证明马歇尔将军和海军上将金也是这么想的。位高权重的参谋人员有这种思想无疑是危险的，好在美国总统驳斥并阻止了二流参谋人员这种负面情绪的蔓延。

总统的第二个坚定的想法是：在1942年，美国陆军必须对德军发动进攻。只是，战场若不设在法属北非，那设在哪里？史汀生先生说："他得出的这种结论是受了战争形势的影响。"我三周前访问华盛顿的目的就是为了得到这个结论。如今，所有讨论的关键以及总统的意见最后都指向这一结论，这显然很难以让人接受。当时，我之所以没有得到满意的答复是因为图卜鲁格被敌军占领了，国内政治形势杂乱，而且由于这一灾难，我所代表的国家已经丧失了威望。不管怎样，一些严重的问题不能坐视不管，必须处理掉。我当时坚信只要我们统一意见，还是会有一个令人满意的结果的。

＊　　　＊　　　＊

美国访客在星期六，即 7 月 18 日，到达了普勒斯特维克，上岸后再乘火车到伦敦。一到伦敦，他们便马上会见了驻伦敦的艾森豪威尔、克拉克、史塔克和斯帕茨这几位美国三军长官。接下来又是一场关于"痛击"计划的辩论。除了总统似乎赞成我的观点，其他美国官员都是强烈主张实行"痛击"计划。当时，总统为代表团草拟了一份战争方案，这份方案是我见过的由他亲自手写的最有说明力、最好的方案。[1]

写给尊敬的霍普金斯、马歇尔
将军和金海军上将的备忘录

关于 1942 年 7 月伦敦会议的指示

1942 年 7 月 16 日

1. 为了和英国方面相关的重要人物讨论如何进行战争，我将派你们以我私人代表的身份去往伦敦。

2. 陆海军在丘吉尔访问华盛顿后进行了重要的战略改变，这种改变使得英国和我们务必立刻制订关于共同作战计划的协定，前提是要满足下面两个条件：

（1）要和在 1942 年其他时间进行的已确定计划相适合。

（2）要和 1943 年的试行计划相适合。虽然 1942 年内出现的各种情况肯定会影响到 1943 年的计划，但还是应该在 1942 年，也就是现在，开始筹备 1943 年行动计划的各项工作。

3. 明确以下几点：

（1）打败轴心国是联合国家的一致目标，在这一问题上，我们

---

① 罗伯特·舍伍德著《罗斯福与霍普金斯》，第 603—605 页。——原注

采取永不退让的原则。

（2）我们要防止力量松散，集中发力，要防范出现各自为战的情况。

（3）必须完全统一使用英美军队。

（4）当可以让现有的美英军队发挥有效作用时，应立即让他们参与战斗。

（5）在1942年派出美国地面部队与敌人战斗，是最紧要的事情。

4. 英美同意支援给苏联的物资需要保证数量地送到。如果用波斯的运输线就应当优先运输作战物质。为了鼓励苏联继续作战，在运输线路畅通的情况之下，这样的帮助必须持续下去；想要改变这个决定，只有一种可能，那就是苏联完全沦陷，这样的情况令人难以想象。

5. 在1942年实施的"痛击"计划必定会极大地帮助到苏联，既然它如此重要，你们一定要认真研究它的可执行概率。要知道，我们无论如何都应该实行这一计划。你们要尽全力并快速地筹备工作，向完成这个计划的目标全力推进；不管苏联是否面临近在眼前的溃败危机，我们都应该实施这个计划。如果苏联真的面临溃败的危险，那么我们的"痛击"计划就不仅是对的，且还是十分有必要的。将苏联战场上的德国空军调配到其他地点，是"痛击"计划的目的。

6. 假如你们确实认为：由于缺乏合适的时机，"痛击"计划无法达到它的预想目标，故此无法执行。那么，请立刻告诉我。

7. 如果最终确定"痛击"计划不能实施，我想让你们仔细分析那时的全球时势，然后另行决定1942年美军的其他作战地点。[①]

下面是我目前对全球战事的一些想法：

---

① 着重号为作者自己所加。——译注

（1）如果苏联能够牵制大量德军，使得我们有可能在1943年实施"围歼"战斗计划，那么我们就应当立即研究这个计划并进行筹备。

（2）无法在1943年实施"围歼"计划的情况是：击败苏联后，德国从苏联调走了空军和地面部队。

8. 全力防守中东阵地，不管苏联会不会溃败。失去中东的后果，你们一定要清楚，它会带来一连串的事情：

（1）失去埃及和苏伊士运河。

（2）失去叙利亚。

（3）失去摩苏尔油井。

（4）受到来自北部和西部的攻击，我们将会失去波斯湾及通向波斯湾油田的交通要道。

（5）或许德国和日本会联手夺走印度洋。

（6）突尼斯、阿尔及尔、摩洛哥和达喀尔也许会被德军攻占，继而导致从弗里敦到利比里亚的海上路线也会被德军截断。

（7）面临风险的不只是南大西洋的所有海上运输，还有巴西和南美所有的东海岸，甚至西班牙、葡萄牙及其海外领地也许都会被德军利用。

（8）你们应该在确定满足下面两个条件或者其中一条的情况下，制订完善的计划守住中东：

（a）向波斯湾、叙利亚和埃及输送物资和地面部队。

（b）我们若要绕到隆美尔军队的后面，就需要在摩洛哥和阿尔及尔进行一场新的战役。不太明确的是法国殖民军的态度。

9. 有些想法我不会赞同：美国将所有力量投入太平洋战场，是为了尽早击溃日本。但我们应该清楚最主要的一点，即日本的溃败不至于使得德国也溃败；此外，德国完全控制欧洲和非洲的可能性，会因为美国在今年或1943年全力进攻日本而增加。我们如果在1942年或

1943年能将德军拖住或打败，那么也许能让德国在欧洲、非洲及近东战场遇到最终的失败。击溃德国，意味着我们也许可以不费一枪一弹一命，就能击败日本。[①]

10. 务必记得：快速制订计划；计划一致；不要一味防守，做到攻防一体。这三条重要意见，对1942年美国地面部队抗击德军的任务有着一定作用。

11. 你们到达英国后，我期望这些协议能在一周之内通过。

总司令富兰克林·罗斯福

在同一天的晚上，我在契克斯召开了参谋长委员会会议，以下是会议的主要内容：

从这次讨论中可知，首相的意见和以三军参谋长为代表的一方的意见一致。

关于1942年的作战行动，"体育家"是唯一具有可实行性的作战计划。它非常有利于我们的是：在北非登陆后，我们可以轻易获得一个据点，就如德军曾顺利占领了挪威一样。

光靠美军对卡萨布兰卡及其周边地区的占领还不足，从这个角度来说，"体育家"作战计划等同于我们第二战场的右翼，也就是说，我们必须将行动范围延伸至阿尔及尔、奥兰，还有更远的东侧区域。如果美军无法提供军力给所有这些作战行动，那么便让英军当主力，少数美军分遣队作为辅助力量，落实更东面的作战任务。美国为"波莱罗"护航提供海军部队之后，很有可能无法为"体育家"计划提供所需的海军力量了。如果届时的确如此，我们要想办法予以帮助。

---

① 着重号为作者自己所加。——译注

我非常清楚，为了使当前集合在伦敦的美国军方领导人相信我们的意见是唯一具有可实行性的，我们仍须做他们的思想工作。我和周末到达契克斯的霍普金斯讨论了双方有分歧的地方，当然，这种讨论是非正式的。星期一即 7 月 20 日早上，在内阁办公室，我又向美国代表大概说明了英国政府的态度，双方又进行了讨论。以下是讨论的主要内容：

首相在 1942 年 7 月 20 日会议上的主要发言内容

这个上午，我无意再分析摆在眼前的各种重要方案的优劣，我想分析的是整体形势。同时，我要说说我关于这个会议进行的意见，即用什么形式来讨论。我们已无法再拖延时间了，必须尽快做出最终决策，哪怕决策会影响到未来的整体战局。

首先来谈谈"痛击"作战计划。该不该执行此计划是第一问题，这个问题连带出的紧迫问题是：如何执行？我们客人想的也许跟我们想的完全不是一件事。如果我们拟定的计划难以让人满意，我们自然要对美国拟定的计划抱以热情、诚恳的心态。无论怎样，大家都不要抱着固有的成见参与讨论，即有成见地赞成或者反对某一个计划。这一点是最重要的。自然，我们不仅是讨论要不要实行某个计划，而应该还要想想：如果实行了，我们在发挥现有资源时是否方便？比如，实行"痛击"计划会影响到"围歼"计划的前瞻性吗？这一点我们必须考虑到。

我们是非常赞成实行"围歼"计划的，为了执行这一计划，我们目前正在做"波莱罗"计划的所有准备事项。但是，谈到"围歼"的时候，我们必须先弄清楚几点：它到底是个什么样的计划？它的行动是否只限于攻击法国西海岸？所谓第二战场是否就是在这个范围之内？能否再扩大？扩大了对我们有好处吗？

我们普遍认为，"围歼"计划会因为"痛击"计划而延迟落实甚至无法落实。而另一种看法可能是，有人认为能够关键性地影响"围歼"计划走向的是苏联局势的发展，而非我们的行动。

我们对"痛击"作战计划的讨论，直到现在都是以苏联或者胜利或者全面失败的结果为前提。然而，我们很有可能面临的是双方僵持这一交战结果。也就是说，苏联那边的战役要打很久，或者双方难以分出胜负，苏联战线向东挪移。而如果不执行"痛击"计划，或者总是抱着这一计划会阻碍"围歼"计划这种执念，我们现在又该如何是好？

接着，我们来谈谈"体育家"计划。我们一定会从各方面来考虑这个计划的执行方式。首先要说的是，在占领西北非，同时拉拢到西班牙和葡萄牙之前，德军不会一直等下去。他们或许因为暂且要应付苏联而分不开身对付英国，但也可能不久就会有足够的能力进攻英国。德军完全有可能占领北非和西非海岸，我们必须明确这一点，同时要了解这种情况对我们的巨大危害。

目前，埃及正在进行激烈的战役，"体育家"计划的落实会因此受影响吗？我们的分析是：如果敌败我胜，奥金莱克将军或许很快就会朝西面进军，届时我们可能会实行"杂技家"计划，也可能在西西里和意大利这两个地区有所行动，从而重新掌控南地中海，保证那里的航运不会遭受任何损失。

在防御方面，我们现在做的非常不足，漏洞很大，地中海东部及里海一带几乎可以说是没有任何防御。要是奥金莱克在埃及之战中获胜了，我们当然可以建立一支包括大概八个师的部队，让他们联合受过训练的四个波兰师，阻止德军向南推进——这么做一定会有大作用。而如果奥金莱克无法将敌军赶到远离埃及的地方，或者敌军被赶到了"杂技家"计划的行动范围内，我们便只能让苏联南部的军队去保护里海以南的主要地区了。目前难以预料这部分军队是胜还是败，所以也不宜过早地断言他们会溃败。哪怕他们最后真崩溃了，他们还可以选择穿过高加索，尽可能安全撤退。这个冬季，他们便可以一面驻守高加索山脉，一面联合我们的空军力量，握好里海的控制权。总而言之，他们是我们强大的堡垒，就当前而言，也只有他们才能当这个堡垒。

我们还简单讨论了两项内容：一是关于缅甸战役的"安纳吉姆"计划，二是我们将采取什么步骤协助太平洋战役。

*　　　*　　　*

在 7 月 22 日下午举行的第二次会议上，美方的马歇尔将军第一个发言，他说，由于双方的会谈已陷入僵局，他以及他的同僚们必须向总统请示意见。

我说，我和总统以及他的军事顾问们抱有同样的想法，即希望"尽早以最大力度打击敌人"。但是，我认为在 1942 年实行"痛击"计划是不恰当的，这是因为考虑到我们现在的兵力不足。我向他们指出了我们可能面临的各种会导致失败的危险，比如苏联军队可能溃败、德军可能挺进高加索、德军可能在打败奥金莱克的部队后占领尼罗河三角洲和苏伊士运河，或者敌军也许在北非和西非获得立足点以至于我们的航运工作几乎无法开展。但是，这些可能性都还不是最危险的，比它们更具危险性的是英美无法达成统一。正是因为考虑到这点，我才同意美国三军参谋长就英国不打算实行"痛击"计划这一问题，向他们的总统请求指示。

罗斯福总统的回电来得很快，他在复电中说他并不奇怪伦敦会谈的失败。他给出的指示是：既然英国方面不赞成执行"痛击"计划，那么美国代表团也不要继续坚持了，而应该力求在 1942 年美国陆军参加的某一场对敌战役上，和英国达成统一。

这么一来，"痛击"计划就被暂时搁置了，"体育家"计划被众人重视起来，当然这种重视本就是应该的。虽然难免有些许失落，但马歇尔和金还是服从了他们总司令的决定。美英双方之间的气氛重归融洽。

现在，我迫切地想要给我重视的"体育家"计划另起新名，在密码代号中不再用"体育家""超体育家"和"半体育家"这样的字眼。7月24日，我给三军参谋长作指示，那时我就用了"火炬"这一精妙的新名称。总统在7月25日致电霍普金斯，他指出"最迟不能晚于10月30日"执行的北非登陆计划，现在就应该立即做准备了。也就是在这天的晚上，我们的美国朋友返回了华盛顿。

*　　*　　*

我感到非常高兴的是：在经过这样一个过程后，众人同意了我和我的军政同僚们思考了很久的意见并做出最终决定。在让人感觉最没有希望的时刻，这一局面的出现无疑更令人愉快。所有希望执行的计划中，除了进攻挪威的"朱庇特"作战计划，其他计划都被众人采纳了。然而，由于认定这项计划的价值和意义，我仍争取能够执行它。事实上，过去几个月我都争取"放弃'痛击'作战计划"，主张改为进攻北非和执行"朱庇特"作战计划。但是，我的争取最终失败了，"朱庇特"过早地被弃用了。

不过，我倒是对很多情况感到满意。

前海军人员致罗斯福总统 1942年7月27日

1. 这周虽然让人感到紧张，不过最终有了一个令人满意的成果。我相信你和我以及我们这里的所有人一样，对此感到欣慰。这周的成就不仅是统一了大家在作战计划上的意见，还加强了双方高官间的关系，使彼此之间的友好、亲切更进一层，巩固了双方的战争结盟。哈里的援助显然很有价值和意义，我怀疑若是缺乏这一援助，我们或许不会成功。

2. 我的看法是，今年必须开辟第二战场。在这个战场，我们要有这么一支主力部队：它可以将敌军牵制在"痛击"计划的战区对面；此外，我们还能够在这一战场上实行一项名为"火炬"（它的曾用名是"体育家"）的大范围的侧击行动。一旦开辟了这个战场，我们就要马上发起进攻。如今，既然所有事情都有了最终决策，那么我们便可如你所言，奋力向前了。在战场上，能否守住机密和迅速出击以及能否制订一个条理清晰的行动计划，都是胜败的关键。争分夺秒尤其重要，因此我赞成你所说的，最迟在 10 月 30 日行动。

3. 欺诈敌人是守住机密的唯一方法，我目前实行"朱庇特"计划正是为了诈敌——为了达到这一目的，我们同时还须在"痛击"计划上有更多的行动。所有这些行动都将能够掩护联合王国的所有军事行动。实行"火炬"计划一定会给非机密部门的人一种错觉：该计划的目标是苏伊士运河或巴士拉——你们军队配备的热带装备是最好的证据。相反，此地的加拿大师将配备在北极才用到的装备。所以说，哪怕到最后，敌军都搞不清我们的真实意图。

4. 我希望能同时全力开展"波莱罗"的准备工作。"火炬"计划也会在某种程度上影响到"波莱罗"，但这种影响也只限于使后者稍微延迟实行，我们还是能够同时进行两项计划。

我们长久以来都希望执行的计划，终于获得了所有专家的赞成。对此，总统和我感到一样快慰。

罗斯福总统致首相   1942 年 7 月 28 日
　　三剑客①已于今日下午平安归来，我们的"婚礼"②依原定日期举行。

————————

　　① 指代表罗斯福的霍普金斯、马歇尔以及金将军。——译注
　　② 指英美联手执行双方一致同意的计划。——译注

这次交心的会谈无疑很成功，所有达成的共识令人高兴。上一周发生的一切将会对整个战争格局起到扭转作用，我是这么认为的。如今，我们已经齐头并进了。你所说的保密和迅速行动的重要性，我十分认可。我甚至希望能够提前执行10月的计划。至于该提供多少给养和装备的问题，我将会和马歇尔商量，我们将按船舶吨位以及联合王国进口粮食和原料等情况来计算。与此同时，我还会尽力派空军援助苏联南部的侧翼，我认为可以办成这事。

现在的关键问题是要确定如何任用司令官。

蒂尔元帅致首相　　　　　　　　　　　　　　1942年7月30日

指挥官的事情需要你和总统决定，我希望你尽快落实此事。我个人感觉马歇尔会接受这项任命，他也是最适合这个职位的人选。但目前这里的情况不能让他离开，总统可能也不想让他离开，所以迟迟没有和他谈论这件事情。不过我想，将指挥官副手的位置交给艾森豪威尔，让他代表马歇尔进行战役的指挥是没有问题的，这个建议肯定会得到赞同。

艾森豪威尔联合参谋人员协作，会让他们提高效率。当然，必须先同意他担任指挥官助手的建议。在这期间，最聪明的做法就是，让一个英国人接手艾森豪威尔关于"痛击"计划的所有筹备工作，以便让他和他的参谋人员能用全部力量应对"火炬"计划，并同时对实施"痛击"计划进行总监督。当务之急是实行"火炬"计划：调配军力、分派职责和训练等工作，还要制订很多详细的计划。现在要加紧工作直到战斗打响，越早行动对我们越有利。

我钦佩你在这场艰难的磋商中取得如此的成果。我争取下星期早些到伦敦，如有空闲，非常期望能和你会见。

我就选择司令官的问题致电总统。

前海军人员致罗斯福总统　　　　　　　　　　　1942 年 7 月 31 日

　　1. 我急切盼望能尽早确定"波莱罗""痛击""围歼"和"火炬"计划的司令官人选。我们最希望"围歼"计划的最高统帅由马歇尔将军担任，并且将副手的职位交给艾森豪威尔将军，让他在这里指挥。我们要先将特遣部队司令的职位交给亚历山大将军，让他在艾森豪威尔的指挥下，一起为"火炬"计划工作。"波莱罗"—"痛击"计划的实施，目前还需要艾森豪威尔将军进行监察，这样他就可以集中"火炬"计划需要的所有力量，而且不会损害到"波莱罗"和"围歼"计划。他会在"火炬"计划准备结束后开始指挥这次战斗，从联合王国和美国出发的亚历山大和一位美国司令官将担任这两支特遣队的司令。如果在特遣部队进行"火炬"计划时，你将实施"波莱罗""痛击"和"围歼"计划的任务交给马歇尔将军或其他代理人，这是我们乐于看到的。我们也愿意指派一位助手给他。

　　2. 因为委员会不仅数目繁多而工作缓慢，这件事最好尽早行动。如果你有其他的想法，请告诉我。

蒂尔元帅致首相　　　　　　　　　　　　　　　1942 年 8 月 1 日

　　1. 总统在进行短期休息之前下达了尽早全力以赴实施"火炬"计划的命令，他现在已前往海德公园。他要求 8 月 4 日举行的参谋长联席会议能将登陆的最早日期告知他。但总统在分配兵力到太平洋这一点非常谨慎，因为其中的危险一直存在。

　　2. 目前我们只要集中精力进行"火炬"计划，不必理会美国人错误的观点——确定执行"火炬"计划后，1943 年执行的"围歼"计划取消了。我可以确定，在总统同意将指挥权交给马歇尔的前提下，你也会同意的；只是，"围歼"战斗计划最高司令的职位我不确定能在事前留给他——尽管 7 月 31 日你发给总统的电报中说过这件事。

3. 希望你的勇敢和理想能在所有工作中取得相应的回报。

晚上十二点左右，我在莱纳姆机场收到了这封电报。我马上要从莱纳姆机场启程去旅行，在下一章我会解释这次旅行的理由和过程。

第三章　我前往开罗整改司令部

我决定访问开罗——同样决定访问莫斯科——来自斯大林的邀请——搭乘 C-46 型飞机——尼罗河上的黎明——有关司令官人选的问题——我和奥金莱克于 8 月 5 日一起视察阿拉曼阵地——会见戈特将军——在空军司令部——在 8 月 5 日以及 6 日致电内阁——提议调整战区指挥部和组织——在 8 月 6 日以及 7 日又向内阁说明理由——戈特将军牺牲——战时内阁处于紧张时期——任命蒙哥马利将军为第八集团军司令——由艾森豪威尔麾下的英军司令官参加"火炬"计划的调动——8 月 8 日访问义勇骑兵师——8 月 8 日致奥金莱克将军的信——我通知总统——雅各布上校的日记——亚历山大将军在 8 月 9 日到达——奥金莱克将军无意指挥伊拉克——波斯战区——给亚历山大将军的指示

　　各种途经传来的消息让我不得不更加怀疑中东最高司令部，因此当前最重要的事情便是马上去一趟中东，处理一些具有决定意义的重要问题。最初计划要飞五天乃至六天，先穿过直布罗陀和塔科拉迪，后经过中非，再转到开罗。此番飞行须越过热带和疟疾流行地区，还得按规定进行一连串的预防注射。有些预防注射得等个十多天药效才发挥，其间，人会产生不适感，有时甚至无法行动。有几位战时内阁人员十分关心我的健康，他们热情友好的程度反倒使我需要安抚他们。

就是在这种时候，年轻的美国驾驶员范德克路特上尉，驾着一架"解放者"飞机从美国来到了英国，这飞机亦即"突击队"。这架飞机的内部炸弹架被拆去了，装上了一些客机设备。飞完整个既定的航线对它来说是没问题的，在各航段内，它的时间也很充足。见到范德克路特后，空军参谋长询问了他好几次有关这架飞机的情况。有着一百万英里飞行航程经历的范德克路特深感疑惑，何必周转那么多地方？他对我们绕道塔科拉迪、卡诺、拉密堡、欧拜伊德等地表示不解，他说，如果是他，从直布罗陀飞到开罗也就是一瞬间的事情：下午自直布罗陀东起飞，傍晚时分急速转向南，经过西班牙或维希的属地后再向东，一直飞到可以望见尼罗河的艾斯尤特附近，最后向北飞大概一小时左右，在金字塔西北的开罗飞机场降落。于是，我们的整个计划就改变了——不必遭受中非臭虫的折磨，也不必接受预防注射，只需经过两天就可抵达开罗。波特尔被这位年轻的美国驾驶员说服了。

对于迫不得已做出的这个令人不快的决定——1942年将放弃横渡英吉利海峡，苏联政府会有什么反应呢？我们迫切地想知道。7月28日那天晚上，在唐宁街十号一个临时搭建的花园餐厅内，我和战时内阁其他成员与国王共进晚宴。我和英王陛下私下里谈起我的出行之意，他表示同意。待他离去后，我便立刻邀请那些兴致不错的同僚们到内阁会议室商谈出行一事，我当时决定无论如何都要去一趟开罗，同时向斯大林提议与之会晤。以下这封电报就是这么来的：

首相致斯大林总理　　　　　　　　　　　　　1942年7月30日

1. 为了能在9月的第一个星期让一支大规模的运输船队驶往阿尔汉格尔斯克，我们正在做初步安排。

2. 我愿在得到你邀请的情况下同你会晤，会晤地点可以是高加索的阿斯特拉罕或其他适合的城市。届时，我们不但有机会共商战事并做出决定，我还可以向你透露我们与罗斯福总统制订的关于 1942 年进攻的计划。帝国总参谋长将会与我一起前往。

3. 我马上就要出发去开罗。你可以想象那里需要我处理的事情之多。若是你愿意，我们可以就在那里会晤，日期在 8 月 10 日到 13 日间都没问题。

4. 战时内阁已同意我的建议。

斯大林主席致丘吉尔首相　　　　　　　　　　　1942 年 7 月 31 日

我代表苏联政府诚邀你来苏联同苏联政府人员会晤。当前，希特勒对英国、美国和苏联的威胁形势都非常严峻了，因此我不胜感激你能前来同我们商讨如何对抗他。

考虑到当前正是紧张对抗德国的紧要时期，包括我在内的所有苏联政府人员以及总参谋部的领导人都不能离开首都，我认为最适合我们见面的地点就是莫斯科。

我们本身也是非常希望帝国总参谋长能前来的。会晤日期你可自行根据你的开罗之行来决定，我们什么时候都可以与你会谈。

在此要感谢你承诺在 9 月初派第二批运输船队向苏联运送战争物资。目前从战场调用飞机很困难，但我们会设法保护你们的运输船队。

首相致斯大林主席　　　　　　　　　　　　　　1942 年 8 月 1 日

前往莫斯科同你会晤是确定无疑的事情。具体的启程日期，我到开罗后再决定。

＊　　＊　　＊

这段时间里，阿拉曼阵地上的战事仍在继续，隆美尔仍在集中攻击卢维塞特山脊。不过，他的进攻力量已趋向于不足，而我们的防守力量还非常充足。谁胜谁败，仍未可知。眼下，我就要飞往开罗了，于是和奥金莱克通了一次电话：

1942 年 7 月 31 日

我希望在 8 月 3 日即星期一抵达开罗。同一天，帝国总参谋长也将到达，不过他所走路线不同于我的。我还向史默兹陆军元帅和韦维尔将军下达了命令，让他们在同一周抵达开罗。请密切关注此事。

帝国总参谋长布鲁克将军已在直布罗陀，将经由马耳他飞往开罗，我向他发出下列电报：

首相致布鲁克将军   1942 年 8 月 1 日

通过我昨天收到的来自奥金莱克的电报，可以看到我们中东之行的必要性。以下是其电报内容中的一节：

"我和各军军长昨天召开了关于战术情况的会议，详细讨论了相关问题。考虑到缺少足够兵力以及敌人已经有效地巩固了他们的阵地这两个情况，我们必须作出这么一个结论：我军目前不应当在突破敌方战线这件事上拼命，也不应设法从南翼袭击敌军。换句话说，我们在 9 月中旬前都没有机会采取新攻势。这个机会的有无，是由敌军能否建立起坦克部队决定的。鉴于此，我们暂时采取防守的策略，巩固所有防御地区的同时做好准备工作。当然，我们同时也会伺机而动，争取能够突袭敌军……"

已经安排好了代表外交部的亚历山大·卡多根爵士随我同行。我们是在 8 月 2 日即星期日的半夜过后出发的，从莱拉姆乘 C-46 轰炸机出发。前一次乘坐"波音"水上飞机的舒适，在这次飞行中荡然无存。飞机上没有暖气，从各种缝隙钻进来的寒风如刀片一样，刀刀入骨；没有可休息的床，但后舱的两块搁板可使我和我的医生查尔斯·威尔逊爵士躺下休息；不过，毯子倒是很多，足够大家使用。经过南英格兰的时候，飞机选择了低飞，这是为了让我们的高射炮部队辨别出我们——已得到相关通知的他们仍相当具有警备性。飞机驶入大海上空后，我从座舱移到了后舱休息。药效不错的安眠药让我得以睡了一个十足的好觉。

8月3日早晨，我们在直布罗陀安全降落。在经过一整天的对要塞附近各处进行视察后，我们又于下午六点起飞，直奔开罗。这次的航程长达两千多英里，若想躲开在沙漠战场周边活跃的敌机，我们只能绕远路。为尽可能地保存汽油，范德克路特不等天黑便直接飞过西班牙地区和保持中立的维希属地，不再向地中海飞了。这么一来，在傍晚之前，实际上有四架"勇士"战斗机护送。也就是说，这两个地区原本持的中立态度被我们动摇了——飞行中，我们没有受到任何阻挠，当然，我们的飞机也都是远离这些地区的炮弹射程的。

夜幕降临，景色黯然，毫无欣赏价值。这架 C-46 型飞机所能提供的可睡觉的地方也只能叫"卧具"，即便如此，我还是非常高兴。在中立地区，若被迫降落，麻烦可就大了。即便被迫降落的地点换成是没那么危险的沙漠地区，也会引发另一种麻烦。如今，四个发动机奏响轰鸣的交响乐，这架 C-46 型飞机将在朗朗星空中整夜飞行。我一觉睡到了天亮。

8月4日早晨，我坐在副驾驶员的座位上——在日出前坐在这个座位上成了我的旅行习惯——只见温柔的晨光中，蜿蜒的尼罗河如一条银白飘带映入我的眼帘。这并非我第一次观看尼罗河的早晨景色，除"栋古拉一带"之外，以前我就几乎遍历从维多利亚湖到地中海的全部尼罗河流域风景——有时是在战时，有时是在和平时期，有时走陆路，有时走水路。但是，今天的景色是最怡人的。阳光下的尼罗河，河面泛着闪闪金光。我这个曾在国内坐等前方消息的人，现在暂时成为了"前线人员"，亲自到前线传达信息。这不能不令人兴奋。

＊　　　＊　　　＊

到了开罗之后，我必须要弄清一个问题：奥金莱克将军或他的人员是否还相信沙漠地区的作战部队？如果他们已经没有信心了，那么就应该让另一个人来代替奥金莱克，只是，让谁来呢？况且，奥金莱克品格过硬、才能卓越，且非常有做事的决心，解除他的职位无疑令人痛心。为了保证自己做出的判断是正确的，我曾敦促南非的史默兹将军速来开罗。他比我先到达英国大使馆，我们后来在那里商谈了一上午，我说了我们所面临的各种困难和我想到的解决方案。下午，我就和奥金莱克见面了，他跟我清楚讲明了当前的形势，并请我在次日接见科培特将军。第二天，我如奥金莱克所愿，和科培特见面。这位十分受总司令器重的将军告诉我，奥金莱克因在开罗有很多的事情要处理，故此想要尽快卸去第八集团军司令的职务。他又说："我会接任他的位置，事实上我在上周就准备好了。"我们从来没想过会是这样，所以听到他的一番话后我相当震惊。用过午餐后，我们见到了从印度赶来的韦维尔将军。我在下午六点召开了一次会议，与会人员有史默兹、凯斯、帝国总参谋长、韦维尔、奥金莱克、海军上将哈弗得、空军将领特德以及其他负责人，会议的主题是讨论中东问题。我们就各种问题进行了讨论，在很多问题上达成了一致意见。不过，整个过程中，我最关心的还是中东司令官的任选问题。

凡是进行人员调动，必定会涉及其他问题，这是必需要考虑的。这个时候，帝国总参谋长就如同我的顾问一样，负责帮助我鉴定将领的品格。正因此，我首先提议由他来总指挥中东军事，我认为他是最适合的人选。布鲁克将军自然也愿意接受这一职务，但他仍需要考虑，因此在第二天和史默兹将军长谈了一个上午。他最后给我的答复是：虽然他任帝国总参谋长仅仅八个月，但他相信他已取得我绝对的信任。但是，他担心如果这种关键时刻将他另调他职，会打乱总参谋部当前有条不紊的工作。另外，劝奥金莱克辞职然后取而代之毕竟是件令人尴尬的差事，他不愿去做，不想让自己的声誉受损。因此，我只能另寻他人了。

亚历山大和蒙哥马利都曾和布鲁克共同作战过，我们由此想到了1940年5月的敦刻尔克战役。负责在缅甸指挥的亚历山大表现卓越，打赢了一场本无望获胜的战斗，令我和帝国总参谋长十分佩服。蒙哥马利同样具有很高声誉。如果决定换人，亚历山大无疑是接替奥金莱克，担任中东指挥的人选。不过，我们必须重视第八集团军将士的感受。他们会不会认为，我们这么做——从英格兰派两名人员去接替在沙漠地区作战过的人员——等于是在谴责他们以及所有第八集团军各级军官们？如果要避免他们这么认为，那么从各方面来说，有着"惩罚者"之称的戈特将军无疑又更适合。所有士兵都忠诚于他，他的声望不是平白无故获得的。然而布鲁克告诉我，当时有人认为戈特过于劳累，需要休息，因此暂不适宜做出决定。看来，我将可以从此番飞行中学习到：在从海绵中挤出来的短期时间内，可以处理哪类事情。

＊　　　＊　　　＊

迈尔斯·兰弗森爵士十分盛情地款待了我，把他装有冷气设备的卧室和书房都给我用了。这两个房间是当时炎热的天气中最让人感觉舒适的，其他方面的条件就难以让人满意了。不过，我们还是停留了一个星期，在那里听取情况，了解意见，并视察了开罗东部的卡赛希区以及一些比较大规模的兵营。我们得知，我们的强大援军正陆续开到这里。

8月5日，我和奥金莱克乘他的汽车，一起视察阿拉曼阵地，我们驱车到了由第九澳大利亚师防守的卢维塞特以西战线的最右侧翼。从那里沿着战线绕到卢维塞特山脊后面，就来到了奥金莱克的总指挥部。这里随处可见重要的军事人员，苍蝇也是随处可见的。我和奥金莱克在一片围有电网的方形地面上解决了早餐。之后，我要求包括"惩罚者"戈特将军在内的所有兵种的军官都前来与我会见。我本来想要了解戈特将军的身体情况的，我听说他太过劳累，身体状况很不好。在和那里各兵种的军长和师长会面后，我想让戈特将军与我同乘车到我的第二个目的地——飞机场，奥金莱克的一位参谋反对我的这一要求，他说这样需多绕道一小时。不过，我坚持我的意见。

与戈特的这次同行，是我与他最后一次见面。道路崎岖，车程颠簸，辚辚之声不时传来。就是在这个时候，我询问蓝眼珠依旧明朗的戈特是否感觉疲惫，并问他，对我委托给他的任务有什么想法。戈特坦诚自己的确感觉疲劳，还说他远离国土已有几年，非常渴望能休息三个月，到英格兰度度假。他同时说明他依旧可以工作，能够担任起新的紧急任务。8月5日下午两点，我在飞机场和戈特别过。两天后的同一个时间，几乎也是我们最后相见的地点的上空，他牺牲了。

到了飞机场，接待我的是负有这一使命的空军少将科宁厄姆。他的上司是特德，他所指挥的是和陆军共同作战的所有空军。他的军事行动对于五百英里的大规模撤退非常重要，若是没有他那边的行动，那场撤退势必得遭受比现在更大的损失才能取得成功。见到他后，我们又飞行了15分钟抵达他的总部。所有主要的空军上校已在那里等候我们，午餐也已准备好了。我可以感到在我们到达时主人非常紧张。午餐的食物都是从谢泼德饭店买的，一辆卡车还在往这里运送开罗的美食。这辆车中途迷路了，幸亏派去的人最后找到了它。

在所有人都异常忧心的情况下出现这么一个愉快时刻，无异于广阔沙漠中发现了一个真正的绿洲。我们很快就觉察到了空军对陆军的批评，同时发现，无论是陆军还是空军，他们都非常震惊我们强大的军队所遭受的挫折。我在当晚飞回开罗并发出了如下一封电报：

首相致副首相　　　　　　　　　　　　　　1942 年 8 月 5 日

　　1. 我刚回到开罗。这漫长又令人兴奋的一天，我是同第八集团军度过的。我们访问或者视察的地方及部队包括阿拉曼阵地、卢维塞特地区、南非以及澳大利亚军队，我在上午会见了奥金莱克，下午会见了特德、科宁厄姆和皇家空军人员，此外还会见了莫沙黑德、莱姆斯登和戈特将军。军队看到我们很愉快，我觉得大家的信心和斗志还是很足的，不过，他们也不明白为什么会屡次和胜利擦肩。我认为必须向内阁提出我的人选建议，我会同时考虑向他们提出允许我视察前方和后方的所有部队的要求。

2. 我正与有智有谋的史默兹将军探讨整个战争情况。当前的形势已经到了一种非常严峻的地步，但是这自然不是军队的错，虽然军队的装备不足，但两者之间的关联并不大。

3. 我有意隐藏我将来的行动，使外人难以捉摸。我非常高兴下议院满意我所作的报告。从这次与此前环境不同的户外经历中，我学到了很多东西。

第二天，即 8 月 6 日，我整日都是与布鲁克及史默兹在一起，我们共同草拟了将要发给内阁的电报。我们当前要解决的问题既涉及某些高官，还涉及这个广大战区的整个指挥机构。一直以来，我都认为"中东"一词用来指埃及、叙利亚和土耳其以及地中海东部沿岸地区等是不适合的，我觉得这些地方都是近东地区，中东指的是波斯和伊拉克，东方则指印度、缅甸和马来亚，远东就是中国和日本。不过，改变名称倒是其次，更重要的是要划清中东司令部的范围。现在这个部门要管方方面面的东西，而整个地区又太广泛。所以，是时候进行改组了。

首相致副首相　　　　　　　　　　　1942 年 8 月 6 日晚八点十五分

1. 在经过了解情况，并和史默兹将军、帝国总参谋长及国务大臣这三位重要人士商讨后，我决定立即采取措施，对最高司令部进行改组。

2. 我的建议是将中东司令部划分为两个独立的司令部：一为"近东司令部"，在开罗设总部，管理埃及、巴勒斯坦和叙利亚；二是"中东司令部",在巴士拉或者巴格达设立总部,管理包括波斯和伊拉克的事务。如此,第八和第九集团军属于前一个司令部,第十集团军则属于后一个。

3. 新设立的中东司令部的总司令由奥金莱克将军担任,这等于保留他的职衔但减弱了他的职权。如此可使得奥金莱克将军与印度军保持联系——印度事务部一直以来都希望奥金莱克有机会可以回到印度指挥。日后,这种调整的重要性也许会更突出。至于韦维尔,他将在有战事时担任印度总司令,这一点须谨记。我完全没想到这项计划后来因受阻而终究未能落实。这也不奇怪,谁又能保证自己能料事如神呢。

4. 将任命亚历山大将军为近东总司令。

5 亚历山大原本负责执行"火炬"计划,将他调离此职位是我所不愿的。从各方面来看,蒙哥马利将军也可以胜任这一职位,故此让他接替亚历山大。

6. 第八集团军将由戈特将军担任司令,不过他要受亚历山大指挥。

7. 将撤销科培特将军的近东司令部总参谋长职务。

8. 将撤销莱姆斯登的第三十军指挥官职务。

9. 将撤销多尔曼—史密斯的副总参谋长职务。[①]

---

① 在此列出军官的名字是为了讲清事情经过,并不意味我对其中的任何一个人有不满。同样,我后来的评论也是如此。我的目的在于陈述让亚历山大将军接替奥金莱克将军所引起的关于指挥官和参谋人员的变动情况

多尔曼·史密斯少将任副总参谋长仅是一天的事情,即在 1942 年 6 月 16 日。图卜鲁格的陷落以及加柴拉战役的失败,都不应由他承担责任。在第一章所描述的战斗里,从 6 月 25 日到 8 月 4 日这段时间内,他担任的是受奥金莱克领导的第八集团军的主要作战军官。我在这一章的时候肯定了第八集团军的指挥工作,也谈到了隆美尔的卓越。——原注

10. 戈特和莱姆斯登的原来职务也需另选人接任，也就是要为第八集团军选两位新军长。在这一问题上，我已有想法，不过最好还是和帝国总参谋长讨论。此外，还有一些下级人员的调动问题，这也需要总参谋长参与讨论，还需要等亚历山大到任后——届时他和戈特也要参与决定。

......

12. 以上就是这边目前所需要做的重大人事变动，因形势严峻紧迫，若能得到战时内阁的及时批准，我将不胜感激。史默兹与帝国总参谋长完全同意这种方针，他们认为，在诸多困难和可供选择的办法中，这样的调整是最适合的。他们希望我转达他们的这一意见。另外，国务大臣也完全同意上述种种。我遗憾地发现，目前中东军队对他们的司令部信心不足。而我确信，我们进行这样的人事调整将会使他们重拾信心，更有动力。我在此必须强调一点：当前的整个中东需要一个新的开始和激烈的行动，以此来给这个庞大而转动不灵的并且多少有些混乱的机构赋予新的生命。战时内阁不难了解这点：8 月或 9 月间对隆美尔作战所取得的胜利，将在"火炬"计划开始之时对北非法国人的态度产生决定性的影响。

13. 我的希望有二：战时内阁能尽早批准我以上所述新决定并通知我；亚历山大能即刻出发——在我和帝国总参谋长前往苏联之前，他必须到这里，我将在周日或者周一启程。最后，从周一开始必须实行所有的人事变动；在不会给前线带来困扰的前提下，变动消息应尽快公示出来。当然，当前必须对一切保密。

对于我突然调整最高司令部，且行事作风之迅猛这一事，战时内阁站在了支持的立场上。他们尤其赞成我调任亚历山大将军，并告知他马上就从英国出发。他们反对我将中东司令部划分为两个独立司令部，因为他们认为目前需要一个统一的司令部，且需要的理由比 1941 年 12 月决定成立它时还要充足。至于由蒙哥马利代替亚历山大在"火炬"作战计划中担任职务这一决定，他们也是赞成的，且已立刻召他到伦敦。他们让我处理上述之外的其他任命问题。

首相致副首相　　　　　　　　　　　　　1942 年 8 月 6 日、7 日

　　提出将中东司令部划分为二这一建议，完全建立在我们觉察到这么做对我们有益的基础上。我们认为，若非奥金莱克将军受战线太长制约，从而导致精力分散到需要照顾的方方面面，那么也许西部的沙漠战役就不会遭遇危险……如果他早愿意接受"专注于利比亚的战术问题"，他本可以直接指挥始于 5 月末的战役。"专注于利比亚的战术问题"这句话明显说明了这么一种情况：受一些根本不重要的任务的影响，事情的轻重缓急颠倒了。而目前，正是这么一种情况影响着我们当前任务的胜败。

　　我们建议划分的两个独立司令部中间是三四百英里的沙漠地带，在横向上，它们只在下面三条线路上有交差：一是土耳其铁路线，我们无法通过该路线运送军队；二是横跨沙漠的汽车路；三是一条绕道阿拉伯半岛的海上交通线，这条需要十四日才能穿过。两个司令部有着各自的独立供应基地……无论从地理角度而言还是从战略角度、后勤角度等角度来看，我们所提的建议都是合情合理的……从根本上来说，我提议划分战区是为了部队更好地和隆美尔抗战，这种突然而全新的改组会给他们注入新活力，从而起到决定性作用。

　　能否果断迅速地击败隆美尔，将决定着我们的最终命运。在这么一种关键时刻，我非常不愿看到亚历山大因分心于边远地区的事务而左右为难。因此，我诚恳希望战时内阁能再考虑考虑这个复杂的问题，同意我的提议。史默兹和帝国总参谋长已经同意了我提出的所有这些

问题的决策。亚历山大业已出发，而奥金莱克又不知晓即将发生的一切，我认为这个时候作出决定是最重要的，因此我必须明天就通知他。

当然，我十分感谢内阁批准我计划中的其他建议，尽管我的同僚们是抱着一种略有担忧的谨慎态度。

战时内阁回复说他们的担忧并没有因我的电报而完全消解，不过，他们最终同意我的提议并将批准相关行动，使他们转变态度的关键是，史默兹及帝国总参谋长当时也在场。同时，他们明确指出，让奥金莱克将军担任波斯和伊拉克的战区司令后不宜还保留他中东总司令的头衔，因为那样将会导致混乱。我觉得所言极是，因此接受了他们的忠告。

*　　　*　　　*

8月7日，第五十一苏格兰师一到达，我便访问了他们。我在大使馆用过晚餐后上楼，偶遇的雅各布上校跟我说："倒霉的戈特。"我询问出了何事。"今天下午飞往开罗的途中，他的飞机遇难了。"我感到痛心疾首。一位优秀的将领牺牲了，而我已决定好了要任命他为最直接的战斗指挥，让他负责即将来临的一场战役。

我所有的计划都因此需从长计议。原本想着将奥金莱克调离最高统帅部，然后让威望十足且沙漠作战经验丰富的戈特将军到第八集团军司令部，由此平衡力量。与此同时，因为任命亚历山大为中东战区的总指挥，严峻的形势也会得到缓解。然而现在，一切都乱了，怎么办？

首相致副首相　　　　　　　　　　　　　　　　　　1942 年 8 月 7 日
　　戈特因飞机被击落而牺牲了。我十分痛惜。

由谁来代替戈特呢？答案很显然。

首相致副首相

　　史默兹与我都认为必须立刻填补第八集团军统帅的空缺，而帝国总参谋长已果断推荐蒙哥马利，请尽快用专机送他上任，并在他到达后就通知我。

　　8月7日上午11点15分，战时内阁可能是在对我当天发的，刚被翻译的电报进行集体商议时收到一位秘书送去的另外两封电报。这两封电报也都是我写的，比较早发出的一封讲的是戈特已阵亡一事，后发的一封讲的是我要求马上让蒙哥马利前来。后来我听说，那个时候，我在唐宁街的朋友都十分悲痛。不过，他们亦如以往一样，表现得十分坚强，毕竟他们遭遇了太多这样的时刻。会议照常进行，讨论持续到了第二天黎明，他们最后都同意了我的主要提议，并且对蒙哥马利下达了相关命令。

＊　　　＊　　　＊

　　在给战时内阁发去关于戈特死亡的电报时，我同时在电报中提出了一个要求：我们打算让蒙哥马利代替亚历山大的这一消息，不要透露给艾森豪威尔。但是我的要求提出得太迟了，他们已经把消息透露出去了。计划又被打乱了，这意味着"火炉"计划也会跟着乱套，准备工作进一步被影响。亚历山大本来已被选为英国第一集团军的指挥官，他已经开始和艾森豪威尔并肩作战，为促成那项伟业而努力。他们的关系仍如以往一样和睦友好。如今，亚历山大不得不为了中东的事业而离开他。在这件事情上，我对艾森豪威尔是有歉意的。我让伊斯梅替我向艾森豪威尔传达了这一歉意并说明我们迫不得已这么做的理由——当前的战争形势要求我们必须这么做。在与艾森豪威尔的谈话中，伊斯梅对其作为战地指挥官的才能和品质给予了充分的肯定。蒙哥马利也几乎是在同时快速赶到了艾森豪威尔的司令部，他当时甚至不顾这种情况下该有的礼仪——一般说来，执行同一个任务的不同国家的军队指挥官会面时要遵循各种程序。

不过，第二日，即 8 日的早晨，艾森豪威尔仍是接到了必须让蒙哥马利即日飞往开罗担任第八集团军指挥官的命令。又是伊斯梅来完成这项任务的。有肚量、且一向实事求是的艾森豪威尔在这件事情上表现出了冷静及其顾大局的处事能力。尽管如此，他还是感到有些疑惑——让他在如此大规模的战事中担任要职，却又在这两天之内做了两次变动。如今，他要迎来第三位负责指挥英军的将领了。"在'火炬'计划上，英国人到底是否认真谨慎？"他向伊斯梅提出了这么一问。他这么问当然也是可以理解的。但是，戈特的牺牲已成定局。任何一位真正的军人也都应该正视这么一个事实。戈特的职位，将由安德森将军受命接任。蒙哥马利与伊斯梅同往飞机场，准备赴任，在一个多小时的飞行中，他从伊斯梅口里知悉了为何要进行突然调整的原因。

从他们的谈话中还流传出一段未被证实的故事。据说，蒙哥马利谈起了一个军人，说他是如何历经危险和历练才功成名就的。这个军人全身心地扑在军务上，无私奉献，无怨无悔。只用了很短的时间，他便得到了幸运女神的眷顾，屡立战功，得到晋升。在后来担任军队的指挥时，他因为战绩显赫，更是闻名于世，成为街头巷尾都在谈论的传奇。但是，本眷顾他的命运之神突然来了个大转弯，让他所有成就因一次战斗而烟消云散。虽然错不在他，但他的名字已列入长长的记录军事战败的史册中。伊斯梅安抚蒙哥马利道："你也不能这么悲观消极地看待一切。中东正在集结一支强大的军队，毫无疑问，你肯定不会发生什么不测。"汽车里的蒙哥马利大声回答他："啊！你说什么呢！我讲的是隆美尔！"

* * *

8 日的一整天，我都是和义勇骑兵师在一起的。

这支军队驻扎在卡赛希公路沿线上，他们实力非常强，可惜迄今都没上过战场和敌人真正对抗过。两年来，他们一直在中东待命，主要是在巴勒斯坦待命。他们此前缺少与战斗能力相匹配的武器装备，如果有的话，他们一定会是一支极其优秀的军队。不过，他们现在也终于要上战场了，到前线的后方去战斗。在他们将大展身手的这种时候，我们为了给前线部队补充兵力和提供更多的装备，却不得不调走他们所有的坦克。对这支斗志昂然的部队来说，我们这么做无疑给他们当头一击。我走访了每个旅，跟每一批军士（每批约二三百人）解释我们这么做的缘由。事实上，我同时给他们带去了好消息——三百辆"谢尔曼"坦克正从红海运过来，他们这个师有望在半个月内获得当时最强大的装甲车。我还跟他们叙说了在图卜鲁格陷落的第二日的早晨，我和总统以及马歇尔将军在一起的桥段——

当时，美国第一装甲师非常想拥有这些"谢尔曼"坦克，但是，他们一接到保卫亚历山大港、开罗和埃及的命令后，却说把这个机会让给我们，于是便马上调出了这些坦克。也许可以认为，他们所说的这个机会的确使我们能够保卫那些地区，不让敌人占领它们。这批坦克，最终一定属于义勇骑兵师的，他们届时一定是世界上第一流的装甲部队。

我觉得我所讲的这段故事鼓励了这支部队。

前往开罗的道路崎岖不平，在经过漫长的行驶后，汽车于下午五点前把我带到了市内。

＊　　＊　　＊

我现在必须把已解除奥金莱克的指挥官一职这一消息告诉他本人。以往的经验告诉我，最好用写信的方式通知别人这种坏消息，而不要口头告知。这次，我让雅各布上校充当信使。他带着我写的下面这封信去了奥金莱克的司令部。

开罗

1942 年 8 月 8 日

亲爱的奥金莱克将军：

1.你在6月23日发给了帝国总参谋长一封电报，其中提到你将要辞去战区指挥官的职务，让亚历山大将军接替你。你这个无私的建议当时未被当局采纳，是因为当时我们的军队正处于水深火热之中，而且，你在那个时候进行的军事行动正是按照我5月20日发给你的电报中所主张的建议，这是我一直以来都希望你做的。在你的有效指挥下，战争形势得到了控制，目前已经稳定。

2.战时内阁现在决定进行改组，依据的理由正是你所提到过的。我们的打算是：从目前的中东战区划分出波斯和伊拉克；改任亚历山大将军为中东指挥官；改任蒙哥马利为第八集团军统帅；改派你负责总部设在巴士拉或巴格达的，范围比中东战区小的伊拉克和波斯战区，指挥包括第十集团军在内的部队。虽然你目前负责的这个战区小，但是，几个月后的敌我决战很可能发生在该区。另外，支援第十集团军的部队正在路上。鉴于你熟悉这个战区以及如此安排可使你继续保持和印度方面的联系，我才做了这样的调整。但愿你能发扬你一直以来都具备的舍己为公的精神，支持我的主张，听从我的命令。亚历山大已在路上。若是敌人的行动没有突变，我希望下周初能在西部战线最顺利而有效地办理职务交接。

3.如果你愿意且时间方便的话，我们可以随时见面。我是很期待的。

相信我！

你真诚的

温斯顿·丘吉尔

另：委托雅各布上校送去此信的同时，我也让其转达我对戈特将军的突然牺牲表示沉痛的哀悼。

我还将所有情况都告诉了总统。

前海军人员致罗斯福总统　　　　　　　　　　1942 年 8 月 8 日

英国参谋长委员会从伦敦发了一封电报给华盛顿的参谋长联席会议，该电报主要讨论的是早日执行"火炬"作战计划的问题。我想你也看过这封电报了。对于电报中提到的事情，我坚定地认为它非常重要，我们应该付出超乎寻常的努力以促成它。当前，每一天都异常宝贵。我非常希望艾森豪威尔能够出任"火炬"计划的盟军总司令，因此专门给伦敦发出了一封电报。事实上，他现在正与英国高级军官并肩奋战……

我当前在忙的事情是最高统帅部的人员调整，我们必须进行改组。我已命令奥金莱克负责从中东战区划分出来的伊拉克和波斯地区，他原来的中东总司令一职将由亚历山大继任。我原本已任戈特将军为受亚历山大指挥的第八集团军的司令，但戈特昨日牺牲了，我提议由蒙哥马利将军接替他。所有这些改动将能大大集中我们的行动力。法国人对"火炬"计划所持有的态度，也有可能因为我们在这里获得的成功而改变。

雅各布晚上回来了。结果表明，这次调动对奥金莱克来说是个打击，虽然他当场表现出了军人应有的气节，但他根本不愿意接受这次任务调整，还打算第二天来见我。

雅各布在日记中写：

首相已经睡了，但六点他就会醒，我必须想办法尽快告诉他我和奥金莱克将军的谈话。帝国总参谋长也在……首相现在一心就想着两件事，一是打败隆美尔，二是让亚历山大将军全权负责西部沙漠的战役。他无法理解有些人在沙漠发生重要情况时不亲自去处理，却能安心地待在开罗。他和别人反复讨论这个问题，想要所有人都想他所想，做他所想。在来回的踱步讨论中，他常喊："隆美尔，隆美尔，隆美尔，隆美尔！还有比打败隆美尔更重要的事吗？！"

8月9日上午，我和帝国总参谋长以及刚到的亚历山大将军共进早餐。奥金莱克到达开罗是中午之后的事，我和他长谈了一小时。整个谈话过程就像白开水一样，没什么味道，也没什么可挑剔的。

以下是有关这次谈话的我的一封电报：

首相致伊斯梅将军　　　　　　　　　　　　　1942 年 8 月 10 日

……奥金莱克将军不想担任伊拉克—波斯战区的司令……但我坚信他是最适合这个职位的，我让他再考虑几天。逼迫他接受是不恰当的，我不会这么做，但我恐怕他再考虑也不会决定出个所以然来。有这样的担心是因为，我看到他虽然以军人庄严的态度接受了最近的这次打击，但他实际上还是有些伤心的。

伊拉克和波斯合成一个独立战区这件事，有关军事当局还在研究，一旦敲定，意味着一些行政变动也会发生。此间，三军参谋长若能就此事提出最好的建议或者方法，我将非常高兴。不管怎样，帝国总参谋长和亚历山大将军同意我的主张，认为目前最好就这么划分战区。另，史默兹将军已回到南非……

我于同一天写了下面一封信给奥金莱克将军：

我打算在回国途中的 14 日或者 15 日，于巴格达专门召开一次会议，讨论设立伊拉克及波斯战区的独立机构问题……

如果你能如我所愿，承担起我所期望你能担负的艰巨任务——我认为你的确适合它——那么希望你届时能参与会议，即在巴格达与我相见。当然，在此之前，相关的职位交接工作必须已经处理好。

当晚，我与来见我的亚历山大将军共同拟定了指挥人员调整的最后决策，以下是我发给伦敦方面的有关详细报告：

首相致伊斯梅将军，并转有关人员　　　　　　1942 年 8 月 10 日

1. 戈特将军已牺牲的消息，你应立即宣布。

2. 我在 8 日的信件中告知了奥金莱克将军有关决定，第二天，即昨日，他来见我了。自 9 日起开始进行工作交接，必须三日内完成——亚历山大将军要求延长几天的话就再说，不过他不大可能提出这个要求。亚历山大将会在移交手续完毕后通知你，届时你要发出形式大概如下的一个公告：

（1）已下令亚历山大将军接替奥金莱克将军，担任英国中东部队的指挥官。

（2）已下令蒙哥马利将军接替里奇将军，担任第八集团军的指挥官。

（3）已下令迈克里里将军担任亚历山大将军的参谋长。

（4）已任命痊愈的莱姆斯登将军代替已牺牲的戈特将军，担任第三十军军长。

3. 除非收到了有关报告，得知亚历山大将军已接任成功，否则必须严格保密消息。另外，新闻大臣应该事前私底下向报社负责人或（和）编辑透露最高指挥部进行重大人事变动的消息，跟他们说明我们这么做是为了尽可能鼓舞西部沙漠部队。与此同时，国务大臣也应该采取相似的做法。

……

7. 以下是我给亚历山大将军做出的指示，这些指示已通过帝国总参谋长的批准，它们同时非常符合亚历山大的心意：

"（1）你当务之急是尽早打败隆美尔指挥下的德意军，摧毁他们在埃及和利比亚的所有供应和设施。

（2）关系到英国利益的属于你战区内的其他任务，也是你该做的。在不妨碍执行上述首要任务的前提下，你还应该亲自指挥去完成或督促完成这些任务。"

虽说在后面的战争中，我们肯定还会依据形势改变这项命令，但是就当前而言，我认为必须专心致志，集中在一个目标上使力。

亚历山大的回信在六个月后才发出。我将在后面合适的时候陈述此事。

第四章　莫斯科第一次会谈

我的莫斯科之旅——我与哈里曼先生结伴——穿过高山到德黑兰——波斯国王的夏宫——举行会议讨论横贯波斯铁路的问题——从德黑兰到莫斯科——里海和伏尔加河——抵达莫斯科——国家别墅七号——在克里姆林宫和斯大林会谈——阴暗的开端——"1942 年不开辟第二战场"——激烈的言辞——一个阴暗背景的产生——我介绍"火炬"计划——我画了一只鳄鱼——"愿上帝护佑此事"——斯大林的深刻领悟力——漫长的一天结束了

待在开罗的那段时间，我已经进行前往莫斯科的准备工作。8 月 4 日，我发电报给斯大林：

首相致斯大林主席　　　　　　　　　　　　　1942 年 8 月 4 日

我们预计某天会离开这儿前往莫斯科，途经德黑兰的时候会停留一会儿，不过预计第二天到达。

旅行途中的部分安排还待定，需等你们的空军当局与我们在德黑兰的空军方面协商。我希望在各方面都可以得到你们空军的协助，也希望你就此作出指示。

我已经向你透露过可能的日期，但是具体何时未能确定。

我非常希望看到，在将要进行的会谈中，美国人能发挥积极作用。

前海军人员致罗斯福总统   1942 年 8 月 5 日

希望你能支持并赞助我与斯大林的商谈。我可以与艾夫里尔结伴
而行吗？我对于即将面临的这项任务一点经验也没有，也许大家一起
去做可以使事情简单易办。麻烦你把你的回信另寄一份到伦敦。我现
在就是要掩饰我的行踪，使别人难以摸透。

罗斯福总统致前海军人员（在开罗）   1942 年 8 月 5 日

我要求哈里曼尽快赶赴莫斯科。我赞同你的想法并立刻告诉斯大
林，根据他和你的反馈，哈里曼会协助各方面工作进行。

我和哈里曼先在开罗会合，再结伴前行。

＊　　　＊　　　＊

8 月 10 日晚，我们和各个知名人士在开罗大使馆用餐。深夜，我们——
包括帝国总参谋长、会说俄语的韦维尔将军、空军中将特德和卡多根爵士
等人——搭乘三架飞机前往莫斯科。我和艾夫里尔·哈里曼搭的是同一架
飞机。飞到库尔德斯坦山脉附近的时候是清晨时分，天气晴朗，范德克路
特十分兴奋。飞机接近高低起伏的高原了，我问他打算以怎样的高度飞越。
他回答九千英尺就可以了。可是，我从地图上发现了高度达到一万一两千
英尺的山峰；远处甚至有一座特别高耸的山峰，达到了一万八千英尺或两
万英尺。若是不突然飞进云层，就可以平安绕过丛山；在我的要求下，飞
机飞到了一万两千英尺，于是我们不得不吸氧。飞机在上午八点半左右准
备在德黑兰机场降落，在飞近地面时，高度测量仪显示高度为四千五百英
尺，我留意到这个情况后说："我建议你在下次飞行之前调一下它。""德

黑兰机场的海拔高于四千英尺。"范德克路特这么回答我。

在机场接待我的是英国驻德黑兰公使里德·布拉德爵士。他是一个不列颠人，身材健朗强壮，虽然长时间在波斯工作，但他并无异心。

日落之前，我们应该无法穿过厄尔布鲁士山北部山脉，于是波斯国王邀请我们去他的宫殿，我们便在他的宫殿里享用了晚餐。这个坐落在险峻山峰上的宫殿，周围都是高耸的树木，里面有一个让人喜爱的游泳池。这个季节的山峰，粉色和橙色相衬，十分耀眼夺目。在上午观看过这些灿烂雄伟的山峰过后，我下午便参加了一场长时间的会议。该会议在英国大使馆的花园里举行，参会人员还有艾夫里尔·哈里曼和英美双方的铁路高层，会议通过了一个决议：由美国全盘接收英国某家公司的一项卓绝的工程项目——新建的一条横穿波斯的从波斯湾到里海的铁路。该铁路路线途经多个山谷，共计有三百九十座巨大桥梁。哈里曼表示，总统会全权负责充分发挥它的作用，而且愿意以我们无法与之相比的数量，提供火车头、车皮以及部队技术人员。我提出，若允许我们在军需方面优先享有使用权，我不反对由美国接替管理。这里，似乎只要是波斯人都有汽车，并且长按喇叭，德黑兰市因此炎热而又喧嚣。为躲避这喧闹，我睡在了高于城市大约一千英尺的山林里，英国大使馆的消暑别墅就建在那里。

第二天，即8月12日星期三，我们于清晨六点半再次启程。我们的飞机经过大不里士的溪谷时渐渐攀升，再由北面飞向里海的昂扎里港。为了躲避云层和高峰，当飞越第二条山脉时，我们的高度已经达到一万一千英尺。共乘的护送人员是两名苏联军官，苏联政府负责我们行径的路线和安全到达。山被大雪覆盖了，从西面向东面发出一片光芒。此时，我发觉只有我们的飞机在飞。无线电传来报告，载着帝国总参谋长、韦维尔、卡多根等人的另一架飞机——引擎出现了问题，正返回德黑兰。经过了两个小时，里海出现了，紧接着是昂扎里港。我从不知道里海是怎样的，可是记忆中，二十五年前，陆军大臣接管了一支海上舰队，这片泛蓝的、和平的海域曾被这支舰队管辖了一年。飞机渐渐飞向地面，我们可以不用吸氧了。西海岸的巴库和巴库油田若隐若现。德军进驻在里海附近，为了避开斯大林格勒和战区，我们选了途经古比雪夫的路径。因此我们很接近伏尔加河三角洲。远远望过去，苏联的土地上是一望无垠的褐色平原，荒无人烟。整整齐齐的耕地随处可见，从中可见国营农场的样子。宽阔漆黑的沼泽蜿蜒盘旋，蜿蜒曲折的伏尔加河闪闪发亮。时而可看到笔直的大路，就像直尺那样，宽阔的地平线从这端延伸到另一端。看了约一个小时，我从炸弹舱摸索着回房舱休息了。

为什么要到这个阴险但正处于悲惨境地中的布尔什维克国家去？我一直在思考着我此行的使命。在没有希特勒之前，我认为这个国家和现代文明是对立存在的，我曾在这个国家诞生之时想要扼杀它。如今，我要在这个国家的人民面前做什么样的发言，才能体现出我对他们的责任？韦维尔将军把我的发言组织成了诗歌的形式，还以他的文学习惯，把这首诗的每一节的末尾一句都写成"1942年不开辟第二战场"。我觉得这无异于往北极运送一个大冰块。我的想法是：亲口告诉他们真相，和斯大林坦诚相待，才是我此行的职责所在。也就是说，我不能依赖电报和信差。我要用亲自到场来表明我们关心他们幸福与否，表明我知道他们的付出和努力在整个战局中的重要意义。这和我们之前对待他们的态度是不同的。此前，即在他们还没遭到德军侵犯的时候，他们对身处国破族亡之势的我们坐视不管，反倒趁势和希特勒瓜分我们在东方的殖民地，一副非常得意的样子。他们做出如此恶劣的行为，我们自然相当仇恨。

虽然风和日丽，但我无心看风景，只想赶快去到莫斯科。我打算直飞莫斯科，不从古比雪夫绕道了。只是，我又担心如此就错过了苏联人对我们的热烈欢迎以及一次隆重的宴会。五点的时候，我们在飞机上遥望到了莫斯科市内建筑的尖塔和圆顶。飞机照着原定的航线绕城而飞，沿线所有炮台都得到了有关通知，所以我们最后安然无恙在飞机场上降落。在这次大战没有结束之前，我后来又到访了这个飞机场。

莫洛托夫带领着一批苏联将军和各国外交使团迎接了我们，当然，在这种场合，摄影记者和新闻记者是不会缺席的。此外，我还检阅了一支穿着华丽的庄严的仪仗队，他们的军人礼节表现得十分到位。在仪仗队演奏三大强国——它们的团结已决定了希特勒的必然灭亡——的国歌后，便进行分列式，这时，我由人引导，来到扩音器前做简短发言。我致词完毕后，轮到代表美国的艾夫里尔·哈里曼致词。哈里曼被安排住在美国大使馆，我则被安排住在"国家别墅七号"。

"国家别墅七号"在莫斯科近郊，与城中心相距八英里，莫洛托夫先生用他的汽车把我载了过去。莫斯科街头看上好像空无一人，我想打开窗透透气，然后我惊奇地发现车窗玻璃相当厚，是我从所未见过的厚，竟有两英寸。"部长说这样比较安全保险。"译员巴甫洛夫告诉我。汽车又行驶了半个多小时，然后我们到达了"国家别墅七号"。

＊　　　＊　　　＊

这里的装饰十分豪华，也只有极权国家才会有这样的奢侈。他们派来服侍我的是一个副官级别的人员，他高高的个子，穿着华丽。直觉告诉我，这个人是沙皇政权下的贵族家庭出身。他虽然是一名侍从，但也好像我们的东道主一样，对我们的招待无微不至，且态度十分谦和。服务我们的还有一些穿着白上衣的人，他们时常面带微笑，还很会觉察客人们的想法并做好服务，看起来十分老练。各种美酒佳肴被摆放在餐厅内的长桌上和食橱中。我想，只有拥有至高无上的权力的人才能碰它们。

陪同我的人带着我先是经过了一间很大的接待室，然后去了一间卧室，里面有几乎同等大小的一间浴室。电灯的灯光耀眼至极，看上去没有一尘一灰。浴室内有冷水，也有热水，什么都准备好了。在炎热的天气中飞了那么久，一次热水澡正是我早就梦寐以求的。然后我发现，这里的冷热水并非分别由两个不同的水龙头流出，而是经由一处同时流到浴盆中，中间也没有塞子，然而出水后的温度却恰恰合适。我还发现，洗手也不必把水盛到盆里后再洗，直接在流水下洗便可。我在家的时候，偶尔也会用这种洗法。如果不缺水，这样当然是最省事的。

沐浴过后，有人将我们带到了餐厅。各种美酒佳肴摆在眼前，其中不乏来自法国和德国的好酒，鱼子酱和伏特加自然是不可或缺的。但是，我们根本没有心情消受这些。而且，我们也要赶着回到莫斯科城内，因为我此前已告知莫洛托夫我想会见斯大林，他把时间安排在了当晚七点。

我在克里姆林宫第一次会见了斯大林——一位伟大的革命领袖，一位深谋远虑的苏联政治家，同时是一位足智多谋的战士。此后的三年，我们一直保持着密切而严肃的关系。在这种关系中，我们的相处有时是激烈的，但时而也会有和睦的亲切。由于布鲁克、韦维尔和卡多根乘坐的另一架飞机没有到达，出席这次持续了将近四个小时的会谈的人员，只有斯大林、莫洛托夫、伏罗希洛夫以及哈里曼、我们的大使、译员，还有我本人。不过，我在此的叙述，仅以我们所保存的记录、我当时发给国内的电报以及我本人的记忆为根据。

在前两个小时，会谈气氛十分阴沉。我一发言就提出关于第二战场的问题。我说明，我愿坦诚相待，也希望得到斯大林的坦诚相待——把真实想法说出来。我之所以来到莫斯科，正是因为他确信我们可以讨论现实问题。在伦敦时，我曾跟到访的莫洛托夫透露，我们正在策划如何在法国牵制住敌军。我当时还向他说明，我不能保证1942年的行动计划一定会付诸实践，我还特此给他写过有关这点的一封电报。在这之后，针对这个问题，英美双方还进行了周详的评估并得出结论：他们不能在9月份——从天气角度而言，这个月份已经是最晚的时间了——发动大规模的战役。不过，两国政府打算把这一行动的时间推到1943年。关于这一项计划，斯大林先生也已知道了。如今，为了实行这个计划，已决定1943年春天时在联合王国的集合地点齐集一百万美国军队。届时，这些士兵将作为远征军，被编成二十七个师。而英国政府还打算补充二十一个师到这支远征军中。我们打算给这支军队的近一半兵力配备装甲武器。目前已有两个半美国师到达联合王国集合点，接下来的 10 月、11 月和 12 月将会运送剩余的大部分兵力过去。

对于 1942 年的苏联来说，这个计划毫无用处。我向斯大林坦诚了这一点，接着说："想到在我们 1943 年的计划将完成时，德国会在西欧建立起一支更强大的陆军……"斯大林这时皱了皱眉，但没有插话，我便继续说："我有反对 1942 年进攻法国海岸的充分理由。我们目前所拥有的登陆艇，只够运送六个师以及他们所需要的供给，也就是只能在设防的海岸进行一次登陆战。如能登陆成功，以后当然可以将更多的兵力运送过去，但是登陆艇却是个难题。联合王国现在正抓紧制造更多的登陆艇，美国在这方面更是十分着急。今年若能运送一个师，明年就可以运送八个乃至十个师的兵力。"

从斯大林阴沉严肃的神情来看，我的论据好像未能说服他。他接着问了我一个问题："无法进攻法国海岸的任意一段区域吗？"我指着一张地图告诉他，真正横渡海峡的区域可以用空军掩护，其他区域要想有掩护很难办到。他似乎略过了这一问题，转而询问战斗机航程方面的问题，诸如"它们能不能往返飞整日"。我回答说："往返飞没有问题，但飞这么长这么久，就无法投入战斗了……唯有进行彻底的掩护，才算是有效的空军掩护。"他接着说，在法国的德军没有一个师有战斗力量。我极力反驳他的这个观点，解释说，在法国的二十五个德国师，属于第一线的就有九个。他摇了摇头。我表示："帝国总参谋长和韦维尔将军与我一同来到这，就是为了和苏联参谋长深入探讨这类问题。毕竟，在这类问题上，政治家的讨论是有局限性的，超越了局限就无法继续谈论了。"

斯大林的样子更加阴郁了。他说，在他看来，我们的立场就是：不可能用大量兵力来开辟第二战场，甚至，派出六个师来登陆都不愿意。我回答大意是：的确如此。我们可以派六个师去登陆，但这么做会对计划在明年发动的大规模战役有很大的影响，结果是有害无益。战争不是胡闹，不能在战争中引发无益于任何人的灾祸，那样做太无知了。我只怕到时我带来的是坏消息。而如果苏联能从我们的另一种行动中获得好处——我们投入十五万到二十万的兵力，可使在苏联战场上的大量德军撤离——那么，我们一定会采取这个行动，不会害怕遭受损失。相反，如果一项行动无法让德军从苏联战场撤出一个兵，而且还会损害到1943年的计划，那么这个行动就是错的，而且是大错特错。

斯大林有些紧张，他说他关于战争的一个观点是：没有冒险精神，就无法打败敌人。他很纳闷我们为什么要如此恐惧德军。他接着说：军人打仗自然是要有流血牺牲的，而军队的牺牲恰好透露了军队的实力。我举了一个例子：1940年的时候，希特勒的部队正处强盛之势，而英国当时经过训练的军队只有两万，另有二百门大炮和五十辆坦克，然而，当时希特勒却没有攻打英国。我问斯大林这是为什么。我说，这是因为横跨英吉利海峡是个大难题，希特勒也害怕这类型的战斗。斯大林说，这种类比不妥当。希特勒攻打英国，那只有英国人民在进行抵抗；而如果英军登陆法国，那么他们将会得到法国人民的帮助。我指出，重要的是防止在我军撤退后希特勒报复法国，而且要避免我们1943年的大规模战役中所需的法国人力被消耗。

谈到这里，所有人都沉默了，气氛十分沉闷。最后，斯大林表示，如果我们心意已决，那么他也无权要求我们今年在法国登陆，他也不再坚持。只是，他无论如何不赞成我的观点。表明最后一点的时候，他态度十分坚决。

* * *

我觉得说服他的最好方法是引导他把眼光放向南方，让他弄清这些问题：什么叫"第二战场"？它是否仅仅意味着在英格兰对面的设防海岸进行一次登陆？是否可以用其他大规模的形式执行这次军事行动，使它有利于共同事业？为此，我打开了一幅南欧、地中海和北非的地图。我想向他说明明年那场大规模战役的大概情况，于是举了个例子：如果我们集中兵力于不列颠，那么就有希望做到将敌军牵制在加来海峡，同时在其他地方展开攻击——诸如卢瓦尔河、奇龙德河或者斯卡尔特河一带。然而斯大林担忧无法真正落实这一计划。我回答说，让一百万人登陆的确存在困难，但我们也要尽力试一试。

接着谈到轰炸德国的事情，这部分的讨论令众人满意。关于打击德军斗志的重要性，斯大林说他极其重视轰炸德国，他同时表明，他深知我们当前对德军的空袭所具有的重要意义。

这番讨论缓和了此前的紧张气氛。然而，在这段长时间的讨论后，斯大林却产生了一种误解，他认为，"痛击"计划以及"围歼"计划都不是我们真正打算执行的，我们决定轰炸德国也不过是在敷衍搪塞。这无疑是最糟糕的误会，我决定先解除这一误会，同时营造一种有利于我说明那项计划的氛围。所以，我先不管双方之间的那种不和谐，而是直言说，共患难的朋友之间应该坦诚相待，如今我们的会谈却处处都是客套的礼节。

*   *   *

现在该谈谈"火炬"作战计划了。我说，我就是为了1942年的第二战场问题才来到这里的，我现在要回头谈这个问题。我的想法是，除了可以在法国，还可以在其他地点开展这么一次战役，因此英美双方已经做了另外的决策。我现在要做的，就是在美国总统的授权之下告诉斯大林这个计划。我说明一定要对此保密。正襟危坐的斯大林这时笑了起来，他说，希望英国报纸还没有透出一点风声。

在我言简意赅地介绍"火炬"作战计划时，斯大林一直饶有兴趣地听着。然后他问了第一个问题：对这个行动，西班牙和维希法国会作出什么反应？稍后他又说，他认为这一计划从军事角度而言是对的，但从政治角度而言，他恐怕会影响到法国。他特地询问了计划落实的日期，我说我和罗斯福总统争取在 10 月 7 日落实行动，最迟不会超过 10 月 30 日。听了这个回答，在场的三位苏联领导人似乎得到了极大的安慰。

然后，我还谈到了下述问题：解放地中海之后，我们还可以在那里开辟别的战场，这是一大好处；9 月份我们要争取埃及战役的胜利，10 月份要争取北非战役的胜利；必须时刻牵制法国北部的德军；今年年底我们若能成功占领北非，意味着希特勒的欧洲腹地将会受到威胁；应该明确，这次战役与 1943 年的战役是相辅相成的。最后我说，我们和美国人决定进行的战役就是这样的。

我在纸上画了一只鳄鱼，然后借此向斯大林说明我的论点，也就是我们的意图：鳄鱼的硬鼻子要打，它的柔软腹部也要打。斯大林这时心情极好，他回答："但愿上帝护佑此事。"

我着重表明了我的这一态度：我们愿意缓解苏联方面的战争压力。接着我说：但是，攻打法国北部，那里的敌人会进行反击，如果换成在北非攻打敌人，不仅获胜机会更大，也有益于欧洲。此外，攻下北非意味着希特勒只能调回他的空军——如果他不这么做，他的盟国军队，比如意大利军，将会被我们摧毁，我们届时还可以登陆作战。一言以蔽之，对土耳其以及整个南欧来说，北非一战都具有重大意义。现在，我唯一担心的就是敌人比我们先采取行动。我们的会谈出现了转折——在谈到今年攻占北非会在明年打击到希特勒之后。

斯大林这时说了可能遇到的各种政治难题。法国会因为英美联手攻夺"火炬"计划地区而产生误会吗？英美双方采取什么方式做戴高乐方面的工作？我说，我们目前还不想让他参加这次战役。因为，维希法国不太可能和美国对抗，但却可能和戴高乐分子对抗。我的论点得到了哈里曼的有力支持，他讲述了李海海军上将的观点以及印证了的从"火炬"地区各处发来的情报，且这些情报已得到总统的信任。

*　　*　　*

斯大林这时好像意识到了"火炬"计划的各种战略优点，并说出了四项：其一，可在隆美尔的背面发动袭击；其二，将对西班牙造成威胁；其三，使得法国成为德军和法军的战场；其四，会迫使意大利首当其冲。

他的这四点领悟让我深有感触，这表明，这位苏联的专权领袖对此前他一直怀疑的问题，已经有了深深的理解。我们争论了几个月的理由，少有人能在几分钟内吃透，而他在一瞬间就理解透了，而且是全部理解。

不过，还有第五个理由——可缩短地中海的海程。我补充了这一点。斯大林怀疑我们能否通过直布罗陀海峡。我回答说当然可以。接着，我告诉他我们埃及司令部的改组详情，又向他表明，我们有决心于8月下旬或者9月份在那里和敌人进行一次决定性战役。莫洛托夫最后询问"火炬"计划到底能否在9月实行。虽然他还有怀疑，不过总的看来，他们对这一计划是明显支持的。

我接着谈到法国士气不足的问题，我说应该给他们打打气。马达加斯加和叙利亚两个地区事关重要，法国人是知道的。看到美国军队加入后，法国也会加入我们这边。佛朗哥将会被这次战役吓到。届时法国人也可能立马被德国人恐吓说："交出你们的舰队和士兵。"如此，维希和希特勒之间就会出现裂痕和对立。

我还谈到了将英美的联合空军调到苏联军队南翼的好处——既可以保卫里海和高加索山脉，还可以在此和敌人进行一次常规的战役。不过，我没有详谈细节，因为在此之前，我们先要获得埃及战役的胜利。况且，我们也不清楚美国总统对他们空军参与战斗做什么样的具体安排，无从详谈。不过我表示，斯大林若是也同意此计划，我们就该制订具体方案了。他说，他十分感谢我们进行这样的援助，不过要好好研究下具体地点以及其他问题。我迫切想要实行这个计划，因为这意味着英美空军和德国空军之间将会有一次激烈的交战，这等于为我们获取制空权制造更有利的条件，而不给加来海峡带来什么灾难。

接着，我们围绕着一个大地球仪进行讨论。我告诉斯大林，消灭掉地中海地区的敌人对我们大有好处。最后我跟他说，只要他愿意，我可随时来拜访。他回答说，主随客愿是苏联的习俗，如果我愿意前来，他随时准备接见我。他已明了最糟糕的情况。不过，大家分别之时，双方之间的气氛还是和睦友好的。

在四个小时的会议过后，我还要经历一个半小时的车程才能回到住所。到达"国家别墅七号"时已是午夜过后。虽然十分劳累，但我还是口述了一封电报，让人发给战时内阁和罗斯福总统。在口述电文时，我感觉到坚冰已破，道路已通，人情关系建起来了。我美美入睡，第二天迟迟才醒。

第五章　与莫斯科建立了关联

与莫洛托夫的会谈——舒适惬意的国家别墅——同斯大林的第二次会晤——他埋怨军需供应不足——他要求盟国付出更多——我的回应——谈判进行得很吃力——高加索山脉形势的问题——斯大林的备忘录——我在 8 月 14 日给予答复——克里姆林宫 8 月 14 举行宴会——一段友好的插曲——我们谈起以前有过的争论——"过去的事应该交给上帝"——两国军事参谋人员会议召开失败——布鲁克将军担心高加索山脉的形势——8 月 15 日，我告别了斯大林——他坚信高加索山脉不会被敌军占领——他邀请我参加临时宴会——莫洛托夫也到场——六小时的会谈——斯大林谈论集体农庄政策——英苏联合公报——到达德黑兰——我给战时内阁和罗斯福总统的电报——我受到了鼓舞

我在豪华的卧室里睡了个饱觉，第二天——星期四——的早晨醒来时已经很晚。这一天是 8 月 13 号，我习惯称之为"布伦汉姆纪念日"。[1]为

---

[1]　1704 年 8 月 13 日，英德联军和荷兰、丹麦的联军在德国南部巴伐利亚邦的布伦汉姆村打败了法国及巴伐利亚军队。丘吉尔的先人约翰·丘吉尔是这次战役中英德联军的统帅。——译注

了更清楚、全面地说明我们计划中的各项军事行动的宗旨，我早已约好中午时分到克里姆林宫拜访莫洛托夫。我指出了我们放弃"痛击"计划的后果：随之而来的指责会迫使我们公开指出反对它的原因，这么做将大大地损害盟国之间的共同事业。"火炬"计划有什么样的政治背景，我也详细地跟他说明。他听得很认真，很谦虚的样子，从头到尾也没有发表意见。我最后向他提出在晚上十点会见斯大林的请求，他在傍晚时回复我说十一点比较方便，还问我是否愿意叫上哈里曼——这是因为今晚的讨论内容和昨晚的一样。我回应他"没问题"。结果，当晚我还偕同了乘坐苏联飞机从德黑兰飞达的卡多根、布鲁克、韦维尔和特德等人。要不是我这么做，他们可能就会在"解放者"飞机里遭遇一次致命的火灾。

在离开莫洛托夫的办公室前，我转身对这位温文尔雅又总是一本正经的外交官说："我们远道而来，如果得不到斯大林的以礼相待，那就是他的错了。"听我这么一说，莫洛托夫稍微放下了一直以来的严肃，回答道："斯大林为人聪明，讲道理，不管他如何与你争论，你要相信他什么都能理解。我会向他转达你所说的。"

回到"国家别墅七号"时，我正好赶上了午餐。

＊　　　＊　　　＊

在英格兰，我最喜爱的天气是风和日暖。这天，"国家别墅七号"的室外正是这么一种天气，我觉得我们应该去转转。位于枞树林中的"国家别墅七号"其实是一座乡村别墅，面积很大，装饰豪华，看起来还很新。这片枞树林有大概二十英亩，其中不时可见大片的草地和花园，还有几处喷泉，环境优美，非常适合散步。8月份的天气又是最好的，在草地或者松针上直接躺下来感觉非常舒适。院内有一个很大的玻璃缸，里面养着的各种花样的金鱼并不怕人，我习惯了每天给它们喂食，它们有时还会游到你手边来吃食。宾馆的守卫很严密，前后都有许多警卫守着，四面还有大概高十五英尺的栅栏。距离宾馆大概一百码外有一个防空洞，我们一到那就有人引导我们进去参观。这个防空洞的样式是最新的，装修也是最豪华的：其前后都建有电梯，电梯行程长达八九十英尺，进入地下后可看到八个或是十个大房间，房间的上下两面及右面的墙壁非常厚，里面是钢筋混凝土。房间之间是用以隔开的厚重的拉门，房内的电灯十分耀眼，家具也都是十分华丽。然而，相对于这些光彩耀眼的"实用之物"，我还是对金鱼更感兴趣。

＊　　　＊　　　＊

晚上十一点，斯大林、莫洛托夫以及翻译员在克里姆林宫接见了我们，会谈就这么开始了。

这是我所经历过的最不愉快的一次会谈。翻译员给我翻译了斯大林递给我的一份文件，我听后回答说我要给予书面答复。我同时指出，我们已确定要实行什么样的计划，苏方再继续谴责我们是没有意义的。然后我们就开始了两个小时左右的争论。其间，斯大林说的很多话都难以让人高兴，比如指责我们太过于害怕德国人，不敢和他们作战。他说，如果我们像苏联人一样试一下和德国人作战，就会发现德国人不过如此。他还指责我们违背了诺言，没有执行"痛击"计划；指责我们没有按照承诺说的，送给苏联相应的军需物资，而是先考虑自己的需求，只把剩余的送去给他们。很明显，他的种种埋怨是针对美国而发的。

我非常礼貌而直接地反驳了他的观点。想到他可能无法再忍受屡次被批驳，我本以为他会十分激动甚至生气，但是他竟然相当平静，然后又反复提到他的想法：由于英国和美国已经掌握了制空权，所以英美的六个师乃至八个师在瑟堡半岛登陆都有可能成功；如果英军有苏军在德军面前的那种勇敢，我们现在就不会如此害怕与德军作战了；苏军已经证明打败德军是可能的，实际上英国空军也证明了这种可能；如果英国陆军与苏军联合起来，英国陆军也可以打败德军……

我插话说，我不计较斯大林谈论苏联陆军如何英勇时所说的那些话，但是我认为，他提出的在瑟堡登陆的这一建议考虑欠周，有些忽视了英吉利海峡的存在。他必须接受我们的决策。"我们不能这么争论不休了。"斯大林最后如此说，然后他突然邀请我们参加明晚八点的宴会。

我接受了斯大林的邀请并告知他我将在15日即后天乘坐黎明时分的飞机返程。斯大林似乎有些紧张，问我能否再待几天。"如果留下来有益于我们，我当然愿意多停留一天。"我说，然后大声谴责他对我们的无情。我说，我们不远千里飞来此地，是为了建立友好的合作关系；我们会像此前一样，继续尽全力帮助苏联；曾经，我们在没有任何外援的情况下，独自对抗了德国和意大利一整年，现在三国联合起来，只要团结一致，一定能够获胜。翻译官在翻译我这番激动的话之前先说明了一点：他十分喜欢我这番话的语调。之后的谈话就没有那么紧张了。

谈到苏联两门用来发射火箭的迫击炮时，他非常专注，称赞它们的效果极具毁灭性。他建议我们的专家们再等候些时日，说是届时可以给他演示这种迫击炮。不过他同时提出：既然他让我们了解这种迫击炮，那我们能否也给他们某些东西的情报呢？也就是要制订一个双方互相交换科学发明的有关协定。我告诉他，我们可以无条件地提供各种情报给他们，但是不排除这种情况：有些新武器是要由飞机运载的，而飞机在飞过敌方地盘时有可能被敌军击毁，所以这些新发明在行使轰炸德军的任务时可能不会那么顺利。他接受了我的说法。我又提出，苏方的军事要人应该与我们的将军会面。他也同意了。我们安排在当天下午举行双方军事人员的会谈。我接着说，这个会谈至少得有四个小时，如此可详细讨论有关"痛击""围歼"和"火炬"等计划的技术问题。他立刻表明他的看法："火炬"计划"从军事角度来看是对的"，但从政治角度来看还欠妥，需要更慎重地处理一些问题。他不时带着不满提到"痛击"计划，其中一次说我们违背了承诺。这时我就驳斥他，并坚持我们遵守了每一项承诺，同时让他看看莫洛托夫的备忘录。他表示歉意，同时说明他只是袒露真心，并非在猜忌我们。他说，双方之间不过意见相左罢了。

我在最后问了他高加索有关问题，其中包括形势如何、他是否准备保卫这一地区、又打算派多少兵力到那里。他叫人拿了一个立体模型来解说，语气听来是坦诚的，解说中不时用一些明确的数字，比如谈到这条防线上的兵力时。他说，目前准备派二十五个师过去防守。当他指着模型上的各个关口时，我问他这些关口是否都已设防，他说："当然。这些我们都能守住。"当前，敌人还未到达苏联的这条战线，而高加索山脉的北面正是苏军的防守重地。他表明苏联要坚守两个月的坚定态度，并说明这是因为两个月后将会大雪封山。这么说明的时候，他再次强调了他们的信心。接着，他向我详细介绍了他们集中在巴统的黑海舰队的力量。

这一轮的会谈十分顺利。然而，当最后和哈里曼谈到一项计划时，斯大林的态度却又变得冷淡起来。此前，美国一再催促苏联同意一项计划，即通过西伯利亚运送美国飞机，苏联人是最近才同意的。当哈里曼询问起这个计划时，斯大林敷衍答道："战争不是靠计划来获取最后胜利的。"整个会谈中，哈里曼完全站在我的一边。一言以蔽之，我和斯大林都没有做出退让，但也没有让对方脸红过。

我要告辞时，斯大林起身送我，向我伸出手，我同他握手告别。

*   *   *

8月14日，我给战时内阁发去了下面一封报告：

> 我们曾暗自琢磨昨晚发生的一切，想弄清楚它是怎么一回事。前天晚上的结果明明很好，为什么会有这样的变化呢？当这么自问后，我的自答是：也许是因为，对于我所带到的消息，他的理解和他的人民委员会的理解不一样。他们懂得很少，但他们手中握有的权力可能比我们想象中的大。斯大林可能是考虑到未来，故此要争取最大的利益，也有可能只是发泄自己的不满。根据卡多根的说法，艾登也曾遇

到这种双方僵持的情况。那时他在圣诞节与他们会谈，在第二次会谈中局面也陷入了僵硬。哈里曼说，在比弗布鲁克代表团进行访问时，一开始也遇到了这种情况。

思考过后，我的想法是：单从个人内心角度来讲，斯大林打心底确信我们的决策是对的，即他知道，即便我们为执行"痛击"计划而让六个师登陆，在今年并不能给他们带来益处。而我坚信，他这么一个机智慎重的人在"火炬"计划上是持支持意见的。我因此认为他可能会向我们道歉。不管怎样，我相信坦诚相待比其他方式都要好。他们一直都抱着坚持作战的想法，而在我看来，斯大林对取胜是信心十足的。

当我为了四十架"波士顿"飞机向斯大林致谢时，他以一副"此事不值一提"的样子对我说："它们是美国的飞机。把你的感谢留到我给你苏联飞机的时候吧。"他这么说并非因为看不起美国飞机，而只是表明他看重自己国家的力量。

他们目前所处的局势是非常紧张的，因此我对他们表示理解。我觉得，他们应该极力宣传我们的这次访问。

*　　*　　*

下面是斯大林交给我的备忘录：

1942 年 8 月 13 日

今年 8 月 12 日，英苏双方在莫斯科交流了想法，我根据这次交流结果确认了英国首相丘吉尔先生的一个想法，即他认为 1942 年不可能在欧洲开辟第二战场。然而，大家都知道，早在莫洛托夫访问伦敦时双方就决定了 1942 年在欧洲开辟第二战场，这个决定在去年 6 月 12 日还通过英苏公报公布了出来。据我们所知，做出这个决定是为了将德军从东线赶到西欧去，然后在西欧建立一个抵抗德军的重要基地，从而使得1942年苏德战线上的苏军压力有所减轻。这个决定是当前苏联的希望寄托，可想而知，英国政府反其道行之将会给全体苏联人造成极大的伤害。这不仅意味着战场上的红军会陷入更加复杂的形势，还将影响到苏联军队的作战计划。而更显然的危害是，英国和其他盟国的军事形势也会变得更加严峻。当前，几乎所有的德军——尤其是最精锐的部队已经被调到东部战场，从数量以及战斗力来看，西欧基本没有什么德国力量。想到这点，我和我的同僚们一致认为，1942年在欧洲开辟第二战场的有利条件十分多，而且都是最适合的。然而，时间推到1943年的话，条件是否还充足有利就难保证了。

总而言之，我们认为我们可以在欧洲开辟第二战场并保证这件事情有益无害，并且认为最好是在1942年开辟。在莫斯科会谈中，我曾试图让英国首相同意此事，但没有成功，而美国总统的代表哈里曼先生则完全站在首相先生的一边。

第二天——8月14日上午，我充分休息后，在帝国总参谋长和卡多根的协助下，写了下面一封自认为还算妥当的旨意明确的答复：

1. 唯有实行"火炬"作战计划，才有可能在1942年开辟最好的第二战场，同时它可能是在大西洋开展的唯一的大规模战役。对苏联来说，实行任何其他计划都不如在10月的时候实行这个计划。它也为1943年的战役做好准备。斯大林在8月12日的会谈中提到的四个好处，也都可以通过实行这个计划得到。英美政府已决心落实它，目前正尽快着手准备一切工作。

2. 与"火炬"作战计划相比，让英美的六个师或者八个师登陆并袭击瑟堡半岛和英吉利海峡的岛屿，是一项无意义的冒险行动。德军在西欧有强大的军队，并早在这个狭小的半岛上设防。我们在前进中必定会遭到他们的袭击，他们在西欧的空军对我们也是极大的威胁。英国海陆空军三方面都认为，这个军事行动只能以我们惨败结束。再说，即便我们占领了这些岛屿，德军也不会因此从苏联战场上撤出哪怕一个师的兵力。一旦实行这个登陆计划，我们只能浪费掉我们的资源，而包括兵力和登陆船只在内的这些重要资源本来可以用于1943年的真正战斗中。所以说，它对我们的伤害比对敌人造成的伤害更严重。我们坚信这一点。帝国总参谋长将与苏联司令官深入交流，具体谈论什么根据双方意愿来决定。

3. 我在1942年6月10日发给莫洛托夫先生的电报是这么说的："因此，我们不能做出承诺。"这句话出现在第五段落中。所以说，英国或者美国都没有违背承诺。写这么一封电报之前，双方进行了漫长的会谈，都明确了采取这个计划的可能性很小，所以电报中也有清楚的说明。关于此事，有几次会议的记录都可以证明。

4. 当前，敌人被各种有关今年英美军队会在法国海岸登陆的传说迷惑，派了大量空军和其他类型的部队驻守在英吉利海峡的法国海岸上。如果这个计划导致公众议论纷纷，大家的利益就都会受损，特别是苏联，因为，这样一来，英国政府只得向全国解释为何"痛击"计划不适合执行。而贵国军队已将全部希望寄托于此计划，他们将因此大受打击并意志消沉，届时敌人也将自由地从西欧撤出大量的军力。我们打算采取的措施——同时也认为是最巧妙的措施——是用"痛击"计划掩护"火炬"计划，并在开始实行"火炬"计划时宣布这是在开辟第二战场。

5. 鉴于我们早就对这次会谈提出了口头和书面的保留条件，因此我们无法这么认为：改变苏联最高司令部的战略计划，只能以我们同莫洛托夫关于第二战场的会谈为依据。

6. 需再次重申：苏联是我们的盟友，我们决心想方设法切实地帮助你们。

＊　　　＊　　　＊

当晚我出席了在克里姆林宫的正式宴会，连同几位司令官、政治局委员和其他高级官员，出席人员大概有四十人，我们得到了斯大林和莫洛托夫真挚热情的款待。这场宴会持续了很久，一开始仍如其他宴会一样，是主人的简短致词，大家互相敬酒。曾经，许多人描写苏联宴会都会提到竞赛喝酒的情节，这不过是天真而不切实际的想象罢了。元帅和他的同僚们自始至终都手持小玻璃杯，敬酒的时候不过是抿一口。我却按照那些天真的描写所说的去做。

译员巴甫洛夫给斯大林做翻译，斯大林在与我会谈时兴致相当好。"萧伯纳先生和阿斯特夫人于几年前来访问过。"他说。当时，阿斯特夫人还提议邀请劳合·乔治先生来访。"他是干涉我国内政的头目，我们为什么要邀请他？"斯大林如此回答阿斯特夫人，后者辩解："这么说不对。是丘吉尔让他走了弯路。"斯大林说："不管怎样，就该让既是政府领袖，又属于左派的劳合·乔治对此事负责。我们宁可和真敌人交手，也不愿和假朋友接触。"阿斯特夫人说："丘吉尔这下完了啊！"斯大林说："这我可不敢保证。若有朝一日英国国难当头，老战马也许还得在英国人民的请求下上战场。"我在这时打断他："她的说法很有趣——我才是干涉得最为活跃的人物。但愿你也是这么想的。"他露出友好的微笑。于是我说："你原谅我了吗？"译员巴甫洛夫回答说："斯大林主席说，一切既已过去，过去的事就应该交给上帝。"

＊　　　＊　　　＊

在某次我和斯大林的会谈中，我提到了比弗布鲁克勋爵告诉过我的一件事。1941 年 10 月，他访问莫斯科，斯大林那时问了他一句话："丘吉尔在议会上说，他曾警告过我德军即将进攻苏联，他的话是什么意思？"我转述完此事后回答说："我的警告自然是指我在 1941 年 4 月给过你电报。"这份电报，克里普斯爵士很晚才交到到了斯大林手里。我让人拿出电文并当众读给斯大林听，一旁有人同时翻译。斯大林听后耸肩道："我记得这事。不过，我已预感到战争会打响，所以我那时候不要什么警告。只是，我认为可能会过六个月左右才发生战事。"但是，假若我们节节败退，与此同时他却给希特勒充足的时间、珍贵的物资以及有效的援助，那现在我们的下场会如何？我克制住了向他如此发问的欲望——为了共同的事业。

＊　　＊　　＊

我想要尽快告诉艾德礼先生和罗斯福总统有关宴会的详情，于是发给了他们一份更正式的电报。

前海军人员致副首相和罗斯福总统　　　　　　　　1942 年 8 月 17 日

1. 宴会遵循苏联常规礼仪进行，气氛相当友好。韦维尔的俄语致辞十分精彩。我向斯大林举杯，祝他身体健康。卡多根举杯的时候诅咒纳粹必然灭亡。我是在斯大林右边坐着的，但也没有找到机会与之探讨重要问题。随后，斯大林和我以及哈里曼一起留影。"情报部门"一词出现在斯大林发表的极度冗长的演说中，在他谈到 1915 年达达尼尔海峡事件的时候。他说，由于情报出错，我们当时无从得知英军已经胜利，德国军队和土耳其军队已在撤退。这一错误的解读显然是为了恭维一下我。

2. 我担心接下来还要被邀请去进行长时间的影像录制，如此一来我们将更加疲劳，于是提出告辞。这时大概是半夜一点多。斯大林在我和他道别时说，只要想办法，就能解除我们之前的分歧。我说，我们应该用实际行动来消除，然后真诚地和他握手告别。几步之后，我正要离开这拥挤的房间，只见他急匆匆地向我这边走来。他又伴随我走了很长的一段路，我们穿过走廊和楼梯，最后在大门口再次握手告别。

3. 星期四晚上的那场会议我已向你说明。现在看来，我看待事情也许太消极了。我认为我们应该充分理解他们对我们的失望，毕竟在他们进行拼命抵抗时，我们无法给予他们更有力的援助，他们最后还得忍受这样的痛苦。不管怎样，我们现在唯一能做的就是集中全力，尽快实行"火炬"计划，以击溃隆美尔。

* * *

在斯大林和我都赞成的情况下，8 月 15 日，英苏双方最高军事当局再次召开会议，当日进行了两次会谈。会议的相关报告，我事后发给了艾德礼先生和罗斯福总统：

星期六，也就是 8 月 15 日，伏罗希洛夫和苏联参谋长沙波什尼科夫在莫斯科举行的会议中会见了布鲁克、韦维尔和特德。布鲁克他们具体解释了为何不执行"痛击"计划，苏联人虽然很有发言欲望，但他们严格遵照有关指示，不发表任何意见，他们甚至没有过问一些重要的细节问题。之后，帝国总参谋长向伏罗希洛夫询问高加索山防地的情况，后者回答说，他没有得到回答这类问题的授权，需先请示。于是，当天下午双方又进行了第二次会谈。苏联领导人在这次会谈中所说的，不过是斯大林曾对我们说过的，诸如苏联将调派二十五个师到高加索山脉这条战线及其两端通道去，进行防守；以及他们有信心在大雪封山和他们的阵地防守实力剧增之前，守住高加索山脉以及巴统、巴库两地。虽然伏罗希洛夫说得头头是道，比如他说所有关口都设防了，但帝国总参谋长仍然有疑虑——当他在里海西岸上空一百五十英尺处飞过时，看到只有北部的防线开始进行反坦克障碍物、掩体的建筑工作。

斯大林也曾这样向我表明他的获胜信心，并说明他有这种信心的有力根据，比如将进行一次大规模的反攻。不过，在此我就不细说其中情节了，因为他要求我严守秘密。我个人认为他们的力量与敌人的不相上下，不过帝国总参谋长觉得还未到这程度。

＊　　　＊　　　＊

会谈的过程中，苏联领导人很多时候表现出的态度令我愤怒。我对他们正处于紧张形势中表示理解，我知道他们的士兵正在将近两千英里的漫长战线上和敌人厮杀，不断有人在流血牺牲，我知道距离莫斯科仅五十英里的德军正在向里海靠近。然而，与我对他们的体谅相反，他们对我们的态度却是——比如，在进行军事技术问题的讨论时，面对我们将军的询问，苏联人的回答是无权答复这类问题，他们总是提他们唯一的要求——现在就开辟第二战场。布鲁克最后都有些恼火了。沟通如此不顺畅，这次军事讨论也就戛然而止。

我们打算在 16 日的清晨离开。15 日晚上七点，我和斯大林进行临别前的会谈，这是一次重要的、有积极作用的会谈。我特地再次询问他：你们守得住高加索山脉的隘口吗？能够阻止德军攻入里海吗？能够攻占巴库附近的油田以及其他重要地区，然后绕道土耳其或波斯向南推进吗？他摊开地图说："我们会阻止他们的，他们将无法越过高加索山脉。"语气十分自信。接着他又说："有谣言说土耳其军将要在土耳其斯坦对我们发动袭击，果真有这事的话，我照样能够击退他们。"我否认了这个传谣，因为土耳其不想掺和进来，他们不可能与英国有冲突，这种危险也就不存在。

会谈进行了一小时，我正要离开的时候，斯大林似有不安地对我说："你到清晨才返程，不如再到我家喝杯酒？"他的语气十分真诚，是我未曾见过的。我说，我向来都喜欢这种聊天方式。在他的指引下，我穿过了无数走廊和房间，离开了克里姆林宫，走到了一条静悄悄的道路上。在这条道路前行二百码后，我们到达了他的住宅。

他给我介绍他的房间，包括餐厅、办公室、卧室和浴室，它们大小适中，看起来朴实大方。接着，我们先后见到了他的女管家和他的女儿。他的女儿有着一头美丽的红发，从她对父亲的亲吻中可见她十分孝顺。斯大林那时还朝我眨了下眼睛，好像在说："瞧瞧，我们布尔什维克也是有家庭生活的。"随后，他的女儿开始摆餐桌，女管家端菜出来，斯大林则打开各种颜色的瓶子，使得餐桌看起来很华贵。"不妨也把莫洛托夫请过来？他正在费心拟写公报，地点大可换到这里嘛。莫洛托夫有一个硬本事，酒量大。"斯大林如此说。我这时才发觉他们将在此举行宴会。我本计划在"国家别墅七号"用餐的，波兰司令官安德斯将军此时正在等我。我只得让新来的十分优秀的翻译员伯尔斯少校打电话过去，告知安德斯我到午夜过后才能回到"国家别墅七号"。莫洛托夫一会儿工夫就到了，加上两位翻译官，我们一共五个人就坐下来。席间，曾在莫斯科待了二十年的伯尔斯少校与元帅谈得十分投机，两人不时侃侃而谈，我根本无从插嘴。

我们从八点半开始用餐，一直到第二天凌晨的两点半才结束。这段时间加上用餐前我和斯大林的会见时间，一共是七个多小时。虽然是临时随兴举行的宴会，但是各种美味佳肴却能够源源不断端上餐桌。我细细挑拣，慢慢品尝，据说苏联的用餐习惯就是这样的。当然，我们还品尝了各种美酒。为了使这次宴会成为一次成功的宴会，莫洛托夫表现得十分卖力，斯大林则随意地拿他开玩笑。

我们接着谈到了运输船队开往苏联的事情。北极护航队6月份的时候遭到了几近全盘毁灭的打击，斯大林说起这件事的时候言语粗俗。关于这件事，我在适当的地方讲述过。不过，我那时对它知情较少，现在更了解一些。

巴甫洛夫有点犹犹豫豫地跟我说："斯大林先生问，英国海军难道没有荣誉意识吗？"我回答他："你要相信我们那时那么做是对的。在海军和海战方面，我的知识还算充足。"斯大林说："言下之意我很无知。""苏联人是陆地勇士，英国人是海上战士。"我这么回答他。他不再说话，恢复了此前的兴致。我转过身来跟莫洛托夫说："领袖的外交部长最近访问华盛顿时说过，他仅仅出于个人意愿才决定访问纽约，很久才回来倒也不是因为飞机有故障，而是因为他自己的意愿如此。领袖对此事是否知情？"

在苏联人的宴会，任何玩笑之语都是允许的。不过，莫洛托夫却对我的上述一番话语感到有压力。斯大林倒是表现出很高兴的样子回答："他不是去纽约，而是去了住着另一些暴徒的芝加哥。"会谈的气氛又变得友好和睦起来，我们便继续下去。我谈到了英军在苏军支援下登陆挪威的问题。我说，如果我们能在今年冬天消灭北角边上的德军，攻占那里，那么紧接着就可以打通护航路线。这个行动一直是我想要执行的，我前面已提过。斯大林看似也热衷这个行动计划。我们聊到了执行的方式、方法，然后得出了一致的结论：一旦有机会，一定要将它付诸实践。

＊　　　＊　　　＊

卡多根直到过了午夜也没将公报的草稿拿来。这时我问斯大林："就你个人而言，你是否感觉就像落实集体农庄政策一样，感觉到这次战争的压力之大？请你说说看。"一听这话，他激动地说道："不是不是，落实集体农庄政策才是更可怕的战斗。"我说："毕竟你要面对的是几百万草根人物，不是百万贵族，所以我觉得你一定觉得难办。"他举起双手说："是几千万呐，真可怕。持续了四年的战斗。我们要想用拖拉机耕地，要想人民不再遭受周期性的饥荒，就必须贯彻这个政策，也就是使我们的农业机械化。但是，这些拖拉机一旦让个体农民拥有，它们的使用期限也就只有几个月，很容易坏掉。所以我们只能反反复复地向农民解释，为什么只有附设工场的集体农庄才能用拖拉机。和农民争辩没有用。你跟一个农民说一件事，他会说他必须问问家中的妻子，一起商量决定。"他的最后一句话倒是让我感觉新鲜。

"他跟众人商量过后的回答常常是这样的：他宁可不用拖拉机耕地，也不要集体农庄。"

"你们所说的富农就是他们这类人吗？"

"是的。"他利索地回答，没有重复我所用的那个词语。稍后，他又接着说："那个时期真是艰苦卓绝，事态极其糟糕。不过，那是必须的。"

"最后怎么样了？"

"结果相当不错，他们中的一大部分人也参与到政策中。在托姆斯克省或者伊尔库茨克省，或者更远的北方，我们分给了他们一些土地耕种，不过他们中的很多人被农民仇视，有的人就被自己的雇农给杀害了。"

停顿了很久后，他接着说："我们不但使得粮食供应量剧增，而且也使得谷物质量有所提高。以前我们种植各类谷物，现在全国各地只种植一类种子，就是苏维埃的标准种子。违背这个规矩的人将会受到严格惩罚。这样才能保证粮食的充足供应。"

写到这里，我脑海里又浮现了当年的那种景象：几百万男女被杀，有的人被迫远走他乡。这个景象在我记忆里如此强烈。然而，对于前人受到的这种苦难，未来一代肯定是毫不知情，他们只会感谢斯大林，因为他使他们有更多食物。伯克有句名言："要是改革不能公正地进行，那我就不去改革。"如今，我们的周边尽是战火和硝烟，在这种时候大谈道德问题似乎毫无用处。

卡多根在凌晨一点左右才带来公报草稿来。在我们对它进行修订确认时，盛着一只烤乳猪的大盘子端到了桌上。斯大林之前仅是以品尝的程度吃了些东西，现在，凌晨一点半，他该正式用餐了。他邀请卡多根与他一起大快朵颐，我的朋友婉拒了他，然后他独自大嚼起来。吃完后，他便突然离开，进到隔壁旁间里。凌晨两点的时候，陆续送来了各战区的前线报告到这个房间。斯大林在里面阅览了大概二十分钟才回来，这时我们对公报定稿已达成一致意见。

我在凌晨两点半向斯大林道别。这时，我少有地感觉头痛欲裂。然而，乘车回到"国家别墅七号"要用半小时，再赶到飞机场也需要半小时。此外，我还得看一下安德斯将军。看到莫洛托夫面带疲倦之色，我请求他就不要在黎明赶来给我们送行了。他瞅了瞅我，神色带有谴责之意，好像在说："你难道觉得我真会不去吗？"

我们所发表的公报原文如下：

大不列颠首相温斯顿·丘吉尔先生同

苏联人民委员会主席J.V.斯大林

　　苏联人民委员会主席J.V.斯大林与英国首相温斯顿·丘吉尔先生在莫斯科举行会谈，参加会谈的还有美国总统代表哈里曼先生以及苏联的外交人民委员莫洛托夫、伏罗希洛夫元帅、英国的帝国总参谋长布鲁克爵士、驻苏联大使克拉克·科尔爵士、外交部常务次官卡多根爵士和英国军队的其他负责代表。

　　会谈围绕反对希特勒德国及其欧洲同伙的话题进行，我们对这场正义之战做出了许多决定，两国政府决心全力彻底地打击希特勒主义和任何类似的暴政，不给他们任何哪怕是死灰复燃的机会。会谈进行得十分热烈，气氛友好而真诚。通过这次会谈，苏、英、美三国的同盟关系得到重申和巩固，已然成为可以互相谅解的亲密战友。

＊　　　＊　　　＊

凌晨五点半，返程的飞机起飞，我在机舱内酣然入睡。飞机飞到里海南端后将越过厄尔布鲁士山脉，然而眼前的景色完全没有在我脑海里留下任何印象。到达德黑兰后，我没有去公使馆下榻，而是前往一座可以俯视城市的、位于丛林中的消暑别墅。很多电文都已送到这里，等待我阅览。我原计划第二天在巴格达会见波斯和伊拉克的大部分高级官员，但想到巴格达8月份的中午极其酷热，我可能受不了，因此果断将会谈地点改为开罗。晚餐是在景色宜人的树林里进行的，我和公使馆人员一起进餐。当夜，我心情十分好，抛开所有烦恼入睡，一觉到天亮。

首相致斯大林主席　　　　　　　　　　　　　1942 年 8 月 16 日

　　飞行很顺利，我们很快到达了德黑兰，我趁此时机特别感谢你的盛情款待。莫斯科之行令我高兴，因为我已将情况说明，完成了一项任务；还因为这次行程使我确信我们的事业将会得到推动。请替我转达对莫洛托夫的问候。

　　我同时给战时内阁和罗斯福总统发去了电报。

　　　　　　　　　　　　　　　　　　1942 年 8 月 16 日、17 日

　　我于昨晚七点到斯大林先生那里，向其辞行，然后我们又进行了一次会谈。在这次令人满意的会谈中，他详细介绍了苏军前线的情况——听着让人觉得高兴。他说他们在冬季之前都能守住要塞，他表现得自然是信心十足。当晚八点半，我要起身告辞了，他问我下次会谈将是何时。我回答说我黎明时分就要启程了。他就说："不妨前往克里姆林宫我的住处去再喝杯酒？"我应邀前往，并在他那儿用了晚餐。莫洛托夫随后也应召前来。我还见到了斯大林先生的女儿，她十分漂亮，亲吻斯大林先生的时候面带羞怯。斯大林只是向我介绍了她，没有邀她作陪。

　　一直到凌晨三点，我们才用完晚餐并拟好公报文稿。其间，有赖于我那优秀的译员，我和斯大林他们的会谈得以十分顺畅，气氛是从未有过的和谐、友好。我个人认为，我们之间已经建立了一种良好的个人关系，而这种关系对我们未来的事业大有帮助。我们谈了很多"朱庇特"计划的问题。他的看法是，在 11 月或者 12 月的时候就非常有必要实行这个计划。如果不实行，如何运送军用物资给这支规模巨大的作战部队？这是我所担忧的。当前，横贯波斯的铁路只有一半是可

用的。对他而言，卡车是最紧急之需，他宁愿要卡车而不要坦克——他现在每月能制造出两千辆坦克。另外，铝也是他需要的。

　　我最后这么说："整体而言，我从这次莫斯科之行中受到鼓舞。有一些令他们感到失望的消息，必须由我亲自传达。我坚信这一点。因为若不由我亲自传达，很可能便会导致双方感情的严重分裂。访问莫斯科是我的责任。现在，他们虽然清楚了最糟糕的情况，并也提出了抗议，但抗议的态度还是友好的。也就是说，尽管知道这个时期对他们来说是最困难最发愁的，他们仍十分友好地对待我们。对于'火炬'作战计划的好处，斯大林非常认可。我相信大西洋两岸的人们正在以超乎寻常之力促进此计划落实到地。"

第六章　回到开罗

国王的来信——用"基石"作战计划救援马耳他——一场激烈的战斗——付出了巨大代价但具有决定性意义的胜利——马耳他重新控制了中地中海——戈特到达开罗——印度危机——决定逮捕甘地等人——蒋介石的干涉——和总统通信——顺利恢复秩序——攻打迪耶普——英勇的付出和惨重的损失——实力侦察——昂贵的教训——空军援助苏联南翼——将波斯铁路移交给美国方面——为补偿"堪培拉"号的损失而赠送给澳大利亚一份礼物——于8月19日再次访问沙漠前线——亚历山大和蒙哥马利担任指挥——隆美尔将发动进攻——确保第八集团军保持机动自由非常重要——视察未来战场——访问伯纳德·弗赖伯格的新西兰师师部——我于8月21日发给战时内阁的电报——开罗的最后几天——保卫尼罗河战线的特别措施——飞回祖国

我一回到开罗便收到了国王的贺电。

国王致首相　　　　　　　　　　　　　　　　　　1942 年 8 月 17 日

　　我很高兴你与斯大林的会谈是在友好和谐的气氛中结束的。在此行中，你肩负传达令人不高兴的信息的使命，这是件苦差事，然而你巧妙地完成了它。我真的为你的成功感到快慰。我坚信，你与斯大林建立起来的私人关系将在日后凸显出重要性，你这次长途跋涉绝对是超值的。

希望你不会太过于劳累，现在已能轻松自如应对各项工作。

愿你的回国之旅平安顺利。

我第二天回复了他的电报，电文如下：

首相致国王　　　　　　　　　　　　　　　　　1942 年 8 月 18 日

1. 收到国王陛下的来信，卑职丘吉尔深受鼓舞。

2. 丘吉尔目前身体安好，没有任何疲惫感，他还打算在这周内处理一些紧迫的重要问题。陛下的体贴、仁慈以及对他的信任、赞扬，令他非常高兴。

＊　　　＊　　　＊

我同时收到了史默兹将军的来电。

史默兹将军致首相　　　　　　　　　　　　　　1942 年 8 月 19 日

你从莫斯科发来的电文引起了我的极大兴致，我祝你能够成就伟业。我发现，你有高明的技巧应付一些关键性的心理问题。我最后的感觉的是，你所建立的功劳比你认为的还要大。最起码，正因为有赖于你，苏联终于牢牢地站在了我们这一边，决心在这次大战中和我们并肩作战。显然，斯大林也已承认"火炬"计划胜于"痛击"。如此看来，他必定是为了挽回面子才做那番争论——此手法不消说自然很愚笨。你所说的调遣空军支援高加索战役这一策略非常好，可以和罗斯福方面沟通，一起执行。不得不说，你发来的关于会谈详情的电报使我对莫斯科的好感比此前强了很多。现在看来，希特勒非常有可能再被苏联牵制一个冬天，与此同时，我们则可以趁机灭掉整个地中海的敌军，然后建立一个牢固的基地，为明年的第二战场所用。亚历山大能否获胜是决定这一切的关键，同时，"火炬"作战计划的决定作用也非常重要。目前，我们在有信心获得"火炬"作战胜利的前提下，也在要求尽快落实它。我们必须使这项计划成功，因为它在很大程度上决定着我们能否取得前面所述一切行动的胜利。

你最近奔波劳碌，我希望你注意休息。一直处于这种极度劳累状态下是不行的，你不能如此工作下去。请求你听从查尔斯·威尔逊的忠告，毕竟你也希望全国上下能听从于你。

我十分关注的几件重要事情，在我走访莫斯科的时候发展到了巅峰。6月间，运输船开往马耳他岛失败了。这表明，想要守住马耳他岛这个重要的地理位置，救援工作必须迅速，而且规模要庞大。7月期间，苏联北面的运输船只遇上了灾难后一直停运，于是海军部只能从本地抽调出大量船舰。8月9日，海军上将希福来特搭乘"纳尔逊"号，同时指挥多艘船舰驶入地中海以加入"基石"作战计划，其中包括"罗德尼"号及三艘巨型航空母舰、七艘巡洋舰和三十二艘驱逐舰。为了让飞机方便飞去马耳他岛，又增加了"狂暴"号。同时，敌人亦在撒丁岛和西西里岛增强了空军力量。

8月11日，十四艘快捷商船装满了军用物资，由海军上将希福来特的舰队护航，驶离了阿尔及尔。敌军的一艘潜艇击沉了航空母舰"鹰"号，然而，在"狂暴"号上的"喷火"飞机已顺利抵达马耳他岛。第二天，不出所料，敌人开始了空袭，击沉了一艘商船和一艘驱逐舰，致使航空母舰"无畏"号受损。敌人的损失是：三十九架飞机，一艘意大利潜艇被击毁。当天晚上，护航队渐渐靠近海峡，根据之前的部署，海军上将希福来特带领战列舰撤离，海军少将巴勒与运输船队则保持行进状态。次日晚，敌方潜艇和鱼雷快艇展开越来越猛烈的攻击。到清晨时分，我方七艘商船沉没了，巡洋舰"曼彻斯特"号和"开罗"号也沉没了。同时受到损害的还有两艘巡洋舰以及三艘商船——其中一艘商船是美国油船"俄亥俄"号，它上面载满了重要的货物。

只有仅存的几艘舰船依然无畏地驶向马耳他。空袭直到 13 日白天仍没有停止。"俄亥俄"号和一艘商船再次被袭击，没办法再前进了。此时此刻，其他剩余船驶入了马耳他防御设备能支援的范围内。所以当晚，三艘船终于抵达了港口，它们分别是"查尔默斯港"号、"墨尔本之星"号和"罗彻斯特堡"号。我军还以勇敢、努力的行动，将三艘本漂浮于海上的、损害严重的舰船拖了回来。第二天，"布里斯本之星"号成功进入港口。"俄亥俄"号是被拖带回来的，在敌军持续不断的空袭下，越发难以控制它，不过，它仍于 15 日被顺利拖到了港口。最后的结果就是：十四艘商船中五艘勇敢无畏地将宝贵的货物运到了目的地；十分可惜地损失了很多优质商船和英国皇家海军的护航舰船，另外还有三百五十名官兵。不过，获得食粮、弹药和其他重要物资的马耳他也因此增强了力量。英国潜艇回到了马耳他岛，皇家空军突击力量同时给予援助，如此，我们又得以重新控制地中海。

显然，敌方很希望毁灭这队运输船，他们原本也完全有这实力。当时，船队损害得非常厉害而且已经被驱散的时候，13 日清晨，两支意大利巡洋舰中队驶到了攀泰莱尼亚岛的南面，试图拦住它们。有效的空军支援对于船队而言是十分重要的，这有利于它们能在靠近马耳他的海面作战，而海军上将维安曾在 3 月份的时候与意大利舰队交手过，在这个时候，他们初期交战的影响体现了出来。德国空军一心想独自发动攻击，不愿再和意大利海军合作，总部因此吵得十分激烈。一位德国海军上将记述，他们向墨索里尼提出了申诉，双方的争执得到调停，结果在驶入西西里海峡前，意大利巡洋舰便撤退了。在撤退途中，这些撤退的巡洋舰中有两艘遭到英国潜艇的鱼雷攻击。德国将军继续记录："大量的战斗力就这么随随便便地浪费掉了，情况糟糕至极，令人震惊。英国海军并没有被击溃，尽管他们的确遭受了巨大损失，而这完全是因为轴心国在一开始的进攻中犯了战略错误，它的影响将来总有一天会显露出来。"

8月17日，我发出电报，内容如下：

首相致海军大臣和第一海务大臣　　　　　　　　　　　1942年8月17日

1. 请向以下人员致敬，他们是海军将领希福来特、巴勒、里斯特，以及全部参与了辉煌的突击战运送物资到马耳他这一辉煌战斗的士兵。

2. 在此期间，报纸上报道，我军击落了十三架敌方的飞机。但是，做出这贡献的是马耳他部队。关于航空母舰击落其余三十九架飞机的消息，我至今仍未收到。空战的局面被航空母舰改变了。

随着运输船队的顺利到来，我十分希望能从戈特勋爵口中探听到马耳他岛的形势，所以我或许会邀请他到开罗。戈特和他的副官芒斯特勋爵（战争开始的时候，他曾经是一位大臣，但他坚决要去前线）安全来到了。这位将军和他的幕僚都是一副瘦削单薄，看着有点憔悴的样子。他们严格遵循军队的粮食配给制度，而在这种制度下，官兵所吃的仅能勉强填饱肚子。所以，大使馆很用心地给他们提供了富有营养的食物。我们会谈了很久，与他们分别的时候，我已经清晰地知道了马耳他的形势。

＊　　　＊　　　＊

印度地区在我离开伦敦的那段时间出现了一场危机。国大党挑起事端，故意挑衅，他们的手段是破坏铁路，同时制造混乱以及其他各种闹事。大片的农村地区出现了群众暴动，且暴动之势还在蔓延。对于正受日军进攻威胁的印度来说，这种情况对整个备战工作的危险极大。总督行政会议上只有一个英国人出席，与会人员一律提出要拘禁甘地、尼赫鲁以及国大党的主要成员。虽然手段激烈，但听取印度事务委员会发表意见之后，战时内阁立刻同意采取此手段。公布了拘捕的消息以后，总统收到了蒋介石送来的几份冗长的抗议书，然后他转给了我。中国的干预使我十分不满。我给总统写了一封信，信上说："只要印度政府自身的权力仍然完好存在，那么，无论这个国家有什么样的言论和行动，其政府都可确保国家秩序正常，行政管理方面也正常运行，同时还尽可能为战争作出最大奉献。"总统的回信对我帮助很大，内容如下：

罗斯福总统致前海军人员（在开罗）   1942 年 8 月 9 日

　　根据你信上的内容，我已经回信给蒋介石了。我表示当前不采取他来信中所提出的每一项做法，同时着重指出，这个时刻至关重要，我们不希望采取任何措施削弱印度政府的权力。可是，我仍欢迎他密切地与我联络，讨论印度的问题和其他对联合国利益有影响的问题。我觉得这样会让他感受到我有好好考虑过他提出的建议。只怕如果我不这样，他会更加自主采取其他行动，而就目前而言，这种行动有可能十分危险。我相信你也会赞同我的。当他以后想到什么建议或者再认为有必要提出的新建议，他还是可以提的，因为我已为他留有余地。

　　我对印度总督承诺会提供强大的支持，他回复了以下内容：

印度总督致首相   1942 年 8 月 20 日

　　你友好的来电让我深受鼓舞。我们处在很艰难的境况中，以后可能还更加艰难，可是我仍希望，在未承受来自日本人或者德国人直接施加的压力之前，我们能使局势更加明朗。

　　一系列危机同时爆发，但是，危机并没有带来更多的难题。因为，新的不利局势可能会让旧的不利局势有所好转，甚至可能和后者互相抵消。美国方面考虑到对日战争的关系，在印度问题上表示沉默。总督所提出的措施已得到战时内阁批准，马上就会生效。由此可见，国大党只不过能在表面上影响一下印度人民群众。印度人恐惧日本的入侵，希望得到英王兼印度皇帝的保护。与国大党的领袖们直接较量时，志愿参加印度陆军的士兵不断增多，最后有好几千新兵加入。这种情况让我们隐隐担忧，恐怕将会发生一场自1857年印度兵叛变以来的最严重的叛乱。好在几个月后，事态宁息了，整个过程几乎没有任何生命的损失。

*　　　*　　　*

袭击迪耶普的消息，是在17日传到我这的。早在4月份的时候——在对圣那泽尔展开了英勇的袭击后——就拟订了这项计划。当时，这项被称作"开辙犁"的作战计划，其大纲于5月13日得到了参谋长委员会的批准，后者的意见是，将其作为武装部队司令官的具体作战计划的基础。三军使用的兵力是一万多人。在我们计划的军事行动中——进攻德军占领的法国海岸的行动——这样的规模算是最大的了。情报传回来说，敌人只用一个营的兵力防守迪耶普，加上支援部队，他们的兵力也不到一千四百人，力量薄弱。计划中的攻击日期是7月4日开始，我们的部队已经在怀特岛港口登船，但受天气影响，攻击日期推迟到了7月8日。德军飞机趁机袭击了我们已集中的船只，迫使我军只得离船登陆。在这种情况下，这次军事行动也只能取消了。有关部队接到命令后已经分头上岸，东南战区总司令蒙哥马利这时极力主张停止这次进攻——尽管他一直在监督这个计划的落实。

我始终坚持，在今年夏天发动一次大规模的军事行动是至关重要的。而且，其他军事要人也一致赞成，在进行这么一次大规模行动前，相关的将领不再负责主要进攻计划的策划事宜。但是，事实上，我们在整个夏天都没有时间来筹划一次新的大规模战役了。而这一点，我是在和蒙巴顿海军上将讨论后才明白的。同时我还明确了，迪耶普的军事行动（新给它起了秘密代号——"庆典"计划）若能得到保密，它可以在一个月内付诸实践。

这正是现在无法查找有关记录的原因。但是可以明确，我本人、帝国总参谋长、海军上将蒙巴顿以及海军部队的司令官休斯—哈里特上校，曾共同审查这个计划，而且是在该计划得到加拿大当局和三军参谋长的批准之后。我们深知，"庆典"计划和"开辙犁"计划并无根本的不同，唯一的改变是：原计划用空降部队炸毁侧翼的海岸炮台，如今改用突击队。从现在的情况看来，"庆典"计划的可实行性是有的，再加之，我们还可以用两艘步兵登陆艇运送突击队。另外的有利情况是：弃用空降的方式后，气候造成的影响就没那么严重了，"庆典"计划因天气因素而作废的可能性已大大减少。载运着我们一支突击队的登陆艇曾和途中遭遇的一支德国海岸护航队交战过，那时我方彻底摧毁了敌方一座炮台，他们剩下的另一座炮台对我们的威胁不大了。所以说，改变计划不会影响到最终的结果。

我们的进攻情报并没有泄露出去，德军也没有得到有关我们将要进攻的特别警告。这是我们战后查阅德方档案明确的。不过，他们还是加强了整条战线上的防御措施，可见，他们也估计到迪耶普地区会有被攻击的危险。他们曾下达命令，要求部队在月光和潮汐都有利于登陆的日子，即特别提高警惕，他们还举例了日期：8月10日到8月19日之间的这几天。7月和8月，负责防守迪耶普地区的一个师都有得到增援，他们日常保持戒备状态，受到攻击时全军出动。

登陆军队的主力是驻在不列颠的加拿大陆军，他们迫不及待地，早就想打一仗。加拿大陆军官方历史生动记述了这一段历史，其他官方刊物中也有记载，在此不再赘述。不管是武装部队，还是英国突击队、登陆艇队及其护航队，都英勇作战，表现出了极大的忠诚，也获得了很多卓越的战绩。然而，惨重至极的伤亡结果让我们对这次渡海战役失望了。参加这次行动的第二加拿大师共有五千名士兵，其中被俘虏了将近两千人，而阵亡的占百分之十八。

现在看来，这次战役的伤亡情况与其最终结果极不相配。但是，仅从一个标准来衡量此战役是不恰当的，我们不能因为伤亡数据的惨烈而认为这是一次失败的战役。迪耶普登陆在战争史上的影响不可忽略。它让我们付出了巨大的代价，但并非无结果的武力侦察。而从战术角度而言，它的经验教训也极其宝贵。它让我们看到了我们在判断上的诸多不足，同时告诉我们，为做到有备无患，必须及时建造各类新式船艇和设备。通过这次战役，我们还清楚了，在进行先发制人的登陆行动时，让海军重炮给予登陆部队强有力的支援是十分重要的。也因此，我们在以后改进了海空军轰击技术。我们从这次行动中得到的最重要的教训是：必须要有效地组织部队并对他们进行联合作战训练，否则，个人再英勇，再有战术，也是无用的。配合一致，才能获取成功，所以，成功的秘诀在于，必须有效训练陆海两栖部队在作战时的组织协调。所有这些教训，我们都将铭记于心。

从战略角度而言，这次袭击减轻了苏联的压力。这是因为，德军在这之后更加意识到，被占领的法国整个海岸面临的危险是很大的，德军因此必须将更多军队和物资调往西欧。

英勇的战士们无愧于光荣称号，他们的牺牲并非无谓的牺牲。

* * *

在开罗时，我坚持提议要派出空军，给予苏联南部侧翼强有力的支援。

首相（在开罗）致副首相、外交大臣、伊斯梅将军和空军参谋长

1942 年 8 月 19 日

1. 我赞成这个观点：局势在今后的六十天内不会被影响到。我还赞成，在最终决定做出来之前的这段时间内，不可能有什么行动。在四十天内肯定会出决定，可能还会更早些。

2. 应该派一支强大的英国空军驻守在苏军南面，之后还可以加派美国空军过去。我觉得这个措施必须作为长期举措来执行，目的在于：

一是以便广泛性增强苏联空军的战斗力。

二是设置障碍，阻止我们在波斯和阿巴丹取得进展。

三是以便从道义上影响我们和苏联人的友谊——这种影响的好处远胜于用兵力实现的。也就是说，我们必须对苏联人表示友好。考虑到我们的运输船队在9月过后会遇到的困难，这种影响更有必要。

四是这不是分散力量，而是集中更大的力量，对付主要的敌方空军。表面上看这是分散力量，实际上这等于每天都对抗德国空军，消耗对方的力量。相比于在英吉利海峡同敌人厮杀，在正常条件下的战线上和敌人作战更有好处。最起码，在前线作战时，我们的飞机可以源源不断加入战斗。

3. 我必须要求内阁支持我的提议，因为，在和斯大林会谈时，我答应他将由英王陛下政府全面承担这项政策的有关责任。莫斯科军事会谈的记录以及我和罗斯福总统关于此提议的通信，都请你们在它们送到后看一看。总统非常重视这个提议。

4. 空军参谋长应该拟写一份行动计划，可参考空军上将特德所拟订的大纲。我会先发给总统一份有关此计划的草案，同时附上一个说明。若总统答复正合我意，我会果断也向斯大林提出此计划。11月之前是无法实行此计划了，不过我们可立刻着手准备飞机场必须要做的测量工作，以便到时可以通过波斯和高加索靠近苏联。如果一切顺利，我们将在苏军的南翼与他们共同前进；如果事与愿违，我们也必须设法将这支列入战斗计划的力量部署在波斯北部。在我离开此地前，我希望能够发电报给罗斯福总统，以便他一作出答复我们就可在国内立即做出最后决定。

5. 为了自身可以稍作停歇而牺牲苏联，这样的事情轻而易举就可办到。然而，对我们而言，真正重要的应该是同正在艰苦奋战的他们保持良好关系。我很难赞成这种观点："火炬"作战计划会因为特德所提到的战斗行动而受影响。

*　　*　　*

我们曾在德黑兰讨论的让美国方面接管波斯铁路这一事项，如今我也得以处理好它了。

首相致副首相、伊斯梅将军及其他有关人员　　　　1942 年 8 月 21 日

美国总统曾提议，由美国接管横贯波斯铁路和霍拉姆沙赫耳港口的运输工作。在德黑兰和开罗，我们和哈里曼以及美国铁路专家就该提议讨论后达成了一致意见，即我应该接受此提议。如果由我们进行管理，我们能搞定的前提是美方提供给我们工作所需人力的百分之六十。他们提出这个建议，其实等于自觉接过了一项任务，替我们负责起整个运输工作。不过，美国的提议中有一条，军事、文职方面的经营管理者必须是美国人。现在，接管工作正在展开，将在好几个月后才能完成。完成之后，将有大概两千名英国铁路工作者可供我们调出使用。当前，我们军事铁路系统中的有关部门正急需这些人员。我已给总统发去电报，不久将传到你那里。

前海军人员致罗斯福总统　　　　　　　　　　　1942 年 8 月 22 日

1. 我觉得我有必要亲自研究横贯波斯的铁路情况再作答复，因此等了很久才写这封回信。我在德黑兰和开罗的时候就曾调查研究过有关情况，当时还同艾夫里尔、马克思维尔将军、斯博尔汀将军以及有关铁路专家们进行了商讨。我了解到，预计在今年年底前，横贯波斯铁路的各类货运每日可达到三千吨。不过我们觉得可以提到每日六千吨。因为，苏联所需的物资一天比天多，只有提升日运量，才能保证他们的需求。也只有这样，才能保证运送出足够的军力到波斯北部，以应对那里的说不准何时会发动进攻的德军。

2. 让更多的铁路人员补充进来以及需要更多的车皮和技术装备，

是提高货运量的前提。另外，铁路人员的工作热情以及让铁路优先获得所需供应也是必不可少的。只有满足以上这些条件，才可能在合适的时候做到提高货运量。

3. 正是出于上述考虑，我十分赞成你在电报中提到的建议，即让美国陆军接管经营这条铁路，我认为它是有益于我们的。届时，霍拉姆沙赫耳和萨赫普尔港两个港口也都将移交给美国方面。主要承担将你们的军需品送到苏联这一任务的波斯走廊，也将由你们的人员负责开辟，这无疑是项重大的责任。我们这里所有人都觉得，我们将从你对这项建议的批准中获得好处。我们现在唯一能想到的办法，也就是你来帮助我们了。之后，现在的英国铁路工作人员也都将被抽调到其他岗位，如此还可以缓解我们在中东的压力。由于英军作战离不开这条铁路，英国方面必须保留这条铁路线上的调度运输任务，不过总的来说，它是由你们管理的，它的港口也都是由你们负责。我个人认为双方此后的沟通合作应该没什么问题……

* * *

8月9日晚上，所罗门群岛的瓜达尔卡纳尔岛附近，澳大利亚巡洋舰"堪培拉"号被日军击沉。

首相致海军大臣和第一海务大臣　　　　　　　　1942 年 8 月 23 日

澳大利亚又损失了一艘巡洋舰——拥有八英寸大炮的"堪培拉"号。我们应该不计代价地立刻将我们一艘同型的军舰交给皇家澳大利亚海军，请考虑我的这一提议。因为，否则的话，澳大利亚人将会长久地被此事打击到。我们应表示对他们的极大同情。在我即将回国时，请将你们的意见告诉我。不过，我不打算在这段时间里跟任何人说起这件事。

我的提议被采纳了。澳大利亚方面收到了我们的"什罗普郡"号巡洋舰。

＊　　　＊　　　＊

我在 8 月 19 日再次访问了沙漠前线，亚历山大和我同去，我们搭乘他的汽车从开罗出发。途中他告诉我各种情况，使我兴奋无比。汽车先经过了金字塔，然后在沙漠上行驶了大概一百五十英里，又经过了海边的阿布西尔，傍晚时分，它把我们载到了位于布尔杰阿拉伯的蒙哥马利的总部。我们的这支后来名声赫赫的沙漠旅行队停在了一处沙丘前，不远处是海边，浪花闪烁，跌宕起伏。蒙哥马利将军的铁路专车内设有办公室和卧室，我们借用了他的浴室，洗了个痛快的澡，把长途行车的疲惫都驱走了。蒙哥马利对只围着浴巾的我们说："此时此刻，士兵们也正在海边洗澡呢。"他一面向西挥手。三百码外的海滩上，正躺着大概一千名士兵，他们全身上下只有穿裤衩的地方没有被晒成深褐色。我却故意问蒙哥马利："陆军部为什么要花钱给士兵们做白色游泳裤啊？完全可以省下这笔钱嘛。"

军风不同以前了啊！四十四年前，我们的规定是：无论如何，必须避免非洲的太阳把我们晒成黑人。当时，我正跟部队走到恩图曼。我们穿着咔叽外衣，衣服的背部钉挂着背垫。当时，外出必须佩戴拿破仑帽是军规。穿着厚厚的衬衣衬裤行军是过来人的经验之谈，他们说，要遵循有着一千年历史的阿拉伯习俗。二十世纪中期的今天，我们可以看到不戴帽子或者只围一块布在腰间，甚至光着身子干活儿的白种兵。很多士兵今天都是这样的，他们并未因此而被太阳伤害到，几乎没有中暑的——尽管他们要经历几个星期的暴晒，而且被晒的时间逐日增加，直至把白皮肤晒成紫铜色。不知道医生会如何解释这种情况。

我不用一分钟便拉上拉链，待我们都穿好衣服后，便一起去吃晚饭。晚饭过后，我们在蒙哥马利的地图车厢内汇合。蒙哥马利显然在几天内就掌握了所有情况，因此熟练地给我们讲解了整个形势。他对隆美尔下一次的攻击做了很精确的剖析，同时说明了他将如何应战。他侃侃而谈，接着说起他的进攻计划。他说，要想让第八集团军做好所有准备，得需要六个星期的时间。他要将"师"改编成一个完整的单位。他说，我们要一直等到新的师团开到前线并能够熟练操作"谢尔曼"坦克。届时将有三个军，每个军的指挥官都是富有经验的，而且他们的为人以及能力为蒙哥马利和亚历山大所熟知。最重要的一点是，要使我们的大炮发挥出应有的威力，虽然在此前的沙漠战中它们没能发挥出来。我对他说的执行此计划的日期——9月底，略微感到失望。不过我也理解，无论什么日期，都还须根据隆美尔的行动来确定。根据我们得到的消息，他准备发动进攻。我所获得的很多情报都表明，他为了进抵开罗，将试图在我们的沙漠侧翼迂回前进，而且他们这次的运动规模很大，另外，这次运动式战役将在隆美尔的交通线上进行——这正是我迫切希望的。

这种时候，我常常想起1814年拿破仑的溃败——他那时也想在交通线作战，盟军去向几乎成为空城的巴黎直驱而入。我认为，只要一招，即让在第八集团军所不需调用的强壮士兵防守开罗，就可以使得野战军拥有足够的机动自由，还能让它的一个侧翼部队在发动进攻之前就撤回来——当然，这么做有些冒险。不过我认为，这一招仍是最重要的。

令我高兴的是，大家的意见是统一的。的确，我很迫切地想要先发制人，不过，我更希望隆美尔在我们发动重要攻击之前就对我们发动猛攻。只是，我们现在才开始在开罗展开防御工作，这来得及吗？从各种情况来看，那位距离我们仅有十几英里的嚣张跋扈的敌人，在8月底前，将会以其司令官的身份发动他的大规模部队，向我们猛扑过来。我的朋友们的观点是：这段时间里，他为了继续保持优势，可能在任意一天进攻我们。推迟两三个星期的话，形势就会大大有利于我们。

*　　*　　*

8月20日一大早，我们去了卢维塞特山脊的东南区域，这里是我们的未来战场、主要阵地。我们来此视察的同时还看望了在此防守的英勇战士们。这是一片高低不平的沙漠，地质很硬。我们的大批装甲部队隐匿在有弯曲线条的沙漠后，虽然看起来布局零散，不过从战术角度而言是一体的。在这个主要阵地上，我碰到了罗伯茨准将，这位年轻的将领负责指挥我们的全部装甲部队，比如最优良的坦克部队都归他统率。蒙哥马利向我介绍了各种大炮的部署情况，他说，我们做好伪装的炮队隐匿在沙漠的每一处罅隙之间。在我军发动进攻之前，将先用三四百门大炮疯狂轰炸德军的装甲部队。

视察这天，敌方飞机的侦察就没有间断过，我们的军队是无法集合的。不过，仍是有许多士兵聚集起来，热烈欢迎我的到来。我检阅了我曾属于其中一员的第四轻骑兵团，准确地说，我检阅了该团中的五六十人——他们冒险在战场坟地附近集合。说到这块坟地，它最近又刚埋葬了不少我们的战友。第八集团军的所有种种令人悲伤、感动，不过，这个部队的士兵也正将这种悲伤的情绪化为动力，他们积极奋发、斗志昂扬。我感觉人们所说的是真实的——蒙哥马利出任司令官全面改变了部队的风貌。

*　　*　　*

我们打算和伯纳德·弗赖伯格共进午餐，这让我想起我二十五年前在弗兰德访问他的相似情景。我们是在斯卡普河流域附近的营地内见面的。他那时负责指挥一个旅，很有兴致地邀请我去看看他的前哨阵地，由于我对他是相当了解，而且也熟知防线情况，于是没有接受他的邀请。不过，现在的情况另当别论。他的精锐新西兰师的前进观测所就在五英里外，和敌军遥遥相对，我希望至少可以去那里视察一下。亚历山大认为伯纳德·弗赖伯格会陪同我去，最起码会同意我去，没想到他却一口拒绝了我，拒绝承担这种责任。所谓"将在外，君命有所不受"，通常的命令甚至是最高当局的命令，在这种时候也是行不通的。所以，我们只好到他的餐棚里吃午饭。

餐棚虽然闷热，但午餐却十分丰盛，胜过我在斯卡普河吃的那顿。这沙漠里一个8月份的中午。有一道菜是新西兰罐头蚝肉汤，我只好礼貌地稍微品尝。蒙哥马利离开了一会儿又回来了，弗赖伯格出去向他敬礼，并说已给他准备好就餐位置，希望他同进午餐。不过，"蒙蒂"——人们这样称呼蒙哥马利——有个惯例，就是不接受任何下属的款待。他这次仍遵循这条惯例，于是便在门外的汽车内独自就着柠檬水啃他的无味三明治。拿破仑为了严肃军纪也是十分追求孤傲清高的，他有一句名言：寓尊贵于严（Dur aux grands）。不过，他的带篷马车内自然会准备好美味小烤鸡。马尔巴罗则不同，和下属痛饮美酒是他常干的事——我觉得克伦威尔也是这样的。各有各的做法，不过效果看着都不错。

一整个下午，我们都是在第八集团军中度过的。直到晚上七点多，我们才返回到了可以望见海上浪花欢快翻滚的停车之地。今天的一切都令我十分振奋，我毫无困倦之意，于是又和他们谈到深夜。蒙哥马利习惯十点就寝，这天晚上，他在睡觉前让我在他的个人日记本上写几句话。在漫长的战争时期，与此相似的情况我曾遇到过好几次。我答应了他，并这样写道："愿标志新战区开辟的布伦汉姆纪念日能给第八集团军总司令以及他的部队带来好运和胜利。"

＊　　　＊　　　＊

我给国内发出了这么一封电报：

首相致副首相，并转战时内阁、伊斯梅将军和其他有关人员

1942年8月21日

1. 我在沙漠逗留了两天，访问第八集团军总部，现刚回来。我同布鲁克、亚历山大和蒙哥马利一起访问了第四十四师、第七装甲师、第二十二装甲旅以及新西兰师的部分部队。除见了许多士兵之外，我还见到了第十三军的所有主要司令官，另外还有和蒙哥马利将军共用

一个总部办公点的空军中将科宁厄姆。

2. 我敢肯定地说，如果还是用原来那套制度，我们必定遭殃，因为那时的第八集团军实际上已经失去了聚合力，到处是颓丧的气氛，士兵们情绪不稳。一旦敌方发起猛攻，这支军队必定会向东撤退到尼罗河三角洲。当时，很多士兵都东张西望，就想看看卡车上的座位会不会有一个是他的。他们根本不清楚明确的作战计划，也不确认他们的上级还剩下多少继续指挥下去的勇气。

3. 形势十分严峻，因此，视察前线后的蒙哥马利提议即刻接任第八集团军总司令。经过亚历山大决定后，在 13 日进行了中东全部指挥权的交接工作。

4. 于是，在这之后，情况就和原来大不相同了。我自己视察见到的军风以及从司令们那里听来的说法，证明了这种巨大的改变。亚历山大对蒙哥马利下达了准备进攻以及不让任何阵地失陷的死命令，然后，蒙哥马利给他下面的指挥作战人员发了一份鼓舞人心的指示——回国后我将给你们看看这篇指示。自此，到处呈现出一片斗志昂然的士兵风貌。我们的阵地焕然一新，有了更强的气势。此外，还挑选出了超期服役的人员，将他们重新编成精锐部队。如今，第四十四师和第十装甲师已开到战线前沿。公路景象也是忙忙碌碌，正在运送前线所需的部队、坦克和大炮。第十三军的指挥是霍罗克斯将军；第三十军军长是莱姆斯登（Ramsden）；赫伯特·莱姆斯登（Herbert Lumsden）将军正把第十军组编为一支机动集团纵队，9 月底的时候，这支纵队将配合进攻。最后，一个英勇周详的计划正在酝酿中。

5. 不过，隆美尔在 8 月底前发动进攻还是有可能的，他或许会选择在一个月光明朗的夜里行动。他损失了他本期望获得的珍贵运输物资，此外，他还小看了我们的军力，但我们也不能因此对他们掉以轻心，小看他们。我们不得不做这样的预测：敌方将可能展开一次大规模的迂回行动，两万德军以及一万五千意军届时将参加此次行动，其中还包括两个装甲师和四五个轴心国摩托化师。即将发生的是一场艰苦卓绝的战斗，不过我相信亚历山大和蒙哥马利的统帅能力，相信第八集团军一定会和敌人拼命。另外一种可能是，隆美尔不在 8 月份对我们发动进攻。如果是这样的话，那么他将在 9 月份被我们攻打，这种情况对他更不利，却恰好与我们的"火炬"作战计划协调一致。

6. 应对 8 月份的战役，应该在前线准备好以下数量的武器装备：七百辆坦克、一百辆后备坦克、大概七百架可作战的飞机、五百门野战炮、大概四百门用来发射六磅炮弹的反坦克炮以及大概四百四十门用来发射两磅炮弹的反坦克炮。然而，我们只有二十四门中型炮，我们在这方面的力量肯定是薄弱的。隆美尔可能会大规模空降伞兵，希望以此博取胜利，所以尽量让第八集团军疏散行动。

7. 为了保证提供足够的机动力量给第八集团军，以便他们足以应对可能在下星期遭受的攻击，我们正在开辟新一条牢固的防线，这条防线从亚历山大港到开罗的尼罗河三角洲地区。我将在明天访问正在这条防线上驻守的第五十一（高地）师。我们曾在两年前拟定一个水淹计划，我现已敦促亚历山大将军考虑此计划，各处已有所行动。

8. 鉴于我们的力量不断增强，我和其他一些人都认为应该在 9 月份而非 8 月开展战役。我非常欣慰地看到，我们的部队活力十足、信心十足、韧劲十足，而且他们的指挥官素质过硬、能力过硬，在这些领导人的指挥下，他们完美配合，好比参加比赛中的一支团结一致的队伍。但凡能力所及之事，不是已经完成就是正在进行中，剩下的就是等待深得我们信任的指挥人员投入战斗了，所以，我这个无法真正参加实际战斗的人也该归国了——还有很多事情等着我去处理。戈特已经到达此地，普拉特将明日到来，这两个消息你将通过其他电报获知。我和帝国总参谋长准备在星期日晚上起飞，飞行路线在另一份电报中有报告，你届时也将可从中知悉。若国王陛下愿意，我希望可以和他在星期二举行每周例行的中午聚餐。

9. 我对"庆典"计划（即迪耶普登陆）的大致看法是：付出了极大的代价，但也收获了超值的结果。单从这次大规模的空战来看，这次袭击也是超值的。

10. 对于大家在我执行这些让人焦心、不快的任务时所给予的支持，我表示由衷的感谢。

＊　　　＊　　　＊

我于 8 月 22 日访问了开罗附近的图拉洞，这些山洞的石块曾用来建造金字塔。不过，现在的石块开采比以前方便了好多。现在那里正在进行修葺工作。如读者所知，一直以来，我都抱怨我们的飞机和坦克修理工作进行得太慢，而且效果不佳。从现场情况来看，实际上进行得还不错，很多技工在日夜赶工，正出色而有效率地完成工作。不过，我根据手中的图表和数字，还是难以满意这样的成效。感觉规模还是太小了。当然，要怪只能怪埃及法老在最早之前没有建造更多更大的金字塔。这是无法责怪别人的。这天的其他时间，我们巡视了各个机场的设施情况，来回飞行，还和地勤人员说了一些事情。有一处地方集合有两三千的空军人员。刚刚登陆的高地师，我也对他们进行了访问，一旅一旅地视察。回到大使馆时已经很晚了。

＊　　　＊　　　＊

访问的最后几天，我的思考集中在一个问题上，即如何应对即将来临的战役。隆美尔随时可能发动进攻，而一旦他发动，他那大批的装甲车辆可以摧城破地。他八成会从金字塔附近发起进攻，直驱而入，几乎不受任何阻碍。他唯一的阻碍，就是在进抵流经总督府草地前的宁静的尼罗河时，会被一条运河挡住去路。

棕树林里，婴儿车内，兰普森夫人的小男孩发出嘻嘻的笑声。尼罗河的对面是一片广阔幽静的平原。尽管如此，我还是对兰普森夫人说："为何不送孩子到别的地方去？比如天气凉爽的黎巴嫩？"我暗示她开罗如此炎热，或许不适合让孩子在这里。但是她没有接受我的我的忠告。倒也是，谁又能说她对战争局势的判断一定是错的？

亚历山大将军和帝国总参谋长与我取得了一致意见，我得以开始着手制定一系列特别举措，确保防护好开罗和北流入海的那些水路。这些措施包括：建筑战壕和机枪阵地，将地雷敷设在桥梁底下，在桥梁两端布置电网，放水淹没广阔的前线地区。给开罗的数千名参谋人员和部队职员都配备好步枪，并命令他们必要时在设防的水道沿线上做好防御。被认为还不能"适应沙漠作战"的精锐第五十一高地师也分派到了任务，即防守尼罗河的新战线。驻守在尼罗河三角洲一带的阵地是力量较强的，这是因为这一带到处是运河，容易被水淹，而又只有少量的堤道横贯其中。不过看来，我们因此也完全可以阻止装甲部队沿堤道冲进来。

一般情况下，统率埃及军队的英国将军会同时负责开罗的防务事项，如今他的所有队伍整装待发。不过我认为，若有突发情况，防务工作最好交给梅特兰—威尔逊将军，也就是"琼博"。此人已受命去主持波斯——伊拉克战区的工作，不过由于这几个星期情况危急，他在开罗的总部才开始筹建。我已指示他要全面安排整个防卫计划，一旦收到亚历山大将军发出的关于开罗事态危急的通知，他就要立刻负起防卫的责任。

国内还有很多关系到方方面面的关键问题需要我回去处理，因此在战争的前夜，我必须返程回国。内阁已批准了我将要发给亚历山大将军的指示，即要他作为中东事务的最高负责人。现在，蒙哥马利和第八集团军也由他指挥。必要时，梅特兰—威尔逊和开罗的防务自然也由他负责。"亚历克斯"——我很久前就开始这么称呼亚历山大了——本人和他的总部业已迁往金字塔附近的沙漠地区，这位已全面了解情况的冷静、乐观的将军正四处走动，鼓励他的士兵要英勇沉着，要具备必胜的坚定信念。

＊　　＊　　＊

8月23日下午七点半，返程飞机从沙漠机场起飞，我从那时开始醺睡，一直到天亮好久才醒。当我沿着炸弹舱爬到座舱时，这架C-46型飞机已经快到直布罗陀了。飞机周围是浓浓的晨雾，能见度不到一百码，而我们飞行的高度不超过海面三十英尺。我不得不说，看起来情况十分危险。我问范德克路特感觉如何，我跟他说，但愿他不会和直布罗陀的岩壁撞个满怀。他的回答没有消解我的忧虑。不过我很欣慰地看到，他十分清楚航线，没有飞得太高，也没有飞离海面。四五分钟后，眼前的天空突然变得晴朗了，我们可以看到直布罗陀的悬崖峭壁金光闪闪。翱翔在雄伟的直布罗陀上方，我们还看到了那片狭长的中立土地——它连接着直布罗陀、西班牙和一座叫作"西班牙王后宝座"的大山。

在浓雾中穿梭了三四个小时后，范德克路特的飞行还能如此准确无误。途中有一处触目惊心的岩壁，但他仍能让飞机精确地飞行，距离那岩壁正面飞只有几百码，没有改变航线。我们最后安全降落。不过，我觉得要是飞得再高点，再转悠两个小时，那就更好了。加了汽油后，我们的时间还很多。这次飞行实在太棒了。

我这天上午同总督在一起，下午又乘飞机返程，黄昏时飞经比斯开湾，我们大略欣赏了下那里的景色。

第七章 最后敲定"火炬"作战计划

艾森豪威尔将军担任指挥——和美国将军们的相处十分和睦——需要一个简单的指令——从华盛顿方面投来一个爆炸物——对进入地中海,美国方面心存疑虑——我于8月27日发给罗斯福总统的电报——总统在8月30日复电——美国坚信美军不会遭到法军的攻击——我于9月1日发给总统的电报——总统在9月3日复电——我建议艾森豪威尔飞往华盛顿作出解释——我给哈里·霍普金斯写了一封信但未发出——观察僵局以及造成僵局的原因——9月4日传来总统的一则好消息——我们齐呼:胜利万岁!——加油,一起干吧!——计划和时间——又和艾森豪威尔、克拉克两位将军进行讨论——我于9月15日致电总统——"我们充当美国这次军事行动的助手"——确定11月8日为"火炬"执行日期——隆美尔最后一次向开罗进军——阿拉姆赫尔法战役

在我离开伦敦,开始我的开罗和莫斯科的任务之旅前,我们还没有定下来由谁担任"火炬"作战计划的指挥官。我在7月31日提了我的看法:如果任命马歇尔将军为1943年横渡英吉利海峡军事行动的最高统帅,那么就应该让艾森豪威尔将军在伦敦担任他的副手和先行官。与此同时,艾森豪威尔还应同时统筹"火炬"作战计划,而亚历山大将军将作为其副官。

这个提议后来逐步取得了美国方面的认可。罗斯福总统在我从开罗前往莫斯科前发给了我下面两封电报：

罗斯福总统致前海军人员（在开罗）　　　　　　1942年8月6日

　　8月6号，英国三军参谋长提了个建议：让艾森豪威尔将军担任"火炬"作战计划的总司令。我和美国三军参谋长表示赞成此提议。英国三军参谋长提出了作为艾森豪威尔将军行动指南的正式指示，我们正在研究他们的指示，不久将形成书面报告。

　　8日又发来电报：

　　我非常赞成将"火炬"作战计划的日期提前，我希望比原计划的日期提早三个星期。

　　已让伦敦和华盛顿两方的三军参谋长们研究拟定任命艾森豪威尔为统帅的公告。

＊　　　＊　　　＊

　　我于8月24日从开罗飞回了伦敦，那时，我们的计划还没有进入收尾阶段，许多问题都还悬而未定。在第二天与艾森豪威尔和克拉克两位将军共进晚餐时，我们一起讨论了有关这次作战行动的问题。

　　这段时间里，我经常和这些美国军官交往，我们相处得十分亲切愉快。从他们6月份来到这里以后，我就要求大家每个星期二共进午餐，地点定在唐宁街十号。看起来，我们的聚餐是成功的。我们经常像是来自同一个国家一样，密切讨论有关问题，我也常常亲自和他们对话。我觉得这种私下的相处意义重大。爱尔兰炖菜深受我的美国朋友们喜欢，其中又以艾森豪威尔为甚。因此，我的妻子几乎总是奉上这一菜式。不久，我便可以给我的美国客人们起绰号了，比如艾森豪威尔是"艾克"，马克·克拉克是"美国鹰"，比德尔·史密斯——他在9月初到达，任艾森豪威尔的参谋长——是"美国牛头犬"。看看他们的相片，你就知道我为什么给他们起这样的绰号了。好几次，大概是晚上十点的时候，我们会在楼下餐厅举行非正式的会议，有时讨论到深夜。这些美国将军们也曾几次在契克斯过夜，有时是过来度周末。这种时候，我们通常只谈谈个人的本职方面的问题，其他一概不谈。

艾森豪威尔将军有一位副官是非职业军人出身，这位副官在其所著的一本书中这么写：对于工作都分身乏术的美国军官来说，这些聚会不能不说是一种沉重的负担。若他所写属实，只能说他们要不是太过于注重礼节，那便是太善于隐藏真实情感了。我坚信这种密切接触对我们的战争事业而言必不可少。我能够了解全面情况，都有赖于这种接触。

我们在9月28日举行了一次会议，这天晚上我做了有益于比德尔·史密斯及其他长官的一件事。事情是这样的：当时还不是很晚，不过我注意到"近视眼"史密斯——"近视眼"是人们给他起的绰号——看起来非常劳累。我感觉他好像生病了，建议他去休息，但他就是不肯离去。他一副随时会晕倒的样子，总让我觉得他就要从椅子上摔下来了，于是我终止了会谈。我上楼去了内阁会议室，并请艾森豪威尔单独前来。关上门后，我对他说："你要是想让比德尔参加这次战役，那么，不管他愿意与否，今晚必须送他去医院。不然你会彻底损失这个将领。"做事向来果断的艾森豪威尔这次也是如此。比德尔·史密斯在第二天就被送到了医院，他两天内输血两次，卧床休养了两个星期。如此，他后来才可以在倾注我们心力的作战计划中做出重要贡献。

*   *   *

与美国将军们会谈过后，我给罗斯福总统发去了这么一封电报：

前海军人员致罗斯福总统   1942年8月26日

1."火炬"作战计划是我此后主要关注的事情，你大可相信，我一定努力让你的伟大战略获得最终胜利。我同艾森豪威尔、克拉克以及我们的有关人员进行了会谈，并得出一个意见：唯有确定执行日期并按照这个日期开展各项工作——不能只是在嘴上说一切都准备好了——才能最牢靠、最稳妥地贯彻这个计划。如果我和艾森豪威尔能收到你下达的这么一条指令——"请于10月14日起落实'火炬'作战计划，即在合适的地点以你现有的军队发动进攻。"——那就太有益于我们了，因为这个指令意味着我们所有准备工作的意义都将变得不一样。届时，艾森豪威尔也将真正拥有匹配盟军总司令这一身份的权力；另外，那些没完没了的质疑、反对声以及让我们改进计划的好心建议，也将会适可而止；我们将能够以切实的行动，取代此前的优柔寡断。这个指令将能使艾森豪威尔获得一个现在还不属于他的机会，我想他一定十分期待这个指令。

2. 据我了解，实行这一作战计划必须先从政治角度考虑。首先，最好的胜利就是不牺牲我们的一兵一卒，而如果战争不可避免，那我们就务必争取胜利。如何才能争取最好的胜利呢？我认为：第一点，在正式对敌开战前，就要拿出压倒优势的力量来；第二点，要尽可能在更多的地方展开攻击。在"痛击"计划中，我们的敌人是威猛的德军，最大的困难是如钢铁般牢固的法国海岸。"火炬"作战计划于我们而言则轻易得多，在这一行动中，敌军的抵抗是分散的，力量也更弱；此外，在登陆的攻击点上，我们有更多的选择。但是，危险和困难将会因为推迟行动而倍增，届时，增加再多的军力也没有任何用处。按照通常的理论，我们必须认真考虑每一个细节问题，力求每一项计划都能安全实施，如此才可应对各种突发情况。总之，就是做好一次长期战役应该有的长远准备。但是，这样一个常理却只会让这一作战行动失败，因为，若执行计划的日期迟于我所提议的，那么泄密的可能性就会加大，从而使得敌人更有机会先发制人。

3. 我认为，我们应该列出政治上的论据，承担起冒险责任，如此可以减轻司令官们的责任。我觉得这几个假设是合情合理的：

a. "火炬"作战计划能够使得西班牙不与英美为敌；

b. 德国军队要想强行从西班牙通行或者从西班牙获取供应，最少还需要两个月的时间；

c. 对于多半只是象征性地进行反击的北非法军，我们可以对他们发动突发的大规模进攻，战胜他们之后，他们的指挥官可能会领导他们反过来给予我们积极的援助；

d. 维希政府不会对美英宣战；

e. 虽然希特勒将对维希施加极大压力，但他们在 10 月份不可能进驻法国的未被占领区域，因为他们没有军队可以用于这件事上。而在这个时候，他们的军队又被我们牵制在加来海峡……

当然，上述所有论据最后可能是错的，果真这样的话，等待我们的将是一场不是你死就是我活的恶仗。不过，我们也有了应付这种可能的准备。但是，如果可以在战争一开始时便付诸敢于冒险牺牲的行动，抱着一种"争取不损失一根毫毛便能取胜"的信念，那么，我们就有机会获得巨大的战果。政治冒险和政治判断错误这两个方面的责任，我本人准备全面承担起来。

4. 在西部沙漠战役中获取哪怕只是一次的胜利，都有助于上述假设。总之，或者隆美尔会在 8 月某个月朗的夜里先发制人，或者等我们九月底对他发起进攻。无论是哪一种可能，都要有个决策。我坚信，有了决策就好办了。

5. 我相信你理解我为何没有在此详谈具体问题。当前，我们必须要具备的首先是执行此计划的坚定决心以及超强的能力。

*　　*　　*

然而这时，华盛顿方面却扔过来一个令人非常震惊的消息。对于攻占法属北非这一计划，英国和美国的参谋人员在该计划的性质和范围上，产生了严重的分歧。该计划要求美军方面承担的任务是，在直布罗陀海峡以东地区进行大规模作战行动。对此，美国三军参谋长非常不满。他们好像认为，他们可能在地中海被敌人拦截。不过，对于英方的意见，艾森豪威尔将军却是持完全支持的态度。他认为，在地中海尤其是在阿尔及利亚展开大规模的军事行为，对于我军获胜非常重要。他竭力向上级陈述自己的观点，但没什么作用。这时，美国各有关部门都坚持，在确认双方运送人员和粮食的船只都出发之前，必须推迟一切其他行动。也正因此，他们的计划也被影响了。作战行动如此大规模，有些事情必然会被耽误。但是，若想等到解决所有问题后才行动，那么，开战日期只能无限期地往后延。

美国三军参谋长顽固不化，我和我的顾问们反对他们的意见。

前海军人员致罗斯福总统   1942 年 8 月 27 日

1. 美国参谋长联席会议在 25 日对我们提出的有关"火炬"作战计划的意见，让我们感到十分为难。我的看法是，争取在开战的第一天就攻下阿尔及尔和奥兰。因为，如做不到这点，那么这次作战就没有什么重要意义了。我们很有可能在阿尔及尔获得有力的支持，即便只是拿下了阿尔及利亚，这样的胜利也是至关重要的。得到我们热情支持的艾森豪威尔将军正在制订有关计划，他打算在发起进攻的第三天就在菲利普维尔和博尼登陆。当然，我们无法保证说能够先于德军进抵突尼斯。不过，同理，德军也无法肯定突尼斯法军将会友好地接待他们——尽管维希政府允许他们进驻那里。

2. 关键是在阿尔及利亚站稳脚，并保证奥兰的交通线畅通无阻。因为，这样一来，即便德军进抵了突尼斯，我们也可以与之较量较量。如果不从奥兰东进，那么，就等于拱手让给敌人突尼斯和阿尔及尔两地。我们希望敌军会对我们产生一种印象，这种印象可以有助于我们对北非法军施加积极的影响。但是，只在奥兰和卡萨布兰卡两地作战的话，敌人通过观察我们的军事力量以及广泛进行的攻势之后，就不会产生这种印象。阿尔及尔对整个军事行动起着重要作用，我们对此深信不疑。艾森豪威尔委任安德森将军扛起阿尔及尔战役的重担，而后者对拿下阿尔及尔信心十足。我们未来战役的主要目标就是进攻意大利，因为实现了这个目标，将非常有利于使得法军与我们合作。而要想进攻意大利，必须先占领阿尔及利亚，同时向突尼斯和比塞大挺进。

3. 在占领奥兰这点上，我们已达成统一。我们自然也想夺取卡萨布兰卡，不过，在它和阿尔及尔之间选一个的话，阿尔及尔无疑是更好的选择，因为攻取它显然更有希望，而且，相比于攻克卡萨布兰卡，攻取它之后的好处更大。在整个 10 月份中，地中海内的登陆行动五天中有四天都可以登陆。在摩洛哥的大西洋海岸的登陆行动就没那么自由了，五天中只有一天可以。

4. 奥兰和阿尔及尔的军事行动若能取得良好成效，那么军队到达卡萨布兰卡附近海面后，进入该城也许就容易多了。从这点而言，假装进行一次攻击是对的。只是，卡萨布兰卡非常难攻，它和地中海内主要目标之间的距离是最远的。若说我们会失败的话，唯一的可能就是失败在卡萨布兰卡。届时，为了从这个地方获得一点小利，我们将会冒巨大的风险。当然，这么大规模的作战行动自然会伴随风险。但从阿尔及尔的作战行动而言，我们对你们提出的唯一要求就是请派一支挂有美国旗帜的美国联络队。让我们（自己）同时占领阿尔及尔和奥兰是不到的。如果你们愿意派出大量军力冒险进攻卡萨布兰卡，那么，美军现在就应遵循盟军总司令的计划，径直往前进抵奥兰。

5. 如果按照报告所提议的去做，完全改变这次作战计划，那意味着发动进攻的日期也必须改变，这将使得所有计划都受到致命影响。

可以确定，在 10 月份的时候，希特勒并无什么军力向西班牙或者法国未被占领的地区进军；而进入 11 月后，他对维希和马德里政府的施压将会一个星期比一个星期更甚。

6. 我对斯大林许下的诺言曾得到哈里曼的支持，而他事前得到了你的批准。所以，我希望你记住那些诺言。我觉得，"火炬"作战计划要是失败了或者被动摇——就像现在某些人建议的那样——那么我的地位也将会被大大动摇。所以，我迫切请求你重新考虑这份报告，并准许美国盟军总司令实行他所制订的计划——我们为了落实这些计划正在日夜赶工。在此期间，参谋人员也正向他们的美国同僚传达这样的意见。

8 月 30 日，我收到了总统的复电。

罗斯福总统致前海军人员   1942 年 8 月 30 日

你的关于"火炬"作战计划的电报，我已认真阅过并进行思考。我期待尽早开始进攻。时间问题不可忽视，我们全力加快速度，做好准备事宜。

我极力认为，在发动第一次进攻时，美国地面部队应该作为主力，英方的海军、运输队和空军应该作为辅助支援。执行这次登陆行动，我们要首先假设法军对美军的抵抗强度不如对英军的。甚至可以几近肯定地假设，英美部队同时登陆的话，非洲的法军将会全部出动，进行激烈抵抗。而一开始只是先让美军上场，不让英国地面部队出动，那么就很有可能出现法军不抵抗或者只是象征性抵抗的局面。登陆后，如果我们想保证法军不进行抵抗，最少需要用一个星期来努力巩固我们双方的阵地。如果可能，我非常希望我可以实现这个保证——那样的话，你们的部队就向东前进了。你们必须赶在敌军到达前登陆，我充分认识到这点非常重要。可以相信，至少在我军发动进攻后的两个星期内，不可能出现大量德国空军和伞兵向阿尔及尔或突尼斯进攻的情况。而在此期间，我们希望你们的军队可以较为顺利地登陆并向东推进。既然提到了登陆地点，那我就要说说我的看法了：鉴于我们的实力有限，而仅仅依赖直布罗陀这一条交通线是非常危险的，所以我认为必须在非洲西北海岸建立稳固的、永久性的基地。

基于上述理由，我的建议是：

1. 美军同时在卡萨布兰卡附近和奥兰附近登陆。

2. 他们应在山岗后面地带建设总长约三百多英里的互相平行的一条公路和一条铁路，这样等于在摩洛哥建立了一个供应基地，以便为这次登陆行动提供给养，此外，该基地还可以用于直布罗陀海峡之外的战线，比如为阿尔及尔和突尼斯的作战行动提供援助。难题在于：一是没有充分的掩护，二是运送的战斗物资不够两次以上的登陆战所需。我觉得最好进行三次登陆，第三次由你们在东面进行，时间是在我们登陆后的一个星期。为了实现这个目标，即进行第三次登陆，我认为我们应该重新审视我们的人力物力，同时付出极大的努力。届时，开往苏联的运输船队可以暂时不管，其他商船的运输工作要暂停——虽然这么做十分危险。我现在拨给艾森豪威尔的船只，足够他进行两次登陆——前提是他不拿来用于其他事情。"火炬"作战计划没有用到的船只现在必须拿出来，用于东面的登陆。跟我们有关的问题，将由我研究解决。在四十八小时内或者更短的时间内，我们能否得出答案？

我要着重指出的是，不管怎样，我们的登陆必须有一次是在大西洋上进行。向总司令下达作战指令时务必指明，要尽早在合适的时候开始攻击，而且在这之前必须做好一切准备工作。基于这个要求，只能由总司令决定这个日期——绝不能晚于10月30日，我希望是10月

14 日。

＊　　　＊　　　＊

这封电报表明，美国人的固执己见导致了另外一系列的难题。他们认为，对于登陆的美军，法军可能不会给予反击甚至还表示欢迎；不过，对英军则不同了，他们一定会拼命抵抗。英国和维希之间的对立情绪以及对方对我们的仇视如此严重，必定是因为，我们曾在奥兰、达喀尔、叙利亚和马达加斯加实行封锁。当然，美国大使莱希上将和贝当的关系十分亲密。一直以来，我们都希望美国人本着自身特色去进行这次远征，所以从一开始我就急切希望由罗斯福总统作为统帅。但是，在草拟计划的过程中，我发现必须由英国承担起有关方面的责任，诸如派出大批军队，包括同量的空军以及三分之二的海军，以及负责大部分的运输任务。但是美军不同意这个做法，他们认为，维希会因为对美军的爱戴而归顺美军，但对英军的仇视却又使得他们顽强抵抗，从而就会导致两种不同的局面。我不完全赞成他们的观点，我认为可以这样：如果必要的部队已经开始行动，而且这次作战的范围不局限于某一处的话，我们便可以在后方进行物资援助。我甚至愿意让必须参加初次进攻的英国士兵穿上美国的军装。为了胜利，这些都不是问题。但是，军力方面是不能勉强的，务必保证必须的军力，不能不合理地限制军队的调用。在这个问题上，英美双方参谋部门之间出现了分歧，那么便只能由我和总统共同处理了。

前海军人员致罗斯福总统　　　　　　　　　　　　　1942 年 9 月 1 日

1. 你近日的来电，我们已经仔细看过。三军参谋长们已经和艾森豪威尔商讨这个问题了。

2. 要是你希望由美国全面承担起这次登陆行动的重任，包括政治上和军事上的，我们是毫无异议的。对于这次登陆的政治意义，我和你一样重视。在维希和北非的态度方面，你是否有了什么新的消息？

这个我无从得知。我当然最希望你们能够在必要地点平安登陆或者只是遇到象征性抵抗，但是，这种可能性无法预料。

3. 以下几点，我希望你有考虑过：

（1）英国小型舰艇和飞机已经事先在直布罗陀集合。所以说，英军参加登陆的消息会不会已经泄露出去？

（2）无论参加登陆的英军挂的什么旗帜，他们参与其中的消息会不会已经泄露？

（3）战斗打响时，需要用到我国飞机和舰只应付法国的飞机和炮台吗？

（4）夜晚的猫都是灰色的，所以，如果是在黑夜的海滩上进行登陆（发动突然袭击必须得这样），如何才能辨别出美军和英军？

（5）我认为只有四分之一的登陆可能性，而如果海浪凶猛，致使我们无法在大西洋海滩登陆，届时又该怎么办？

4. 要是事情不如人意，你们在登陆后须和敌人死拼，甚至无法上岸，那时又该怎么办？要知道，我们的突击船只都被美军征用了，而运送增援部队的船只只能开到已攻夺的港口，所以，我们是无法适时给予你们救援的。我认为，如果舍弃这种不用流血牺牲的政治性胜利——我赞成你的观点并认为这种胜利的几率很大——我们将在军事方面遭受重大损失。本打算1940年9月袭击达喀尔的，正是因为我们当年在一开始的时候被一些妥协方案打乱了。那一次的教训是深刻的，我们的军事专家也因此非常注重部队单一化。但是，要想单一地用美军进行这次登陆，你们是否有充足的训练有素、装备良好的美国军队？换个说法，不管怎样，你们是否都可以让敌人不寒而栗？

5. 我们一直在落实的作战计划如果被突然放弃了，那么行动将会被严重延误。艾森豪威尔将军说最早的发动日期是10月30日，我觉得，按照这个标准的话，可能要等到11月中旬才能发动。昨天，我们发出了停止运送军资的命令，以便于在合适的时候能够另作安排。我担心计划由 10 月推到 11 月将会导致产生更多的新危险，这些新危险将会比我们本会遭遇的危险更严重。

6. 最后我要指出：无论面临的困难有多大，都务必争取在占领卡萨布兰卡、奥兰的同时占领阿尔及尔，这是至关重要的。阿尔及尔对我们的态度是最友好的，它也是最有可能攻占的。对于整个北非来说，那里的政治反应具有决定意义。我们认为，这样的决定是非常严重的：由于担忧不能在卡萨布兰卡登陆，便放弃了阿尔及尔。如果因为我们做出了这么一个决定，而使得德军同时可以在突尼斯和阿尔及利亚先发制人，整个地中海地区的敌我力量对比将是令人悲叹的。

7. 总统先生，我的看法是：总体而言，一直以来，"火炬"计划的主要执行方都是美国，就如同此前的"体育家"计划一样。既然接受了这个事实，接受了你的领导，我们当倾力助你成功完成你决定的任何计划。但是，我们还是要直说：在 8 月 14 日交给艾森豪威尔将军的指令既已经过双方同意，那么按照此指令中所明确规定的总方针去行事，是最正确的做法。我们深信，正如你所说，如果我们双方都尽全力去行事，我们就可以在充分的海军掩护下，凭借足够的作战物资，在卡萨布兰卡、奥兰和阿尔及尔三处同时登陆。

罗斯福总统致首相　　　　　　　　　　　　　　1942 年 9 月 3 日

1. 已收到你 9 月 1 日的来电并已认真考虑。

2. 我非常感谢：你最初同意由美国地面部队全面负责最初的登陆行动，并愿意与我们协作。的确，英国若参与登陆的话，即便是以海空军支援的方式，那里的守军一开始也会得到消息。不过我认为，这样登陆与英军从一开始便在海滩登陆不同，两种方式产生的影响是不一样的。

3. 应该可以预料到在大西洋海滩登陆的危险，那里的海浪十分凶猛。所以，看来有必要考虑利用一些防守不严的小港口。

4. 需在一开始进攻时尽可能用上所有可使用的船只。无论英军的还是美军的突击部队，都必须在后续部队登上海岸前成功夺取下一个港口。而这一要求，也是在初次登陆之后的任何一国的部队都必须做到的。

5. 你希望在占领卡萨布兰卡和奥兰的同时占领阿尔及尔，为实现你这一迫切的愿望，我们特别提出了下面几个方法：

（1）要同时实现卡萨布兰卡、奥兰和阿尔及尔登陆的话，应对必要的突击部队及其后续部队做大致如下的安排：

a.卡萨布兰卡（美军）：派三万四千人突击，另外两万人后续部队随后在一个港口登陆。

b.奥兰（美军）：派两万五千人突击，另外两万人后续部队随后在一个港口登陆。

c.阿尔及尔（美军和英军）：一万美军在海滩登陆，英军随后一小时内登陆，以确保登陆安全；将由总司令决定后续部队的指派，届时他们将搭乘非作战船只，在一个港口登陆。

（2）部队问题。美国方面应提供以下力量：

a.从美国本土抽调出在卡萨布兰卡登陆的部队。

b.从联合王国中抽调出在奥兰登陆的军队，同时为在阿尔及尔的登陆行动提供一万兵力。

我们在美国和联合王国都还有一个装甲师，但这两个师的力量太弱，不能作为突击梯队，用作后续部队还是可以的。此外，我们还有包括空军地面梯队在内的支援部队和勤务部队。美国在后续行动中可以提供更多的步兵和装甲师，在联合王国的其他美国部队都可以派上用场。

（3）航运问题。美国可提供的船只情况如下，这些船只从 10 月 20 日开始驶离美国港口：

a. 可运载三万四千人的战斗型运输舰只。

b. 除战斗运输舰只外，另提供可载运五万两千人的运输船只以及供应这五万两千人的物资。另外还有可运载一万五千人的船只和九艘货船能使用——以前的协议规定，这九艘货船用来从英国运输美军去参加作战——以配合联合王国的美国运输船只行动。大概算来，美国可以提供的运输船只差不多可以运送在卡萨布兰卡登陆的前三批部队。

（4）海军问题。在这次登陆战中，美军可以用来护航和支援的海军力量不能超过这个规模——大西洋的现有力量加上正准备调去执行任务的所有舰只。

6. 以上就是美国可能投入这次登陆行动的所有力量，包括了地面部队、海军部队和运输船只三大方面。假如登陆行动能照既定方针执行，即在卡萨布兰卡、奥兰和阿尔及尔同时进行登陆，那么，英国必须提供其他所必要的人力、物力。在我们看来：

（1）联合王国已指定将一定数量的美国运输船用于"火炬"作战计划，除这些船只外，联合王国还需要为在奥兰和阿尔及尔登陆的部队考虑，为他们提供包括战斗运输舰只在内的一切运输舰只。

（2）在阿尔及尔的突击部队和后续部队所需要的后备部队。

（3）除上述美国提供的海军力量外，你们还需提供登陆战所需要的全部海军部队。

7. 请确认联合王国将提供此封电报所提出的需运送的登陆艇、陆海军部队和运输舰只，可通过海底电报与对方取得联系。这样，我才好继续为尽早执行"火炬"作战计划做积极准备。

8. 我曾在 8 月 30 日的电报中提出，应指示总司令在可能的情况下尽早执行计划，这个最早可能的日期由他决定。在此，我要再次重申这个意见。因为我坚定地认为，必须尽早决定日期。毕竟，制订在此简要提到的这个计划时，我们就是力求按照你们的意愿去制订的。我觉得它是具有可行性的。在这个计划之下，在阿尔及尔的作战行动得到保留，而且可保证有剩余的力量。因为，从各方面来说它都有胜利的希望。

9. 北非传回来了最好的消息是：由美国军官指挥的这一次美国远征，在三个战场上所遇到的非洲法军的抵抗都不值一提。而另外相反的是，英军在任何战场上的作战都将遇到敌军顽强的抵抗，即便是与戴高乐派合作进行的攻击也不例外……

这样的情报让我觉得，有必要让美国高级官员和非洲法国的军事和民政当局接触接触。早之前，你和我就曾决定，应付北非法军的任务交给我们，应付西班牙局势的任务交给你们。

前海军人员致罗斯福总统　　　　　　　　　　　1942 年 9 月 3 日

1. 我们用了一天的时间来研究人力、物力，最后接受了你提出的计划纲领。不过，我们认为，要想使计划确立下来的话，还需要稍微进行调整：将卡萨布兰卡登陆军队减少一万或一万两千（减少后的不足由后续部队来弥补）。这些军队本身匹配有战斗运输舰只，能在登陆后充分发力作战。把它们抽出来后，突击部队的任务可全部由美军承担。这样一来，三个登陆点的力量就均衡了，此外，还能保证所有重要地点的兵力都十足强大。如果不做这么一个调整，由于缺乏战斗运输舰只和登陆艇，我们就没有希望在阿尔及尔登陆。我们都认为这是整个计划的一大缺陷。

2. 我们建议，克拉克将军和艾森豪威尔两人中的一人明天偕同蒙巴顿以及拉姆齐海军上将——他全面了解我方的护航和海军情况——

前往你处，和你商讨有关登陆的具体问题。星期日上午，他们将会去见你。你们到底能提供多少海军部队，我们在此是无法知悉的，请将情况告知坎宁安海军上将——由于十分重视这次登陆，我们建议由他指挥海军部队，他将受盟军总司令领导。

3. 计划的调整导致开始登陆的日期已推迟了三个星期。已获知有关消息的"自由法军"一定无法守住秘密。必须争分夺秒，我们也已向各方下达这样的命令。当然，最后还得由你来做出决定。

此时此刻，一切都是待定。我认为应该让哈里·霍普金斯了解我所有的想法，并请他以自己的方式去影响总统的思想。

首相致哈里·霍普金斯先生　　　　　　　　1942年9月4日

我请迪吉·蒙巴顿亲自把这封信转给你，是因为我深知你在这项事业上所倾注的心力是彻底的，而且你为它也奉献了很多很多。至于是否要将此信转交给我们那位伟大的朋友，你可自行决定。如果你觉得它会让他焦虑，那就不转交。这纯粹是一份"非正式"的电报，你如何处理，由你决定。

1. "火炬"计划正受到巨大的阻碍，它被推迟执行了，而这是毫无必要的。这种情况将会使我们面临更大更多的苦难，我因此深感不安。取消"痛击"作战计划，我们用了很长的时间。不过，当你7月25日离开伦敦的时候，各方面的工作都在抓紧落实，我自然认为马歇尔已按照总统的最后决定去行动了。让艾森豪威尔将军担任盟军总司令这个提议，我们高度赞成。现在，他和克拉克两位卓越的将领已经立刻开始工作了。然而，明确的指令——华盛顿的参谋长联席会议给出的——直到8月14日才下达。我们在这次登陆作战计划上倾注了所有心力。这是一次两栖作战行动，完美的配合是必须的，要完美得就像宝石镶嵌在手镯上。每一个特定的登陆点所需要的船只必须合适，而且，船只的装运工作必须配合每一支登陆部队的特定任务的需要。当然，也并非每一项工作都必须这样。因为，很多船在通常的任务中是可以使用的，只有一部分船只的用途是特定的——它们必须与所进攻海滩的坡度及海边的吃水深度相适应。有关工作的问题，我不想夸张陈述。毕竟，人们习惯从许多选择中挑一个更好的，这是人之常情的。但是，我认为，工作安排越细，就越能取得更好的成果。

2. 总之，在一星期之前，一切按照计划进行。不确定 10 月 15 日为发动日期的说法以及有关理由都还没有出现。然而，突然扔过来了一个爆炸消息，也就是美国三军参谋长送来的报告。这份报告使这个计划泡汤了，这次登陆战的本质以及重点也因它而改变了：不用付出巨大代价的、轻易可攻取的阿尔及尔被舍弃了；反之，在卡萨布兰卡和大西洋海岸倾注了所有主力。然而，我们曾花了很长的时间来研究这两个登陆地点，结论是：能在卡萨布兰卡和大西洋海岸这两处地方成功登陆的可能性很小。那里的风浪太大了，即使是在 10 月份进行登陆，也只有四分之一的成功可能。"舍弃阿尔及尔，在卡萨布兰卡行动上集中使力，然后从其他方面抽出兵力来攻打奥兰"，这个计划也只是说起来简单而已，看看它给我们各项已完成的工作带来了多大的影响！

我看到，由于推迟了行动的日期以及美国三军参谋长改变政策，你们两位优秀的将军心情低迷。说实话，艾森豪威尔的处境十分困难：他手下的英美参谋人员不停催促他在所有问题上给出个明确决定，而相反的情况的是，大西洋彼岸严格掌控着作战计划，朝令夕改成了他们的家常便饭。让一个人担任盟军总司令或最高统帅，却又不给他充分的权力来自由指挥部队，作战方式、作战时间和地点他都无法决定，那设置这么一个职位有何用处？我们的做法是，准备遵从他的决定，服从于他。在向你陈述这些后，即便我们之间有意见分歧，我们还是听命于他。只有全力、全面地支持他，才能实现总统的伟大战略目标。现在，大西洋彼岸要重新研究考虑所有问题，那我们只能遵从新的计划。不过，我真无法想象一个最高统帅都无法行使权力的联合司令部能发挥什么作用。

3.直率地说，我根本不清楚为何产生这些问题。在我看来，马歇尔已经同意了这个计划，而且，得益于这个计划，金海军上将在太平洋作战中所需要的人力、物力也将得到补充。如今看来，美国军界方面言而无信的问题相当严重，我因此非常担心总统的整个计划会逐渐被破坏，这种担心与日俱增。随着整个计划而失去的，还有盟军今年唯一的、最光明的前景。计划的不断改变将会推迟登陆日期，而听闻事情如此进展的两国民众一定会由此认为机密已经泄露给了敌人；的确是这样，登陆日期不断后延意味着德军将有机会对我们先发制人。如今，有希望最早行动的日期是11月份的第一周。如果这个月的最后一周还不能有所行动，我就要觉得相当惊奇了。谁也无法说其他地区的情况会有什么变化。

4.为什么美国参谋人员不愿意进入地中海，尤其是阿尔及尔？为什么美国方面迫切地想要集中所有力量到卡萨布兰卡方面？对此，我实在难以理解。让我们先谈谈法军的抵抗问题。整体而言，我赞成总统在这个问题上的意见和希望。在北非海滩上，美军不会遭到法军的顽强抵抗。毕竟，从前的法国不会屠杀美国士兵，将来更不会。从这个情况看，美军至少有百分之五十的可能可免于流血牺牲。鉴于能取得很大的战果，我认为应该冒这个险，值得冒这个险。不过，如果这个假设——法军不抵抗或者只是象征性地抵抗，然后会站到我们的一边（既然不抵抗，那他们就肯定会站过来）——是对的，那么可以设想，在卡萨布兰卡和奥兰同样会出现这样的情况；而在阿尔及尔就更会如此了，因为那里的气氛有利于我们。你们必须在第一天就迅速、痛快地占领这些港口，而如果你们做到了，那全世界将见证你们的奇迹，届时我们也就不用担心西班牙方面会出什么乱子了。实行和平占领，以便解放法属北非；下一步的行动就是袭击西西里、意大利以及隆美尔的后方的黎波里。

5. 然而，还有另一种可能：开战后，遭炮台火攻，不能在港口登陆，法国空军轰炸直布罗陀海港——整个就像达喀尔的那场战斗。届时，受到德方威逼利诱的西班牙可能就会从中插手，致使直布罗陀失守。在我看来，在局势明确恶化之后，他们将会改变态度，决定不再观望，而与我们为敌。因此，我们应该寄希望于这种做法上：以尽可能强大的兵力尽快在地中海内登陆，压制住抵抗的法军，登岸后占领几个港口。

这也就解释了我为何无法理解以卡萨布兰卡登陆为重点。在那里登陆的话，在地中海内的登陆将会失败。而且，如果在地中海内登陆受阻，那充分说明在大西洋海岸的登陆将同样遭到抵抗，唯一的不同是：能压制住地中海内的抵抗，而大西洋海岸的抵抗则不能被压制。如果没有风浪的话，一切可能更好。但是，天气好的可能性只有四分之一。

总之，地中海内的行动决定了法军的行动地点。确认在地中海内的作战有益，然后双方协议占领卡萨布兰卡，那么实现后一个目标就不难。另一方面，如果在卡萨布兰卡的行动受挫，那将会怎样呢？如果所有部队都因为海浪问题而无法登岸，而搭乘他们横渡大西洋时用的大船驶入小河流和小港口又不现实，这时他们又该怎么办呢？面对敌军的海岸炮台和海港的机枪防御阵地，他们如何对卡萨布兰卡展开正面进攻？

在我想要发出这封信前，我收到了总统的电报，因此，这封信一直没有送出，霍普金斯也未曾收到过它，蒙巴顿也就不必到大西洋彼岸去了。总统的电报让人充满希望，是大有帮助的。

罗斯福总统致前海军人员　　　　　　　　　　　1942年9月4日

……我们目前的合作是亲密无间的。我愿意将计划用于卡萨布兰卡登陆的军力数量减少五千左右，这个数字是按照可运送一个团兵力的战斗运输舰只计算出来的。原计划用于奥兰的突击部队也已经减少了同量的人员，所以，这约一万人的兵力将由腾出的全部英美战斗运输舰只运送到阿尔及尔，用于登陆行动。运送美军的战斗运输舰只，可以作为将要建立的战斗运输舰队的主力。我坚定地认为，再需增加部队的话，联合王国方面可以提供。

艾森豪威尔或克拉克此时来这里的好处是什么？在我看来是没有好处的。我深知，他们对于编成之后很晚才到达的美国军队负有重大而又紧迫的责任。我相信我们能够深刻理解他们的想法，但考虑到我想在发动进攻前的最后那段时间里会见艾森豪威尔，所以我认为没有必要做两次旅行。如果你愿意派拉姆齐和蒙巴顿过来，那正符合我们的心愿。不过，我不希望登陆日期因此受到影响而推迟。我正在指导各项准备工作。所有这些问题，我们应该做出最后的决定。

我希望今天用海底电报给你发出一份名单，这份名单上写明了可供这次行动使用的美国海军舰艇。

前海军人员致罗斯福总统　　　　　　　　　　　1942年9月5日

1. 我们赞成你提出的军事计划。我们有很多登陆训练经验丰富的部队，如果方便让他们穿上你们的制服，他们将会感到非常荣幸。海上运输事宜也将不会有什么困难。

2.从我刚才收到的你的电报^①看来,你们的部队明显已经调用完了。我们认为:如果我们的PQ运输船队没有遭受重创,那么,在现有的联合海军力量之下,我们全速展开这些战役是没有问题的。

3.艾森豪威尔将军已经同意我派遣拉姆齐海军上将^②去你那儿,我将立刻派后者前往,他将携带坎宁安上将所需的用来与你讨论海军具体计划的那些资料。当前务必抓紧时间,争分夺秒地工作。唯有如此,你的战略计划才有可能落实,今年也才能真正做出有效的工作。

4.据悉,艾森豪威尔向马歇尔提了个请求:把你从卡萨布兰卡登陆部队中拨出的兵力连同它的一团战斗队伍,全部调到这里。我们完全赞成这个请求。

致以诚恳的问候。

罗斯福总统致首相   1942 年 9 月 5 日
　　胜利万岁!

前海军人员致罗斯福总统   1942 年 9 月 6 日
　　加油! 一起干吧!

---

① 据海军上将金说,最大程度地估算,美国能够用于"火炬"作战计划的海军舰只的数量是这样的:一艘现代化战列舰、两艘旧战列舰、一艘航空母舰、两艘经过改造的小型航空母舰(假设它们共载运七十八架战斗机和三十架俯冲轰炸机)、两艘具有八英寸口径大炮的巡洋舰、三艘具有六英寸口径大炮的大型巡洋舰、四十艘驱逐舰、六艘快速扫雷艇。舰只数量总计五十七艘。——原注

② 自这次大战开始以来,拉姆齐海军上将在多佛海峡指挥作战,表现出了他的优秀才能。他被选为"火炬"作战计划中的海军行动计划的负责人。——原注

＊　　＊　　＊

当前，还须推动一下这次作战计划，敦促工作，争取尽早实行计划。

首相致霍利斯准将　　　　　　　　　　　　　1942 年 9 月 6 日

大家都不要有这种忧虑，即担心"火炬"作战计划的执行太早了。必须快马加鞭，力争使 10 月 31 日为发动进攻的日期。为确保能够这样，最好把目标定为 10 月 29 日。我建议就此提议给总统发一个电报过去。如果美国方面能做到万事俱备，我们是否也能做到？

我们谨慎行事，避免发出或许会导致整个行动都被推迟的命令。如果你将最早实行日期定在 10 月 31 日，那么最后的日期肯定会拖延到十天后。

9 月 8 日，艾森豪威尔和克拉克以及我在星期二的例会上共进晚餐——用餐前，我在下院报告了我最近旅行的收获。那天晚上，我们围绕攻击北非的最后日期这一问题展开讨论。计划的制订人依旧坚持定在 11 月 4 日。我问"艾克"有什么看法。"11 月 8 日——也就是六十天后。"[①]他说。又一次延期了，这显然是因为有一团美国的战斗队伍需要武装。我照旧提了个建议：为避免再次延迟行动，应使英国的训练有素的突击队穿上美国制服。遗憾的是，"艾克"希望由清一色的美军进行此次登陆。

我在 9 月 15 日给总统发出了如下一封电报：

前海军人员致罗斯福总统　　　　　　　　　　1942 年 9 月 15 日

你关于"火炬"计划的政治观点，我持完全赞成的态度。我认为

----

① 《同艾森豪威尔在一起的三年》（英文版，哈里·C·布彻著），第 82 页。——原注

你所说的"除非敌人先于我们行动"的观点是对的。现在还没有任何迹象表明敌人已经有所觉察了。法国的态度还很友好。我的等待之心是非常急切的。

我感到，就整个"火炬"计划而言，无论是在军事方面还是政治方面，我都是充当你的副手。我唯一的要求是，可以向你明确提出我的意见。战斗一开始，我们便可利用一座功能强大的无线电台。如果你事先能做好录音工作，届时，你对法国的呼吁和其他宣传资料都将通过电台声势浩大地传播出去，它们将压倒其他声音。只有在你认为合适的时候，我们的英国军队才会投入战斗。我们只是这次美国军事行动的副手。

不过，我自己对西班牙仍是放心不下。

首相致外交大臣，并请霍利斯准将转参谋长委员会

1942 年 9 月 16 日

1. 我们要密切注意西班牙，看看它对"火炬"计划的准备工作会有什么反应。在直布罗陀，我们将可明显看出这种反应。在准备"火炬"计划时，我们将在直布罗陀这边采取什么样的措施？我希望就此问题能作出一份相关的简略报告以及时间表。另外，与开往马耳他的一支大型运输船队所需要做的标准准备工作相比，这些准备工作的工作量大多少？

2. 两个重要事项：一是必须运送大量的飞机过来，二是中立地区的利用问题，其中前者是重中之重。

3. 可能会有这么一个情况：大概在实行"火炬"作战计划的前两个星期，德国人逼迫西班牙透露我们的准备工作的情况，还要求西班牙拒绝将中立地区借给我们，或者要求他们将巴伦西亚机场给德军使用。如

果出现情况这种，在德军的施压下，西班牙会作出什么反应？我们又该表示出什么样的态度？我认为，如果真发生这种糟糕的情况，那在这个问题上，我们或许只得和佛朗哥摊牌了。我们应该使计划万无一失。

9月22日，我主持召开了三军参谋长会议，艾森豪威尔也参加了此次会议。我在会议上对"火炬"计划的执行日期做出了最后的决定：确定为11月8日。

＊　　＊　　＊

这边，我们和总统互通电报，讨论主要的作战行动问题。而那边，隆美尔已果断向开罗发起最后一次进军。在这次战役结束前，我一门心思考虑的是沙漠地区问题以及在那里将要发生的战斗。尽管我对新任的各位司令官都抱有极大的信任，而且我也相信大量的增援部队已经补充到了我们的部队、装甲和空军方面，但是，我心中还是有些担忧——因为想到了过去的两年发生了很多让人意外以及不快的事情。此前不久，我还视察了这个即将进行双方较量的战场，而此刻，我脑海中浮现了那里的沙漠景象：道路崎岖颠簸，到处都是岩石，重叠的岩石背后是炮台和坦克，另外还有隐藏起来的伺机进行反攻的陆军士兵。这一景象生动再现了整个战场令人骇然的气氛。如果我军再次失利，这种失利不仅意味着灾祸，也意味着：在与同盟帮美国正在进行的会谈中，英国的威信力和形象将会大打折扣。而反过来，如果失利的一方是隆美尔，那么我们的信心就会倍增，作战形式和情绪都会好转，如此就有利于我们同盟友的谈判。

亚历山大将军答应打响战斗时会发一封"齐普"①（这个字是我从常穿的衣服联想到的）电报过来。8月28日，我问他："你觉得有可能在这个月发来一封'齐普'电报吗？军事情报处认为不用着急。祝你顺利。"他

---

① 英文 Zip，意思是拉开拉锁。文中比喻战斗打响。——译注

的回复是：“从今日起，每一天对于'齐普'而言都是十分珍贵的。敌人越来越可能发动进攻，看来不可能等到 9 月 2 号。”"齐普"发过来是在30 日，是以单音节信号形式发的。我接信后便给罗斯福和斯大林发去了一封电报：“隆美尔终于开始了我们一直在等待的进攻。此刻或许正在进行一场重要的战役。”

蒙哥马利估计隆美尔的计划是这样的：让装甲部队穿过英军阵线南部防守薄弱的布雷地带，之后向北移动，从两侧和后方包围我们的阵地。他的预测是对的。为了不让这次作战的重要地带即阿拉姆赫尔法山脊落入敌手，他做好了一系列部署。

德国非洲军团的两个装甲师在 8 月 30 日的晚上突破了布雷地带，并在第二日清晨攻入了道尔拉基尔。在敌军侵入前，我们的第七装甲师已经逐渐撤离，此时此刻在东面的侧翼防守。另外，德军装甲部队的北面，有的两个意大利装甲师和一个意大利摩托化师试图穿过布雷阵地，不过他们只获得了微小的胜利。他们没有想到我们的布雷阵地比他们预想中的深，此外，他们在行动后才发觉我们的新西兰师的攻击如此猛烈，纵射炮火不断喷出。然而，他们的第九十轻装师还是成功突破了我军的阵营，为其装甲部队打开了北进之门。战线另一端的情况则是这样的：我们的第五印度师和第九澳大利亚师遭到了敌军的袭击旨在牵制我们的攻击，在长时间的双方激战后，他们被迫撤退。德意装甲部队计划穿过道尔拉基尔，向北进击阿拉姆赫尔法山脊或者向东北进军，攻入哈马姆。蒙哥马利希望可以在他选中的山脊地区战斗，他希望敌军不会采取后条一路线。隆美尔被一张地图蒙蔽了。从这张地图来看，走山脊地区路线的话，坦克进攻可以畅通无阻，再向东进的话就困难了。这个假情报起了它应有的作用。两个月后被俘的冯·托马将军也如是说。看来，战事正在按蒙哥马利的计划进行中。

31 日晚上，我军击退了敌人向北的进攻，他们的装甲车群进入车阵。这天晚上，我们的大炮和飞机持续不断对他们进行轰炸。第二天清晨，当

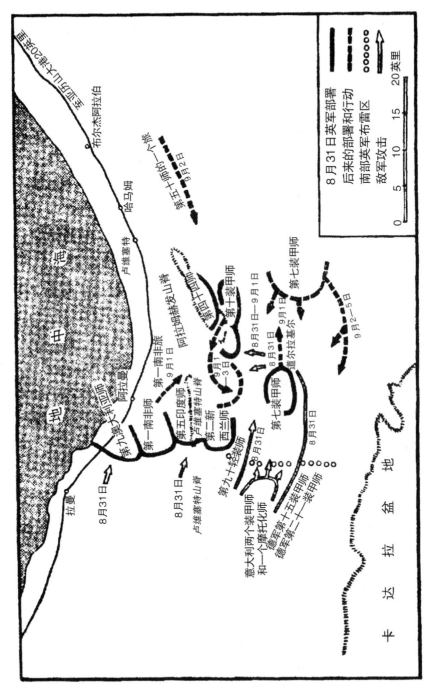

8 月 31—9 月 5 日，击退隆美尔

他们向英军战线的中部进军时，又遭到了我们第十装甲师的集中攻击。他们没有想到沙地如此坚实，没想到我们的抵抗如此顽强。他们下午试图发动的进攻又失败了。意大利已经溃不成军。隆美尔因为用了所有力量，如今已无法援助冲动莽撞的装甲部队——这些部队的燃料本就不足，而整日作战又导致了大量的损耗。另外，在地中海，他又有三艘油船沉没了。他可能是听说了这个消息，因此在9月2日这天命令装甲部队只守不攻，准备应对我们的攻打。

蒙哥马利没有被敌军的诱惑举措迷惑，所以隆美尔只能选择撤退。他的撤退行动在9月3日开始，途中，他的部队侧翼被英国第七装甲师袭击。他的一些运输车没有装甲，因此遭受了我军重创。英军的反攻在这天晚上开始，他们的目标不是敌军的装甲部队，而是第九十轻装师和的里雅斯特摩托化师。要是能打败敌军的这些力量，那么，我们布雷阵地的缺口在德国装甲部队回来之前，就有可能堵上。新西兰师对德国非洲军团的攻击十分猛烈，不过，也遭到了同等程度的反击——敌军反击后就逃走了。现在，蒙哥马利停止了追击，他打算在合适的时候主动进攻，如今还不是这个时候。他对自己的这一战绩还是满意的：击退了隆美尔最后一次向埃及的进军，重创了隆美尔的力量。第八集团军及沙漠空军和敌军的较量结果也是不错的：我方付出的代价较小，而敌人的损失较多，而且我们还给敌人制造了供应上的难题。后来缴获的文件表明，隆美尔那时已经身陷绝境，一直在提出援助请求。通过这些文件我们还得知，他那时身心俱疲，非常苦恼。两个月后，我们将可见到这次名为阿拉姆赫尔法战役的战斗有什么成效。

我们的损失数据如下：一百一十名军官，一千六百四十名士兵。其中，英国人、澳大利亚人、新西兰人、南非人、印度人的数量分别是九百八十四名、二百五十七名、四百零五名、六十五名、三十九名。宗主国无疑是这次战役的主力，所以这的确算是大英帝国的一次战役。

第八章 焦 虑

一段艰难的过渡期——一系列的灾难——已到达山顶——战时内阁的
团结和力量——特伦查德勋爵建议集中使用空军力量——我 9 月 4 日
的回复——斯塔福德·克里普斯爵士对我们的战争策略提出批评——
我和他的争辩——他请辞去政府中的职务——我在 9 月 22 日给他回
信——我的同僚劝他暂时不要提出辞职——他决定等战役结束后再请
辞——他改任飞机生产大臣——政府内部相应的调整——四大国计
划——我在 10 月 21 日写给外交大臣的报告——我希望成立欧洲合
众国

　　我们已经明确了在地中海两端进行大规模作战的计划，且正在为这些
计划做各项准备工作。虽然已经进行到了这个程度，但我们还是觉得等待
让人紧张又煎熬。了解情况的内部人员担忧的是会发生什么事，而所有不
清楚情况的人则担心无事发生。

　　迄今为止，在我主持政务的二十八个月里，军事失利的消息不断传来。
法国倒下去了，英国遭到空袭，我们的国土并未遭到入侵，埃及还在我们
的手中。的确，我们还活着，只是身处困境中。不过，这有什么大不了？
多少惨烈的灾难如瀑布般倾泻而下，砸向我们！惨败于达喀尔地区、从意
大利手中夺过来的沙漠地区又落入敌手、希腊的惨剧、克里特岛失陷、对

日作战中无法挽救的挫败、（中国）香港地区的沦陷以及英国、美国、荷兰、澳大利亚四大战区所遭受的蹂躏，还有新加坡的灾难、缅甸被日军占领、沙漠战役中奥金莱克的挫败、图卜鲁格的投降以及被认为是以失败告终的迪耶普战役——一连串令我们痛彻心扉的灾难和挫败都是我们历史上未曾遭遇的。但是，我们不再是孤军奋战了，因为世界上最强的两大国加入了我们，与我们并肩作战，这足以让我们坚信最后的胜利必定属于我们。

致命的危险不存在了，然而，更自由的批评声音却也因此出现了。就我而言，当我为自己所负责的战争指挥工作制定方针和政策后，一定会有人质疑和反对我的方针和政策，这种现象已经不足为奇了。然而，即便是在这种凄惨的滞留时刻，让我下台或者逼迫我改变政策计划的情况也没有出现过，这实在令人奇怪。当然，大家也知道，我是绝对不会改变我的方针的。如果我真被逼到不得不退出政治舞台的地步，那么我将背负所有的指责，到战争尘埃落定时（它总会出结果的），人们也会怪我辞职辞得太晚了。

整个战争形势确实将会越来有利于我们。我们之后一定会创下越来越多的战绩，一次悲惨的失利是不会影响到这点的。虽然进行战争的道路还很漫长且充满艰辛，需要我们付出很多，但是，犹如已经到达山顶的我们有绝对取胜的信心。而且，令人高兴的事情也频频出现。战事进入了新的阶段，我仍有参与其中的权利是因为：战时内阁有顽强的意志以及表现出了超强的团结精神、我的政务上的同僚以及那些专家对我的信任、议会有着坚定不移的忠贞以及整个国家一直以来对我的关怀。各种因素都说明了运气的重要性，也因此我们应该怀着"但尽人事，莫问前程"的态度。

这两个月以来，形势非常紧张。和我有不同程度的密切交往的几个知名人物都敏感地觉察到了这一情况。一位才华无人可比、重要性也无人能及的自治领高级专员在这时写了一封信给我，这封信当然不可忽视，在我们指定的范围内它已被传阅过。"丘吉尔先生在鼓舞士气的工作上做了非常重要的贡献，但是……"这封信开了这么一个头后，接着就列出我的一系列败绩，然后提出了内容精彩的建议——建议我交出权力以减轻肩上的重负。

*　　*　　*

和我一起工作超过二十五年的熟友特伦查德勋爵，写了一份不可忽视的信件，建议采取大量集中性轰炸的措施。他给了我一份副本：

1942 年 8 月 29 日

我们正和美国人组建大规模的军队，仅美国的数量可能就有六百万到八百万人之多。这些军队不仅意味着我们要准备大批的物资和大量人力，还意味着我们需要很多运输商船以及大量护送航运的其他船只和飞机。我们不得不考虑这些问题：要想装备这些军队，盟国所拥有的原料资源足够吗？在我们遭受挫败以及需要大量补充时，这些资源是否能继续支撑我们进行激烈的战斗……

时日不多了，此时此刻我们又必须做出抉择。然而，我们还计划着要走两条路，这才是危险所在。我们的空军力量将不可避免地参与到大计划中，同时，将会进行很久的两面战争也都少不了他们。

若我们在今年或者明年参与欧洲大陆的陆上战争，德军将会从中获益——1914 年至 1918 年时就是这样的。我们的敌人，即德国陆军，到时将会派出他们还留存的强大兵力，攻打我们。空军——英美空军，才是我们在和德军的较量中所具有的优势……

相比于火药发明和现代战舰所带来的变化，现代武器给战争带来的变化要更明显。空军力量与日俱增。1939 年之后，空军发展可谓飞速。即便是和战争爆发时期相比，今天的炸弹和轰炸机也已经大有不同……

英美的空军力量每一天都在增强。如果把力量集中放在那些可行性强而且能很快实行的计划上，我们的空军武器将会产生无穷的威力……

用陆军来获取胜利这种政策只会导致物资和人力消耗殆尽。空军是新的领域是军事科学中的威猛武器，它的出现给盟国获得胜利提供了伟大的新的曙光。如果我们坚决果断地利用空军力量，那么我们不仅可以让几百万生命免于死伤，还能使战争提前几个月甚至是几年结束……凭借"坦克闪电战"，敌人征服了波兰和法国，同样的道理，我们也能凭借"轰炸机闪电战"摧毁德国……

最后一个意见：应当选出一个最高领导来执行这一政策，这位首脑需要对欧洲战争的纯军事（最广意义上的军事）战略方针负责，而且他必须信仰空军力量，同时有在这次战争中进行指挥的丰富经验。当然，三军的一位参谋代表要协助他。能当这么一个首脑的人相当多。

＊ ＊ ＊

我非常理解，所有鞋匠都会夸自己的皮革好。但我仍觉得，具有高度权威的特伦查德勋爵写的这份文件，算是有分量的，我因此将它打印出来送给了战时内阁和三军参谋长。空军中将哈利斯所写的与之相似的文件，我也送去了。我附上了以下说明：

我不赞成也不采纳这些建议……但因为这些信件的内容有理有据，我觉得我的同僚们或许感兴趣。可以说，这些信件是对攻击我们的轰炸政策的人的一个有力答复。

下面一封，则是我写给特伦查德勋爵的回信：

首相致特伦查德子爵　　　　　　　　　　　　　　1942 年 9 月 4 日
感谢你那封兴致盎然的信。你可能知道，我本人坚决支持轰炸政策并想尽办法巩固它，避免它受到毫无道理的干扰。

你的精彩议论让我十分佩服，不过我觉得你说得太夸张了，因此反倒没起任何作用。你的论点只能让这里的或者美国方面的少数人赞成。但是，我本人也很想反驳一下有些人所谓的"滥炸德国"言论攻击，以及对轰炸政策的各种诋毁活动。基于这个原因，我对你的信的处理是将之分发给了战时内阁。空军中将哈利斯最近给我的文件，我也是做了这样的处理。

对于你在信中最后一段提的问题，我要说的是，任何一个国家中，行政首脑和执行战争的首要负责人很难分开而论。比如，虽然罗斯福和斯大林都不曾受过有关训练，在军事上毫无经验，但他们同时都是总司令。在英国，由于指挥作战的机关和整个国家的命运是一体的，所以更难以将宪法意义上的首脑部门和指挥作战的所有部门分开而论。这也不失为一种方法：选出一位空军人员并授予他全部权力，然后要求他务必在战争中取胜。不过，你想过这么做会导致什么问题吗？我觉得你可能没想过。他和其他两个军种的相处就是个难题。同样，与盟国相处也会遇到这一难题。而且，盟国，尤其是美国，有着不同的制度，他们的空军只作为附属机关存在，这种关系是很严格的。同样的困难也可能出现在他与下议院、内阁以及所有类似机构的接触中。

当然，如果的确有合适人选，选出这么一个人并让他同时出任首相后，那么许多这类困难可能就会迎刃而解。如果我确信这个方法能使胜利快速到手，我愿意退位让贤。我的这点要求，对你所期望的人才来说是否太高了？你说，这样的人才相当多。我可不知道，我们军队的人才已经多到了大有人可胜任这次大战的司令这种地步，而且，这些人和你有着同样的关于空军的看法，可以"对欧洲战争的纯军事（最广意义上的军事）战略方针负责"……

祝好……

9月8日，特伦查德给我回信：

……我的信不是给你写的。我很清楚，你有着想要在德国打击主要敌人的迫切之心。我的信是写给那些我想影响到的人，我认为我这个纯粹局外人的意见或许对他们有所启发……

我最后一段无论如何都没有你所说的那种意思。从任何角度来看，我都没有表示出"行政首脑不应当参与负责指挥战争的主要任务"这层意思。我没有这种看法，也未曾如此表示。我所说的意思是这样的：许多报纸和讨论都曾说，有人主张委派像马歇尔和韦维尔那样的一个人担任欧洲总司令。还有人说一定要让陆军将领出任总司令一职——这正是所我反对的一种意见。如果空军才是使我们获胜的必不可少的力量，为什么让一位陆军将领出任总司令呢？既然我们已经确信空军才是胜败的关键，为什么我们须根据"地面战场"的意见来制定战略呢？……

*　　*　　*

掌玺大臣斯塔福德·克里普斯爵士才是对我们的战争策略批判得最厉害的人。他是下院的议长，他的意见自然也不可忽视。他对自身的工作是十分忠诚的，而且办事老练，他的工作就是将我们接连遭到的失败和挫折转述给下院。在这段让人郁闷得如死水般的时期里，我和他关系的破裂会造成政治危机出现。8月底我从国外返回时，就明显注意到了他对全局有着很大的质疑，包括对国民的斗志以及指挥作战的中央机构组织的工作效率。

他认为国内舆论普遍出现了一种象征失败的不满情绪，他觉得这种情绪来源于几个方面：工人阶级听闻他们用血汗制造出的武器无法满足利比亚方面的需要后，大受打击，感到颓丧；科技人员一心想着制造新的武器设备，然而无人鼓励他们；另一方面，商人们同样有着极大的愤怒，因为政府效率低下，不能果断做决定，各种委员会还架床叠屋，铺张浪费；还有官兵，他们因为上级领导的工作不力而倍感烦恼。

他认为，必须给全国注入新活力，鼓励上下士气。因此，他提出对我们的政府机构采取一系列改革措施。我非常赞成他提的一些方案，并且已经采取行动，促其落地。不过，在指挥作战的策略这一主要问题上，他的意见我不敢苟同。他的确没有提出请我离职，不过，他提了这么一个意见：我这个国防大臣应该选拔和三军参谋长一样能干的三个人出来，让他们充当我的顾问并监督联合计划委员会；他们的所有时间都应该用来制订军事计划——最广意义上的。也就是说，他们应该单独成立一个可取代参谋长委员会的作战计划局，此后就由他们三个人负责审查所有战略问题以及研究各项作战计划的任务。此外，他还提议在每个一战区设一个可以全权指挥海、陆、空三军的司令官，从这些司令官中抽出几个人作为联合参谋处的顾问——他们对作战计划局负有直接责任。

简而言之，他的意见就是国防大臣应作为最高统帅，直接指挥所有战场上的海、陆、空三军。如此，自国防大臣而下的所有一切，包括对战争的预测、计划和行动都连贯成为一个整体了。

这显然是空想。可以设想，这个唯一有权负责计划，同时又全权负责指挥、掌控的新作战计划局，届时将可以不必像现在的三军参谋长一样——在管理上被各种琐事缠身。也就说，该局可以自由工作。军队中那些日常事务，仍将由三军参谋长以及参谋人员以其个人之力或集体之力处理解决。最高统帅部只需要闭门造车，弄出战略和计划出来。我认为，这种双重制度能够改革成功的可能性是零。对掌玺大臣的建议，我的果断看法是：既不符合理论，也没有可行性。我非常诚恳地发表了我的意见。

我认为，指挥作战应遵循一个原则：作战计划应由有权执行计划的人来制订。我们现有的制度是逐渐发展而成的，这个过程中曾有深刻的经验教训。该制度体系中的参谋长委员会及其附属机构完全可以承担起拟订三军计划的职责，这些机构中所有负责执行的人员都有参与制订计划——将由他们负责的计划。原则上来说，设立作战计划局是错的，因为这样一个机构脱离了负责作战的参谋部，这就造成了两者的对立——一个不负责，一个要负责，而它们在名义上却是同等地位的。对立的结果就是：这两个机构之一提出的所提出的意见会时常遭到大臣们的无视；它们之间将会产生直接的碰撞。这种制度必然会导致一些完全可预料到的内部矛盾，比如：若作战计划局来了一位海军将领，那这位将领是否就有权领导海军大臣，指令后者如何调动舰队？又或者，调到作战计划局的一位"同样有才"的空军将领，是否就可以委婉地谴责空军参谋长？

如果只是单纯地制订计划，不用负责执行，那么，任何一个有头脑的人都可以参与制订计划，以便为赢得胜利尽一份力。鼓励这类专门制订计划的参谋人员发挥他们聪明才智的前提是，他们必须从属于负责执行的三军首脑。但是，我不打算让这么一个没有实际效用的智囊团共享我们的机密。我们要处理的各种委员会的事务和报告已经够多了，我也不打算让这么一个有名无实的智囊团再来给我们增添什么报告。长期处理这种工作的经验告诉我，国防大臣必须和负责落实行动的人员一起工作，这些人员就是他的顾问，也就是执行双方共同制定出的政策并对结果负责的军事长官们。现在，首相和三军参谋长的相处十分融洽，这种融洽是这次大战进行以来前所未有的。就是在上次大战中也不曾有过。在现阶段，我们在采取什么措施上有着完全一致的意见。也就是说，现在的三军参谋长是我挑选出来的最优秀的顾问，我对他们有充分的信任。如此，我为什么要换掉他们呢？难道为了以便将我的部分信任分给那些承担责任更少的更没有能力的军官们吗？

大把"同等有才"的军官可以代替现在的三军参谋长的这样一种想法是不切实际的。我试图用上述观点及与之类似的理论说服掌玺大臣，但我最终没能使他接受我的观点。9月的大部分时间都耗在了这场严肃的辩论上。他在9月21日跟我说，他觉得他应该主动辞去他现在的重要职位。他说，他自印度回来后就发觉我不再需要他的帮助了；他作为下院的议长，应该对许多问题了然于心，但他日益无法理解我在很多问题上的意图。他非常担忧战争的发展。看到这几个月的局势发展以及战时内阁所有人的责任之重，他还想知道我是如何看待未来的战争局势的。我是这么回复他的：

亲爱的克里普斯　　　　　　　　　　　　　　1942年9月22日

　　读罢你的来信，除了惊诧，还有些许的遗憾。你七个月前开始任现在的职位，我实在不清楚我们的关系和当初有什么不同。在8月初踏上旅程时，我觉得我们的关系还十分和睦。自那时到现在是七个星期，这期间，我离开将近一个月，之后是你离开超过一个星期。我非常想在内阁会议之外（刚过去的二十四小时举行了三次会议，用了六个半小时）的时间里也尽量多接触我的主要同僚们，因为我认为我们的谈话令人兴致盎然。你若愿意，我随时恭候你的到来。

　　你写给我的讨论现行所有制度和计划的信件，让我看到了你是最了解这些问题所具有的争议的一个人。但是，姑且不论这些制度和计划是好是坏，它们是我用来履行职责的重要基础。我领导政府的工作以及执行战争中应负的职责，都是以它们为工具。对于它们，我有自己的坚定的一套想法，这些想法来自我丰富的经验，也跟我所肩负的重任有关，因此它们自是和别人的不同。

　　我不想在此辩论什么，因为争辩起来就不会有个头。在这次战争中，我一度与第一海务大臣密切合作，共同处理一些紧要的事情。他具有才智、见识和严谨的思想。我相信，如果你像我一样和他合作，你就不会低估他所拥有的这些品质了。我只能说，对于我们海军部好不容易取得的功绩，你似乎颇有微词。

你问我对未来有何想法。我的回答是：信心十足。而且我确定，大家都有坚定的信念。大规模的战斗就要打响了，这既契合你的想法，也符合我们的一致意见。但是，战争的日期延迟了。对此，我们只能以坚强的毅力去等待，这种等待的痛苦虽然更甚于作战的痛苦，但为了等出一个成果，只能如此。你的不安，我是相当理解的。

你的真挚的

温斯顿·丘吉尔

回信是写了。不过，我认为，他无法再充分信任我，以后也无法作为战时内阁的一个同僚来分担职责了。但是，如果他因此辞去所担任的政府中的要职，那么必然会引发一场政治争论。我清楚现在的局面，也做好了应对这种争论的准备，不过，我还是希望，在非洲的事情还没有定论前不要发生这种事情。考虑到大战越发到了紧要关头，战时内阁中的几位同僚也建议他考虑在这种时候辞职是否会影响到公众。显然，如果我们获得即将在北非进行的战役的胜利，我和他的地位变化就会形成鲜明对比——我的大大提高，他的将削弱。虽然明知如此，他出于爱国之心还是控制了自己。

我亲爱的首相　　　　　　　　　　　　　1942 年 10 月 3 日

我写这封信，兑现我昨天与你相见时许下的承诺——在信中谈谈我们最近几天一直在讨论的关于我在战时内阁中的职位问题。

你并没有使我相信，我提出的关于作战的主要指挥问题的改革方案是不必要的。我仍然坚信，这些改革方案对于发挥我们在战争中的优势必不可少。基于这个信念，我本来想要请你将我的辞呈转交给英王陛下的。但是，你和其他同僚提醒我注意现在的特殊情况。你的说明也让我明白了，我们国家和政府现在正处于高度紧张时期，在这种事关紧要的时刻，应该尽量避免发生不合时宜的事情，比如会透露我们在作战意见上不统一或者有分歧这种信息的事情。要是出现这样的事，全国上下的士气将会受到打击，或者我们的国际事务也会受到阻碍。

然而我认为，由于这些突发需要的各种考虑，我提到的改革方案的必要性可能会被否决。正因此，我觉得我应该在有关我的职位问题上推迟采取行动，以便使即将展开的战役能够顺利进行。我将会等到战役至少能顺利展开时，再来提出这个问题。在此之前，但凡有需要到我的时候，我一定会尽力协助你，全力支持你。

另外，我已将这封信给安东尼·艾登和克莱门特·艾德礼过目，还将我的总行动方案告知了战时内阁的其他成员。

我亲爱的斯塔福德·克里普斯   1942 年 10 月 3 日

我可以肯定地说，你做了一个正确的决定——等到我们所有人都一致赞成的那些大规模战役都顺利进行后，才递交辞呈。当前，你若是辞去政府职务，一定会引发一场必将损害公众利益和英美军队安全的讨论。届时，我在这场讨论中很难不会透露一些让敌人有所察觉的信息来。另外，我们的分歧会得出一个什么样的结果，你还是有充分的权利来参与做决定的。对于你在这段时间里尽力给我提供的帮助，我表示十分的感谢。当然，我也会努力回报你的善意和帮助。

*   *   *

最后，斯塔福德·克里普斯爵士仍在政府机构中任职。他自身是不愿意再承担作为战时内阁成员的职责了，不过，我为了使他的才干能继续有所用途，倒是非常愿意寻找政府机构中其他的职位给他。在11月的非洲战役顺利启动时，我建议他任飞机生产大臣一职。他担任这个职位一直到这次大战结束，其间，表现出了高效率的办事才能。他任职的这三年是非常艰辛的三年，然而他以飞机生产大臣的身份做出了忠诚而卓越的贡献，我在此由衷地感谢他。我曾在本书其他地方说过大意如此的话：一个大臣总会自以为是地点评其他部门人员的工作，尽管他完全没有相关的实践经验。斯塔福德·克里普斯爵士很聪明，但他在行政方面没有经验。他的崇高理想以及高妙的理论分析力还有人际方面的活动方式，虽然能够产生很大的影响力，但同时也伴随产生危险。他的雄才伟略应该搭配更切实际的重任。在他最初加入政府机构中时，他就不应该听从我的建议。军需大臣才是适合他的职位。从这点而言，他担任飞机生产大臣的成功和他担任掌玺大臣时的受挫，都会令我更愧疚。

*　　　*　　　*

在这里我不妨不顾编年史的顺序写法，插入11月底发生的事情，来结束上面的故事。如此叙述倒也方便。11月底，我们不可避免地要进行其他内阁成员的调动。我很早就认为，有必要派驻一位大臣在华盛顿。由这么一位大臣级别的官员处理我们和美国政府打交道时的供应方面的诸多问题，是最好的。让克里普斯爵士接任飞机生产大臣的提议，刚好很符合卢埃林上校的意思，他欣然前往华盛顿，由此成为肩负重任的驻华盛顿官员。掌玺大臣的职位则由原本任上院议长的克莱勃恩子爵担任，他辞去身上重任后，同时将他在殖民地事务部的职务让给了奥利弗·史丹利上校——此人那时又很愿意从军事工作中抽身出来，改在部务任职。至于下院议长一职，则由外交大臣艾登先生兼任，他本人也是愿意的。

斯塔福德·克里普斯爵士原本还是战时内阁成员，改任飞机生产大臣后，其作为内阁成员的职位则由赫伯特·莫里森先生接任。莫里森在行政方面有着卓越的才能，他曾作为内政大臣和国内安全大臣，帮助我们的民防组织成功克服了1940年和1941年的各种困难。现在，他有更多的机会可以在政治方面大展拳脚了。我们战时内阁同僚非常希望他能在战时内阁会议中继续使力。

*　　*　　*

当遭受来自国内的政治压力时，有一份报告令我倍感欣慰。这份报告的主要内容是关于战后世界政府的建议，是我们外交部和华盛顿国务院在商谈时草拟的。当审查到这份报告时，我的心情非常高兴，我发现我提的建议被记录到了里面。10月中旬，外交大臣将这份题为"四大国计划"的重要报告文件分发给了战时内阁，它规定最高指挥机构将由英、美、苏、中所组成的委员会产生。

首相致外交大臣　　　　　　　　　　　　　　1942 年 10 月 21 日

1. 我愿尽可能在繁忙的公事中抽出时间来做出回复。挑选出这四大国家这事看着简单，实则不然。我们无法得知我们将要面对一个什么样的苏联，也不清楚对方将会提出什么要求来。不过，不久之后也许会弄清。至于中国，重庆政府能代表一个强国吗？我不这么认为。美国一定会实行"收买利用无投票资格的人，让他们成为选民后投美国一票"这种政策，其目的在于瓦解不列颠的海外帝国。

2. 不可否认，欧洲才是我的关注重点，我希望恢复欧洲作为文明之母在现代世界中应有的荣耀。如果欧洲拥有的古国文化和独立自主被苏联的野蛮文化糟蹋，灾难将是巨大的。虽然现在不敢肯定，在一个欧洲委员会的领导下，欧洲各国一定会团结一致，统一行动。但是我相信，迟早会出现一个欧洲大家庭。我希望能成立一个欧洲合众国，减少欧洲各国之间的界限，让欧洲人不受限制地跨国旅行成为可能。还希望使欧洲的经济被当成一个整体。我理想中的这个委员会的组成是这样的：由之前的各大国以及若干联盟——斯堪的纳维亚、多瑙河地区、巴尔干各国等十个单位组成。此外，它将制定国际警察制度，同时受权使普鲁士解除武装。

尽管当前我们必须和美国展开合作，以处理很多方面的问题，甚至，最重要的一些事情，我们也必须和美方商议，但是，欧洲才是我们真正要关心的。如果瑞典人、挪威人、丹麦人、荷兰人、比利时人、法兰西人、西班牙人、波兰人、捷克人和土耳其人向我们发出请求紧急救援的声音，而且想让这种声音最大程度地传播出去，我们这时候当然想让苏联人和中国人也听听这些声音。这些问题要展开讨论的话还可以谈很久。但是，你我首先应该讨论的是战争问题。

＊　　＊　　＊

生死攸关的战争高潮就这样来到了。

第九章　苏联的致谢

决定给予苏联积极的援助——英美空军支援苏军的南翼："天鹅绒"作战计划——罗斯福总统赞成提议——有希望在"火炬"作战计划后恢复北极运输船队——我于 9 月 6 日致电斯大林——我对于"朱庇特"作战计划的进一步——必须转告斯大林暂停北极船队行动的消息——和总统的来往电报——高加索方面有危险，而我有信心——在阿尔汉格尔斯克和摩尔曼斯克，我们商船的海员受到的待遇——莫洛托夫最恶劣的表现——总统于 10 月 5 日发给我一封关于援助苏联的电报——斯大林 10 月 5 日的电报——我于 10 月 7 日致电总统，告诉他我的看法——我将"天鹅绒"计划简单介绍给斯大林——他的"感谢你"——苏联的质疑和大肆宣传——苏联军队勇猛作战——德军未能攻占油田——斯大林格勒的引诱——希特勒辞掉了哈尔德——苏联进行大规模的反攻——11 月 23 日，会军形成钳形攻势——德国第六集团军的灭亡

从莫斯科返程时，我满怀着尽力援助苏联的决心。显而易见，将要发生的冬季战役会把东方带入危急的形势中。苏联顿河流域南部地区和高加索地区将成为战场，德军的直接目标是攻夺巴库油田并控制里海地区。斯大林有着坚定的必胜信心，这让我深受感染。在克里姆林宫，他在与我的

会谈中透露，他正在筹划大规模的反攻行动。他们的整个庞大计划中，我们能起到的作用微乎其微，但我们也必须有所为，那就是不计一切代价，设法将救援物资送到苏军那里。此外，让北极运输船队正常发挥作用以及发展横贯波斯的铁路，也是我们必须要做的任务。等到西部沙漠取得胜利后，如有可能，我们或许将会派一支强大的英美空军驻扎在里海。这就是我们唯一能够给予他们的直接军事援助。此间，我们要在"天鹅绒"计划的名义下积极开展各项准备工作。

一回国，我便立即向总统正式提出这个计划。

前海军人员致罗斯福总统　　　　　　　　　　1942 年 8 月 30 日

1. 对于在苏军南翼派驻一支英国空军和一支美国空军这项计划，我们必须把它当作一个长期政策，它代表我们将与苏联合作，同时是保卫波斯油田的一个手段。它的意义在于：一是可以广泛加强苏联的空军力量；二是可以进行前沿地带防卫，以保证我们在波斯和阿巴丹的所有利益；三是对苏军产生战友情谊的道义影响，而这种影响产生的力量远胜于武力支援；四是可以集中更多的力量——而非分散力量——来对付盟军空军的主要目标，即德国空军。这等于我们用每日的作战来拖垮他们。

2. 我们曾在通信中谈过这个计划，而你也是赞成有关意见的。根据这两点，我在和斯大林商谈总方针时已经许诺将由英王陛下政府承担责任，我当时还说明，你同样对这个计划感兴趣。现在，我要向你提交一份正式草案。你或许会根据这份草案为我做出决定。以下是草案内容。

（1）为更好地援助苏联陆军和空军，确保他们能守住高加索山脉和黑海海岸的战线，建议派一支英美空军驻守在外高加索。但凡需要空军时，如果西部沙漠的战况允许，可即刻从埃及调出力量。自调出开始，军队须在两个月内于巴库—巴统地区集中起来。

（2）已将这一建议的主旨告诉斯大林主席，他愉快接受的同时指出应该进一步研究如何具体落实。帝国总参谋长、特德空军中将和伏罗希洛夫元帅讨论后的一致意见是，立刻着手共同策划和准备各项工作。他们还提议盟国空军的代表们前往莫斯科一趟，以便尽快落实此计划。

3. 将派遣过去的空军包括八个近程战斗机中队、一个远程战斗机中队、三个轻轰炸机中队、两个中型轰炸机中队以及一个美国重轰炸机大队——所有这些部队须经过美国同意后才能派遣。另外，将来还可能派一个常规的侦察机中队过去。

4. 地面运输条件不好，导致这支部队的供应有困难，因此必须发挥很大的空军运输力量。众人的看法是，要想维持空军最低限度的需要，需要包括大概五十架飞机在内的一个美国运输机大队。

5. 鉴于上述所述情况，建议美国方面提供目前在埃及的一个重轰炸机大队以及在中东的一个还未派上用场的运输机大队。要补充大量的飞机和训练有素的飞行员到轰炸机大队中去。最重要的一点是，至少要保证以下所提的部队已经按照规定的日期在埃及整装待发，随时可参与战斗：决定拨给中东的第一线人员、补充进去的飞机及机组人员、从属于美国驱逐机大队和中型轰炸机大队的最小限度的保养部队。

用空军力量保卫埃及和西部沙漠漫长的交通线，始终是我们的重要职责。即便隆美尔被赶出了昔兰尼加，这个责任还是在的。

必须估计到在高加索地区的行动会导致我们的力量严重耗损——不仅是空战方面的损耗，还包括由于那里交通困难以及修理设备严重不足而产生的另外的损耗。因此，拨给英国皇家空军在埃及使用的美国战斗机，必须全部并及时供应到位。

6. 这支空军的基地及其所飞的交通线，主要靠苏联军队来保护。

但是，我们应当准备派遣轻型高射炮部队以及工兵部队过去。

7. 这支空军的地勤人员数量应该越少越好，因为他们所需要的物资来源于本应向苏联供应的物资——运送这批物资走的是波斯湾航线。当然，"越少"的前提是必须能够保证这支空军有效行动。在供应过程中，应该不会受到太严重的干扰。这支空军地勤人员的集结工作中有一项是调运一万两千人、两千辆车辆和四千吨物资，在他们进行这项工作时，他们所走的线路有两条，一是伊拉克和高加索之间的铁路，二是海上交通线。如果苏联人能够提供汽油和润滑油，那么空军以后每日只需要不超过两百吨的物资来进行维护保养——应当通过空运来提供其中的大部分。

8. 苏联最高司令部在战略上属于这支空军的指挥机构，但是，这支空军在行动上受一位英国空军军官指挥，它是一支单纯的盟国空军，而且有权向它的政府提出请求。

9. 由英美空军军官组成的使团若要发出什么指令，应该以上述提到的要点为前提。当前非常重要且不可贻误的一件事是，这个使团应该即刻、马上前往苏联，和苏联人一起共同展开必不可少的计划侦查并做好各种准备。

正忙于国会选举的总统简单回复了我。

罗斯福总统致首相　　　　　　　　　　　　　　1942 年 8 月 31 日

星期二之前，我会给你的电报作出答复。你在电报中提到的主张，我表示十分赞成，并将努力使这些主张能够配合其他行动计划。

关于波斯铁路的问题，我们正在探讨，之后会向你说明我们的建议。

我想尽快派遣运输船队给斯大林，我觉得这件事十分紧急。

首相致第一海务大臣　　　　　　　　　　　　1942 年 8 月 26 日

1. 一旦开始实行"火炬"计划，它便将我们引到了更远的路上。现在谁也不敢说其他类似计划不是这样的。不过，为了能在 10 月底或 11 月初恢复 PQ 运输船队，我们当前还是应该制订计划。不管该计划会遭受损失还是大有希望在该计划区域内进展顺利，它都将使得我们不得不将所有力量集中到地中海。一切要等到战役结束时才清楚明了，届时我们只能根据具体情况行动。

2. 在和斯大林会谈时，我曾暗示他，PQ 运输船队将会被"火炬"作战计划影响。这个暗示也被记录在案了。尽管如此，我还是认为，类似"今年 9 月你会得到一批运输船队，此后就什么也没有了"这样的消息，还是不宜在这种紧要关头告诉他。如果告诉了，那将是大错特错。所以，我们应该做的是：尽可能使总统给予我们最大的援助，同时使 PQ 计划能够继续，直到——或者说是除非——由于主力部队的因素影响，我们不得不放弃这些护航计划。我坚持认为，可能还有办法挽救那些运输船队。即便是没有，那也得找出令人信服的理由。

9 月初，又一支北极运输船队启程了——在之前的一章①中我曾讲述它的冒险故事。我写了一封电报给斯大林，告知他这次行动。

首相致斯大林主席　　　　　　　　　　　　　1942 年 9 月 6 日

1. 有四十艘船只的第十八号运输船队已经起航。我们无法派遣重型舰只进入以海岸为基地的敌机的航程以内，因此正在配备一支强大的驱

---

①　《日本的猛攻》第十五章。——原注

逐舰战部队以应对敌方舰只有可能在熊岛以东发起的海上攻击。我们还将一艘新建成的辅助航空母舰补充到了护航队里，以增强防御敌军空袭的力量。另外，我们正在运输船队和德军各基地之间部署一支强大的潜艇巡逻部队。考虑到仍有遭敌方海面舰只攻击的巨大危险，必须在巴伦支海配备一支空军突击部队——也只有这么做才能真正避免这种危险。这支空军的力量一定要足够威猛，让德军不敢冒险派出他们的重型舰只到那里活动，而我们却可以放心派出我们的重型舰到那里。我们正在配备用以侦察的飞机，包括八架"卡塔利娜"水上飞机和三个摄影侦察队的"喷火"飞机，它们将从苏联北部起飞。此外，正派出的用来补充空袭力量的鱼雷飞机有三十二架，我希望它们即便在途中受损，最后也至少有二十四架可以投入战斗中。以上所述力量加上我们已确认由你们提供的飞机数量——十九架轰炸机、十架鱼雷飞机、四十二架近程战斗机以及四十三架远程战斗机——用来抵抗敌人，也几乎是难以取得成功的。还需要更多的远程轰炸机。当然，我们非常理解，由于你们目前在主要战线上的压力也非常大，让你们给苏联陆军提供更多的远程轰炸机会使你们为难。但是，我们不得不对这支运输船队投入一百分以上的关心。我们派遣到这支船队的战舰就有七十七艘，而且，航程中需要的燃料得有一万五千吨。请在条件允许的情况下将更多的远程轰炸机暂时调往北方，这对我们的共同事业将是极大的帮助。

2. 鉴于进攻埃及的隆美尔部队遭到了我军的重创，我觉得我们本月在那里获得决定性胜利的希望十分大。

3. "火炬"作战计划虽然推迟了——比我对你提过的最早日期晚了三个星期——但现在正在有力落实中。

4. 我正在等总统的一个答复，我此前向其建议：在今年冬季派遣一支英美空军分遣队到你们的南边，参与作战。他原则上同意了此建议，所以我在焦急等待他的具体计划，收到后我再致电告诉你。我希望你们在此期间按照原定的计划——在我访问莫斯科时，你们的军官已经同意而且是经过了你批准的计划——进行关于机场和交通方面的各项工作。期待你们尽快做好准备，一旦你们那边准备好，我们就先从埃及派遣参谋人员前往莫斯科。

5. 对于苏联军队，我们满怀期待和敬意，希望他们再创辉煌。德军必然会因为冬季的到来而损失更加惨重。关于此次莫斯科之行，我将在星期二的下院报告会上汇报。此行的最美好回忆犹在脑海。我也希望，我的这份报告在你看来表现出了友好。

6. 请代我问候莫洛托夫，并转达我对他在我安全回国时发出的贺电的感谢。祈祷上帝保佑我们的所有计划。

斯大林主席致丘吉尔首相　　　　　　　　　　　　　1942 年 9 月 8 日

9 月 7 日的来电已收到。PQ 第十八号运输船务必安全抵达苏联，必须对这支船队充分采取保卫措施，这件事的重要性和必要性不言而喻。因此，我们决定照着计划行事，无论如何都要攻克眼前的难题，保证调用额外的远程轰炸机来护航。为执行你提到的计划，今天已发出了派更多远程轰炸机的命令。

我祝你在埃及攻击隆美尔的战役，以及“火炬”作战计划都将大获全胜。

包括 PQ 第十八号船队十二艘船只在内的北极运输船队遭受重创，大西洋的形势发展越来越糟糕，同时，我们的航运承受着来自“火炬”作战计划的越来越大的压力。因此，我们不得不考虑一个问题，即通往苏联的北线是否还可以作为航运要道。关于这个问题，我已经警告过罗斯福多加注意。

罗斯福总统致前海军人员　　　　　　　　1942 年 9 月 16 日

　　我们正在计划将要接管波斯铁路的事宜，同时还正在认真考虑在苏联南部派驻英美空军的问题——我想尽快给你有关这个问题的答复。重要的是，我们是说到做到。我希望斯大林清楚这一点……要是决定不再派运输船队过去，我自然会尽力劝服斯大林。

　　由于所有心思都放在了"朱庇特"计划上，对于现在的我来说，急需解决的运输船队问题已经是其次重要的了。我曾要求驻英的加拿大总司令麦克诺顿将军对"朱庇特"计划提出报告，读者对此应该有印象。我在 9 月 16 日将对他的报告点评发给了三军参谋长。

首相致伊斯梅将军，转参谋长委员会　　　　1942 年 9 月 16 日

"朱庇特"作战计划

　　1. 摆在我们眼前的最重要的问题有三四个，而我们必须列入其中的一个是：为了保证苏联可以继续作战下去，必须与之保持联系，并持续地向其提供物资。在这个问题上，盟国必须付出最大的努力或者说是损失。因为，如果苏联被重创到没有军事地位的地步，甚至整个国家崩盘，我们就可能遭到趁机摆脱出来的所有德军的攻击。总统认为，"火炬"作战计划有多重要，维持 PQ 运输船队就有多重要——虽然他已做好为"火炬"计划放弃一两次运输行动的准备。

　　2. 我们可以做的选择有两种：

　　（1）在整个 1943 年要做到：既要执行"火炬"计划以及与之有关的其他军事计划，也要保证继续维持 PQ 运输船队——可能会减少一两次。必须扩大船队规模。已经向苏联人郑重承诺，会给予他们更多的物资。另外，由于敌军的侵略使得苏联领土范围缩小，苏联所需

的武器更要依赖进口获取。

（2）必须肃清挪威北部的德军，可利用"朱庇特"作战计划或者类似计划。想到这两种情况：一是每两个月中至少执行三次任务的这些护航队所会遭受损耗，二是发出不再派船队的声明会导致严重后果，我们就会觉得，很有可能要执行"朱庇特"作战计划（不顾任何代价和风险）。从长远看来，执行这个计划也是最好的方法。

3.麦克诺顿的报告并没有低估我们面临的困难，这是我读后的看法。基于此，我认为可以在这份报告的基础上进一步进行讨论。

4.苏军一定会在冬天来临时对德军展开攻击。包括挪威北部在内的任何地区的战争形势都是不错的。苏军迫切需要盟国的武器装备，由此看来，他们将会一面抵抗攻击摩尔曼斯克和阿尔汉格尔斯克铁路的敌军，一面对特萨摩展开猛烈进攻。和斯大林主席会谈后，我更加坚信他们必定会如此。尽管如此，我们还是得先知道他们将如何作战，否则的话无法对他们的行动提出肯定意见。麦克诺顿曾建议，苏军在调遣兵力到挪威北部以攻打敌军时，也应该在必要的时候派遣部分部队进行登陆。我认为他的这一建议可行。

5.若要将"朱庇特"作战计划列为计划之一，必须把它和"火炬"作战计划放在一起考虑。我们还无法判断"火炬"作战计划会涉及哪些地区。如果法国人与我们并肩，那么，可能在一个星期甚至一个晚上，这一计划包括的地区就会变为对德作战地区。果真这样的话，设防牢固的港口以及机场将可以为我们所用，此外我们还会获得八九个法国师以及数量不少的空军。驻在土伦的法国舰队或许也可以为我们所用。届时，可通过铁路快速运送英军过来，然后从西面进攻的黎波里。而德军将会陷入这样的形势中：在此间的两个星期甚至一个月之内，他们都不可能发起猛攻，空军的缺乏将是他们的一大难题。

但愿在埃及和利比亚，战斗已经激烈地打响。所以，我的看法是：

在北非海岸形势有利于我们的情况下，我们或许就可以腾挪出大量攻击舰只和坦克登陆艇，将它们派遣到北方的"朱庇特"行动中。新增加的那些坦克登陆艇和攻击舰艇是用不到"火炬"计划中的，届时也将派遣它们到北方参与"朱庇特"。按照"波莱罗"计划，它们此时正运往英国，准备投入"围歼"作战计划中——事实上，这种行动会导致很大的损耗，这也是我们反对的理由。当然，我们还没有向美国人表示这种反对。也正因此，我们不相信他们已经取消了这些供应。我坚信我可以做到这件事：向美国提出要求后，将他们本要提供给4月份"围歼"行动使用的所有船艇（这些船艇也是根据"波莱罗"计划准备的）调拨过来，改用到"朱庇特"计划中。最起码，我能保证调拨过来的数量足够。我得承认护航的确是件很困难的事。

6. 无需在"朱庇特"计划上再浪费精力讨论的情况也是有的，这种情况就是：在"火炬"行动中，登陆的美军遭到法军攻击，在法军要求下，德军对其进行援助——或者西班牙人决定进攻我们。在这种情况下，我们只能在"火炬"计划地区和敌人进行殊死搏斗。

7. 我有百分之百的把握——我们可以得到加拿大军团以及几个苏联师团，另外还有两个受过北极训练的美国师的援助。所以我认为，在苏联发动进攻的同时，我们还可以集合足够的力量攻夺"朱庇特"计划地区。关键是，我们现在必须做好准备——不仅是拟定计划，还包括预订装备、训练部队等——虽然这些军队要到1943—1944年才能使用。否则的话，我们届时将完全处于被动，失去选择的自由。

8. 美国认为，如果我们顺利实行了"朱庇特"计划和"火炬"计划这两项计划，那么"围歼"计划就无法在1944年前落实。但是，"围歼"绝对不能被"火炬"完全取代。

我认为最好向斯大林解释清楚一切，应将此计划送到他手里。除了派麦克诺顿亲自向苏联最高统帅部解释之外，还要使斯大林明白一点：虽然我们打算在"朱庇特"地区采取行动，但也在筹备中的"火炬"作战计划势必会暂时减少对苏联提供的援助，此外，规模和 PQ 第十八号船队不相上下另一次护航队也必须取消。我在 9 月 22 日给总统发出了如下一封电报：

前海军人员致罗斯福总统　　　　　　　　　　　1942 年 9 月 22 日

（我拟发给斯大林下面一封电报）

1. 我们深信，在 1942 年，我们和美国能实行的最大程度重创德军的计划就是"火炬"计划，而且必须尽早执行此计划。在莫斯科的时候，我就曾表明这一点。

2. 我和总统最后确定日期为 11 月初。

3. "火炬"作战计划的效果只能是下面两个中的一个：一是德军无奈之下抽调出部分陆空军力量来对付我们；二是我们获得这一计划的胜利产生了新的形势，由于在西西里和南欧一有遭受攻击的威胁，这种新形势就可以进一步牵制他们。

4. 这次护航行动，我们派出了至少七十七艘军舰，也因此，最近一次运输船队得以算是成功到达了目的地。但是，年底前，我们是不可能再有如此规模的护航行动了。目前为"火炬"计划集结的海军护航舰只能到年底时才出发，再度驶向北方海域。

5. 同时，我们会想办法利用 1942 年剩下的几个月给你们运送物资，届时将走北方航线，运输规模也较小。

6. 大规模的运输行动计划是在 1943 年 1 月重新启动。

7. 我们很想与你们一起商讨今年冬季有无可能实行"朱庇特"作战计划，这也是为了减少商船被敌方破坏的损失，从而使得运输船队在 1943 年可以更高效率地执行任务。

8. 基于上述理由，我打算派加拿大陆军总司令麦克诺顿将军于10月初访问莫斯科。他已对"朱庇特"计划的可行性做了初步的调查，届时可以和你们的总参谋部进行深入讨论。

我目前必须解决这个难题。我直到9月27日才收到总统的回电，因为他此前还没有返回华盛顿。

罗斯福总统致首相 　　　　　　　　　　　　　1942年9月27日

我赞成你所说的，现在的形势使我们不得不放弃PQ第十九号运输船队。我当然也认为苏联人将因此大受打击。但是我觉得，从时间和地点以及这次护航效果来考虑的话，我们还是得做这个决定。不过，我们目前最好还不要通知苏联人这一消息，因为离PQ第十九号运输船队起航还有十天。我强烈建议无论如何要等到起航那天，即我们明确这支船队无法成行之时。另外，在这十天内，我们也可以得出关于派遣英美空军到外高加索这一问题的最终结论了。这消息也应该是在十天后一并通知斯大林。

考虑到安全问题，我认为不应该让任意一艘船在冰岛卸货。我们的船只数量确实不足，但是这并不代表我们就需要专供"火炬"作战计划使用的船只。另外我也觉得，最好做些贡献，所以就让那些船只先在冰岛闲置着好了。也就是，我们不能把没有另一次护航的消息透露给敌人，否则危险性会加大。我们付出了全部心力到"火炬"计划中，我对它信心十足，同时认为实行这一计划不能有耽误。我目前在愉快地旅行中，计划星期四返回华盛顿，到时再发电报告知你关于在高加索派驻英美空军等问题的意见。我们正在抓紧军队训练工作，也取得了进展，士兵们斗志十足。生产方面的工作进展也不错，但还需再接再厉。

前海军人员致总统   1942 年 9 月 28 日

　　PQ 第十九号运输船队定于 10 月 2 日最早起航——这个日期和你在 9 月 27 日的电报中提到的日期相差五日。不过，在你认为合适的情况下，我们通知苏联的日期可以推迟七日甚至更迟些，假装它已经启程。现在大部分船只在苏格兰港口停泊。当前，最重要的是要在向高加索方面进行空军支援的问题上果断得出一个意见。

＊　　　＊　　　＊

　　我对高加索方面的担忧并不因为相信德军不会进抵巴库而消除。我和帝国总参谋长就此问题打了赌，然后我时常在每周内阁会议上打趣他："我们的赌局在这个星期有什么变化吗？"我们如何看待高加索形势，决定着威尔逊将军在波斯的第十集团军能否向前推进。

　　时机决定胜败。

首相致伊斯梅将军，转参谋长委员会   1942 年 9 月 28 日

　　看来，威尔逊将军的建议——占领波斯前沿阵地——不仅理论上可行，实行起来也会顺利。

　　1. 减少对苏联的物资供应量是要付出巨大代价的，绝不应在取消 PQ 第十九号运输船队之时通知苏联人此消息。何时通知，要根据德军向高加索的进军情况决定，所以说这是个时机问题。高加索方面的形势在我和帝国总参谋长到莫斯科后的六个星期中有了明显好转。斯大林和我说他要坚守六十天，如今已经过去了四十多天。苏军的抵抗史无前例的猛烈，现在，新罗西斯克的边境仍处于他们的大炮的掌控之下，以至于敌军被牵制在了山路上，无法挪步。高加索山脉那边进入了雪季。格罗兹尼油田还未落入敌军手中。帝国总参谋长那时视察了正在里海沿岸进行的建筑要塞工作，现在，那里的防守力量已经加

强了很多。一直以来，我都相信，在春天到来之前，苏军是不会让高加索山脉的阵地失陷的；我还相信巴库今年也不会失陷。虽然我不得不承认这个信念是基于个人主观意见而非科学理论，但是我们也必须承认，形势现在出乎意料地好很多。

2. 从上述情况来看，我们可以得出一个结论：在第十集团军开始向前推进前，我们肯定还可以再等半个月。进入 10 月中旬后，我们可以更清楚地判断整个局势，也因此我建议：等到那个时候，我们再和苏美两方商讨经由横贯波斯铁路运输物资的数量问题。

3. 我预估罗斯福总统会同意"天鹅绒"计划——他说，最迟于 10 月 7 日作出有关此计划的答复。在他同意的情况下，再拟定时间表。"天鹅绒"计划调用了二十个中队，其中包括所有飞机吗？包括我们第十集团军所指挥的陆军飞机吗？关于这个情况，我还不清楚。可以肯定的是，这个集团军的先锋以及保卫力量必须由这些空军充当，两者存亡息息相关。如果形势不利，这些空军部队就要采取退守策略。你不妨在收到总统复电前就列出一张有关空军部队的图表。

4. 在可以判定 1942 年德军对苏联的进攻会失败的情况下，第十集团军就没有调动的必要了，无需费心做决定。想要对这个问题做出更准确的判定，可以看看沙漠方面的"捷足"作战计划和"火炬"作战计划的进展情况。

＊　　＊　　＊

苏联人根本不清楚我们身处困境，还表现一副不在乎我们的努力的态度。下面一则小事是我们关系不融洽时的一个证明。

首相致莫洛托夫　　　　　　　　　　　　　　　1942 年 9 月 27 日

我从外交大臣那里得知，他已发给你一封关于瓦延加的英国海军医院被关闭并撤回国一事的电报。我希望你可以亲自询问这件事的有关情况。此刻，我们正运回那些因冻伤而被截肢的重伤员。在此之前，我们的商船海员对前往苏联是相当愿意的，但是如今我们不得不考虑他们的情绪和意愿。我们纯粹是出于帮助之心，才派遣英国医疗单位过去。苏联因遭受空袭而无法照顾周全，这是可以理解的，所以我们并无谴责之意。在医院里，如果没有说我们语言的护士，我们的伤员会不好受。总之，我希望你能告诉我有理有据的说法。如此，当我们的议会提出这个问题时——八成是会提的，我才能根据你的理由作出回答。

以下就是我所得到的所谓答复：

莫洛托夫致首相　　　　　　　　　　　　　　1942 年 10 月 2 日
　　在我的一封回信中，我曾就阿尔汉格尔斯克和瓦延加（摩尔曼斯克）的英国医疗人员问题作出回复。而在我发给艾登先生的一封信中，我曾要求他把那封复信内容转告首相先生。你可以看看 8 月 27 日苏联外交部的电报以及我在 9 月 12 日写给英国大使的信，看后你就会清楚这个问题以及整件事的真相。有关英国海军当局的不当举动，你在看后也肯定会得出一个结论。

　　这种装模作样的态度表明，打官腔不仅破坏人与人的关系，还会破坏根本的思想宗旨。

＊　　　＊　　　＊

　　我于 10 月 5 日收到总统的来信，他在里面陈述了对我 9 月 22 日拟写给斯大林的信的意见。

罗斯福总统致首相　　　　　　　　　　　　　1942 年 10 月 5 日
　　读过你在 9 月 22 日拟的致斯大林的信后，我坚定地认为，我们要排除其他军事行动可能造成的干扰，务必承担起责任，派一支空军到高加索。就目前而言，苏联战场决定着我们的命运。我们不仅要提供物资救援（虽然数量日益减少），还必须设法给予他们直接的帮助。从中东抽调出飞机后所造成的空缺，我们这边可以保证弥补好，同时尽力给予你们援助，以帮助你们解决在中东的空军难题。

关于PQ第十九号运输船队的问题，我的坚定的意见是，不应该告诉斯大林船队将不再起航的消息。我已与金海军上将进行会谈，我认为可以躲开敌人，分散力量行动，因此建议他们采用不一样的航行方式。照这种方式的话，届时PQ第十九号运输船队将被分成好几批，然后逐批起航。每一批包括已装好货或者正在装货的船只以及速度最快的即将开往苏联的船只，每批货船数量为两三艘，护航舰也是两三艘。开航的频率是每隔二十四到四十八小时派出一批。我不能保证一定会给予这些船只充分的海军掩护，所以它们可能会受到"提尔皮茨"号或重型巡洋舰的攻击，虽然如此冒险，但我们不能不行动。天气方面，就空袭而言不可能每天都是不利的天气，现在黑夜漫长，这是有利于我们的。我相信我们总会等来好时机的，届时就可以使得这支船队像曾经的PQ第十八号船队那样，将船只高比例地安全运达。目前，应务必使我们和苏联保持良好关系，因此我觉得最好进行这次冒险活动。我相信你和庞德将军会认真斟酌我的这个建议。

我们的大使斯坦德利海军上将要求回国亲自报告一个重要消息。我觉得应该告知你此事。我焦虑不安地猜想他将作何报告。

总统建议我发给斯大林发如下一封电报，谈论关于"天鹅绒"计划的问题：

想必你还记得，我们曾讨论过关于在高加索部署一支英美空军的问题。我和总统研究过后决定要立即落实此计划。我们能调集的最大空军力量是多少？我们在之后的几个月中对建立这支空军有什么计划？这些问题，我将在之后的电报中告知你。

他最后说：

请告诉我你给斯大林写信的时间，以便我同时也给他写一封内容相似的信。我坚信我们的两封信都应能使他感到高兴并忍不住回味其中的措辞。

*　　*　　*

我在之后的几个星期里和总统继续围绕两个问题进行讨论，一是"天鹅绒"作战计划的可能性，二是用什么方式方法维持北极运输船队。斯大林在将近一个月后才打破沉默，我在10月5日从麦斯基那里收到了他的回复，电文如下：

1942年10月5日

1. 我在此只能遗憾地告知你：斯大林格勒地区的情况自9月初开始恶化。当德军在此集结大量空军后备队以至于空军优势是我们的两倍时，我们却缺乏充分的战斗机进行空中防御。部队得到的空中保护不足，即便士兵再勇猛，也会觉得力不从心。当前，"喷火"飞机和"空中眼镜蛇"飞机是我们尤其急需的。我已告知温德尔·威尔基先生上述详情。

2. 已到达阿尔汉格尔斯克的载运军火的船只正在卸货，但由于吨位限制以及为了获得更多的战斗机，我们只能暂时舍弃几种援助物资。不管怎样，这对我们仍是一次重大的援助。

3. 关于德国战斗机每月生产量，我们得到的情报不同于你们得到的。你们情报说的这个数字不超过一千三百架，而我们的情报说，他们每月至少能制造两千五百架战斗机，其中包括德国的飞机工厂造的，以及被他们占领的国家中那些从事制造飞机零件的工厂造的。

我把这封信连同下列说明送交总统：

前海军人员致罗斯福总统　　　　　　　　　　　　1942 年 10 月 7 日

1. 你提议在减少护航舰的情况下，让 PQ 第十九号运输船队分批连续起航。我认为这不可能。另外，也不可能继续对苏联人隐瞒船队将要停驶一事。我估计，虽未得到正式通知但其实已经知道此事的麦斯基，已经将情况以报告形式告知斯大林。我们打算派出十艘英国船，让它们在"黑色 10 月"分别起航。① 这将是一次危险的航行，不过，这批船员都是自愿出发的。他们只希望，如果船只被击沉的地点距离救援地点很远，至少他们还可以穿上北极衣，而且救生艇上有取暖装置。如果这样的航行被证明可行，我们唯一的办法就是，请你们为 11 月 9 日之后的再次援助一些美国船只。

2. 你建议等两星期过后再告诉斯大林实情，而我觉得对斯大林应该有话直说，因此坚定地认为即刻告诉他实情是最好的。

3. 在埃及战役打响前，"天鹅绒"计划的任何活动都是不能进行的，因为可能会有两种危险：一是德军将抽调苏联战场的部分空军到埃及战场上来，二是他们无奈之下，只能抽调大批空军进行"火炬"战役。

虽然较早行动的日期还无法确定下来，不过我觉得这支空军的组成可以基本确定。我们这几周已经确定可以拨出二十个空军中队，不过，最后的确定需等你们意见一致并给予帮助。届时我愿意详细说明关于这批空军的具体情况、出发时间和投入战斗的时间。

_____

① 这时共有十三艘商船分别驶往苏联，但到达的只有五艘。——原注

4.斯坦德利海军上将回国后会向你作出什么报告呢？我猜不到，不过我无法相信苏联和德国会暗自媾和。虽然苏联对我们两国不满，但他们的战役一直威胁或者削弱希特勒的力量，所以他们犹存希望。

5.因此我相信，如果把"天鹅绒"计划提出来，并通过运送更多飞机以及在PQ航线上使船只分批航行，那么，在进行"火炬"计划前，我们还是可以重归于好的。

＊　　＊　　＊

我在10月9日给斯大林发出电报，简单介绍了"天鹅绒"计划。

首相致斯大林主席　　　　　　　　　　　　1942年10月9日

1.我们于本月末将在埃及发动的进攻以及11月将实行的"火炬"作战计划，一定会导致两种可能：或者使得德军不得不调出陆空军对付我们，或者使他们接受现实——我们凭借取得的胜利以及在西西里和南欧形成的对他们的威胁之势，很好地牵制住他们。

2.我们将以充足的兵力在埃及发动进攻。在即将进行的大规模的"火炬"行动中，除了美国海军这部分兵力，还将包括二百四十艘英国战舰和五十多万兵员。不管怎样，一定要保证我们的兵力能够雄厚到这一程度。

3.我和总统都急切希望，在你们的南边部署一支在战略上受苏联最高统帅部指挥的英美空军。目前，这支空军已奉命开往驻地，我们希望他们在明年年初可以投入战斗。我们深信我们一定会获得埃及战役的胜利，因此计划，一旦埃及的大部分空军解除了战斗任务，便立刻将他们调过来。

4.麦斯基在10月5日转交了你的来信。我们将按照你在信中提到要求——我国和美国向苏联援助更多的战斗机——争取尽早经由波斯湾航线运出一百五十架"喷火"飞机以及可供五十多架飞机使用的备用零件。这些飞机和零件一旦准备好，我们就立刻运送过来。不过，今后不可能再有这样的特殊的增援了。说它特殊是因为，这次增援是在北方航线原定供应之外的特殊增援（北方航线能使用时当然尽量使用）。美国的援助会在罗斯福总统给出的电报中另作说明。

5. 我非常高兴最近一次船队的运达率非常高，很多船只能够安全抵达阿尔汉格尔斯克。我认为，这次之所以能取得成功，唯一关键的原因是派出了七十七艘军舰进行护航。不过，要想再次使用海军护航只能等到我们即将进行的战役结束之后了。也就是，等到"火炬"战役没有需求后才能再次派出护航舰到北方海域。

6. 在此期间，我们无论如何都想尽可能通北方航线给你们运送物资。我们不打算采取护航队的方式，而是通过使船只分批起航的方式。我们已做好准备，船只将会在10月28日至11月8日间无月光的日子驶离冰岛。美国的船只是一部分，另外还包括我们在准备中的十艘船只。它们将分开出发，船间距大概是二百英里或者更远，如此分开起航是为了避开敌人的耳目。

7. 我们希望，从1943年1月起，可以重新让大规模的护航舰队保卫运送物资的船队。

8. 对你我双方而言，如果德军无法利用挪威北部的机场，那将是一大好事。如果你们的参谋人员可以草拟出一个较好的计划，我和总统会立即研究与你们合作的问题。

总统做了和我一样的事情。

罗斯福总统致首相　　　　　　　　　　　　　　　　1942年10月9日

我今天给斯大林主席发去了如下一封电报：

"我收到了英国首相寄给你的电报的副本。我们将尽快在高加索部署一支在战略上受你们指挥的空军部队。我正在设法寻找更多的可援助你的飞机，之后再告诉你有关情况。为了使你们在太平洋的物资运输量能够提高，我还在努力寻找可供你们使用的商船。我刚才已下令一家汽车轮胎厂抓紧生产船只给你们。为了同样使波斯湾的航线上的供应量有所增加，我们正往波斯湾送出了很多重要救援物资，包括大批发动机、各种装备和人力等，我相信我们可以成功。这次作战行动我们策划已久，我深信我们必将获胜。所有美国人都受到了斯大林格勒的英勇保卫战的感染，并坚信胜利一定属于苏联。罗斯福。"

我在10月13日收到了斯大林的无关痛痒的回电。

斯大林主席致首相　　　　　　　　　　　　1942年10月13日

已收到你10月9日的来电，感谢你。

＊　　　＊　　　＊

气氛中充满了怀疑。赫斯事件早已是陈年旧事，莫斯科的报纸竟然大肆渲染此事。莫洛托夫在10月15日公开要求把赫斯作为战犯，立即交由国际法庭审讯。苏联一位重要政论作家在10月27日的演讲中谴责了"阿斯特夫人和'克利夫顿集团'的阴谋诡计"，说他们有单独媾和的企图。

我和总统并未受到这些谣言的影响，并尽力作出解释。我在10月27日给外交大臣写了如下一份指示：

1. 我们不应该被苏联人的情绪控制，更不应该像他们一样去捕捉那些无稽之谈。必须让掌玺大臣斯塔福德·克里普斯爵士做好准备，以便我们可以专心温习一遍赫斯的故事。战时内阁可考虑是否要告知苏联政府此事的真相。我可以向你明确一点，当前对我们唯一重要的就是拼命获取战争的胜利。如果我们的努力可以换取正在进行以及将要进行的许多战役的胜利，你就会发现我们的地位将会大大提升。在这之前，我们不应该被苏联人的胡言乱语影响，不管他们说什么，我们都要保持冷静，只管坚定地落实我们的行动。你必须牢记，许多强大的政府已经栽在了布尔什维克捏造的谎言和宣传上，他们或许由此以为我们也会被他们同样的手段伤害到。

2. 我已问过总统是否已收到斯大林对我和他的电报的回复，等我收到他的回电后，会立即给斯大林拟写一封简单的电报。在这封电报中，我将问他，对我那封长长的电文，他是否只有一句"感谢你"；若果真如此，那么，他打算如何利用我们派遣给他们的大批力量？其中包括在他们军队南边的二十个空军中队，后来追加的正在运送路上的"喷火"式飞机以及准备在极夜期逐只开往苏联的运输船。

鉴于"提尔皮茨"号现在派到了特隆赫姆的南侧，实行"火炬"计划的第一部分后，我们可能要重新考虑运输船队的问题。不过，当前的主要问题仍是护航舰只的问题。

总统在同一时间给我发来了如下一封电报：

罗斯福总统致首相　　　　　　　　　　　　　　　1942 年 10 月 28 日

我并不是很烦恼莫斯科是否答复我们这件事。我坚信，同样是使用语言，他们和我们的目的是不一样的。我还没有听说我方在苏联南翼上建立机场一事存在什么困难，不过我会马上着手调查有关情况。

我坚信苏联可以撑过今年冬天，因此，我们应该对他们给予积极的援助；派一支空军和他们作战的计划不应该废弃。我希望我们可以在斯大林面前宣告：该我们履行的责任，我们已经完完全全地履行了。

*　　　　*　　　　*

整个冬季都十分紧张，不过，有赖于阿拉曼战役、"火炬"作战计划

以及斯大林格勒战中苏军的获胜，局势还是有所缓和。今年年底前，北极
那边一次辉煌的军事行动在于使一支船队安全到达。现在想想，苏联在某
种程度上是因为抱有"熬过了冬季，就没必要接受西方的任何援助了"这
种想法，才会有那样的反应和举动。他们觉得接受援助会导致连带的关系
建立，这会削弱他们的威望。这样一个政府——在被希特勒侵犯到国家几
乎沦陷时，他们才放弃和希特勒合作的念头——接连侮辱我们，而我们对
之仍耐心十足，我不禁都佩服我们自己。

＊　　　＊　　　＊

在这里应该简单讲述一下，苏联陆军是如何取得辉煌的、具有决定意
义的胜利的。

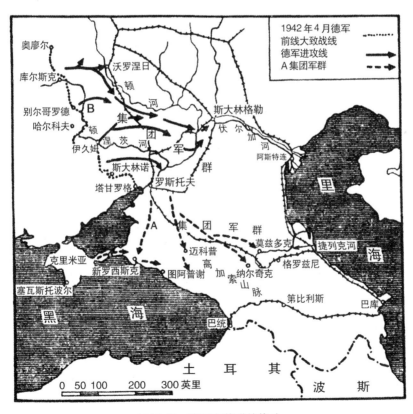

1942 年，德军在苏联的战斗

德军首先必须占领罗斯托夫并消灭在顿河下游弯曲地带行动的苏军，这样才可以从东南挺进高加索地区。5月28日，他们从库尔斯克和别尔哥罗德北面展开了第一次挺进行动。从库尔斯克北面出动的一支队伍于7月7日进抵罗斯托夫郊外，不过没有成功占领此地。在奥廖尔到沃罗涅日的这条漫长线上的侧翼，驻守着负责主要防御任务的匈牙利军队。顿河西岸，德国第四装甲集团军顺河南下。敌军后来发动了一次进攻，突破伊久姆前的苏军防线后便和向南挺进的部队会师。他们最后是从斯大林诺发动进攻的，经过三次进攻后迂回到达了罗斯托夫以北的顿河下游地区。虽然行动比预料中的慢，但他们基本上是照计划行事。苏军进行了猛烈的抵抗，但由于战线三番五次被敌人的装甲部队和摩托化部队侵犯，他们的行动受阻，只得进行全面撤退，绕到了顿河后面。

敌军第一阶段的进攻持续了三个星期，之后希特勒命令开始第二阶段。南路集团军群现在分成了两个集团：分别由李斯特和博克指挥的A集团军群和B集团军群。希特勒7月23日下达的任务指令要求A集团军群占领整个黑海东岸。一支机动部队将在占领迈科普油田后继续攻占格罗兹尼，"然后沿着里海向巴库进军，占领该地。"已于顿河沿岸建好侧翼防线的B集团军群将继续向斯大林格勒推进，"肃清集中在此的敌军并占领该城"。

他们的机动部队的任务是沿伏尔加河直下，径直攻入阿斯特拉罕；中央集团军群的任务是，在局部战线上行动以使得苏军无法从那里撤走。在占领塞瓦斯托波尔后，他们可以从第十一集团军抽调出五个师。希特勒为了在9月初攻下北方的列宁格勒便命令这五个师与北路集团军群会合。他没有想到，这将会使得他的主要攻击力量变弱。因此，虽然及时赶到了那里，但他们只能在被苏军突破的德军战线上进行防御，无法展开攻击。

德国A集团军群由克莱斯特的第一装甲集团军中的十五个师打先锋，向高加索进军。他们过顿河之后的行进非常顺利，因此速度很快，在8月9日便到达了迈科普，发现那里的油田已经完全被破坏了。8月25日，另一支纵队攻下了莫兹多克，行进到捷列克河时受阻，止步于格罗兹尼油田前方。距离他们超过三百英里的巴库油田，才是所有油田中最大的。9月10日，黑海岸边的新罗西斯克被攻陷——苏联黑海舰队在塞瓦斯托波尔陷落后曾在此地驻扎，现在他们赶到了图阿普谢那里并做停留。希特勒曾下令攻下黑海沿岸所有地区，看来他未能如愿以偿。而中路那边，德军也只是到达了高加索山脉脚下，无法再向前推进。在得到经由黑海西岸铁路运达的军力援助后，苏军的抵抗才有效果，这时全部战线的形势逐渐稳定下来。克莱斯特的部队分散兵力攻打斯大林格勒，这使得他的力量减弱了，因此一直作战到11月，才在11月2日攻下纳尔奇克，接着就是冬季，这时他就再也没有办法了。

在德国 B 集团军群的前线发生了一件比失败还惨的事情。斯大林格勒这个城市凭借它的名字对希特勒所产生的挑衅作用，引诱了希特勒。作为工业重城，它无疑是一个强大的据点，由于它的存在，希特勒很难突破高加索的侧翼防线。因此，为了对付这个城市，德国的陆军和空军主力都被调拨过去了，这个城市像磁石一样吸住了德军的主力。

A 集团军群渡顿河时，德国第四装甲集团军为了给予帮助而改向南面前进，他们这么做的后果是严重的。由于进攻斯大林格勒的日期推迟，他们只得又转向东面，然而在他们再度转变方向前，退守在顿河对岸的苏军正在休整待命。在苏军日益顽强的抵抗下，德军直至9月15日才获得在顿河和伏尔加河的战役的胜利，进抵了斯大林格勒郊外。10月份，德军的攻城之战取得了些许的进展，却是以付出巨大代价为前提。不过，即便城市已成废墟，不畏牺牲的苏联士兵也是打不倒的，他们仍进行着顽强的抵抗。

德军的将领们早就有焦躁不安之感，如今更是火上浇油。因为，三个月过去了，他们仍拿不下他们这次行动的主要目标，即高加索、斯大林格勒以及列宁格勒三大城市。在德军伤亡惨重而又得不到足够补充的情况下，希特勒非但没有派新兵去补充伤亡之人，反倒让这些新兵在不受训练的情况便组成师团。军事专家们提议暂停行动，但"这个啃地毯的人"依然我行我素。9月底，希特勒还辞去了反抗他的参谋长哈尔德，敦促部队继续前进。

德军在10月中旬的时候已经明显处于不利之势。B集团军群的正面战线扩延了七百英里。将全部力量都用在了斯大林格勒的保卢斯将军，如今所率领的不过是一个有气无力的第六集团军，其侧边虽然有盟邦军队在保卫，但该部队的战斗力令人置疑。渐渐进入了冬季，这意味着苏军必然的反击要开始了。高加索那里，德军要想确保安全无患，必须守住顿河前线。然而，希特勒坚决不撤退。早就做好准备的苏军在11月19日发起了反击，从侧翼给德军来了个措手不及，猛扑驻守在斯大林格勒南北两面的防御不足的德军。经过四天的拼搏，苏军形成了钳形夹攻之势，将德国的第六集团军围在了顿河和伏尔加河之间。这时，希特勒仍然不顾保卢斯所提的突围建议，下令他坚守作战。保卢斯的阵地一天比一天缩小。异常寒冷的12月12日这天，德军奋力从苏军的包围圈中杀出条路来，以解救第六集团军，然而他们没有成功。虽然保卢斯及其部队在可怕的困境的中又坚持了七个星期，但他们已经无法改变灭亡的命运。

第十章 阿拉曼战役

为沙漠的进攻做好准备——无奈的延迟——亚历山大将军的理由——
战斗日期渐近——"齐普"，1942 年 10 月 23 日——蒙哥马利的安排——
万炮齐轰——总的进攻——战斗有得有失——第九澳大利亚师的进攻
取得辉煌战果——10 月 27 日及 28 日的两天激战——报告战况给自
治领总理——祝贺将领们——英方的伤亡情况——蒙哥马利的最后计
划："增压"——澳大利亚战士继续前进——突破了隆美尔的阵线——
我装甲部队乘胜追击——亚历山大 11 月 4 日的电报——敌军溃不成
军——"鸣钟吧！"——老式战术——命运的转折

虽然发生了中东指挥部门首长调整之事，但在这几个星期中，开罗及
前线包括拟定计划和训练部队的工作并未因此中断。第八集团军的力量得
到了空前的增强。从英国出发，现已到达中东的第五十一师和四十四师成
为"适应沙漠作战的部队"。在得到补充后，我们的装甲部队现有七个旅，
配备一千多辆坦克——来自美国的"格兰特"和"谢尔曼"坦克占了将近
一半。从数量上，我军的优势是敌军的两倍；从质量上看，双方起码是不
分上下。马上就要发动进攻了，支援的炮兵已经在西部沙漠集合，这批训
练有素的部队是非常强大的。

1941 年 10 月 7 日下达的指令规定，在作战方略和任务上，中东空军
受总司令指挥。不过，这种严格的规定是没有必要的，因为负责统领的是

空军中将特德。新任的各个陆军将领和空军司令部的相处都十分融洽。西部沙漠空军的统帅是空军中将科宁厄姆，这批部队现有五百五十架飞机。如果加上以马耳他岛为基地的飞机以及其他两支空军的力量，这两支空军共有的飞机总数是六百五十架，它们的任务是干扰敌方的港口以及他们在地中海和沙漠的供应线。如果美国的一百架战斗机和中型轰炸机也算在内的话，我们可以作战的飞机总共大概是一千二百架。

所有准备工作都在落实中。我在 9 月 17 日给亚历山大将军发了一封电报，目的在于尽早弄清他的计划。

首相致亚历山大将军 1942 年 9 月 17 日

　　我正迫切等待你说明你的意图的来电。我们原本协定在 9 月的第四个星期进攻，之后你说，最近那场重创敌军的战役使你需要更多的时间来重新集结兵力。为了对整个战局作出必要的判断，我需要知道你定于哪个星期行动。至于你的具体计划和准确日期，我不打算追问。

在发给我们的几封电报里，亚历山大将军都是说计划在大概 10 月 24 日发动"捷足"。这次行动的代号是"捷足"。他说："由于侧翼不够宽阔，只能分阶段攻击，争取在敌军的防线上打出一个缺口。"一旦打开一个突破口后，这次进攻的先锋部队——构成装甲部队主力的第十军，将在白天由此口向前推进。不过，要等到 10 月 1 日，这支军队才能配备齐武器和装备，投入作战前还需要用差不多一个月来训练。

"我认为必须在月圆之夜发动第一次突破进攻，而作为主要作战行动的初次进攻必定要多花时间。况且，要想我军的装甲部队能够用一整天来作战，那么，在敌人的战线上打开的突破口必须足够大。月圆这一要求，与我的整个计划息息相关。在仔细斟酌如何才能使得这次战役的时间与'火炬'战役相配合后，我的结论是：最好在'火炬'战役发动前十三天，发动这次战役。"（发动"火炬"战役的原定日期是 11 月 4 日）。

首相致中东总司令　　　　　　　　　　　　1942 年 9 月 23 日

　　事情都交给你了。只要这次战役能获胜，推迟日期也划算。我们始终支持你，无论何时都是你坚硬的后盾。

　　我在此只慎重提一下有关敌军将在此间构筑防御工事的问题。你是否想过这么一种情况：你们遇到的不是仅需一夜就可攻破的一条防线，而是敌军强大的防御工程——包括爆破而成的岩洞、隐藏在暗处的炮位还有各种机枪，工事纵深达二十五英里。

　　原本，坦克就是用来抵抗敌军机枪以辅助步兵行进的，现在情况却反了过来。我认为，在强大的火力面前，步兵要完成顶住机枪的火力这个任务是非常困难的。我相信你考虑过这些问题并研究过如何解决、如何扩大进攻面，从而使你的兵力能够最好地发挥作用。

＊　　　＊　　　＊

　　时间又流逝了近一个月，进攻的日期渐渐近了。

首相致亚历山大将军　　　　　　　　　　　1942 年 10 月 20 日

　　北非方面以及维希法国的事态进展都有利于我们。目前正在照计划进行"火炬"作战计划的一切准备工作。不过，我们寄托希望的是你和蒙哥马利将要发动的、对未来可能产生重要影响的这场战斗。请将我诚挚的问候传达给蒙哥马利和科宁厄姆。

　　开始行动时，请你用"齐普"二字告诉我此消息。

　　空军开始行动了，敌人的部队、机场和交通线，尤其是运输船队，是他们的主要目标。9 月间，我们击沉了向北非运送供应物资的轴心国的三成船只，这个功劳在很大程度上属于空军。10 月，这个击沉数字上升到了四成，与此同时，敌军的汽油损失高达六成。轴心国的船只在整个秋季即四个月里损失多达二十万吨以上，这大大重创了隆美尔的军队。最终，我等来了期待的那两个字。

中东总司令致首相及帝国总参谋长　　　　　　1942 年 10 月 23 日

　　"齐普！"

我立即给总统发电相告。

前海军人员致罗斯福总统　　　　　　　　　　1942 年 10 月 23 日

　　伦敦时间今晚八点，埃及战役将打响。将在这次行动中投入所有陆军力量。我将随时报告战争情况。如果能在埃及获得一次胜利，我们的主要事业将受益极大。在图卜鲁格那个昏暗的早上，你送给我们一些"谢尔曼"坦克和自动推进炮，如今，这些武器将在这次战斗中发挥重要作用。

＊　　　＊　　　＊

　　当时，可供蒙哥马利将军随时调遣的兵力包括三个装甲师和相当于七个步兵师的兵力。兵力如此之多，要想将他们集中起来，就必须躲过敌人的耳目。前期进行防范很重要，过程中采取的措施还必须要巧妙，最重要的是，要防止敌机在上空窥探我们的行动。我们成功地做到了所有这些要求，也因此给予了敌人一次措不及防的袭击。

　　在月光朗朗的 10 月 23 日晚上，将近一千门大炮开火了，先持续二十分钟轰炸了敌人的炮兵阵地，然后接着轰炸他们的步兵阵地。集中的炮火轰击形成了掩护，同时空军也在进行轰炸，在这种情况下，由李斯特将军担任军长的第三十军和由霍罗克斯将军担任军长的第十三军发起了进攻。进攻敌军防线时，第三十军遭到了驻守在那的敌军四个师的兵力反击，但

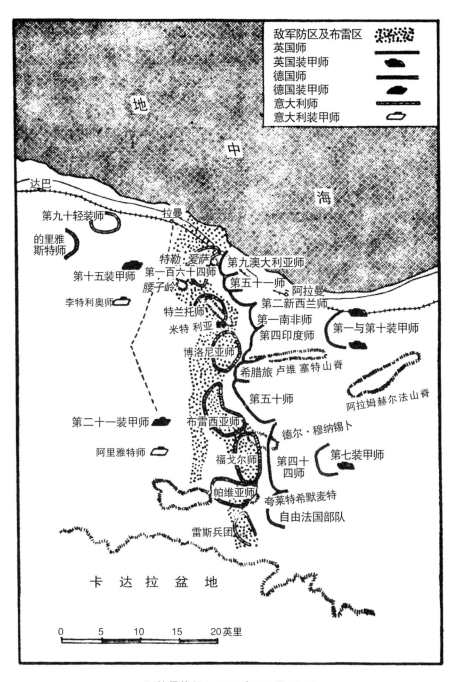

图例：
敌军防区及布雷区
英国师
英国装甲师
德国师
德国装甲师
意大利师
意大利装甲师

地 中 海

达巴
拉曼
第九十轻装师
的里雅斯特师
特勒·爱萨
第十五装甲师
第一百六十四师
腰子岭
李特利奥师
特兰托师
米特利亚
博洛尼亚师
第二十一装甲师
布雷西亚师
阿里雅特师
福戈尔师
帕维亚师
雷斯兵团

第九澳大利亚师
第五十一师 阿拉曼
第二新西兰师
第一南非师
第四印度师
第一与第十装甲师
希腊旅 卢维 塞特山脊
第五十师
阿拉姆赫尔法山脊
德尔·穆纳锡卜
第四十四师
第七装甲师
夸莱特希默麦特
自由法国部队

卡 达 拉 盆 地

0   5   10   15   20英里

阿拉曼战役·1942 年 10 月 23 日

他们全员奋力拼搏，试图在敌人的防御工事中打开两个缺口。为了获得更大的战绩，由莱姆斯登将军担任军长的第十军也加入了战斗中。在敌人猛烈的炮火中，两军坚持拼命向前推进；黎明时分，他们深入到了敌人的战线内部。这时，先锋部队后面的地雷已被工兵部队扫清。不过，敌人布雷区的纵深地带未被攻破，我军装甲部队也还不可能马上冲破敌人的阵线。更南面的地区，第一南非师和第四印度师也在奋力作战：前者拼命向前，以便保护突出部的南翼，后者从卢维塞特山脊发起进攻。与此同时，第十三军所属第七装甲师和第四十四步兵师突破了敌军防线，完成了它的任务：当北面的主要战役进行时，把敌军的两个装甲师牵制在战线后方，使他们三天内无法脱身。

然而，一直到现在，我军都无法在敌军布雷区的纵深地带和防线上打开任何一个缺口。蒙哥马利召集他的高级将领们在 25 日凌晨进行讨论，他在会议上敦促装甲部队按照此前命令，在天明前再次发动猛攻。经过激战后，我军确实取得了一些战果。在这一天里，我军和敌军的第十五装甲师、阿里雅特装甲师主要在一个俗称"腰子岭"的地带战斗，敌军的反扑一波接一波，进攻十分猛烈。第十三军为了将第七装甲师的力量留到战争进展到高潮时再使用，没有在战线上继续推进。

敌军司令部发生了严重的混乱。9 月底，隆美尔返回德国治病，接替他的施登姆将军在战役还没进行一天时便因心脏病猝发而死亡。希特勒要求隆美尔回归岗位，隆美尔于是出院，在 25 日傍晚再度担任指挥官。26 日，在已被我军入侵的敌军防线突出部分的整个战线上，双方仍旧在激烈交战，而其中最激烈的地方仍是腰子岭。敌人的空军在此前两天一直没见着影儿，如今也加入了战斗中，毫不客气地发起进攻，挑战我们占据优势的空军。经过多次交战后，我们的空军优势更大了。

敌人的行动因受到第十三军的阻挠而推迟，不过，德军还是得以把他们的装甲部队调到了重要地区——他们现在已经知道这是他们防线的要害地区。当然，我们空军在他们进行调动时进行了有力的袭击。

与此同时，由莫沙黑德将军统帅的第九澳大利亚师发动新一轮的进攻——从突起地带向北面的大海方向发起——并取得了很大的收获。蒙哥马利趁机行动，意图扩大这次胜利的战果。他下达了两个命令：新西兰师停止向西前进以及澳大利亚部队继续向北前进，这两个行动对在北边的部分德国步兵造成了威胁，使他们退路受阻。他这时觉得，敌军阵地密布地雷和强大的反坦克炮，使得我军难以向前，进攻势头减弱，不如重新集结部队和后备兵力，以便下次进行更有效的猛攻。他的确也是这么做的。

为了争夺腰子岭，我军和德国的第十五装甲师及第二十一装甲师在27日和28日激战了整整两天。刚从南部地区调过来的这两个师接连不断进攻腰子岭，但都被我军击退了。亚历山大将军对这场战斗的描述是这样的：[①]

> 敌人在 10 月 27 日进行了大规模的反击，主要进攻力量是旧式的装甲部队。凡是可使用的坦克——不管是德国的还是意大利的——他们都利用上了，然而他们的五次进攻都毫无收获，反倒付出了巨大的代价。因为采取守势，我军只是有些许损失。若是和我军的损失相比，他们的损失可谓很惨。敌军在 10 月 28 日又行动起来。他们先是用了一上午来认真侦察阵地，想要找到我们的薄弱地带和反坦克炮的位置。我们的坦克和反坦克炮现在可以在距离他们较远的位置作战，所以，他们的侦察已经无法像之前那样有所收获。下午，夕阳斜下时，他们集中力量发动了猛攻。就在他们试图进行最后一击时，英国皇家空军隆重登场，大有肃清敌人之气派：出击的轰炸机在两个半小时内便在敌军的部队集结区——长宽各为二英里和三英里——投下了八十吨炸弹；甚至不等敌人整好队列，我们的攻击已将对方击溃。而这已经是

---

① 摘自他写于 11 月 9 日但在战役结束后才发给我的一封电报。——原注

敌人试图掌握主动权的最后机会。

10月26日和28日这两天，我方空军击沉了敌军三艘非常重要的油船，一直没有中断的空中战斗获得了最大的成果，更加说明陆地作战是少不了空军作战这一辅助的。

＊　　＊　　＊

谁胜谁负还未可知，不过我认为可以告诉各位自治领总理战况了。

首相致加拿大、新西兰及澳大利亚总理　　　　　　1942 年 10 月 28 日

虽然目前还无法预知结果，但可以说，埃及的大规模战役进展得非常顺利。敌军的弹药和燃料不足，而他们急切等待的一艘重要的油船在不久前还被我军击沉了。无论是在空军方面还是装甲方面（包括最好的装甲部队）或者人数方面，我们的力量都远远胜过敌人。另外，我们还有一条非常便利的交通要道。重病在身的隆美尔，也只有在迫不得已的时候才会被召回到战场。亚历山大与蒙哥马利将军做好了作战到底的准备，一旦他们成功，敌军要想撤退也很困难，因为他们紧缺交通工具及燃料。可见，对我军而言，就地作战总是好过在西面地区作战。

致弗雷泽先生：

你们新西兰师的奉献是英勇的，这件事很可能会在历史上留下重重一笔，我相信你一定感到十分自豪和高兴。

致卡廷先生：

在这次堪称最重要的行动中，第九澳大利亚师功不可没。我相信你一定会感到无比的自豪和高兴。

我同时给亚历山大将军发去了如下一封电报：

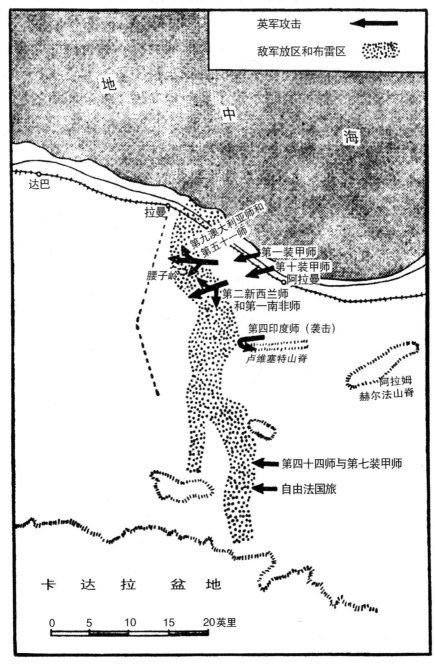

阿拉曼·攻击

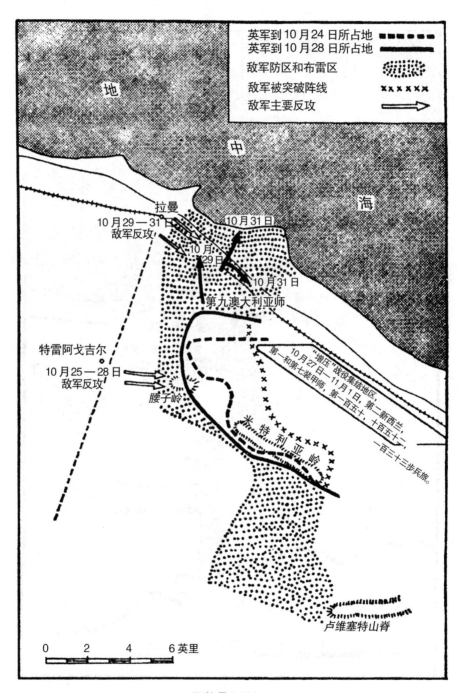

图例：
英军到 10 月 24 日所占地 ▬ ▬ ▬ ▬ ▬
英军到 10 月 28 日所占地 ▬▬▬▬▬
敌军防区和布雷区 ⠶⠶⠶
敌军被突破阵线 ×××××
敌军主要反攻 ➡

地 中 海

拉曼
10 月 29—31 日
敌军反攻
10 月 31 日
10 月 29 日
10 月 31 日
第九澳大利亚师

特雷阿戈吉尔
10 月 25—28 日
敌军反攻
腰子岭
米特利亚岭

10 月 "增压" 战役集结地区，第一和第七装甲师，第二新西兰、第一百五十、一百五十一、一百三十三步兵旅。

10 月 27 日—11 月 1 日，

卢维塞特山脊

0   2   4   6 英里

阿拉曼·深入

192 / 挽回非洲败局

1. 战时内阁国防委员会祝贺你和蒙哥马利将军，你们非常果断、非常成功地发动了现在这场决战。国防委员会觉得，不惜一切代价进行这场惨烈的战斗，在大局势下已经证明是非常正确的。对于你为彻底击败隆美尔部队所进行的坚持不懈的行动，我们在此承诺，一定给予全力支持，且不惜一切代价。

2. 敌军极其需要的油轮被我空军摧毁，敌军的前线和后方都显得非常焦躁和紧张，这两种情况让我们有足够的理由相信你定会取得最后的胜利。希望你能将你的报告中尚未提到的当前意图简要告知。

3. 同时顺利进行的还有处于绝密情况下的"火炬"作战计划的准备工作，届时将按计划发起进攻。

4. 下面所述的情况，只供你和蒙哥马利了解：已到"火炬"计划地区内进行访问的克拉克，会见了一些与我们友好相处的法国将领，双方会谈了很久。我们完全可以确信，届时不会遭到抵抗，反倒会获得有力的援助。事态进展可能会很快，甚至比计划还要快。可以估计，法国方面将会作出重大决定；至于西班牙，那里还没有任何危险的迹象。我们得知，敌人对于即将到来的攻击、迫在眉睫的危险以及攻击规模之巨大，都是毫不知情的。你和蒙哥马利若能得胜利，历史将铭记你们，在此致以最良好的祝愿。

亚历山大将军致首相及帝国总参谋长　　　　　　1942 年 10 月 30 日

蒙哥马利和我都非常赞成这个意见：务必使我们的攻势保持高压状态。虽然我们受到敌军布雷区和反坦克炮的阻挠而停滞不前，但我们将会派出步兵和坦克进行大规模的反击，好为困境中的第十军开辟出路。这次进攻若胜利了，影响将会是重大的。

首相致特德空军上将　　　　　　　　　　　　1942 年 10 月 30 日

我特此祝贺你从空中、地面和海上发动的对敌人的攻击获得了卓越的战果。并请将我的致敬传达给科宁厄姆以及曾在利比亚沙漠中热烈迎接我的诸多皇家空军官兵。我当时说过伟大的日子就在眼前，现在，它们来了，而你们在此期间的奉献闪耀着荣光。

特德空军上将致首相　　　　　　　　　　　　　　1942 年 10 月 31 日

　　我谨代表此地所有空军官兵感谢你的来电，受到你的赞赏和激励让我们决心奋战到底，如今正乘胜追击。

亚历山大将军致首相　　　　　　　　　　　　　　1942 年 10 月 31 日

　　感谢表示赞赏的来电。我军正以无情的攻击之势对付处于最后挣扎中的敌人，很有可能将他们击溃。

亚历山大将军致首相及帝国总参谋长　　　　　　　1942 年 11 月 1 日

　　到 10 月 31 日凌晨六点为止，对我军损失的最高估计是：六百九十五名军官以及九千四百三十五名士兵或者阵亡或者受伤或者失踪。其中，第五十一高地师及第九澳大利亚师的伤亡最为惨重，各为两千人左右。第十装甲师损失了一千三百五十人。有些坦克已被损坏，正在修理中。在头六天修理的二百一十三辆坦克中，无法修复的只有十六辆。

＊　　　＊　　　＊

　　这时，蒙哥马利已经做好计划和部署，准备进行一次突破行动，即"增压"作战计划，这将是一次具有决定意义的突破。他从前线撤回了第二新西兰师和英国第一装甲师；在腰子岭战役中，英国第一装甲师为击退德军装甲部队做出了显赫的功绩，因此尤其需要休整。与此同时，英国第七装甲师、第五十一师以及第四十四师的一个旅合编成了后备部队。充当此次行动先头部队的是第二新西兰师、英国第一百五十一和一百五十二步兵旅以及第九装甲师。

亚历山大描述了此间的情况：

澳大利亚部队于 10 月 28 日晚和 10 月 30 日向北方海岸发起强攻，他们最后把留在那里的四个德国营围困在了袋形阵地中。敌军好像是因为坚信公路和铁路才是我们的进攻目标，所以奋力进行抵抗——他们调来了原本位于我军突出部西面的第二十一装甲师，派这支军队联合原本在我军突出部北翼防守的第九十轻装师一起发动猛攻，试图营救被我们包围的部队。而原来由第二十一装甲师防守的阵地，则由它的最后一支还没投入战斗的后备部队——的里雅斯特师进行防守。趁着敌军为了解救同伴而大幅度分散兵力时——特别是还动用了最后一支后备部队，我们这边则为"增压"作战计划做好准备，镇定自如地进行休整。

在经过一系列艰苦卓绝的战役后，澳大利亚的猛士们直驱而入，取得了赫赫战果，整个战争形势这时十分利于我方。"增压"在 11 月 2 日的凌晨一点启动了。隶属于第二新西兰师的几个英国旅由三百门大炮掩护，突破了敌人的防线，接着，英国第九装甲旅打头阵，直接攻入敌人阵营。当他们沿着通往拉曼的道路行进时，敌方的一条新防线阻止了他们，这条防线上配备有强大的反坦克武器，使得他们在长时间的苦战后付出了巨大的代价。不过，他们最后为后续部队杀出了条血路，通过此路，英国第一装甲师得以继续前进。紧接着发生了这次行动中的最新一次坦克战，也是一场决战。敌军发动了所有苟延残喘的坦克，对我军突出部的两侧发起猛攻，不过都被我方击退了。

次日，即 3 日这天，空军传来情报说敌军已经开始撤退。然而，在通往拉曼的道路上，得到掩护的敌军后卫部队仍然和我方装甲部队的主力周旋，将其牵制在原地。德军得到希特勒的命令——不能再后退了，然而，他们现在已经身不由己了。我们离成功，只差在敌人的防线上再打开一个缺口。

11月4日早晨，在特雷阿戈吉尔以南五英里，第五印度旅成功发起了一次如闪电般迅猛、让敌人措不及防的进攻。由此，在广阔的沙漠上，我们的装甲部队终于劈开了一条追击敌人的道路。

亚历山大将军致首相　　　　　　　　　　　　　　1942年11月4日

第八集团军和隆美尔激战了十二天，最后，德军和意军被我们击溃。在突破敌军阵线后，大批英国装甲部队从突破口进入敌军后方，现在正与敌人浴血奋战中。正在全面撤退的部分敌军并不顺利，遭到我军装甲部队、机动部队和空军的袭击；还在阵地坚守的敌军其余各师也已回天乏力，多半会被我军围困，陷入绝境。皇家空军对陆军的支援从来没有停过，他们在战斗中表现得十分卓越，敌人撤退的纵队受到了他们一连串的轰炸。

战斗仍在进行中。

首相致亚历山大将军　　　　　　　　　　　　　　1942年11月4日

你的副手蒙哥马利十分优秀，在他的指挥下，第八集团军在埃及战役中取得了显赫的战绩，在此特向你表示衷心的祝贺。虽然需几天甚至几个星期后才能显著地看到这次战役的效果，但可以确定这件重大的事情将会给全局带来影响，这次世界大战的进程将会因它而改变。

你在来电中说的那些合理的希望成为事实。若果真如你所说，即敌军即将整批就俘虏和全面溃退，让他们无死灰复燃之力，那么我打算干一件自战争以来头一次做的事——全国鸣钟，以此庆祝。但愿这几天你就能让我得偿所愿。最起码要俘获两万名敌兵。若能做到，你会发现这对将要进行的"火炬"行动来说将是一种及时的示威：能够给予我们在"火炬"战役地区奋战的朋友们以鼓励，同时转移敌人的注意力，以便我们的另一次进攻悄然进行。

很难相信，我们的"火炬"计划直到现在仍密不透风，目前正按计划进行调动工作。相信整个形势在不久之后将会发生大改变，我们拭目以待。

＊　　　＊　　　＊

隆美尔正率部全面撤退，不过，他的运输工具以及汽油不足。这时，在作战中表现勇猛的德国士兵也不"示弱"，抢先登上了撤退的汽车，将六个意大利师的上万士兵丢在沙漠里。被留下的意兵缺少食物，又无处可逃，只能投降。战场上到处是被毁坏的或者被丢弃的大炮、坦克和车辆。根据德国的资料，11月5日，德国的装甲师团只剩下三十八辆坦克，而在战争爆发时，这个数字是二百四十辆。面对占上风的我空军，德国空军自觉没有希望，连抗争都不做了，我空军现在几乎是自由扫荡，全力对付向西撤退的狼狈敌军及其车辆。隆美尔也曾高度赞评了我们皇家空军。[①] 他的部队已经全面失败了，我军俘获了他的助手冯·托马将军以及九名意大利将领。

看来还是有希望使敌军的这次惨败升级为全军覆灭。奉命追击的第二新西兰师在11月5日到达了富凯，这时敌人已经从此地离去。不过还有一个机会，可在马特鲁港阻断敌军。英国第一装甲师和第七装甲师现已出发，赶往该港。6日傍晚，他们就要到达目的地了，而此时，我军对敌军的包围越来越紧，而敌军仍试图抵抗。这时却下起了雨，另外，缺少足够

---

① 德斯蒙德·扬著《隆美尔》，第258页。——原注

的汽油支持。于是，7 日一整天，我们的军队停止了追赶，因此也未能形成对敌军的彻底包围。但是战果仍然显赫：击溃了四个德国师和八个意大利师，俘获了三万名俘虏，以及数不清的各种军资。隆美尔对我们的炮兵在击败德军方面的贡献作了如下评价："英国炮兵以其特有的优势而出名，而这次它同样不负盛名，它的高度机动性尤其值得赞许，另外，还有它的进攻部队必备的的迅速反应力。"①

不妨引用亚历山大将军发于 11 月 9 日的一封电报中的一段话，来看看这次德军战败的经过是怎样的：

可将这场战役分为四个阶段：

第一阶段，我方集结军力备战同时迷惑敌军，这就给我们的突袭制造了有力条件，而突袭是获胜的关键。

第二阶段，突破是主要行动，我们要集中大量兵力，动用各个兵种，力求在敌人的防线上打开一个深入敌军阵营的缺口；接着，部队一分为二形成两个侧翼以求有更大的战绩。

第三阶段，主要是分兵进攻以吸引敌军注意力，同时使他们动用一切后备力量堵住缺口并不断反击我军。

第四阶段，发动猛攻，击碎敌人最后一道防线同时打开一条便于我军装甲及机动部队自由进入的通道。

亚历山大将军致首相　　　　　　　　　　　　　1942 年 11 月 6 日

鸣钟吧！目测已俘获两万名敌兵，另外三百五十辆坦克、四百门大炮以及数千吨军资。我军先头机动部队已抵达马特鲁港以南，第八集团军正乘胜追击。

---

① 德斯蒙德·扬著《隆美尔》，第 279 页。——原注

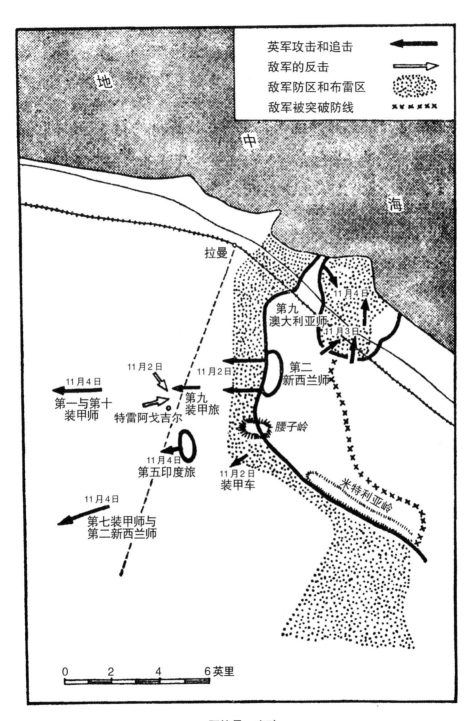

图例：
英军攻击和追击
敌军的反击
敌军防区和布雷区
敌军被突破防线

地
中
海

拉曼

第九
澳大利亚师

11月4日
11月3日

11月2日
11月2日
第二
新西兰师

11月4日
第一与第十
装甲师

特雷阿戈吉尔
第九
装甲旅

腰子岭

11月4日
第五印度旅

11月2日
装甲车

米特利亚岭

11月4日
第七装甲师与
第二新西兰师

0   2   4   6英里

阿拉曼·突破

我慎重考虑后，决定等到将要进行的"火炬"作战计划开始取胜时再鸣钟，这是因为想起了 1917 年康布雷战役结束后发生的事情。我告知了亚历山大将军我的想法，以期他能够让我的梦想再次成真，即一星期内可以再次获胜。

＊　　　＊　　　＊

　　和之前的各次沙漠战役都不同，阿拉曼战役的战线狭窄，防御工事牢固且守军力量强大，还没有可用来包抄的侧翼；要想突破，必须敢于进攻，而且实力强大。谈及此，我们不禁联想到第一次世界大战期间西线上的战斗。1917 年底在康布雷发生的情况，后来又出现在 1918 年的许多战役中，而这次埃及的战役，同样存在这样的实力较量：进攻的一方的交通线十分便利，短且近，炮兵成了攻击主力，集中发动的炮火如网一般，接着，大批坦克可以蜂拥向前。亚历山大将军及其下属蒙哥马利都富有经验，而且肯思考、擅研究，所以他们十分精通此方法。

　　堪称炮兵专家的蒙哥马利相信——萧伯纳曾说拿破仑也相信这点——大炮可以置人于死地。在指挥作战时，他总是争取让三四百门大炮同时发动，绝不会使分散的炮兵中队发动，因为那样的轰炸是小规模的——以前，在宽广的沙漠地带才会进行这种小规模的轰炸，而且是和坦克的袭击一起进行的。

　　当然，如果和在法国与弗兰德所进行的那些战役相比的话，阿拉曼战役无论从任何方面来说都是没法比的。我们在松姆地区的战斗头一天的损失就近六万人，而在阿拉曼，十二天的损失数据是一万三千五百人。防守所用的武器在第一次大战后得到了大大的增强，而在那次大战时，人们的看法还是这样的：要想突破一条工事牢固的防线，必须在炮火和兵力的较量上于敌人达到二比一或者三比一。在阿拉曼战役中，我们是没有这种优势的，敌军的阵线十分牢固：他们部署了不计其数的前沿据点和机枪阵地，这个纵深地带里都是如此严密的防御；阵地前还埋伏了大量地雷——在质量和数量上都创历史最高。

所以，从这些角度来看的话，阿拉曼战役无疑是英国战争史上永远让人难忘的光荣之战。此外，这场战役标志着命运的转折，这也是它可以永垂青史的一个原因。可以这么说："在阿拉曼战役之前，我们屡战屡败，在它之后我们屡战屡胜。"

第十一章　点燃了火炬

戴高乐将军的处境——"要人"吉罗将军到达直布罗陀——舰队离目的地越来越近——罗斯福总统致贝当等人的信函——11月5日，艾森豪威尔飞往直布罗陀——战争时期的直布罗陀岩壁——吉罗将军的妄想——战斗开始了！——一桩奇怪的事及其带来的干扰——达尔朗海军上将出现在阿尔及尔——墨菲先生和朱安将军向他发出呼吁——他的艰难处境——英美军队的登陆行动开始了——11月8日，美军进攻奥兰——在奥兰和阿尔及尔，法军停止抵抗——清一色的美军在摩洛哥登陆——效忠盟国的贝图阿尔将军——诺盖总督再次掌控局面——他下令抵抗——"西方特种部队"开始登陆——法国舰只与美国舰队展开激烈战斗——11月11日，诺盖将军投降——吉罗将军与克拉克将军飞往阿尔及尔——吉罗受到法军将领的冰冷对待——德军侵占法国未被占领的地区——达尔朗下令北非所有地区"停火"——莱法尔收到消息——他左右着贝当元帅——他被传唤到贝希特斯加登——克拉克将军终于争取到了达尔朗——阿尔及利亚的军事指挥权转交给了安德森将军——迅速向东前进——德国人空运增援突尼斯——在土伦的法国舰队的命运

　　罗斯福总统因对戴高乐有不满，且还因为清晰记得两年前在达喀尔问

题上曾泄密，故决定不将李海"火炬"作战计划的有关情况告知法国自由人士。他现在通过海军上将李海与维希保持联系。对此，我并无意见。不过，我必须谨记英国和戴高乐的关系，而且我认为，有意让他不参与这个计划这对他来说是一个极大的羞辱。鉴于此，我打算在进攻之前告知他此事。另外，为了减轻他以及他的团队这种受辱感，我还打算让他管理马达加斯加岛。我们在准备"火炬"行动期间所遭遇的一切以及后来得知的一切事实都证明，当时没有让戴高乐参与此事是正确的，因为那将使北非的法国人士非常不爽。

前海军人员致罗斯福总统   1942 年 11 月 5 日

1. 我必须在进攻前的一天（如果确定第二天有个好天气的话）告诉戴高乐有关我们的"火炬"计划。想必你还记得我曾在 1940 年和他有过官方意义上的信件来往，我承认他作为"自由法国人"的领袖身份。我相信他是有军人精神的。

2. 我将向他解释：没有告知他有关"火炬"计划是因为美国的计划和保密要求如此，而不让他的团队参与此计划是因为考虑到实施该计划的地区情况复杂，尽量避免交战是最好的方法，也就是说，我们并没有对他以及他所领导的运动抱有任何成见。

我还打算让他在星期五宣布任命勒·让迪奥姆将军为马达加斯加总督，具体何时宣布由他决定。这件事的意义在于，它是作为对他的一种慰劳，同时证明我们没有抛弃自由法国人士的意思。

在他和吉罗的关系这一问题上，我的看法是，虽然无法得知他们将会在什么情况下合作，不过我相信他们一定会在政治上成为盟友。

以上我所提的意见，望你赞成。

罗斯福总统致首相   1942 年 11 月 5 日

目前，我们努力争取非洲的法军归附我方远征军，这是大有希望
的。我担心的是，任何让戴高乐参与"火炬"计划的举动都会影响到
刚才所述的工作。鉴于此，我的看法：在成功登陆前，你还是不宜告
知戴高乐有关"火炬"计划的任何情况，等登陆成功再向他解释，美
国远征军的美方司令是在我同意的情况下严格保守此消息，这也是为
了安全起见。

当前，只要他在追随者中继续保持威信便可以了，不必要让他在
星期五宣布马达加斯加总督人选一事，因为这对"火炬"计划来说也
没什么益处。

海军上将李海表示完全赞成我的看法。

当前很有必要选出一位有威信的法国人，而吉罗将军无疑是英美两国
人心中最好的人选。他的德国越狱事迹无人不知，他的勇猛顽强无人不赞。
我和他有过一面之缘，那是在 1937 年，当时我参观马奇诺防线，在梅斯
见到了这位负责指挥马奇诺防线的主要部分的将领。我在本书讲述过我们
的这次会晤。正是在那时，我从他口中得知了他越狱后在德国阵线后方遭
遇的各种惊险。当然，发生在他身上的越狱是在第一次世界大战时。不过，
由于我也有过越狱经历，所以我们便有了共同点。现在，任集团军司令官
的他再次重演青春，而这次他演绎的英勇事迹更令人震惊。

想来也奇妙，早在总统的"秘密的战争婴儿"，即"火炬"作战计划
还未诞生前的 4 月份，我就给总统发了如下一封电报：

                                                  1942 年 4 月 29 日

我对吉罗将军越狱后，到达维希这件事十分有兴趣。在寄托了你
希望的那件事情上，这个人可能会起到关键作用。请告之你所知道的

情况。

六个月过去了，现在进入了重要时刻。美国人和吉罗将军进行了秘密会谈并拟出了一份计划，之后在关键时刻将吉罗从里维埃拉转移，送到直布罗陀。现在，吉罗获得了一个代号，叫"要人"，他肩负着我们的厚望。11月3日，我致电总统说：

> "要人"来电告知他已决定前往直布罗陀，他要求派一架飞机去送他。艾森豪威尔给他回了电报，并劝他改乘潜艇，一艘现已在海岸附近待命的、由美国艇长指挥的英国潜艇。

> 海上旅程十分跌宕，好在有惊无险，吉罗和他的两个儿子现已安全到达直布罗陀。

* * *

这期间，我们的大规模舰队离目的地越来越近，我们做好了为保证它们的顺利行进而不惜一切代价的准备。由英国港口开出的护航队的大多数舰艇的路线是这样的：在驶过比斯开湾后，进入一片有很多德国潜艇的地域。所以，必须给予他们强有力的护航。此外，我们还必须做到两件事：一是从10月开始就将在克莱德湾和其他英国西方港口的大量船只集中起来；二是绝不能让敌人知道我们护航队的准确出航时间。

事实证明，我们取得了显著的成果。德国人得到了错误情报，以为达喀尔仍是我们的目标。到10月末，在亚速尔群岛的南面和东面，已经有大概四十艘德国和意大利的潜艇部署在那里。我们的一支大规模运输船队——此船队从塞拉利昂开回英国——遭到了敌军这些潜艇的攻击，十三艘船只被击沉，这个损失数据在当时属于可接受的范围内。10月22日，第一批"火炬"运输船队从克莱德湾出航；26日，所有速度快的运兵船只都出发了，与此同时，美国也派出部队开往卡萨布兰卡。现在，由六百五十多艘舰只组成的这支远征军开始了征程，所有部队躲过了德国潜艇和空军的耳目，悄然渡过比斯开湾或大西洋。

现在，我们不留余力地行动了。为了防止敌人海上舰只的侵袭，我们的巡洋舰正在遥远的北方监视着丹麦海峡和北海的出口。在亚速尔群岛附近的美国部队必经之路上，也驻守着其他巡洋舰只。在法国大西洋沿岸，英美的轰炸机编队在适时对德国潜艇基地发动攻击。11 月 5 日和 6 日这两天，我们的先头舰只在晚上驶入地中海，已集中开往直布罗陀海峡的德国潜艇这时还未发觉它们。7 日，不用一天便可以驶达阿尔及尔的那批运输船队才被敌军发现，不过它们只有一艘船只受到了攻击。这个时候，可以发表总统的声明了。他在那篇声明里特别称贝当为"我亲爱的老友"，还特别提到早已是旧事一桩的 1916 年凡尔登辉煌之战。我有点担心此稿不够严肃，并且觉得，这种做法等于是和戴高乐方面绝交。

前海军人员致罗斯福总统　　　　　　　　　　　1942 年 11 月 3 日

　　不知道该不该指出一点：你写给贝当的那封信措辞似乎稍显客气。可想而知，他的威望现在是大大削弱了。但是，我们的事业曾因为他的威望受到了很大的影响。我们对戴高乐分子负有重大责任，而不让他们参与"火炬"计划必然使他们不高兴。这封信对戴高乐方面一定会有所影响，故请你再斟酌。另外，我从他人口中还听到，这封信还会在其他方面产生不好的影响。所以，虽然措辞友好是正确之举，但请你考虑是否应该低调点。

罗斯福总统致首相　　　　　　　　　　　　　　1942 年 11 月 4 日

　　我赞成你的看法，重写了一封措辞低调的信件给贝当，相信这封信不会让法国朋友们不高兴。

总统的修改让人无话可说，读者可以阅读已发表的霍普金斯文件。[①]

＊　　＊　　＊

11月5日，艾森豪威尔冒险飞达我令他指挥的要塞重地——直布罗陀。负责统率英美首次大规模战役的临时司令部，也是设在此地。此时此刻，正是直布罗陀的战斗高潮来临之时。当然，我们的军事防御早在1939年9月的时候就开始了，这是为了防止敌军围困我们。我们在西班牙边界对面逐步建立起了一套强大的防御工事，直布罗陀的悬崖峭壁就位于它的上方。我们在岩壁上炸出了很多坑道，把控制地峡的大炮放在里面。为了防备空军、海上部队以及空降部队的进攻，还采取了其他必要的措施。水是这里最紧缺的，不过我们到1940年年中时建成了几个蒸馏水厂。在坚固的岩石中凿出这些厂子是项庞大的工程，但我们现在可以保证充足的水供应，还存有储备。

直布罗陀对这场战争最重要的意义在于它建成了新飞机场并投入使用。它的那个旧飞机场原来只是跑马场大小的一个降落场地，自1942年不断扩建后才形成了现在的样子：开凿坑道时爆破的碎石筑成的跑道长达一英里多，足够宽阔，向西一直延伸至直布罗陀海湾。这个飞机场满是"火炬"计划所用的大量飞机，其中战斗机中队就有十四个，他们已经整装待命。我们是在德国人的监视下进行这一切活动的，目的就是争取给他们造成一种假象：这些飞机是为了支援马耳他岛而部署在此的。显然，他们的确把假象当成了真相。

"如果没有英属直布罗陀，进攻西北非就是不可能的事。"[②]艾森豪威尔的这句话说得对极了。

---

① 《哈里·霍普金斯的白官文件》，第643页。——原注

② 艾森豪威尔著《欧洲十字军》，第106页。——原注

艾森豪威尔将军致首相　　　　　　　　　　1942 年 11 月 7 日

　　已于昨日平安到达。我觉得可以在（我们登陆）之前就将"要人"接到北非来，不过要根据天气来做最终决定。天气好的话，就可将他从潜艇转移到飞机上。我之后将正式汇报这件事。

　　在此特别感谢你在过去的几个月对我的支持和鼓励。我们的士兵斗志昂扬，相信一定会打好今后的战役。

　　吉罗准时到达计划中的目的地。我发了一封电报给他，以确保一切顺利进行。

　　我十分高兴：我和你一样经过越狱，现在又能与你共同为一项事业奋斗。我还清楚记得我们在梅斯的谈话。三十五年来，我一直信任法国。如今，同样令我高兴的是，我们两国即将联合美国进行首次大规模的进攻，以便收复阿尔萨斯—洛林。

艾森豪威尔将军致首相　　　　　　　　　　1942 年 11 月 8 日

　　收到你的电报，"要人"的高兴溢于言表。以下是他托我转达给你的复电：

　　"感谢你的来电。我同样难以忘怀我们在梅斯的那次愉快会谈。虽然和你一样经历了种种苦难，但我也和你一样，相信最后的胜利必定属于我们。我深信，只要大家奋力拼搏，阿尔萨斯和洛林最终一定会归于法国。"

　　吉罗本以为，他此行之重任是将要担任北非最高司令官并能够指挥美英两国的军队。他在这之前并不清楚联军的力量是多少。在很长一段时间内，他都以为他执着的观点是可行的，这个观点就是：不在北非而在法国登陆；或者在北非登陆后又在法国登陆。艾森豪威尔将军用了两天来说服这位英勇的法国人，最终让他明白当前最重要的事情。的确，在这位"要人"身上，我们寄托了太大的希望。不过，他比任何人都清楚他对在北非的法国省长以及将领们（特别是军官团）的影响到底有多大。

*　　*　　*

战斗终于打响了。从 11 月 7 日晚上开始直到 8 日以及之后的几天，艾森豪威尔将军都处于焦虑不安的状态中，他在回忆录中生动描述了当时的情形。一直以来，这样的紧张对他而言是可以承受的。然而这次，由于情况复杂：这场战斗的赌注过大，决定胜败的天气又变幻多端，各种情报太零碎，此外还有法国人非常复杂难测的态度以及西班牙方面的危险等——这位肩负直接重任的司令官因面临严峻考验而产生了前所未有的焦虑。

*　　*　　*

在这种时候，我们还碰到了一桩奇怪的事情，好在其结果非常有利于我们。由于儿子突然患上小儿麻痹症并住进了阿尔及尔的一所医院，巡视完北非后回到法国的达尔朗海军上将只得又飞回北非。他的飞机是在 11 月 5 日起飞的，于是就有了这么一个巧合：当他到达阿尔及尔时，英美联军正准备大举进攻。奇妙的巧合带来了麻烦。美国在北非的政治代表罗伯特·墨菲先生敦促达尔朗在我军登陆前离开，关心儿子健康的达尔朗到底还是停留了一天。在阿尔及尔的这天，他住在名为斐耐尔的一位法国海军上将的别墅里。

这几个星期，法国军事长官朱安将军肩负着我们对于阿尔及尔的重要希望。虽然知道他和墨菲先生一直以来都有密切交往，但我们仍是对他保密登陆的具体日期。直到 11 月 7 日午夜过后不久，墨菲才去到朱安那里告诉他马上就要登陆了，只需再等几个小时——等一支强大的英美联军开到北非来后便可，而护送这支联军的是我们绝对占上风的海空军。

朱安将军虽然知道事情内幕，其为人也十分忠诚，但是，这时他还是吓了一跳。因为，虽然手下只有几百名热诚的法国青年，但他本来认为他有掌控阿尔及尔全局的职权和能力，如今达尔朗在此，他的职权就等于是无效的了。身为维希政府的副元首，这位海军上将实际掌握着政府各方面的领导大权。朱安知道，现在人们不可能再听从他的指挥了。他质问为何不早一些告知他登陆时间。显而易见，这个问题跟他的职权并无一丝关系。这么说是因为，只要达尔朗在阿尔及尔现身，所有效忠维希的法国人也就只认他，只听从他的命令。

墨菲与朱安决定马上给达尔朗打电话，请他前来。于是，凌晨不到两点钟的时候，达尔朗被朱安的电话弄醒了。听朱安说需要面谈重要事情，达尔朗也就过去了。听闻联军即将登陆，他当下就怒了，脸色通红地大喊："早知英国人愚笨，没想到我一直认为比英国人聪明一点的美国人也愚笨至此。不，我现在不得不认为，你们美国人犯的错误也不亚于英国人。"

达尔朗一直以来都有投靠轴心国的打算，大家都知道他厌恶英国人。1941年5月，他不仅允许德国人使用达喀尔，且允许他们通过突尼斯运送物资给隆美尔的部队。当时，北非的最高负责人魏刚将军及时阻止了这一背叛之举，说服贝当拒绝答应德方的这些要求。希特勒虽然知道他的海军参谋人员表示拒绝，但由于正集中精力关注将要发生的苏联战役，所以他也没有特别强迫。也就是在这一年的11月，被德国认定不靠谱的魏刚被免职了。在这之后，我们并没有听到轴心国将利用达喀尔打击我们的消息。不过，从那时起，突尼斯各个港口只允许轴心国的船只出入了，1942年的夏天，隆美尔正是靠这些港口保证了军队的供应。现在环境不同了，达尔朗的态度自然也不同了。但可以肯定，他仍然是绝对效忠于贝当——即便他打算帮助英美占领西北非。因为他十分清楚，若是他站在了盟国这一边，那么，德国一定会攻占还没有占领下来的法国地区，届时他就得对领土失陷负起责任。所以，不管墨菲和朱安如何竭力说服他，他只是说要发电报

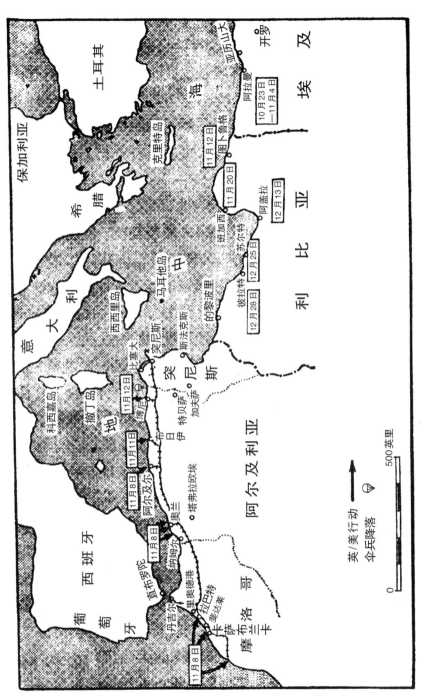

非洲北部海岸

给贝当，请求对方给予他自由处理的权力。在一系列无情事件造成的当前的困境中，他也只能采取这种处理之道了。

原定的计划这时候正在落实。反维希的法国青年团结成群，手持枪支，包围了这座别墅，他们想要知道里面的人什么态度。天亮前，这群违法青年被警察驱走了。不过，警察当局派出的这五十名机动警察同样是来监视这座别墅的，他们还抓走了朱安、墨菲以及墨菲的助手——美国驻马拉柯什副领事肯尼思·蓬达先生。达尔朗给警察们下达了指示，他授权蓬达先生将他写给贝当的电报送到阿尔及尔的法国海军司令部。一位法国海军高级将领当时在值班，他核实电报，确认无误后才发出去。不过，蓬达被他拘留了。这时，盟军已经开始登陆，他们在阿尔及尔和奥兰行动了。消息在天亮后不断传来，达尔朗和朱安这时才一同去到了位于帝王堡内的阿尔及尔法军总部——两人一路上互相戒备。至于墨菲先生，他仍被警察软禁在别墅里。

上午七点四十分，达尔朗又给贝当发了一封电报，内容如下：

> 上午七时三十分：搭乘英国舰只的美军开始登陆，地点是阿尔及尔及其邻近地区。在这几个地点，他们被我守军击退了，我守军在港口及海军司令部表现尤其卓越。他们在其他地点采取突袭登陆，获得了成功。形势日益不利于我守军，他们恐怕不久就支撑不下去了。来自各处的情报表明，还将有大规模的登陆行动。

11月8日凌晨一点过后不久，由皇家海军巴勒海军少将指挥的英美军队开始在阿尔及尔的东西两面多个地点登陆。在此之前，他们仔细做了准备工作，以便能使登陆艇在选定的海滩上登陆。英国第十一旅的先头部队在西面登陆，取得了全面成功；在东面登陆的载运美军的舰船和登陆艇意外遭遇大浪，被冲到了离计划登陆地点几英里之外的地方，黑夜中乱成一团，还耽误了些时间。好在，在沿海地区的登陆并没有遭遇太严重的袭击和反抗。我们在天亮后又掌控了主动权，这是因为增援到了。海军航空兵部队的一架飞机后来得以降落于布里达机场，后来还占领了该机场，在那里等待赶来支援的海滩盟军。一开始，这架飞机得以降落只是因为发现地面某一处发出示以友好的信号，而能够占领该机场则是有赖于当地法国指挥官的帮助。

阿尔及尔港才是交战最激烈的地方。英国的两艘驱逐舰"布罗克"号和"马尔科姆"号出动了，他们的目的是进入该港后防止法国人袭击我们的舰只，以便为美国突击队在防波堤上成功登陆创造条件。登陆后，这支队伍将会占领该港口及其炮兵阵地。这一举动是狂妄冒险的，结果也十分惨烈：抵抗的大炮以直接平射的方式轰炸这两艘英国军舰，"马尔科姆"号很快便受损了，"布罗克"号三次进港均被击退，不过最终驶入了该港。美国突击队终于得以登陆。不过，在撤退时，"布罗克"号又受重创，终于还是沉入大海了。很多士兵上岸后，只得投降。达尔朗于上午十一点半再次发电报给他的领导，电报中说："今晚可能就会失去阿尔及尔。"下午五点，他又发出了一封，说："我军已竭力进行抵抗，但最终没有阻止美军进入市区，我已给当地驻军司令朱安将军发令，让他和对方谈判有关阿尔及尔城投降的问题。"这时，重获自由的蓬达先生拿着法国人给他的一张通行证，奉命去见美军司令。下午七点，阿尔及尔投降了。自此以后，美国人控制了达尔朗海军上将，朱安将军直接受盟军的领导，但已重掌大权。

＊　　　＊　　　＊

在英国受训练和上船的美军"中央特种部队"负责在奥兰的进攻。11月8日凌晨一点左右，英国海军支援他们在东面的阿尔泽湾发起攻击，同一时间，有两个位于奥兰以西的地方也受到了小规模的攻击。比起在阿尔及尔，法国军队在此的反抗更加激烈；参与反抗的有很多法国的正规部队，他们曾在叙利亚和英国军队对战；也有法国海军部队，他们记恨曾在 1940 年攻击密尔斯克比尔的英国军队。因此，相比其他地方，美军一点儿也不意外会在此遭遇到更激烈的反抗。尽管如此，原本的登陆计划照样实施。这个时候，两个属于辅助作战的行动却不顺利。

首先是空降作战的不顺：一营美国空降步兵从英国出发，试图占领奥兰后面的飞机场，以辅助这次勇敢的进攻。然而，飞达西班牙上空时，飞机的编队因为狂风暴雨而乱套了。前方的飞机虽然没有放弃飞行，可还是在距离机场好几英里的地方降落了，因为飞错了方向。后来，他们与早已登陆的战友会合并参与了攻占塔法罗伊机场，在这场战争中立下功劳。

第二个是来自英国的两艘勇猛的小型军舰的行动不顺：他们这次的任务与当时在阿尔及尔一样，旨在帮助美军部队登上奥兰港，同时保护港口上的设备不被法国人破坏以及防止舰只被法国人凿沉。这次作战是为了让盟军早日在奥兰港建立基地，十分重要，因此有许多技术成熟的人员都在登陆队伍里。登陆开始了，皇家海军上校彼得斯指挥的"华尔纳"号很快便驶入了奥兰港，"哈特兰"号在后面跟着。我们通过租借法案获得的这两艘舰船——它们原本是美国用于缉私的——受到了近距离的炮火猛烈轰击，最后不仅舰毁了，舰上的人也死了一大半。彼得斯海军上校虽然幸运地从这场灾难中逃了出来，可是几天后却不幸死于飞机事故。之后，英国政府授予他维多利亚十字勋章，美国政府也授予他殊勋十字勋章。

清晨，在奥兰湾，法国的驱逐舰和潜艇虽然渐渐活跃，但被依然处于优势的我军击沉或者驱逐了。海岸炮兵仍顽强抵抗登陆部队，拥有"罗德尼"号战舰的皇家海军不甘示弱，炮轰他们。这场战役持续到 10 日上午，登陆的美军实行最后的攻击。中午时分，法国军队投降。

与此同时，在奥兰和阿尔及尔的法军停止了反抗，德军反而在北非沿海一带反抗得越来越激烈。海上供应线是我们的重要支柱，而由于受到大批德国潜艇的攻击，这一重要支柱很快陷入了险境——其中，从登陆滩头返程的我方三艘大型空船就被他们击沉了。当然，我方也有进行反击，在强有力的反潜艇措施下，我们于11月底击沉了这片海域的九艘德国潜艇。

*   *   *

由美国部队全权负责的登陆摩洛哥的任务，有望获得当地的积极支持。曾在纳尔维克战斗过，而且对德国人恨到极点的法国师长贝图阿尔将军，驻扎在卡萨布兰卡，指挥摩洛哥沿海地面的大部分防务工作——他很迟才从我们口中知道这一秘密，不过他愿意接受由吉罗担任法军最高统帅的安排。他想的是，法国驻摩洛哥总督诺盖和米歇勒海军上将到时会发动迅猛的起义，不过盟军代表认为这是冒险之举，劝他与其冒险，不如逮捕那位总督。贝图阿尔不愿背上"叛逆并取代自己上司"的骂名，因此不同意这种做法。11月7日晚十一点，他对他召集到他司令部的所有参与这个秘密行动的军官说："明早五点的时候，美军将会登陆。"午夜时分，军官们分别搭乘三辆车离开了卡萨布兰卡。过了两个小时，摩洛哥首都拉巴特的法军司令部、参谋部的电话交换所以及邮局都被他们攻占了。可惜，他们没有注意到诺盖将军有一条秘密电话线，更没有发现这位总督在接下来的几个小时都在和他的司令官们通话，这些司令官驻守在摩洛哥的各个主要基地。

抵达拉巴特后，贝图阿尔马上交给他的副官一项任务：让此人带着关于吉罗与墨菲的详细会谈记录以及有关即将登陆的盟军情报去见诺盖。此外，他还命令一个连的殖民地步兵将诺盖的住宅包围起来。诺盖极其愤怒，虽然这位副官就是他的亲侄子，但还是将其逮捕同时马上给在卡萨布兰卡海军基地的米歇勒海军上将打电话。虽然从米歇勒口中得知暂时未发现海岸地区有盟军靠近，但诺盖还是决定马上行动：命令米歇勒立即进入警戒状态，同时将此时正在拉巴特的贝图阿尔的职权交接给了米歇勒。

米歇勒不知道：那时候，距离摩洛哥仅有三十英里航程的地方，已经出现一支拥有一百多艘舰只的美国舰队，而此舰队上是巴顿将军的登陆部队。他甚至也不知道，盟军已经开始在阿尔及利亚登陆。此时此刻形势危急，贝图阿尔将军不免异常心焦。因为，明确得知即将有登陆行动的只有他一人，而此时在拉巴特还发生了军事政变，虽然发动者是他领导的一个小群体，但这次政变反倒使得诺盖掌控了指挥权，以致于摩洛哥现在全城戒备。

美国驻拉巴特副领事于早上五点交给了诺盖一封信，这封来自罗斯福总统的私人信件表明了总统想要诺盖支援盟军的意思。诺盖拒绝了美国的最后通牒，他在两个小时后告诉达尔朗此消息——那时，达尔朗在阿尔及尔，而登陆已经开始了。贝图阿尔以及追随他的那一小伙人被包围了。诺盖亲自打电话过问此事，并声称，凡参与此次动乱的殖民地步兵团的军官们都要判以枪毙。所有这些人很快就被抓了起来。于两日后受到军事审判的贝图阿尔直到 11 月 17 日才获释。

＊　　＊　　＊

早在制订作战计划时，我们就十分担心一个作战行动——攻打摩洛哥靠大西洋沿海地区。这方面的担忧胜过对进攻地中海沿海地区这一行动的担忧。因为，攻打摩洛哥靠大西洋沿海一带意味着要做这么一项运输工作：直接从美国港口送出整个远征军，须横渡北大西洋，最后要保证将他们准时送到登陆滩头。另外，气候也是令我们十分担心的一个因素。我们担心受到摩洛哥大西洋沿海地区气候的影响，盟军无法在原计划的日期登陆。考虑到现在正是季节更替，气候条件尤其不好的时期，我们就更焦虑了。11 月 7 日，休伊特海军上将的旗舰分别接收到了从伦敦和华盛顿发来的提示天气差的气象预报。他必须在两个选择中做出果断决定：一是一切按照原计划进行；二是采取另外的计划——带领整个舰队穿过直布罗陀海峡，让巴顿将军指挥登陆，登陆地点是同时靠近纳姆尔和西属摩洛哥的一片无名海滩。姑且不论这个计划存在的其他问题，只需考虑它导致登陆严重延时，由此可能引发致命问题。值得庆幸的是，休伊特海军上将最终做出了正确的决定：命令这支舰队在原计划的当天天黑前出发。促使他做出这一决定的关键是他的参谋人员，他们预料当地天气会暂时转好，而他自己也冒险支持他们的判断。

11月8日天亮前，这支"西方特种部队"到达了摩洛哥海岸，他们确定的登陆时间，比在阿尔及尔地区的登陆迟三小时，这是考虑到航程比较远，而且是在夜间行驶。巴顿将军不满推迟时间，他认为这会让摩洛哥的守军有时间做好防范，因为，原计划就在该日的凌晨一点——在阿尔及尔的登陆行动此时正开始——广播总统的《告北非法国人书》。他的意见自有道理。不过，后来证明这次广播对摩洛哥并没有产生多大影响，当然，如前所述，那里的守军确实也得到了"警报"。这次登陆行动有三个地点，一是在卡萨布兰卡附近的斐达莱，这里是中央地带，也是主攻地区；其余两处是在卡萨布兰卡以北的里奥德港和南面的撒非，此两处登陆作为侧攻。那天早上虽然雾气多，但海浪没有预想中的凶猛，算来还是好天气。不过，海浪后来变得凶猛了，好在各处的登陆部队都已经获得牢固的立足点。在其他的地点，先头的登陆部队遇到了从无到有，从有到猛的抵抗，在里奥德港附近的战斗尤其激烈。

激烈的战斗同样在海上进行。新战列舰"让·巴尔"号还没有完全制造完成，不能开航，此刻正停泊在卡萨布兰卡。不过，它可以就地发射它那四门十五英寸口径的大炮，因此不久将投入战斗中——和美国战列舰"马萨诸塞"号来一场炮火较量。阻止我们登陆的还有法国舰队，它们由巡洋舰"普里马格"号掩护，和正好碰上的整个美国舰队展开了厮杀。厮杀结束后，美军击毁了它们的七艘军舰和三艘潜艇，致使法军伤亡达到大概一千人。与此同时，"让·巴尔"号因内部起火而毁于沙滩上。9日这天，美军在巩固根据地的同时向内地挺进，11月11日上午，接到达尔朗命令的诺盖将军投降了。他汇报说："三天的激烈交战致使我们的全部战舰和飞机遭受了全面损失。"

"普里马格"号的舰长墨希埃是个忠诚之人，然而他的忠诚却也注定了他的悲剧，因为他一方面希望盟军获胜，一方面又不得不听命于自己的上级，而服从命令意味着我方将会有更多的士兵牺牲。他最后是战死在战舰上的。天啊，如果不发生这样的悲剧多好。

＊　　＊　　＊

有关战斗情况已经传到了艾森豪威尔将军在直布罗陀的司令部，他们从零碎消息中得知了法军已经正式抵抗登陆的盟军。现在，摆在这位盟军最高统帅面前的是一个严重的政治问题。吉罗此前提议说，由他自己担任那些或许会投靠盟国的法国部队的司令官。艾森豪威尔此前应允了吉罗，然而现在突发这种情况：偶然冒出了这么一个人，只要这个人一发话，北非的所有法军都将有组织地站在我们这边。众人对吉罗寄予厚望，但还没有机会证实他是否有能力让这厚望如愿以偿，而从登陆地区的初步反应来看，这确实很难说。鉴于此，吉罗将军于11月9日晨飞往阿尔及尔，他劝服当地法国当局命令立刻停止对抗行为。与此同时，艾森豪威尔将军也派出了他的私人代表克拉克将军飞往阿尔及尔。

在阿尔及尔，吉罗受到了当地法军高级将领极其冷漠的对待。美方和英方的特工人员曾费心很久才在当地组织起抵抗团体，然而这个团体现在解散了。由克拉克充当主持人的当晚的会谈没有成功，达尔朗和吉罗未能在两人的首次会议上达成一致意见。所有掌握重要权力的法国人都拒绝让吉罗担任法军最高司令官，这是肯定的。克拉克在11月10日上午再次为这位海军上将安排了第二次会谈，在和艾森豪威尔通无线电时，他说只有和达尔朗达成协议才可能解决此问题，当前没有时间和伦敦及华盛顿方面进行电报商讨了。然而，吉罗这次没有出席，而没有得到维希的任何指示的达尔朗也有些迟疑。克拉克让达尔朗思考半小时后再决定，最终，这位掌握着法属北非领土的全部权力的海军上将"以贝当元帅之名",命令北非全面停止对抗,所有官员在原岗位上待命。

　　这时,德军已经开始攻入未被占领的法国地区。当日晚些时,此消息传到了达尔朗那里。现在,情况对达尔朗来说就简单多了,他可以宣称贝当元帅已失去了自由,当地的所有官员也都不会怀疑他所说的。达尔朗的心,被德国人的行为动摇了,后者的先锋部队不用多久就会攻入土伦的著名法国海军基地。法国舰队再次陷入危急险境,正如他们在1940年所遭遇的那样。此刻,能让法国的战舰从土伦开出去的,只有达尔朗,因为只有他具备足够的威信。他在11月11日下午果断采取了行动。他打电报到法国本土说,德军眼看就要攻击土伦的舰队了,必须让他们马上开到海上去。盟军已经做好了保护准备突围的法国舰只的准备,即在海上部署了海空军。

*　　*　　*

　　后来证明,德国最高统帅几乎是到最后才清楚,大规模驶往北非的盟军船队的目的地是何处。德国潜艇的巡逻范围虽然很大,但有很多处被切断。不过,穿过直布罗陀海峡后,我们的主力舰队的目的地就比较显而易见了。可惜,直到这时,德国人好像还这么认为:在意大利登陆或者增援马耳他岛,才是盟军这支远征队的目的。戈林与凯塞林在电话中有如下一段对话,偶然听到此对话的意大利总参谋长喀瓦罗洛元帅将之记在了日记中:

　　戈林:我们必须做好准备,因为根据预测,这支船队在四十至五十个小时后将会进入我们空军的航程范围内。

　　凯塞林:元帅先生,如果有一支船队想在非洲登陆呢?

　　戈林:他们要是有所企图的话,我认为只有两种可能,一是在科西嘉岛或撒丁岛登陆,二是在德尔纳或的黎波里登陆。

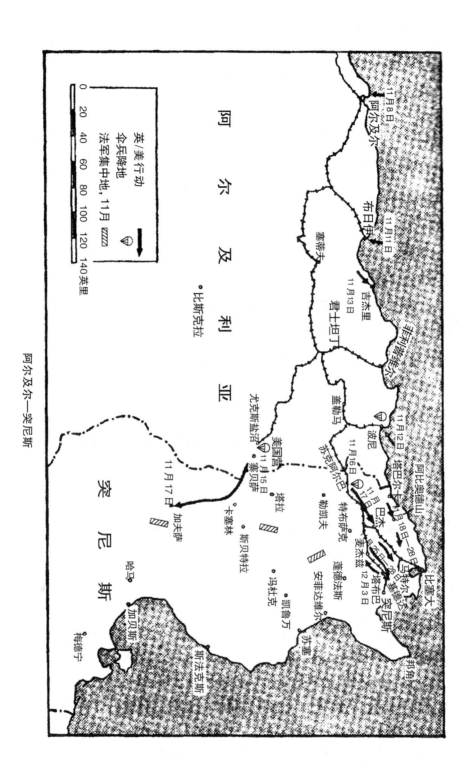

阿尔及尔—突尼斯

凯塞林：更有可能的或许是在北非一个港口登陆。

戈林：的确，但不可能选择在法属港口。

凯塞林：只要它过了西西里海峡，我就有时间打击它。

戈林：应该提醒一下意大利人，因为他们没有在西西里海域底下布水雷，所以如果这支船队不驶往撒丁岛的话，必然就会穿过西西里海峡。

德国当局和维希直到11月7日的午夜时分才开始正式接触。当晚，威斯巴登的德国停战委员会的负责人和该委员会中的一名法国军官会见，前者告诉后者，目前已发现一支大规模的盟军船队驶入了地中海，预计阿尔及利亚和突尼斯很可能是它的目标，而德国人愿意军事支援维希政府。

＊　　＊　　＊

11月8日的凌晨，维希方面接连收到关于盟军逼近北非的消息。莱法尔就住在维希附近，他在睡梦中被德国驻维希政治代表的电话叫醒。代表说，德国愿意支援维希，共同对付可能在北非进行大规模登陆的盟军。莱法尔急忙前往内阁。美国临时代办平克尼·塔克先生于凌晨四点到达了贝当元帅的办公室，他手上拿着总统的那封信。已掌控一切的莱法尔这时召集所有站在他一边的人，拟写了一封想让贝当上午就签字的回信，这封信的主旨是满怀敌意的拒绝。维希海军部于一小时后联系在阿尔及尔的达尔朗，告诉他说德国人愿意派出空军抵抗登陆的盟军。达尔朗的回复是：建议让飞自西西里和撒丁岛的德国空军轰炸盟军运输船只。

他们拖到早晨七点才叫醒贝当，告诉他情况。他一点都不在乎莱法尔写了什么样的回信给美国总统，随手在信上签字时他还吹着打猎的曲子。九点，他亲自将回信交给了平克尼·塔克先生。关于两人的这次会面，有很多种说法。一种说法是，他当时轻轻拍了拍塔克的肩膀，脸上写满深意。

对于这位已衰老的元帅来说，那段日子的生活恍惚如梦。维希政府为了有利于自己，一直在盟国和德国人之间圆滑周旋，然而如今，这种不切实际的妄想因纳粹更大的施压而破灭了。当天上午十一点半，维希政府接受了德国人卑鄙无耻的提议，即接受他们从西西里和撒丁岛派出的空军援助。如此一来，德国人就得以闪电之速占领了突尼斯的各个飞机场，而我们也因此在这次行动中损失惨重。

同一天晚些时，在另一次内阁会议上，维希政府宣布正式和美国断绝外交。

*　　　*　　　*

10日凌晨，于9日晚上被希特勒召见的莱法尔乘车前往贝希特斯加登，因遭遇大雾，他直到清晨才到达慕尼黑。也就是，当他在路上的时候，在阿尔及尔的达尔朗正和盟国谈判，而那时候，希望贝当元帅倾向于盟国的少数维希人士还对谈判抱有一丝希望。当时，为了劝服贝当不要站在德国这边，魏刚将军和海军上将奥凡都亲自出马了。在他们的努力下，贝当还拟好了给达尔朗的表示支持他行动的一封电报。然而贝当最后又收回了这封电报，因为在慕尼黑的莱法尔得知了在阿尔及尔和维希发生的这些情况，愤怒的同时以辞职为要挟。

这天下午，在莱法尔和希特勒的会谈中，这位德国元首极尽演讲的夸张之能，大谈法国和德国过去的交往，他还以一份德意两国的联合照会唆使莱法尔同意轴心国部队在突尼斯登陆。据当时在场的齐亚诺说，莱法尔那时看起来十分可怜。他的描述大概不假。11月11日一大早，莱法尔被阿倍兹叫醒，后者告诉他希特勒已令德军占领法国的自由区。同一天，意军攻占了尼斯和科西嘉。维希政府就此走到了尽头。

*　　　*　　　*

达尔朗写给维希政府的电报被德国人截获了。德方威逼莱法尔打电话到阿尔及尔，否认达尔朗的措施。达尔朗打算收回命令，克拉克将军觉察了他的明显意图，于是将其逮捕。不过，阿尔及尔的局势最终恢复了正常，当地相关人员不再那么忐忑，这是因为贝当用海军专用密码发来的那封密电和德军继续侵入法国自由区的消息。第二天，即 11 月 11 日，双方都赞成让达尔朗发出命令让土伦舰队出航，同时让他打电话给法国驻突尼斯总督艾斯特瓦海军上将，要求他参加盟军。

＊　　　＊　　　＊

艾斯特瓦海军上将对维希政府忠心耿耿，然而由于局势越来越不利，他也愈发不安。达尔朗和诺盖的处境算来都比他的好，因为他和在西西里的敌军以及在其东部边境上的敌军都相当靠近，此外，他的那些高级幕僚比他还犹豫不决。德国空军在 11 月 9 日攻占了位于阿威纳的一个重要飞机场，同日，德意军队进抵突尼斯。当的黎波里达尼亚的轴心部队自东方开往突尼斯，盟军部队也自西方突进。这时，仍在犹疑郁闷的艾斯特瓦在形式上仍表明自己对维希政府的忠心不二。另一位法国将军巴雷一开始不知如何解决面对的问题——亲爱的读者，你们肯定没遇到过这样的问题——最后带着大部分守军投奔西面的吉罗将军去了。不过，也有向轴心国投降的，比如在比塞大港的三艘鱼雷艇和九艘潜艇。

在亚历山大港有一支从 1940 年就被冻结在那儿的法国舰队，在该地曾进行了谈判，但没谈判出一个结果。极其效忠维希政府的该舰队司令戈德弗罗瓦海军上将拒绝承认达尔朗的权力，他认为，盟军在宣称能解放法国之前应先拿下突尼斯。正因此，在我们成功征服突尼斯前，他让舰队一直待在那里不动。

在达喀尔的维希总督布瓦松听从了达尔朗的命令——11 月 23 日发布的关于停止抵抗的命令。不过，在该地驻守的法国海军部队不愿加入盟军。直到整个北非都被我们拿下后，"黎歇留"号战列舰以及与之在一处的三艘巡洋舰才同意加入我们。

＊　　　＊　　　＊

在阿尔及尔的登陆成功后，安德森将军马上照原计划代替美国莱德将军进行指挥。11 月 11 日，由他派出的第三十六步兵旅攻占了布日伊；有一营人于次日进抵季杰利机场。该旅是从海路进攻的，整个占领过程没有导致任何流血冲突。11 月 12 日，在来自海上的突击队给予援助下，两连英国伞兵在博尼降落。16 日，在苏戈埃尔巴机场降落的其他伞兵攻向巴杰，前进路上遇上了德军的阵营。而经由公路快速攻入突尼斯的第三十六旅也在 11 月 17 日碰上了德军，两军相遇的地点是阿比奥德山。15 日在尤克斯盐沼的美军伞兵于两天后抵达加夫萨。

我军此时势如破竹，很快攻占了阿尔及利亚东部各个机场。我们必须拿下这些机场，因为，这时与我们相距八百多英里的直布罗陀，已经无法为我们的地面部队提供援助和掩护了。以如入无人之境的速度取得如此成绩，足以可见我军的勇猛。不过，由于碰到了敌人，且他们迅速采取了对策，我们现在只得放慢了进程。11 月 9 日，敌军首批部队飞抵此地，在这批部队中的两个团的伞兵原本是计划用来支援隆美尔的，如今他们联合四个营的援军，准备竭力阻止我军前进。之后，敌军投入的兵力还包括：德军第十装甲师的先头部队，意军的两个贝塞戈里利营和苏培尔加步兵师的六个营。月末时，轴心国在突尼斯的兵力已有一万五千名，此外还配备有坦克一百辆、野战炮六十门以及反坦克炮三十门。将基地设在突尼斯的良好机场的敌军俯冲轰炸机也开始行动了，我军受到的干扰又加一层。尽管如此，正是有赖于我们，苏军的压力得到了减轻。为了给地中海战区提供装备，德军在整个 11 月从东线战场上撤走了四百架作战飞机，且大多数是远程轰炸机。现在，他们在后一个战区部署的空军就占总数的四分之一，而在十八个月以前这个数字是十二分之一。

＊　　＊　　＊

英美联军的北非登陆行动很快对法国产生了严重影响。早在 1940 年，德国就拟定了密码代号为"阿提拉"的详细计划，试图攻占法国自由区。希特勒于当年 12 月 10 日发布这个计划，其目的在于对付北非的魏刚，打击他的一切敌对行为。后来，一旦法国和德国的关系有问题，"阿提拉"便会被提到台面上来，德国谋算通过执行此计划完好无损地夺取在土伦停泊的法国舰队主力。不过，完全侵吞下法国意味着要对其负责，而希特勒和雷德尔又不想承担起这一责任，因此一直等待机会与维希方面合作。如今，由于盟军的北非登陆行动，形势发生了根本性的变化。达尔朗在阿尔及尔和盟国进行谈判的情况由在贝希特斯加登的莱法尔告诉了德国人，这一系列的事情似乎起了决定作用。不仅德国迫切想要夺取法国舰队，艾森豪威尔将军也是如此。之所以和达尔朗谈判，关键就是因为此人能让维希的海陆军将领听命于他。当然，德国人是不会拱手相让法国舰队的。当达尔朗给维希和土伦方面打去电话，敦促法国舰队出航赶往已被盟军控制的港口时，德军也在抓紧时间赶往地中海海岸。维希海军部长奥凡海军上将很想帮助达尔朗，但他有心无力，一是因为莱法尔大权在握，二是因为在土伦的法国海军将领的态度也不友好。对英国人极度仇恨的拉巴德海军上将则相反，他自然没有接受达尔朗的起义号召，此人一听到盟军登陆就想攻打海上的盟军运输船队。后来，德军来到了法国海军这个基地外围，与维希法国达成了一项协议：在此港附近建立一个由法军守卫的自由区。奥凡虽不情愿，但只得接受此协议，并尽力在那里加强防备工事。然而，11月 18 日，德军要求该区的法军全部撤离——实际上也就是法国海军，因为原本这里就只能派海军守卫。德军出尔反尔，奥凡第二天便辞职了。这时，德国已经计划要突袭法国舰队。11 月 27 日，他们开始行动了。在这个港口的所有法国舰队——总共七十三艘军舰中，包括一艘战列舰、两艘战列巡洋舰、七艘巡洋舰、二十九艘驱逐舰和鱼雷艇，另有十六艘潜艇——最后是自沉毁灭的。那几名法国将领——当然也包括最后终于起义的拉巴德，以他们的英勇和智谋做出了这个选择。

*　　*　　*

"火炬"战役取得了阶段性的辉煌战果，堪称一次出色的行动。当然，我们能以小的代价攻下阿尔及尔和卡萨布兰卡，离不开达尔朗海军上将，他的干预对我们是有帮助的。另外，我们最终不能获得全面胜利，则是因为突尼斯的法军将领优柔寡断。在有关报告中，坎宁安海军上将是这么说的："一开始进攻博尼时，敌军阵脚大乱，我们当时若能一鼓作气，大获全胜是有希望的，然而我们当时却没有那么做，这不能不令我终身遗憾。"

第十二章　达尔朗插曲

戴高乐将军的地位以及"自由法国"——我在 11 月 11 日发给罗斯福总统的电报——他 11 月 12 日回电——艾森豪威尔飞去阿尔及尔——北非和西非的法国人听从达尔朗的命令——英国国内普遍的担忧——11 月 17 日，我给总统发提醒电报——他的公开声明——史默兹元帅在当地表示他的意见——英国国内民众情绪激昂——"达尔朗事件"——12 月 10 日，下院召开秘密会议——法国军人和文职官员心理状态——"以贝当元帅之名"——说服下院——12 月 24 日，达尔朗被刺杀——凄惨的一生

前一章只是按照前后顺序简单概述了在中东发生的事件，而且这些事件都是政治性质的。虽然如此，它们也是这次战役中的一部分，其重要性亦如军队和舰只的行动。克拉克将军是机智、勇猛且果断的。在和达尔朗周旋的过程中，他为了避免法军和盟军厮杀，竭力争取法国人的支持——这也是唯一符合这次战役的主旨所在的办法。一年前，艾森豪威尔和克拉克都还是准将军，不过他们的智谋和勇敢、果断已经有目共睹。在这次战役中，艾森豪威尔是需要对克拉克负责的，他也必须接受和支持克拉克所做的事情。但是，他们这次的合作却出了一些问题，并在各盟国产生了重要影响。从感情和道义上来说，这些问题对美英两国

人产生的影响尤其重大。一直以来，我都深信自己是了解法兰西的灵魂的，我认为，戴高乐及其所领导的运动才是法国主要的抵抗力量，也是能使法国获得荣耀的核心所在。而当时，总统却十分仇视戴高乐及其所领导的运动。这当然使我深为忧虑。

前海军人员致罗斯福总统　　　　　　　　　　　1942 年 11 月 11 日

　　当前，非常重要的一件事是：必须努力和所有仇恨德国的法国人团结起来。希特勒侵入法国未被占领地区，这对我们来说正是团结的好机会。我们必须公正对待戴高乐及其所领导的运动，因为英王陛下政府明确负有这方面的责任，我坚信你最终会意识到我们如此做的神圣性。这样的事情：在你我的支持下，两个流亡政府分庭抗礼——我认为你我应该尽力避免这种情况。我们应该做的是，努力团结所有视德国为敌人的法国党派并成立一个联合政府。当然，不能让任何事情干扰到我们的军事计划，包括这件需要一些日子才能做到的事情。不过，我们应该使各方都明确我们的目标以及我们的奋斗宗旨。

　　我们这期间在阿拉曼获得的具有决定意义的胜利有目共睹。

罗斯福总统致首相　　　　　　　　　　　　　　1942 年 11 月 12 日

　　在埃及，你们获得了辉煌的胜利；同时，我们两国已在西非和北非联合登陆。收到这些最近的消息，我感到非常高兴。这个时候，我们应该想想下一步要采取什么行动，即在消灭地中海南岸的敌人并控制那里后的措施。这期间，我可以和我的参谋长召开联席会议讨论这个问题，你和你的参谋长委员会最好也在伦敦进行研究。有无可能进军撒丁岛、西西里岛、意大利、希腊和巴尔干的其他地区？有无可能争取到土耳其的支持，以便通过黑海攻打德国的侧翼？这些都是我们要研究讨论的问题。

关于戴高乐，我从最初到现在都十分放心他由你来负责。不过，吉罗老弟现在是我遇到的一个难题。我非常赞成你所说的：绝不能让法国的流亡党派互相对抗。因此，我也不反对戴高乐派一名使者，和在阿尔及尔的吉罗会谈。应该看到，吉罗和达尔朗都自称有权指挥北非和西非的所有法军部队，二人现在正为此进行着激烈的争吵。

让这三个重要人士明确一点是最重要的：当前的形势问题从根本上而言完全是军事问题，因此，不管是他们中的哪一个人做出决定还是他们三人一起做出决定，最终都要由艾森豪威尔把关和批准。

另外我觉得，在戴高乐派出使者到非洲前，最好搞清楚他下达的指示具体是什么。

＊　　＊　　＊

艾森豪威尔将军于 11 月 13 日自直布罗陀起飞，他要到阿尔及尔作为直接指挥人，承担起克拉克刚和达尔朗协商好的那件事的责任。若问法国人当中谁才能将西非和北非争取到盟国这边来，当地的盟国将领和官员们回答是一样的：只能是达尔朗。现在已经很显然："吉罗能让法国人绝对听命于他"是种不真实的、站不住脚的神话。因此，当听闻德国已经入侵法国未被占领的区域时，吉罗就表明愿意和达尔朗合作。达尔朗下达"停火"令后，在奥兰、摩洛哥和全阿尔及利亚的部队照令行事了，这足以证明他的权力。

同一天，艾森豪威尔和达尔朗签订了最后一份正式协议。人在伦敦的我于次日，即 11 月 14 日给他发出一封电报，我在电报中说："当务之急是解决军事问题，政治问题留待日后解决，这是必须的。"也就是说，我认为艾森豪威尔有充分的军事理由作出此行动。同时，我发给总统如下一封电报：

前海军人员致罗斯福总统   1942 年 11 月 15 日

1. 方案虽然已经提出了，但我们的各种怀疑和担忧并未完全消除。我们认为，这一方案并不完备，也不能作为一种永久性的方案。尽管如此，包括坎宁安海军上将等在内的我方将领都通过了艾森豪威尔的这种方案。这主要是因为：一是我们的当务之急是迅速进军；二是艾森豪威尔这个人表达能力强，且作为盟军最高司令，他所提出的建议是有说服力的。再者，我们认为，要想能够哪怕是暂时地维持此地的秩序稳定，并获得突尼斯的各个要塞，我们当前唯一能实施的方法就是接受艾森豪威尔将军提出的这一方案。

2. 我们坚信你将会一如既往地按照这一原则行事：凡愿意对抗希特勒的法国人，必将团结之。期待你与我们商讨制定长远之策。

＊   ＊   ＊

与达尔朗的协定公示出来后，英国国内舆论哗然，到处是不安的情绪，甚至让人觉得有日益激烈之势。我们许多好友也认为，我们与自己有着深仇大恨的敌人进行了一笔龌龊的交易。如此，我们这次最大规模的战役所取得胜利以及阿拉曼战役所取得胜利，在他们看来都不怎么光鲜了。觉察到这一点，我相当痛心。不近人情，没有看到战争的残酷以及没有考虑士兵的生命，这是我对他们整个态度的评价。也因此，我的愤怒随着这种批判声音的愈来愈高而变得愈来愈强烈，我甚至因他们的目光短浅而有些瞧不起他们。不过，我理解他们的愤怒缘何而来，我自己也是有些同感的。在美国，虽然也有不少人情绪激昂，但整体来说反应没英国强烈。对国人的这种激昂，罗斯福总统并不怎么在意，更不用提激动的英国人会让他有何想法了。

前海军人员致罗斯福总统   1942 年 11 月 17 日

我觉得应该使你清楚，和达尔朗签订的协议导致了民愤。越是深入思考这一问题，我越发相信我们所采取的这一策略只是迫于战事紧急，它是暂时性的。但是，我们也绝不能忽略现在的这个问题：人们误以为我们向当地的吉斯林之流妥协了，这种误解将会给我们在法国的行动，甚至在全欧洲范围影响我们共同事业带来不良的政治影响。

达尔朗名声败坏。法国海军对我们的仇视，正是源于他们的指挥官对我们怀有恶意，而这个指挥官恰是达尔朗所提拔的。若非他派法国海军抵抗你的舰队，在卡萨布兰卡附近的海面就不会有那么多的法国海员丧命。这些事情，犹如就发生在昨天。如今，达尔朗为了权力地位转变了立场，站到我们这边来了。但是，千千万万的民众肯定无法理解这种行为：和达尔朗签订一个永久性协定或者在法属北非成立一个达尔朗政府。群众们的赤诚就是我们的动力来源。

因此我的看法：当务之急是继续战斗，谈判是其次。听闻，预计就在这几天内，艾森豪威尔将军会命令我们第一集团军的先锋部队进攻在突尼斯和比塞大的德军。这一消息让我们大为振奋。

总统复电如下：

罗斯福总统致首相   1942 年 11 月 18 日

我也同样遇到了对达尔朗的强烈怒潮。我认为越早解决问题越好，于是召开记者会议并发表了一项声明。但愿这份声明的真诚为世人所理解，也希望它能令你满意。

他用电报将这份公开声明①发给了我，我读后觉得很快慰。

---

① 在此只是摘录。——原注

对于艾森豪威尔将军在西非和北非所采取的政治上的暂时之策，我是表示支持的。不仅英美两国，所有其他同盟国的人们也都认为不该和达尔朗签订任何永久性的协议，他们有这种看法的理由是一样的：过去两年所发生的要求我们必须如此对待达尔朗。我理解他们的看法，也支持他们的意见。一个本质上还是维希政府的政府，不可能获得这些民众的认可。不管这个政府就是在法国成立还是在任何法国领土上成立，它不过是改头换面了而已，他们不理解为何要去承认。什么样的法国人才是我们一直以来都反对的？是那些支持希特勒和轴心国家的法国人。我认为，我国陆军人士无论是谁都无权干涉法国或者说法兰西帝国的内政，该国的未来政府只能在同盟国获得胜利以及法国人被解放后，由他们本国的人民来成立。目前在北非和西非所采取的只是一种暂时性策略，战事紧急，我们不得不这么做。

他在声明里接着说：

在避免英美军队产生伤亡的同时挽救法国士兵的生命，这是我们的首要军事目的。其次是争取时间……我们的行动推迟一天，德国和意大利的部队便能多争取到一天的时间来做好准备。当他们挖好了战壕，坚守抵抗，我们要想取胜便只能与他们展开大规模的拼杀了。这一次也是如此。所以，迅速进攻总比再拖延一个月有利得多，我们目前的行动可以使得更多的性命免遭伤亡……从我所接到的报告看来，北非的法国人士已经把所有政治问题都放在次要地位，主要考虑的是成立一条对抗共同敌人的共同阵线。

这篇公开声明恰恰符合我的想法，也令公众无话可说。

前海军人员致罗斯福总统　　　　　　　　　1942 年 11 月 19 日

可以说，解决当前问题的最好方法，就是你发表那份关于达尔朗的公开声明。我和你以及艾森豪威尔的想法是一致的，就是迫切希望在将要展开的战斗中，能和法国人联合起来。我认为这将会给我们带来很大的好处。我还相信，在另一点上，你和我的看法也是一致的，即：如果达尔朗和那些效忠他的人真正实打实地去作战的话，当然也该给他们记上一功。致以亲切的问候。

* 　 * 　 *

在此期间，史默兹将军也在国内，和我们待在一起。我和他进行过一次长谈，他的看法和我差不多，这令我欣慰。他这时已乘机飞回南非战场，途中，他在阿尔及尔又与人深入讨论，然后他很客观地发表了如下看法：

史默兹陆军元帅致首相　　　　　　　　　　1942 年 11 月 20 日

我是早晨到这儿的，然后和艾森豪威尔以及坎宁安进行了一次长时间的讨论。现在，我将这次讨论的结果做一次简单的报告。

关于将要在下周日或周一开战一事，首先须考虑安德森是否强大到能够攻下比塞大。我们认为，拿下突尼斯的胜算似乎更大些。不管怎样，都要采取这么一种方法：竭力将敌军围困起来，步步紧逼，争取把他们压缩到有利于我们空中进攻或者通过其他方式消灭他们的一个最小范围或者桥头阵地。然后，我们向南进军，争取消灭在斯法克斯还有其他地区的小部分敌军。不过，我们目前还不打算用大规模的军力对付的黎波里的敌人。

我们在海上遭受的损失截至今天已经补偿平衡。同等数量的法国船舰弥补了我们损失的运兵船只，当我们失去一艘商船时，敌方也同时损失一艘潜艇。

关于达尔朗，法国领袖们因为那些发表的声明而深感不安。这种做法再激进一点的话，就会产生危险。在摩洛哥居民中有话语权的诺盖以辞职威胁，如果他真这么做，后果可能会非常严重。如果说我们这么做的目的在于与法国合作以及稳定当前局势，那么，让法国人产生这么一种感觉无疑是最糟糕的：我们仅是在利用他们的领袖，一旦我们的目的达到了，我们便会对他们撒手不管。可以肯定，达尔朗及其同伙现在已决定竭尽全力对抗轴心国，他们争取团结法国人，和我们结成这场战争中的同盟。法国军队已经与我们合作了，在非战斗性的一些事情上可以看到他们的态度。甚至，在一些小规模的战役上，他们也已经开始行动。不过，他们由于正规装备的缺乏而无法发挥高强度的战斗力。

其他法国领袖既然选定了达尔朗这个人——而非由艾森豪威尔选定——且有些还是非常支持我们的他的仇人，可见，他们觉得有必要这么做——对我们的战斗而言也是如此。不能给他们一种糟糕的印象：我们很快就会一脚踢开达尔朗。绝不能犯这个严重的错误，即在此期间不能公开给人这种印象。相反，在之后很长一段时间内，我们可能都必须保全这个人，这也是军事形势所迫。

鉴于那份声明已经郑重说明我们没有在政治上和维希分子达成妥协，我因此认为，没必要再重申一次那份声明或者发表更义正辞严的声明。我已向艾森豪威尔如此解释，同时对其说明，至于未来的政治，应该到那时候由各国政府和法国人民共同决定如何安排。总之，我有一种强烈的感觉：发表更多的与达尔朗为敌的声明是不必要的，且可能会有害于我们的事业。我觉得，最好你可以将我这种感觉传达给罗斯福总统。

今天傍晚我们会再次启程，到达开罗后我再致电。昨天和你的秉烛夜谈让我受益匪浅，我同时深感荣幸。特此致谢。

总统也接连将他的心情传达给我。

罗斯福总统致首相　　　　　　　　　　　　　　1942 年 11 月 20 日

在巴尔干地区流传着一句来自希腊教会的古老格言："我的孩子们，你们可在大难来临时和魔鬼并肩前行，直到你们走下桥。"昨天，我在私底下对报界人士讲了这句格言，因为我觉得它好像正适合用来形容我们目前遇到的有关达尔朗和戴高乐的问题。

我建议，你和我的国家各自委派一人去北非以及其他未来可能增加的地区。这两个人无权过问民政的权力，但有权否决法国行政官员，在特殊情况下可让他们执行某些命令。比如，我命令艾森豪威尔释放西非和北非两地所有的政治犯，若达尔朗不听令，艾森豪威尔便可自己做主，立即执行他作为最高统帅的权能。

12 月 5 日，艾森豪威尔将军致电给我：

……我再度向你保证一点：我们没有想过让达尔朗成为领头人（不算当地的机构在内）。这期间，由于我们所获得的一切实际帮助都是通过他这个人得到的，所以确实无法没有他。要知道，从这里绕过山区然后通往突尼斯的交通线长达五百英里。你可想而知，只要当地法国人愿意，他们可以在我们完全没有预料的情况下重创我们，那样一来，我们便只能撤回到经由海上交通才能获得供应的港口去。吉罗原本有意帮助我们，但他很快便放弃这一打算了。若没有达尔朗的帮助，我们现在还留在博尼附近和德军较量，甚至有可能是比博尼更往西的地区；多亏有他，我们现在的战场是突尼斯。显然，布瓦松和达尔朗已经无路可走，只能效忠于盟国。这是我们的看法……

达尔朗因总统所提的"暂时之策"而十分烦恼，他发现自己越来越孤立无援。这时，他发了如下一封信件给克拉克将军：

将军阁下：

来自各方面的信息都在证明：我"不过是一个被美国人压榨完就丢弃的柠檬"。

原本，我大可以保持漠不关心的态度，任凭事态发展。然而，我却选择了一种对我自己不利的方式。这是为何？因为我根本不看重个人地位，我选择了这种方式和行动纯粹出于我作为一个法国人的爱国之心。

当然，促使我采取这一步行动的原因还在于两点：一是美国政府曾郑重承诺将会使得法国主权恢复到 1939 年时的完整；二是当前法国本土已经全部被侵占了，轴心国和法兰西所签的停战协定已经作废，贝当元帅对此也提出了郑重的抗议。

我仅仅是因为自己在国家担任要职且负有责任，才做出了这一选择，这完全跟什么傲慢、野心或者图谋无关。我这一生都忠诚于我的国家。我还决定，在法兰西获得完整主权后便辞职，隐居度过余生。但愿我的这一愿望——退职隐居，度此余生——能尽快实现。

*　　　*　　　*

这位海军上将自知手中有权，并自认为他对于当时北非的盟军统帅部而言必不可少。这才是他还继续任职的唯一原因。按照 11 月 22 日签订的所谓克拉克—达尔朗协定，在这个地区成立了临时的管理机构。两天后在达尔朗的游说下，布瓦松总督在法属西非和重要基地达喀尔起义，使这两地归附了盟国。

在英国，与达尔朗签订的协议引起了民愤，我的一些朋友同样异常愤怒。

曾经签订慕尼黑协定时，也导致了这些人的义愤填膺。就是在战前的这危急关头和公愤昂然的情况下，我采取了行动。他们发出疑问："原来这就是我们进行战争的目的吗？"那些和我有着共同想法的人因此十分苦恼。以戴高乐为首脑的委员会和组织在我们中间挑拨离间，煽风点火。一些报纸也充分反映了这种情绪，想想也可以理解：这显然是个可以大搞噱头的话题。然而，不仅是议会，全国上下都沉浸在一种难以置信"戴高乐被排挤，达尔朗得到重用"的氛围中。尽管如此，还是无法公开真相或者进行辩驳。

我始终坚信，我的职责包括支持艾森豪威尔将军以及挽救这场战役中的士兵——尽管他们有献身之精神。不管这一信念是对还是错，我都没有怀疑过这点。我对与此相反的说法是非常敏感的，当然我决定无视它。尽管如此，我却也理解这种论点是如何产生的。

＊　　　＊　　　＊

我于12月9日致电总统，告诉他我的担忧：

前海军人员致罗斯福总统　　　　　　　　　　　　1942 年 12 月 9 日

1. 我在最近几天有些焦虑。有关法属摩洛哥和阿尔及利亚的局势的报告，从各种途径传到北非，然后经由北非传到我这儿。这些报告都陈述了同一件事：当前，由于我们未能适当地解决法国的内部行政管理，导致了一些严重的后果。我料想你必定已相当清楚这些情况，但我仍觉得有义务告知你我在报告中所看到的局势。

2. 从这些报告看来，维希的退伍军人团以及与该团相似的法西斯组织仍然在作恶。一些曾站在我们这边的法国人遭到了他们的迫害，有的现在还在牢狱中。对于盟军的登陆行动，这些组织的第一反应当然是恐惧。不过，他们现在有一鼓作气，联合起来继续行动的苗头。那些曾名声大噪的被赶走了的德国同伙如今又重归原职。这就导致敌人淫威倍增，而我们的朋友则失去了斗志，乱了手脚。在盟军登陆时，一些法国士兵试图给予支持帮助，然而他们被判以逃亡罪而遭受处罚……

第二天——12月10日，这时已是登陆的一个月后——来自各方面的越来越沉重的压力让我产生了一个想法：在下院召开秘密会议以摆脱困局，也就是将当时的舆论方向扭转过来。为此，我十分谨慎地选择所想要表明的论点。正是出于这种考虑，我当时发表了那篇演讲。在一开头，我的发言便是严肃而郑重的。

当我们提出问题时，我们应该提的是那些我们打算解决的，而不是我们喜欢或者不喜欢的正在发生的事情。战争中的所有事情不可能都如人所愿地发展。盟国之间的合作问题也是如此，即有时各有各的看法。打1776年开始，我们就不插手美国如何做决策了。而这次的远征，由于美国人的地面部队是我们的两三倍，且空军算来是我们的三倍，所以它归根结底是美国人的一次远征。

就当时而言，我所说属实。然而不久这种事实就被驳倒了。

我们在海上的部队显然多于美军，另外，我们还做了大量的组织工作，在各方面进行协助。在我们做了这么多后，美国还坚持原来的看法，即这是由美国总统进行总指挥的一次美国军队的远征。他们认为西北非战区是他们负责的，正如我们认为东地中海地区是我们负责的。虽然我们最初便承认这种意见且现在也甘愿受他们指挥，但这就说明我们没有太多的发言权了吗？而且，我和总统之间的联系也仍然是频繁密切的，而这就说明我们在军事或政治上都掌控了大局吗？英王陛下政府这次请求召开下院秘密会议的原因正在此：避免公开讨论美国的政策或者英美两国的关系，因为那样会产生严重的后果；只有私下里讨论才不会冒犯我们伟大的盟友。也只有这样，才能使我们和法国的关系尽量简单化。不管法国人在过去是怎样的，现在的他们视德国人为敌人。

我绝对不是为和我仅有一个共同点——同样被希特勒和莱法尔污蔑——的达尔朗海军上将辩护，然而，下院有必要清楚达尔朗和美国政府的关系，以及大多数美国人是如何看待达尔朗这个人的。一方面，达尔朗并没有背叛过美国人，没有撕毁过双方签订的什么协约，也没有诽谤过他们或者虐待过哪一位美国人。另一方面，美国人对达尔朗的看法却与我们不同，他们既不重视他，对他也没有英国人所怀有的那种嫉恶如仇和藐视。大多数美国人的看法是：比起法国政治人物的履历，美国士兵们的生命要重要得多。我认为，美国人到最后关头都还与维希政府密切交往的这种做法是有利于我们的。原来我们无法窥见维希政府的内部动静，最起码现在通过美国人和维希的关系，我们有了一扇窗可以往里窥探……

担任驻维希大使的李海海军上将一直和贝当元帅有密切往来，直到他不久前卸任，他都试图凭借自己的努力去影响维希法国。他想要避免这样的情况发生：维希法国有一天会成为德国的盟国，或者，在我们不得已向维希部队——在奥兰或达喀尔或叙利亚或马达加斯加驻守的维希部队——开火时，维希政府应战了。然而，我事前就说过我的意见，并且是有根据地说出来的，即我认为在上面谈到的情况中法国不会向我们宣战。我的根据之一，就是美国可以在很大程度上影响整个法国，而且这种影响在美国参战后变得更大了。李海海军上将从罗斯福总统的好友升级为总统的私人参谋长。必须先了解这么一个情况，再来看看美国总统及美国政府对维希及其所有行动的态度……

现在来详细谈谈法国人的心理。我认为，现在法国人普遍有一种国破家亡的特殊心理。对这种心理，我既无辩护之意，也无赞扬之意。我只是认为，避免对他人得出愚蠢结论就有必要清楚别人所想，也就是了解他们作出一个反应的根本因素。上帝自有其不把法国人捏成英国人模样的理由。法国这个国家的制度变迁先后经历了君主制、国民议会制、督政制、执政制、帝国制、君主制、帝国制，最后到共和制。在这么一个过程后，法治原则成为该国的基本原则；即便在变革时期，很多政治或军事方面的法国官员也都坚定地遵循这一原则。法国人在思想上已经养成了一种非常守法的思维，这是为了防止陷入无政府状态从而导致民族危机。举例来说，只要一个法国军官绝对听命于他的合法上司，他就绝对不会受到惩罚。因此，法国军官们以及很多人法国人都认为，具有一个直接而不会中断的合乎法理的指挥系统是非常重要的，甚至比国家、道义或者国际关系等问题都要重要。这也是为什么他们一边敬佩戴高乐将军一边却觉得他是法国的叛徒，一边羡慕他当前的地位一边却又把希望寄托在凡尔登的英雄贝当元帅身上——一位声誉显赫、德高望重的老朽的失败主义者。

　　的确，所有这些在我们眼里都不免可笑。然而，对我们而言，很重要的一点已经有案可查了：在西非和北非驻守的法国部队，正是遵照贝当元帅所发布的或据称是他所发布的命令和指示，才不再继续抵抗英军和美军，而将枪口转为对准德军和意军。很抱歉，我必须举这一例。毕竟，当一个士兵前面站着一个人的时候，这个人对这个士兵开枪还是对该士兵的敌人开枪，是一件非常重要的事情。想必这位士兵的妻子或者父亲也是这么想的……所发生的一切，都是借了这位元帅发出的神圣名义。当这位元帅通过电话有气无力地发布与此相反的命令或者依法剥夺了达尔朗的国籍时，那位海军上将却觉得这是理所当然的。他认为，这位元帅是迫于德国入侵的压力才这么做的，而达尔朗自然仍应该遵从其上司的命令和意愿。当然，我们无从得知这是他的真实所想还是人们捏造出来的。照我看，如果达尔朗海军上将有一天被迫枪毙贝当元帅，那他一定也是借着贝当元帅的名义来做这件事的……最后，我还是得表明我的立场：我始终认为，艾森豪威尔在当时情况下的行动是正确的；即便我觉得他不是完全正确，在那种事关众多人的性命和牵涉到重大问题的时刻，我也不愿去阻止他的行动。我绝不会拿美国人或者其他人来作为借口保护自己。

由于承受了太大的压力，我在最后不免愤愤说了几句。

整个非洲——无论是西非还是东非——的事情和问题那么多，如果一个人在这么大一个事件里唯一感兴趣的就是艾森豪威尔将军和达尔朗海军上将所签订的协议，那么，说实话，我只能认为这个人很可怜：他不知该效忠于谁，却又充满偏见。在突尼斯，争夺顶端地区的战斗已经发展到高潮，马上就会展开一场大战。在昔兰尼加的边境上，一场战斗也即将打响。这两场战斗的作战主力都是我方部队。即将投入战斗的是英国第一集团军和第八集团军，我会一直关注他们以及战斗的情况。希望下院和我想的是一样的……

有的人心怀恶意，试图散播那些卑鄙下流的无根据的怀疑论。尽管这些人只是少数，我仍希望下院可以适当地谴责他们，以便使我们团结起来，坚定、顺利地渡过当前的难关。

在我做过的几百次演说中，这次只为获得效果而不图博取掌声的演说，获得了最明显的效果：听众的意见显然改变了。这次秘密会议之后，被我说服的下院再也没有提出反对意见，曾对立的报纸也哑声了，全国上下不再躁动不安。这时，我们还打了一次胜仗。人们逐渐从失败和失望并存的前几个月的阴霾中走出来，越发振奋。

我前面所述的情况，在艾森豪威尔将军战后所著的那本书中也有客观的体现。他是以他本人的角度去描述的：

可以理解法国陆军的军官们为何不待见戴高乐。1940年法国投降的时候，当时在职的法国陆军军官遵从法国政府的指示，放下了武器。他们一定会这么想：如果后来证明戴高乐所做出的选择是正确的，那么，这不就说明他们都是贪生怕死的胆小鬼？如果承认戴高乐才是效忠法国的英雄，那么他们不就须承认自己是懦夫？他们当然不愿如此承认，他们想坚持自己是个听命于政府的忠诚的法国人，这也是他们无论是在公开场合还是在私底下都坚持认为戴高乐是个逃兵的原因所在。[1]

* * *

1942年底，北非政局迅速地变得越来越糟。在反对吉罗并同时争权争宠的达尔朗、诺盖、布瓦松以及相似的起义人士之间出现了激烈的排挤。另一方面，在曾于11月8日协助盟军登陆的这些人之间，以及那群少数的拥护戴高乐的积极分子之间，也充斥着不满的情绪。同时，有人还主张请出隐居于丹吉尔的巴黎伯爵，让他担任暂时成立的、和维希政府敌对的北非战时政府首脑。那份在之前东拼西凑出来的协议曾造就了达尔朗和吉罗的地位，即让前者成为民政首脑，让后者成为驻北非的法国武装部队司令。然而，如今这份协议已经濒临被撕毁的边缘了。

11月8日阿尔及尔起义中的首要人物亨利的兄弟——戴高乐分子弗朗索瓦·达斯蒂埃·德拉维热将军，作为戴高乐的第一名使者，在12月19日抵达阿尔及尔，以私人身份来为他的领袖打探情况。这时，亨利已加入了企图让巴黎伯爵执政的保皇党派。德拉维热的访问是试探性的。他在12

---

[1] 引自艾森豪威尔《欧洲十字军》第84页。——原注

月 20 日、21 日这两天会见了吉罗和艾森豪威尔，并正式提出了一个还没有成为决策的意见："自由法国"部队愿意军事合作。这次访问的效果实则只有一个：使得拥护戴高乐的人更加反对达尔朗了。当会谈进行的时候，在阿尔及尔的保皇分子把达尔朗逼下台，将政权交给纯粹是保皇党人组成的一个政府。我们迄今也无法得知在当时到底有多少人支持保皇党。

12 月 24 日下午，达尔朗从他的别墅出发，乘车前往夏宫。到达夏宫后，就在他的办公室门口，他被枪击了。凶手是一个名叫波尼埃·德拉希培尔的二十岁青年。这位海军上将被送入了附近一家医院，然而不到一小时他便死在了手术台上。据传闻，凶手和亨利·达斯蒂埃有某种关系，他受人唆使，立下了要从罪恶的领导人手中拯救出法兰西的志向。在阿尔及尔，这位年轻人所做出的行动仅仅得到了一小撮人的支持，他们无一不是拥护达斯蒂埃的拥护者。吉罗将军下令军事法庭审判这个行凶的年轻人，但是，他自己也没有料到，12 月 26 日天刚亮不久，行刑队就枪毙了此人。

达尔朗被刺的消息传来后，原本在突尼斯前线的艾森豪威尔将军立即赶回了阿尔及尔。在那个时候，唯一能做的就是让吉罗将军来代替达尔朗了。为了能够顺利任命吉罗为北非政权的临时最高首脑，美国当局间接却果断地施加了压力。在当时的情况下，我们必须保证后方的民政秩序安然。

暗杀达尔朗的行动充满了罪恶，刺客自是罪不可恕。然而，不管怎么说，这件事却也带来了这样的变化：若说盟国曾因与达尔朗合作而感到为难，那现在这种为难没有了，且还讨了个便宜——达尔朗在盟军登陆的紧要关头所提供的方便。达尔朗的职权最后顺利交给了美国当局在 11 月和 12 月所主张成立的那个组织，由吉罗接替了他。

阻碍的难题没有了，接下来的行动便是，和所有不受德军控制的分散在世界各地的法国人团结起来，于是开始集结在北非和西北非的法军，同时联合戴高乐的"自由法国"组织。在得知达尔朗被刺后，戴高乐首先就主动提出了这一建议。当时，他正要离开伦敦，前往华盛顿和总统进行首次会谈——被一拖再拖的首次会晤。一听到消息后，他立刻拟了一封电报，让盟国转给吉罗。我认为聪明之人此时应该推迟访问华盛顿，而应立即号召并联合法国的所有战斗力量。于是我给总统发了一封说明情况的电报，同时给他附上戴高乐致吉罗的原电附件。

前海军人员致罗斯福总统　　　　　　　　　　1942 年 12 月 27 日

1. 为了观察"火炬"行动地区的形势发展以便随时应对，我已向驻伦敦的美军总部发出这一请求：允许戴高乐推迟四十八小时再乘飞机启程。关于这一请求，我已转告哈里。我认为，当务之急是争取把他们团结起来，以便成立一个能与我们合作的顽强而稳固的法国核心组织。我今天将和戴高乐会谈，会晤情况过后再电告。

2. 我坚定地认为现在也应该研究北非问题，不能让它被"象征"计划即我们的卡萨布兰卡会议耽误。我们得知，在该地区，很多法国著名人物已经达成一致意见，让"要人"担任高级专员兼总司令。我们完全支持这种解决方法，并已将我方意见转告给艾森豪威尔。

3. 战时内阁十分关注任命麦克米伦这件事，同时关注此人抵达阿尔及尔后的情况。令我们感到痛苦的是，我们还没有派出代表到这个与我们的命运有重要关系的地方。而且，在该地，我们正在竭力帮助你们，为你们的事业做实实在在的事情。既然已经公示了墨菲的任命事宜，我希望，你也能支持我公示的有关麦克米伦的任命。我坚信，对美国心怀热诚的善意，且母亲是肯塔基州人的麦克米伦，一定能起到应有的作用。

戴高乐通过伦敦美国大使馆转致吉罗的电报附在了电文后面：

1942 年 12 月 27 日

在阿尔及尔发生的刺杀事件有两层含义：一是表明法兰西的悲剧已经深深触动了法国人的灵魂，以至于他们极其义愤填膺；二是警告我们，在史上最严重的这次国难中，国家没有一个统一的执政政府必然导致恶果。因此，当局的首要任务应该是建立起这么一个全国性的政府。尊敬的将军，我在此谨慎向你提出建议：为了方便你我共同讨论如何团结所有可解放和挽救法兰西的力量——包括国内外的、法国任何一寸领土上的力量，并使他们统一听命于一个临时中央政府，我们应该尽早会晤，地点可在法国本土，或者在阿尔及利亚、乍得。

＊　　　＊　　　＊

达尔朗海军上将的惨痛悲剧源于他判断错误，且性格方面有缺陷，这样的悲剧案例是少见的。这个有着顽强特性的职业军人将自己的一生奉献给了重建法国海军的事业，正是有赖于他，法国海军的地位达到了法国历史上的最高地位。海军的所有军官以及士兵都对他忠心耿耿。他本应如他一再承诺的，在 1940 年的时候下令法国舰队开到英国、美国或非洲的港口或者任何一处德军鞭长莫及的地方。当然，没有任何协定或者任何人要求他这么做，除非他自己愿意并有着坚定的决心。然而，当他在 1940 年 6 月 20 日担任了贝当元帅的海军部长之后，他的这种决心就动摇了。从那个不吉利的日期开始，他或许受部长这一职位的约束，只能对贝当元帅及其政府忠贞不移了。曾经，他是专业知识过硬的海军军官，突变成为政治家后，他从事的工作也变了。而在这项工作中，他的反英情绪成为指导他的行动原则。我此前提过，他的反英情绪源于他曾祖父死于其中的特拉法尔加战役。

这个时候的他虽然对自己所做的大多数事情的道义上的性质只是一知半解，但他却野心十足，表现得十分果敢，然而这也是他犯下各种错误的根源。任海军上将时，他一门心思想的是他的海军；升任海军部长后，他的眼界没有放宽，思考问题还是从个人利益或者局部利益出发。当我们在北非登陆时，这位一年半以来都作为破碎法国关键人物的海军部长，无疑是那位高龄元帅的继承人。然而这时，由于儿子突然患病，他不得不来到阿尔及尔。接着，一连串让人预料不及的事最终使他偶然之中成为受英美两方控制的当权者。

关于达尔朗所受到的各种苦难，我在前面已叙述过。他承载着整个法属北非和西非的人民所寄托的希望，当希特勒进攻维希法国后，他动用他手中的可以说是理所当然的权力，作出了新的选择，从而带来了英美盟军梦寐以求的东西，即这么一个声音：它由法国人发出，能让在这个硝烟弥漫的辽阔战场上的所有法国官兵服从指挥。他为我们做了他最后能做的，他所做的投奔我方的选择给我们一些人带来了不可置疑的利益，这些人不应在他死后辱骂他。公正严厉的法官可能会有此想法：对他一度诽谤的盟国，他本应该继续蔑视它们的严酷惩罚，而不是和它们谈判。的确，他最终作出的选择让他丢了性命，如果另作选择，他可能不会死。或许我们也希望结果是这样。但是，果真如此的话，他活着也没有什么意义了。1940年6月他作出了错误的选择——没有命令法国舰队开到盟国或中立国的港口；但是，第二次，他作出了让人震惊却是正确的选择。一错一对，这是不可否认的。他一直坚持说，绝对不会让土伦的法国舰队为德军所用。所以，或许，没有争取到使这批舰队投奔我方，才是令他最遗憾的。然而，历史可证明，他在这件事情上也不算失败。愿他安息，同时我们也应该感谢上帝——因为，最起码我们没有遇到过会败坏他名声的那些考验。

第十三章　伴随胜利而来的各种问题

参谋人员打算使"火炬"作战计划获得更多战果——我写于 1942 年 11 月 9 日的备忘录——同年 11 月 8 日我所写的备忘录——我仍希望实行 1943 年横渡英吉利海峡的作战计划——一封来自华盛顿的让人不知如何应对的电报——11 月 24 日，我致电罗斯福总统——误会解除——11 月 26 日，总统致电给给我——11 月 25 日，我写给参谋长委员会的备忘录——提议先攻打西西里岛——12 月 3 日，我写给参谋长委员会的另一份备忘录——苏联卓越的抗战行动——它对西线战场的影响——有必要重新全面研究——我仍希望 1943 年的"围歼"计划可以实行

美国军界中的人认为，"火炬"计划和 1943 年的横渡英吉利海峡然后攻入法国沦陷区这一大规模的行动是冲突的，执行前一个就无法执行后一个。有这种看法的不仅仅是高级人士，而我却不认同他们的这一观点。我想到的是用几个月来攻占法属西北非，其中包括突尼斯顶端地区。接着，在 1943 年的 7 月或 8 月，我们就从英国大举进攻法国沦陷区。鉴于此，我希望当"火炬"计划实施的时候，就在英国开始着手建立一支实力空前的美军部队。当然，这样做有个前提，即我们的船舶允许我们这么做。在我看来，最符合战争节约原则的方法就是同时用左右手打击敌人，让他们

两头都被打。至于我们到时如何行动，则根据形势发展来决定，或许是横渡英吉利海峡之后进攻，或许是在地中海乘胜进攻，也可能是同时进行。我认为，使英美的联合部队在明年从西方或者东方发动对欧洲的猛攻这件事，从整个战局来考虑，特别是从援助苏联的角度来考虑，好像是非常有必要的。

然而，也存在这种危险的可能：这两件事，我们都不做。横渡英吉利海峡的行动有可能被推迟到1944年，因为当我们在阿尔及利亚和突尼斯的战斗获胜，攻下了撒丁岛和西西里岛的其中一岛或者同时攻下这两个岛后，我们可能就已经满足了。这种可能虽不至于危及我们的胜败存亡，但它等于又白白浪费了西方盟国一年的时间，浪费获得一次决定性胜利的可能。德国人当然巴不得彼此相持，互不让步的局面，但是，我们不能再继续承受每月五六十万吨船舶的损失。

阿拉曼战役或"火炬"作战计划的结局未知，在高加索的那场浩浩荡荡的大战也不知谁胜谁负。在这种情况下，英国的参谋长委员会不得不思考上述问题，而由他们指挥的作战计划委员会也十分繁忙地准备着报告。从报告看来，他们想得十分消极。当北非登陆还在进行中时，我于11月9日将我对这些报告的看法发给了三军参谋长们。

当获得1943年的"火炬"行动和阿拉曼战役的胜利后，我们要是仅满足于攻下西西里岛和撒丁岛那就太可惜了。我们和美方商定好了，1943年执行的"围歼"行动必须是规模空前的一次行动。即便现在插入了"火炬"作战计划，在1943年的时候也不能仅以攻打西西里岛和撒丁岛或者进行一些像迪耶普战役的小规模战役为目标——迪耶普之战甚至不值得效仿。一言以蔽之，我们在1943年必须有所作为。我们在这一年的目标很明显应该是这样的：不断在欧洲大陆活动，投入强大军力以便将敌人牵制在法国北部和低地国家；同时果断攻打意大利，争取能够一并攻打法国南部地区；此外，为了能够使土耳其和我们一起作战，再进行一些不会导致太多船只损失的军事活动，同时通过其他方式施加压力，如此我们就可以和苏军一同经由陆路攻入巴尔干。

要是以法属北非为理由，放着强兵在此不进攻，把采取守势当成"义务"，那我们当初为何要进攻这里？希特勒正谋划着在1943年发动对苏联人的第三次进攻，而我们却在这年只守不攻，你们认为苏联人会满意吗？不管未来发生的有多么令人惧怕，我们都必须争取1943年在欧洲大陆上和敌人展开较量。

我在18日又发表下列意见：

……按照我们和马歇尔将军签订的有关"围歼"和"波莱罗"计划的协议，为攻打欧洲大陆，我们在1943年4月1日前必须准备好二十七个美国师、二十一个英国师以及所需的登陆艇等装备。现在，这一工作正开展中，已完成了大半……接着，我们就开始为"火炬"作战计划做准备，现在这一计划也正在执行中。由于"火炬"作战计划需要十三个师，我们只能把打算在1943年的作战计划中使用的四十八个师减至三十五个。当然，也必须考虑到一点：从这到"火炬"作战计划中的战场的距离，长于横渡英吉利海峡的距离。诚然，我已向斯大林承诺会在1943年大规模地进攻欧洲大陆。也诚然，相比于原定在4月到7月使用的兵力，现在的三十五个师不到原来的四分之三，而我们现在就是以这个兵力为基础来进行工作的。我肯定不会认为可以不管这种情况或者不会有人发现这个矛盾。

我个人认为，在当时，我们和马歇尔将军都高估了我们的能力，包括船舶运输能力以及美军特种登陆艇的准备速度等。但是，在1942

年的夏天，参谋长委员会认为我们在1943年的战役中能够办到此事。而现在，他们对我们在这次作战中的能力估计却截然的不同。当然，在这件事上，我负有全部责任，所以我也不是在指责谁。我只是觉得我们有必要专门地、彻底地探讨这个问题。因此，我或许必须在最近赶往美国。显然，我们在今夏的时候太高估了1943年的作战计划，而现在又显然不怎么看好它。

我必须再次强调两点：第一，绝不能用"火炬"作战计划代替"围歼"作战计划；第二，务必牢记我们的原计划是在执行"围歼"计划的同时在中东和敌人战斗。现在，我们既然肃清了隆美尔的部队，那就等于完全解除了中东的后患。我们已经低调到不能再低调了，若是苏联人对此有所觉察，他们会怎么说，怎么做呢？我不知道。除非有人用大量事实和数字来说服我相信不可能进行"围歼"作战计划，否则我个人仍然坚决主张落实"围歼"作战计划，不过我认为可以推迟到8月再行动。但是，要真有可靠的证据证明这的确办不到的话，那就说明，英美双方在今夏的一切判断和所立的崇高目标都化为泡影了……

我自始至终都不曾打算过让英美联军在北非按兵不动。不应把北非当成沙发，而应当成一块跳板……

或许，我们可以争取在6月底时便结束地中海的战事。这样，在8月时，我们便可以开展"围歼"作战计划。在最顶层人物就此问题作出决定前，我们内部必须先有统一的结论。

显然，分别在大西洋两岸的英美两国家陷入了这么一种僵局：英国的参谋人士主张以意大利为目标，在地中海发动进攻，拿下西西里岛和撒丁岛；美国的专家们主张放弃1943年横渡英吉利海峡的行动，同时又希望自己不会被地中海局势牵绊以至于无法实行他们在1944年的宏伟计划。我当时进行了这样的描述："好像英方所担忧的问题，会使得美方的担忧更甚。然而，双方所有的担忧又都是各方的军界要人诚恳提出来的。"

*　　*　　*

我在前几章中不客气地提到过美国的参谋人员存在的一个问题：他们过度钟情于一些合乎逻辑的明确无疑的决定——有时这些决定的确非常可行。也正因此，在决定实行"火炬"作战计划后，他们便在英国的"波莱罗"计划的准备工作上果断减速了。我们在 11 月下旬从美国有关政府部门接到了一份令人震惊的书面通知。当时，在美国和苏联都有对我的诽谤：美国方面传谣说，我极力反对在1943年进行大规模地横渡英吉利海峡的行动；战后的苏联传谣说，我为了阻止"在1943年开辟第二战场"，拿"火炬"作战计划当借口。我给总统发去了如下一封电报，自然附带说明我希望能够永远不会再出现这类的流言蜚语。

前海军人员致罗斯福总统　　　　　　　　　1942 年 11 月 24 日

1. 从我们收到的哈德尔将军的信函来看，美国陆军部下达了这么一条指示："凡是超过四十二万七千人以上的任何编制工作，所需人力和物力一概交由你方负责"，"这种情况下一律不提供租借法案物资"。我们看到这样的指示后深感不安，这倒不是因为不提供租借法案物资。我们的不安来自对全局战略角度的考虑。一直以来，我们都在根据"波莱罗"计划进行工作，包括准备一百一十万名士兵以及其他方面的工作。此前，我们并不知道你们已经做出了彻底放弃"围歼"行动的决定。然而现在，我们却接到了第一份提到将要放弃"波莱罗"的通知。

2. 放弃"围歼"作战计划实在太可惜了。当然，这是我个人的看法。我还认为，只用十三个师的"火炬"作战计划根本无法取代原定用四十八个师的"围歼"作战计划。我和斯大林说那番话时艾夫里尔也在场，我当时的意思是以推迟执行"围歼"作战计划为前提，我从未有过这样的暗示：我们不应在1943年在欧洲开辟第二战场，甚至在

1944 年也不行。

3. 总统先生，我们必须非常慎重地考虑这个问题。马歇尔将军曾论证说，英国本土空军和美国海外空军的主力只能在法国和低地国家战斗，而要想投入这些主力，唯有实行"围歼"作战计划。我对他的这一论证印象深刻。最初，我们考虑到，若是在 1942 年实行"痛击"作战计划，那么它就会消耗尽 1943 年实行的规模远大于它的"围歼"作战计划的所需要的资本。这也是我们反对它的原因之一。不可否认，我们双方都高估了我们的船舶运输能力，但是，时间可以补救这个错误。在其他任务迫切所需的船舶得到满足的情况下，我们只有不断努力以便争取尽快在此期间建立起一支强大的"围歼"部队，才能拥有足够的力量和敌军对决并解放欧洲各国。然而也有可能结果是这样：不管如何努力，我们在 1943 年集结的力量都无法达到要求。果真如此的话，就更须保证到 1944 年的时候可以达到要求。

4. 甚至也可能在 1943 年时我们会得到一个很好的机会。比如，假设斯大林如愿打到了顿河岸边的罗斯托夫，给德军的南线部队带来严重威胁；又或者，假设在"火炬"作战行动结束后，我们继续在地中海展开的行动会迫使意大利退出战争，从而大大打击德军士气。因此我们就必须做好准备，以便随时抓住好机会。

5. 目前，不仅这个消息，就连它传达给我们的方式，都让我们感到非常困惑。总统先生，请你务必告诉我问题出在哪里。我觉得非常有必要让马歇尔将军和金海军上将随同哈里到此一趟，或者我偕同我的幕僚到你那儿一趟。

总统立即进行及时纠正这一由下级人员所引起的误解。

总统致首相　　　　　　　　　　　　　　　1942 年 11 月 26 日

很显然，我们没有想过放弃"围歼"作战计划。关于在 1943 年横渡英吉利海峡的行动，目前还无人知道是否有此机会，而只要有的话，我们就一定会抓住。但是，定于 1943 年实行的"波莱罗"计划所需兵力到底有多少是个重要的战略问题，这需要我们双方共同决策。我当前的看法是，如果现在进行中的军事行动允许，那么我们就应该尽快在联合王国组建一支大规模的攻击部队，并使它日益强大。这样，一旦德军行将瓦解，我们就可以使用这支攻击力量。而若届时德军的力量依然完好无损且他们绝对只守不攻的话，我们也可以再建立一支大规模的攻击部队。

去年夏天在伦敦召开的联合参谋长委员会会议已经得出结论：在联合王国集结兵力的工作必须暂时搁置，这是为了马上实行"火炬"作战计划。对此，我们是进行过研究的，结论表明，准备以及落实"火炬"作战计划意味着，目前运往联合王国的军资数量必须严格限制在哈德尔将军所提出的数目范围内。无论如何，北非是有限享有兵力物资等方面的资源的，除非我们向它提供的已经足以应付西属摩洛哥可能做出的反应，除非突尼斯的胜负已经初露端倪。相比于我几个月前所预料的数目，我们在西南太平洋投入的兵力和物资超出了太多。然而，即便这样，只要我方的船舶运输能力允许以及其他方面的条件允许，我们就会争取尽快进行"波莱罗"计划……

*　　　*　　　*

于是，我试图全面审视一下地中海的战争形势。

国防大臣提出的备忘录

1942 年 11 月 25 日

1. 当前正处于需要在一个范围广阔的战局中作出抉择的时刻。在这种时候，更好的做法也许是坚持执行自己所负责的主要军事行动，而不是胡乱地堆积罗列整个战局的计划。当主要的军事行动的要求得到满足后，再考虑其他的事情，那么它们的轻重缓急就自然可见了。反之，如果不是坚持加强主要军事行动，那么我们就无法控制敌人，也无法拥有主动权。

2. 我们的当务之急是，攻占地中海的非洲沿岸地区，同时在该地区建立起必要的海空军设施，以便打开一条可用的军事通道。其次要做的是利用在此建立起来的基地，争取最短时间内给予轴心国的下腹部以有力的攻击。

3. 整个过程可分为巩固阶段和发展阶段。在巩固阶段，我们不妨寄希望于亚历山大将军：最好他在本月之内就拿下整个昔兰尼加，然后直逼在阿盖拉阵地或者苏尔特防守的敌军。也可以设想，英军和美军就以当前这种势不可挡的劲头继续前进，那么他们最终将完全控制住包括突尼斯在内的整个法属北非。这样一个时刻也许是同时发生的，也许是在过后不久。

4. 必须做这样一件事：在由我方控制的非洲沿海地区，建立起有适当间隔的航空站。在突尼斯顶端地区，尤其须迫切开展这件事。此外，就应该在这里给美方派往北非的轰炸机建立最大的机场。这样一来，它们就能够和目前在中东设有基地的美方轰炸机相互配合，轰炸在意大利的各部敌军。如果地中海气候良好的话，美式白昼轰炸将会发挥最大的威力。

5. 只要天气更有利于轰炸意大利而非德国，那么，就应该用英式夜间轰炸让意大利尝尝滋味。

6. 显然有必要攻打设在卡达尼亚和喀里亚里两地的机场，以确保在我方处于巩固阶段时敌军无法袭击突尼斯。

7. 一旦我们在法属北非尤其是在突尼斯牢牢立足下来后，接着就应该展开两项互相关联的军事行动。第一个是向的黎波里前进。亚历山大将军或许可以从东边进攻，拿下这块要塞。我已就此事和他沟通过，还询问他此事将要用多长时间。但是，从西边迅速进军的可能也是有的。如果突尼斯能够牢牢被效忠盟国的法军和美军守住，那么，安德森将军的两个英国师是否就已足够？非常期待你报告你乐观估计的所需时间。

8. 第二个军事目标显然就是攻占撒丁岛或西西里岛。如能占领其中一个岛以及南方的机场，我们就应该夺取由此形成的一个空中三角地带的制空权，坚决不让此权落到敌方手中。另外，无论是从撒丁岛还是西西里岛发动进攻，只要能够给予在那不勒斯、罗马以及意大利的舰队基地以持续的猛烈攻击，那么我们和意大利之间的战斗就会越来越激烈。请立刻拟一份有关此事的报告，以便作出决策。不管如何决策，首先应想着要趁轴心国的飞机紧缺之时，尽早开展一场空中大战以便夺取中地中海制空权……切记一点：攻打西西里岛和攻打撒丁岛所需的准备时间可能是一样的，但是，西西里的重要性显然大于撒丁岛的。

这份备忘录的其他内容是论述争取让土耳其参战的必要性，本书以后的部分会提到这些论证。

＊　　＊　　＊

同时，我还对1943年横渡英伦海峡这一最重要的行动计划做了深入的研究。

国防大臣提出的备忘录

1942 年 12 月 3 日

1.马歇尔将军是在去年 4 月告诉我们后来被称为"围歼"的作战计划的，这个计划的后勤部分被称为"波莱罗"。美国军界人士都赞成"围歼"作战计划，很有说服力的一个论据是：只有实行此计划，大批的美军和英军才有可能直接与敌人作战交锋。而且，通过这一计划，英国本土空军和美国海外空军可以最大力度发挥出它们的作用。于是从那时起，所有准备工作都是朝着"波莱罗"计划不断进行的，唯一的中断是在"火炬"作战计划提上日程期间。7 月，作为对"围歼"作战计划的补充，提出了"痛击"作战计划。但是，英方和美方的联合参谋部都否决了"痛击"，而主张实行"火炬"。在此期间，"波莱罗"计划仍继续进行。与此同时，虽然"围歼"作战计划被推迟了，但有关它的准备工作也在进行中，以便伺机行动。

2.而这时美方的参谋人员却产生这种看法：实行"火炬"而舍弃"痛击"，等于是放弃了"围歼"——即便推迟行动，也不可能实行这一计划了。他们的论据有两个：

其一，苏联兵力在 1943 年的时候会大大削弱，届时，希特勒就会将东线上的大量兵力调回来；相比之下，我们用于这年的"围歼"作战计划的兵力就会严重不足。

其二，要给"火炬"作战计划分配出部分船舶，意味着，集结"围歼"作战计划所需兵力的时间就会更长，这样就会导致：哪怕敌军只有很微弱的兵力，我们在 1943 年的进攻之日来临时也没有足够力量在欧洲大陆登陆。

美方军事参谋人员因此预料，在联合王国，他们的部队将无所作为。而总统和马歇尔将军一直以来都极力避免这种情况发生。

3. 除上面所述之外，船舶使用越来越紧张也是问题之一。当前仍在建造更多的登陆艇，训练船员的工作也在进行。大体而言，什么都在进行中，然而速度却慢了。这是因为，正在全力进行中的"火炬"作战计划需要大批船只。而且，将来还会进行各种"硫黄"作战计划（如撒丁岛），虽然这些计划不是最重要的，但可以料想它们的规模也相当大。

4. 从相反的角度来考虑就是这样的：我们曾对苏方承诺会在1943年开辟第二战场，我还当着美国代表哈里曼先生的面将"围歼"作战计划介绍给了苏联人。我已及时向总统报告了这些发生在莫斯科的谈话。原本，我们对斯大林说的是，在1943年对德国和意大利的陆上进攻兵力将会差不多五十个师。我认为，如果这个数字骤减到了十三个师，那么斯大林有抱怨也自是理所当然的。考虑到要对苏方负有责任是其一，另外我还认为应该考虑到，用英美双方所拥有的人力物力资源来说的话，我们在1943年的进攻行动的规模其实非常小。

5. 由于最近发生的非常重要的事件，一直以来作为大西洋两岸人们进行清晰谋划的依据已经发生了变化，而且这种改变还在进行中。1942年的军事行动中，苏军也不算全面崩溃，也不能说他们因此一蹶不振了。相反，倒是希特勒几乎崩溃，德军几乎一败涂地。冯·托马将军①说，在苏联前线的一百八十个德国师中有很多到最后都没有剩到一个旅的兵力。至于东线，在匈牙利、罗马尼亚和意大利的部队也已经溃不成军。芬兰军队只有少量几个山地部队仍在作战。

6. 当前，在斯大林格勒和苏联前线中央部分，几场还未分出胜负的大战仍在进行。德国的实力很可能会受到苏方进攻的严重影响。苏军南方攻势的目标是顿河岸边的罗斯托夫；如果他们可以消灭这

---

① 在阿拉曼战役中被俘。——原注

时被围困在斯大林格勒阵地前的德国第六集团军的话，接着可能就会展开攻夺罗斯托夫的进攻。如此一来，留在北高加索的三个德国集团军在受苏军猛攻的情况下就十分危险，甚至有可能全部覆灭，总之后果不堪设想。德军一边受到苏军在中央部分的进攻，一边受到他们在整个战线上许多地点的反攻，最后，德军的阵线很可能缩至冬季的阵地。尽管德军现在的铁路系统还算良好，但是，一旦进入冬季，他们的疲惫将会是雪上加霜。或许，在1942年年底前我们就可以得出一个最保守且最又把握的估计：德国不可能在1943年从东线上调回大量部队到西线。这样一个新的事实所带来的意义是最重要的。

　　……

　　9. 德国人原派了四十个师驻守在与英国隔岸相望的法国和低地国家，在法国所发生的事情迫使他们为了防守法国的南部海岸，从这四十个师中抽走了十一个师。对于德方而言，维持法国内部治安的任务变得更加艰巨了。一方面，为了对付"火炬"作战计划带来的危险，他们或许还得另找四个师甚至六个师的人力，以便保卫并控制意大利；另一方面，他们须防守西西里岛，可能还包括撒丁岛。在巴尔干地区，轴心国因为受到南斯拉夫的抗战运动的干扰而不能有丝毫休息。相反，他们由于要从全局出发，且恐怕土耳其可能参战——我们将努力争取让土耳其参战——他们还须派部队到希腊、罗马尼亚和保加利亚。不过，在研究"围歼"和"痛击"作战计划的7月伦敦会议召开时，这些事情都没有发生。

　　10. 我因此认为有必重新全面研究整个局势，以便探索能让英美联军直攻欧洲大陆的途径。我上面所提的各种假设可作为探索根据，另外，下面提到的情况应作为前提：

　　（1）派空军驻扎在北非海岸，保证地中海的军运到3月底时是畅通的，如此可使得船只紧张的压力大大减少；

（2）在 6 月初，所有和登陆撒丁岛这一军事行动相似的行动应已结束；

（3）在 6 月底时，"围歼"作战计划所需的所有登陆艇等务必开回英国；

（4）所有准备工作和训练工作须在 7 月份的开始；

（5）进攻日期应该选定为 8 月，如果天公不作美，可改为 9 月。

我不断通过蒂尔告诉马歇尔将军有关详情，当得知马歇尔将军的看法和我一致时，我非常欣慰。

陆军元帅蒂尔致首相　　　　　　　　　　　1942 年 12 月 14 日

1. 我和马歇尔进行了一次私人谈话，他非常高兴你所想的正是他所想的。他向我明确表示，他对我们提出的未来战略还保留意见，除非北非的战事已分出胜负以及得到了艾森豪威尔的指示。

2. 不过他日益相信未来应该这么做：一旦我们消灭了在北非的轴心国部队，就立即将美国的部队不断运到英国去——而不是送到非洲去扩大"火炬"作战计划的成果。这样一来，在 1943 年夏天前，我们就可以实行一个修改后的"围歼"作战计划。在他看来，相比于"硫黄"作战计划或者"哈士奇"作战计划，采取这么一个军事行动将会更加有用。一来，从船舶运输角度来说也更为划算；二来，苏联将会更满意；三来，能牵制住更多德国空军部队；四来，可以最有效地阻止德军通过西班牙发起进攻。

3. 马歇尔当然非常愿意同你以及三军参谋长讨论这些问题，不过他认为，既然英美双方抱有几乎相同的看法，那就不太必要进行这样面谈了。

＊　　＊　　＊

写到这里，我已经告诉读者我在 1942 年底是如何看待整个战局的。诚然，我过于乐观地估计西北非的战局了，这一点已被后来的事态发展证明。另外，美方参谋人员提出的意见：7 月所做出的有关"火炬"作战计划的决定，将会导致我们无法在 1943 年实行"围歼"作战计划——也被证明是正确的。事实不可否认。

当时谁能料到希特勒竟会采取这种严重错误的战略：为了对突尼斯顶端地区进行增援，不顾牺牲巨大而倾尽全力通过海运和空军运输了近十万的精锐部队。在他的这一战略下，我们在非洲的胜利的确被延迟了好几个月。但是，他所调动的这些部队在 5 月间不是被俘就是被歼，而如果他不进行调动的话，他原本可以派他们到苏联的阵线去——当时他在苏联已经节节后退；或者，他可以在诺曼底集结充足的兵力，那样一来，有可能阻止我们 1943 年的"围歼"作战计划——哪怕我们再如何坚定地想要执行此计划。

等到 1944 年再实行"围歼"作战计划，现在几乎没有人认为不是明智的。所以说，我无愧于良心，因为我并没有欺骗斯大林。我已经尽了全力。从另一个角度来说，只要我们能在下次的战役中经由地中海攻打欧洲大陆，且英美联军和敌军的较量能够全面展开，那么我就会坦然接受我们在命运和现实的驱使下所作出的抉择。

第十四章　我们需要会谈

在突尼斯遭受打击的我军——圣诞节前夕，艾森豪威尔将军做出决定——急速前进的第八集团军——召开最高级会议的必要——11月26日我向罗斯福总统发去的电报——12月3日他回复了我的致电——12月3日，我不同意召开纯军事性的座谈会，何况这样的座谈会还是在莫斯科召开的——斯大林没办法从苏联离开——我向总统再一次致电——召开英美会议已经不能再等了——12月14日总统写的信——他提议会议在卡萨布兰卡召开——所有都准备好了——"Q海军上将"——在战略上英美有不同的意见——我们去卡萨布兰卡并非毫无准备——亚历山大有关蒙哥马利继续前进的报告——希望能拿下的黎波里

　　这时，在北非的进攻显然不顺利。主动权还在我方手里，且我们不时出奇制胜，但令人无奈的是，我们兵力补充的速度很慢。我们的船舶数量原本就少，由于敌机对阿尔及尔和博尼的空袭，卸船工作又受到了影响。缺少陆地运输工具也是个问题。在那条有五百英里长的单线海岸铁路上有几百座桥梁和涵洞，但它们中的任何一个随时都可能被破坏。德军通过飞机运送了大批部队到突尼斯，眼下就要展开一场顽强、猛烈的抵抗，一场表现卓越的战役。已有十多万的法国部队加入我方，他们中的大多数都是

本地训练有素的部队，不足的地方是组织性不强以及装备不够好。艾森豪威尔将军将指挥权交给了安德森，现在，所有的美军部队都听命于安德森了。至于我们，则将所有力量都投入了进去。11月28日，在进攻并占领了迈杰兹之后，一个英国步兵旅和美国第一装甲师的部分部队紧接着又几乎推进到基德达——和突尼斯只有十二英里之遥的一个城市。这时，冬季的交战发展到了巅峰。

接着进入了雨季，倾盆大雨把我军临时建成的飞机场浇成了烂泥塘。较之我们，德国空军数量较少，但是，由于机场设施好，他们的起飞可以不受天气影响。我们的进攻计划受到了敌方在12月1日的反攻影响，那个英国旅在几日后被迫退回到迈杰兹。前沿部队所得到的给养来自海运，数量极少，仅够充饥，更不用说储存的。我军一直等到12月22日晚才在再度发起的进攻中获得微小的胜利，然而第二日天刚亮时又下起了大雨。这场持续了三天的大雨使得我们的飞机场再也无法使用了，我们的车辆只能开在寸步难行的道路上。

圣诞节前夕召开了一次会议，艾森豪威尔将军在会上做出决定：不再按照原定计划立即攻占突尼斯，而是牢牢守住已占领的阵线上的机场。在海上，德军遭受了重大损失；不过，在突尼斯，他们的兵力却不断得到补充，以至于12月底时已有大概五万人。

*　　　*　　　*

在这些军事行动开展的同时，第八集团军也取得了显著的进展。隆美尔终于从阿拉曼撤走了残余部队了，率部退至阿盖拉。隶属于远程沙漠空军大队的一支巡逻队，早就在阿盖拉隐匿着，他们一直关注着沿途动态并做好计算和报告。我方对隆美尔的后卫部队发起了猛攻，试图将他们阻挡在班加西以南，但最终失败了。经过长途进军的蒙哥马利正面临着他的前任曾遇过的运输和供应难题——这些困难在此前导致了作战失败——隆美尔这时便在阿盖拉做了短暂停留。12月13日，第二新西兰师发起大规模的迂回行动，隆美尔被赶出阿盖拉，同时后路差点被切断。隆美尔遭受了巨大损失，他在海岸公路上的车辆被我沙漠空军重创。一开始，蒙哥马利只能派出轻装部队追击，而第八集团军自从阿拉曼战役以来已向前推进了一千二百英里。我军在圣诞节攻占了苏尔特及其机场后，年底继续展开行动，目标是隆美尔在彼拉特附近的第二个主要阵地。

＊　　　＊　　　＊

11 月 26 日，总统给我发来一封电报，我在前一章引述过此电报的一部分。在这封电报中，他还提议，三国参谋部选派代表举行一次会议。

> 我的看法是，一旦我们将突尼斯的德军赶走，就应该立即举行英、苏、美三国军事战略会议。最好能在一个月内或者六个星期内便举行，但愿非洲的战局发展也允许我们这么做。虽然我相信我们两国的联合参谋部在这几天内也会给出建议，但我觉得，光靠我们的参谋长们思考下一步的措施还不够，还应该和苏联人一起讨论。我建议在开罗或者莫斯科举行这么一次会议，而且是秘密举行，你和我都分别派出几个代表去参加，我可能会派马歇尔为代表团的团长。同时我也认为，三军的各自代表也都应该参与，不过我觉得，每个国家所派的代表最好以三人为上限。当然，最终得由我们三人来批准会议得出的结论。希望你能尽快告知我，你对此建议的看法。

当天我就给总统复电表明我的看法：举行专家会议是解决不了我们的问题的。

前海军人员致罗斯福总统　　　　　　　　　　　1942 年 11 月 26 日

> 关于和苏联人举行会议一事，我原则上是完全赞成的，但是我非常怀疑它是否能起到有效的作用。军官们在一起讨论所有的战略问题，

最终也只能解决一些特定的问题。虽然我认为苏联人不太可能派一个代表团到开罗，但可以设想，即便有这种可能，这个代表团由于职权受限，也不能擅自对所有重要问题下结论而须请示在莫斯科的斯大林。而如果将会议地点改在莫斯科的话，就不会有这种拖沓问题了。不过我希望，英美两国的代表团在到达莫斯科之前应该建立起一个会谈的基础，双方至少有一个统一的看法。我还希望，马歇尔将军若奉你命令前往的话，经过我国时他可以稍作停留。

我觉得可以预想苏联人是怎么想的，在此不妨告诉你我的猜测。他们会问我们两国："1943 年夏季时，和你们对战的德国部队会有多少个师？而在 1942 年，你们当时又是和多少个师的德军交战的？"他们一定会向我们提出一个要求：在 1943 年的时候开辟一个大规模的第二战场，以便大举进攻欧洲大陆，届时可以从西方或东方进攻，也可以两头同时进攻。当我在莫斯科时，我已经听了很多次他们的这些论点。回答这些问题的是应该是有关负责人，或者海军以及船舶运输方面的负责人，因此这些人一定得参加这次会议。但是在当下，让我们所有的参谋长都腾出这么长的时间来是很难的一件事。

当我在莫斯科时，斯大林曾对我说，他想要在今冬时和你我进行一次会谈，他提议在冰岛进行。我当时说英国并不比冰岛远，而且更方便。对这个建议，他不置可否。如果是在冰岛举行一次新的三国大西洋会议的话，天气因素是个问题，此外还有其他不少问题。我们的船只可能得一起停泊在哈尔弗峡湾。此外，我们还得给斯大林找一艘合适的军舰，并在上面暂时挂上苏联的国旗。当时的他兴致勃勃，说乐意乘坐飞机，而且他非常放心苏联的飞机。真正的结论只能是通过最高级人员的会议得出。你认为在 1 月举行这么一次会议如何？届时，我们应该已经将非洲的敌军消灭完毕，而且，苏联南部的大战也可见胜败了。

最后我还要说，若你同意我提出的冰岛之行，那么，请你回国前一定来敝国一趟。你若不来，我可就不高兴了。

总统在 12 月 3 日又致电给我。

罗斯福总统致前海军人员   1942 年 12 月 3 日

在我们提出来的和苏联人举行联席会议的这个问题上，我花了很长的时间来考虑。我赞成你所说的：要想真正应对当前的军事形势，有效地得出有关战略问题的重大结论，必须是你、我和斯大林三人亲自会谈。我指的是，我们每人偕同几个随从，包括三军的首席参谋长。我这边打算偕同霍普金斯和哈里曼，国务院代表就不必要了。当然，我也认为达成初步的程序是有必要的，这样，一旦德国瓦解，我们便可采取措施。关于举行会议的日期，我认为最好是 1 月 15 日，要是再推迟也不能推迟太久。在会议召开前，我们应该已经肃清在突尼斯的敌军以及隆美尔的所有部队。至于地点，考虑当前的气候因素，我相信斯大林和我的看法是一样的，即不太可能选择冰岛或者阿拉斯加。我的建议是在阿尔及尔南部或者喀土穆，距离喀土穆不远的一个更安全的地方也行。蚊子可是不招我喜欢啊。这次会议应该是保密的，不能见报。鉴于我不想让斯大林觉得我们在和他会晤前就已经私下沟通妥当，我认为，在会议召开前，马歇尔或其他人最好还是不要前往英国。

我还有另外三个看法：

你我是不必要事先会谈的，因为大家互相了解，会议上可随时商量问题。今后，我们的军事人员仍应继续保持密切地合作。

由于这次会晤，德国被我们击败的时刻可能会更早地到来。如你所知，斯大林已同意在莫斯科举行这一次军事会议。我今天致电给他，敦促尽早落实三人的会晤，相信他会答应的。

快乐的绿洲和蒂尔希特的木筏相比较，当然是前者更好。

我立即给总统复电：

前海军人员致罗斯福总统　　　　　　　　　　1942 年 12 月 3 日

1. 我非常高兴你提出那样的建议，因为它是为 1943 年制订一个好计划的基础。当前，我们还没有为 1943 年制订出任何一个宏大的计划，甚至连一个能称得上与事态发展一致的计划都没有。非常高兴你能参加这次会议，因此，在任何地点会晤我都是乐意的。我已致电斯大林，以便在你的邀请之上再度邀请他出席。

2. 不过，我认为派我们的军事代表到莫斯科会使得会议陷入僵局，让事情变糟，因此我是不赞成派他们前往的。我们仍然坚持：马歇尔、金和阿诺德在事前应到此一趟，这样，我们起码可以准备出一些明确的计划，以此作为 1 月在"非洲某地"举行的会晤的谈话基础。否则，我们到时如何面对斯大林见面后的即时提问："你们曾向我承诺在 1943 年开辟第二战场，但是怎么还没见到你们的计划？"

3. 喀土穆无论从气候、安全条件还是通信条件来说，都无可挑剔，你可任意使用此地。我明日再告诉你该地的居住环境。若能作为东道主，我们将深感荣幸。虽然未曾听说，但我非常乐意知道在阿尔及尔以南有什么绿洲。我可以保证地说，马拉柯什除了居住环境一般，若没有意外的话，天气通常是极好的。

4. 应该让必要的人参加这样的最高级军事会议。我打算偕同前往的人员有大概二十位，他们是：战时内阁成员之一艾登、三军参谋长或副参谋长、一位得力的秘书、一位密码员以及地图室的工作人员。

5. 时间很宝贵，因此越早越好。不应等突尼斯和的黎波里塔尼亚的战事结束后再举行，因为可以估计，它们将会分别在今年 12 月底和明年 1 月底结束，这方面的把握还是十足的。能否尽早作出决定，关系到在 1943 年进攻欧洲行动的成败。

6. 现在，"巴吉斯^①愿意"决定一切。

＊　　　＊　　　＊

从下面的往来函电可知，他的回复是不愿意。

首相致斯大林主席　　　　　　　　　　　　　1942 年 12 月 3 日

我已得知总统的建议: 1 月的时候，我们三人在北非某个地点会晤。我认为，与我们在莫斯科提出的冰岛相比，总统所提的地点更好，因为无论选在北非何处，我到那儿只用两天，而你和总统所用时间都是三天内。我非常期待你能同意总统的建议，我们必须尽快得出一个最好的方案来，以便在 1943 年可以尽最大力量从欧洲攻打德国。而要得出这个方案，必须举行一次三国首脑的会晤，而且他们的高级要人也要一起出席会谈。另外，要想根据各方的能力和可能承担的事情来分派整个战事的重担，也要求我们必须举行这么一次会晤。

斯大林主席致丘吉尔首相　　　　　　　　　　1942 年 12 月 6 日

我同意举行这么一次政府首脑会晤，以便决定出一致的军事战略。遗憾的是，我那个时候必须留在苏联。这样的会晤是不可能的了。但是，难道不可以继续以通信方式讨论这些问题吗? 我承认我们的意见是大概一致的。进入 1 月份后，有的战事可能不但没有消停反而更激烈。

---

① 英国作家狄更斯小说《大卫·科波菲尔》中的人物。马车夫巴吉斯深爱着保姆，但羞于表白，而是让孩子向保姆传达"巴吉斯愿意"这句话。这里代指斯大林。——译注

有关在 1943 年春季在西欧开辟第二战场的问题，我在上一封致你的电函中提到过，我在等你的答复。

在斯大林格勒以及中部战线上，战斗进展顺利。在斯大林格勒地区，一大批德军被我军围困，但愿我们能全歼他们。

总统在给我同一封电报所做的答复中，表现出了对斯大林极度失望。他对我说：

我们的参谋人员在莫斯科讨论明年夏季进行什么军事行动都是错的。我这么说的客观理由有二：一是，这些行动对你我两国都无法形成制约；二是，不管怎样，这些行动计划都要经过我们国内参谋人员的研究和我们的最终审批。

所以我的看法是，如果定在非洲，不管是选在阿尔及尔还是喀土穆还是其他适合的地点，那都让联合王国、苏联、美国三方的军事参谋人员参加好了。当然，最后还是由三国首脑来研究决定他们得出的结论和提议。你认为这样可否？

我仍坚持我的意见。虽然我非常高兴总统也觉察到了在莫斯科举行专家会谈的各种不利，但是我也不赞成将这个会议的地点改在喀土穆或阿尔及尔。我觉得这样只会耽误我们军事代表的时间，一来地点太远，二来，英美双方对一些共同的问题还没达成统一。另外，由于已经发出了很多长文式密码电报，可能会导致越来越僵硬的局面。要想真正解决这些大家心知肚明的重大问题，唯有举行三国首脑面对面式的会谈。斯大林是拒绝出席三国会议了，但是，这难道会妨碍英美尽早会谈吗？我又不得不在原则上同意总统提出的三国军事会议，因为他似乎很坚决地要举行这么一次会议。斯大林就举行三国首脑会议这一主要问题点给他复电了，12 月 17 日，他将这封电报转给了我。斯大林说：

（我再度）只能表示深深的遗憾：最近一段时间内，甚至直至3月初，我都无法离开苏联。前线战事要求我必须留在这里，尽可能和我国将士待在一起。总统先生，我到现在都不知道，你、我以及丘吉尔先生在联席会议上将讨论什么具体问题。讨论这些问题，我们不可以用通信的方式吗？我认为，既然不可能举行会晤，大家就没什么好争论的了。

请允许我这么说：我坚信还有机会，也坚信，总统先生和丘吉尔先生二人一定会履行你们的承诺——在1942年，最迟在1943年的春天，开辟第二战场。所以，明年春天一定可以看到这个诺言成为事实。

苏维埃社会主义共和国联盟是如何看待利用达尔朗之流这一事呢？外界尽是有关我们对此事的态度的流言蜚语。我认为，或许有必要向你说明我们的态度：我以及我的同僚一致认为，艾森豪威尔是对的，他正确处理了有关达尔朗、布瓦松和吉罗等人的问题。在我看来，使达尔朗等人站在盟国一边，共同对付希特勒作战，这是你的一大成就。我曾在不久前也对丘吉尔先生如此说过。

* * *

总统的信使给我送来了一封信，在这封语气亲切的信中，总统询问我是否同意。

亲启信件　　　　　　　　　　　　　　　　华盛顿，白宫
亲爱的温斯顿：　　　　　　　　　　　　　　1942 年 12 月 14 日
我直到现在都还没收到"约大叔"对我的第二次邀请的答复。不过我认为，即便他同样拒绝了，我们也应该举行会谈，以便解决那些必须由你和我以及双方参谋人员讨论决定的许多问题。我坚信，我们

去年 7 月决定"火炬"作战计划时所遭遇的拖沓情况，对你而言是最好不要再度发生的。

1. 考虑到天气情况会导致飞机机翼结冰，冰岛这个地点一定是不行的。

2. 而从政治角度考虑，让我到英国去也是不可能的。

3. 让我的国民发现我乘坐飞机飞越任何大洋的话，将会引起我国上下的震动。因此，无论是百慕大还是非洲，原则上我们也都去不了。不过，大致考虑下来，我还是选择非洲。只要对非洲之行严格保密，无人知道我们离开，消息是在我们回国后再公布，那么此行还是可以的。因为，虽然在过后知道此事时公众还会震惊，但整体舆论估计是表示满意。

4. 我认为，会晤的地点最好是西北非，不要选择在喀土穆，因为，如果是在西北非的话，过后的公众舆论会少一点指责，而且我还可以亲自看望我们的士兵。

5. 不妨也说说选择此地对我自己的好处：可以让我远离华盛顿两个星期，暂时从那种政治气氛中解脱出来。

6. 所以我认为，如果你那边没有什么不合适的话，那就选定 1 月 15 日左右在阿尔及尔以北或者卡萨布兰卡以北会晤。如此，我将于 1 月 11 日左右启程，但愿到时天气作美。我有两种路线选择：一是从这儿出发后，先后经过特立尼达和达喀尔，然后从达喀尔往北；二是出发后经由巴西的纳塔尔飞过大西洋，到利比里亚或弗里敦后再往北。

7. 鉴于我们的会议主旨是军事问题的讨论，且斯大林无法参与，我认为我们就不必偕同外交方面的官员了。或许，你我各有的三位参谋长可以提前四五天到达，让他们六位在我们到达时就拟定出一个比较完善的草案来。我已指示比德尔·史密斯提前四五天出发，让他秘密调查在尽可能远离城市和人群的地区是否有可供游玩的绿洲。一本字典上说过："绿洲并非都是无比干燥之地。"我认为所言极是。

8.如果"约大叔"说可以在 3 月 1 日或者前后与我们会谈,那么计划可以改成这样:在非洲某地甚至像巴格达之类远一点儿的地方,我们的参谋人员和苏联的参谋人员可以先行会晤,提出一些有关如何使新的军事计划的准备工作先开展的建议。剩下的问题以及战后之类的问题,就等我们三人举行会晤时再讨论。

致以最真挚的问候

富兰克林·罗斯福

为了节约时间,罗斯福先生事前还致电告诉我他在信中所述的主要内容。

我认为,我们二人以及我们双方参谋人员的会晤,不应受斯大林无法与我们会晤这一情况影响,应该尽快举行我们双方的会晤。时间定在 1 月 15 日前后,地点定在非洲,你看如何?据我了解,卡萨布兰卡以北不远处有一个地点非常安全,整体不错。我们双方的军事人员最好可以在我们出发前的几天就启程,这样他们可以先把一些基础问题先解决了。我估计,只需四五天,我们二人就能商谈解决一切问题。期待你告知我你的看法。

我深信这一解决方案比专门的专家讨论更有效,所以当然非常满意,于是立刻作了如下答复:

前海军人员致罗斯福总统　　　　　　　　　　1942 年 12 月 21 日

非常赞成。越早越好。我非常高兴。唯有如此才能真正解决问题。在这期间所做的准备,将按照这是一次参谋会议而进行。建议用"象征"作为这次会议的暗号。

＊　　　＊　　　＊

此后的几个星期，参谋人员都在起草对战局的估计报告，以便在将要举行的会议上用来讨论。需要解决三大方面的问题，一是军事战略问题，二是"火炬"作战计划的结果，三是达尔朗被刺杀之事在北非引起的重大政治问题。经总统赞成后，我责成哈罗德·麦克米伦前往北非以去协助美国驻北非的政治代表罗伯特·墨菲先生，他即将启程，以便实地研究局势。

此间，"象征"计划的准备工作在顺利进行中。

前海军人员致罗斯福总统　　　　　　　　　1942 年 12 月 30 日

1. 圣诞节那天，我已责成准将雅各布前往北非，让他和艾森豪威尔将军以及比德尔·史密斯就"象征"计划的筹备工作进行商讨。雅各布来电告知他们已经找到了非常好的住处，还说比德尔·史密斯将军完全赞成他的看法，而且已经将他们的调查结果电告你了。

2. 不用说，我觉得我们应该同意他们的建议。鉴于时间紧迫，我将假设你同意他们的这些建议来开展工作。

3. 我是这么计划的：大概在 1 月 4 日，译电人员、属员以及我的代表团中那些级别低的参谋军官，将乘坐配有特殊装备的英国指挥舰"波勒勒"号启程。到港口后，这艘指挥舰可以就地停靠，作为通讯舰使用。

4. 我完全赞成你所说的：我们的军事人员应比我们早几日启程，以便解决一些基础问题。我将设法使英国的三军参谋长在美国三军参谋长到达之日也抵达约定地点——只要美国三军参谋长觉得这个日期适合，我们这边也就没有问题。期待早日告知这个日期。

5. 你尽早告诉我你的计划日程将有利于我更好地拟定我的日程。

6. 就任命麦克米伦一事，我要向你致以深深的感谢。你说艾森豪威尔有最后决定权，我完全赞成你的看法。

此间，就安全问题，总统和我互通了几次电报，我们的交流十分愉快。他提议称他为"Q 海军上将"。

前海军人员致罗斯福总统　　　　　　　　　　1943 年 1 月 3 日

这么一个让人捉摸不透的暗号，你是怎么想出来的？我建议，你是"Q 海军上将"，那我就是"P 先生"，这样一来，敌人以及其他人就更难以捉摸了。

小心——小心我们的 P's 和 Q's。

关于戴高乐的访问事宜，我认为最好将此事延迟到事实证明"火炬"作战行动只是遭到"象征性"抵抗之后。

＊　　＊　　＊

在参谋长委员会向战时内阁提交的两份报告中，他们对未来战略的结果进行研究后得出这么一个结论——他们着重强调了这一结论：他们和他们的美国同僚有着大为不同的看法。不过，这种意见分歧主要是对于事情的轻重缓急有不同看法，在原则上他们是没有分歧的。自不必说，达成统一意见是举行会议的目的所在。英国三军参谋长认为最好的策略是：努力进行"火炬"作战计划并坚持到底，同时为执行"围歼"作战计划做好准备，也就是要竭力全面执行"波莱罗"计划。美国的三军参谋长却主张暂不在北非开展工作，而将我们在欧洲的主力投入"围歼"作战计划。英国三军参谋长在他们的第一份报告中提出了他们对美方所提建议的意见：

我们认为应该如此行事：

1. 从三大好处考虑：一是击垮意大利，二是促使土耳其参战，三是不让轴心国家停歇，那么，我们应该争取扩大"火炬"作战计划的战果。

2. 加大对德轰炸力度。

3. 继续运送军资给苏联。

4. 进行上面所述军事行动后，若条件允许，且可以稳操胜券，那么就尽可能落实"波莱罗"计划，争取在 1943 年 8 月或 9 月派出二十一个师的兵力回欧洲大陆。

鉴于我们在 1943 年夏末不能向欧洲投入二十五个师以上的兵力，我们认为这一方针较之我们只全力进行"波莱罗"计划而不进行其他一切军事行动的方案为佳，因为它能直接和间接地，更早和更多地减轻苏联所受到之压力。

斯大林在收到我发给他的会晤计划后答复说：

斯大林主席致丘吉尔首相　　　　　　　　　　　　1943 年 1 月 5 日

非常感谢你告知我你与罗斯福总统将要会晤一事，同时希望能尽早知道你们的会谈结果。

所有事情都已经准备好。

＊　　　＊　　　＊

这是一次非常重要的会议，我们当然不是什么都没准备就去参加了。亚历山大和蒙哥马利此时做好了他们将要挺进的黎波里的计划。

亚历山大将军致首相　　　　　　　　　　　　　　1943 年 1 月 5 日

由于后勤问题，第八集团军的主力在 1 月 14 日至 15 日夜间之前都无法前进。不过，蒙哥马利仍打算在这天大规模向前推进。抵达的黎波里前的战斗将会接连不断，而且都将十分激烈。

在 1 月 4 日，由于狂风大作，班加西的船舶和卸船设备受创受损严重，进军将有可能因此延期，或者兵力将会减弱。我已问过蒙哥马利是否改变计划。

亚历山大将军致首相   1943 年 1 月 6 日

这是对前一封电报的补充：蒙哥马利一切照计划进行。

亚历山大将军致首相及帝国总参谋长   1943 年 1 月 9 日

以下是作战计划：

这次进军定在 1 月 14 日至 15 日的夜间进行，由第三十军发起。将向塞达达挺进的英军第七装甲师和第二新西兰师在经过戈达西亚地区时或许会遭到抵抗，等他们成功战胜这里的敌人后，将继续向波尼乌里得—塔古纳前进，英军第七装甲师将作为先锋；至于英国第五十一师，他们将沿海岸公路干线一直向前；英军第二十二装甲旅和集团军司令部一起行动；英国第十军暂时不会参战。从 1 月 8 日开始，我们将对的黎波里以及海岸公路的瓶颈地带展开猛烈轰炸。

至于后期状况，汽油大概可供全军行驶五百英里，粮食和水可维持十天，这部分物资将由第三十军携带；弹药队携带的弹药也够使用十天。

第十军将协助从图卜鲁格运送供应物资到班加西。每天通过公路供应给第三十军的物资大概为八百吨。除非港口畅通无阻或者我军无需战斗，否则，自我们到达的黎波里后将会有严重的粮食紧缺问题。

占领的黎波里无疑是最令人期待的胜利，因为，在这之后，第八集团军可以向突尼斯逼近二百英里，这对北非战局的改观来说是有重大意义的，也是非常有利的。

第十五章　卡萨布兰卡会议

飞往卡萨布兰卡——安法郊区——罗斯福总统到达卡萨布兰卡——艾森豪威尔将军与亚历山大将军出席会议——希望攻下的黎波里——1月18日，我第一次向战时内阁报告会议情况——联合参谋长委员会与联合计划委员会存在意见分歧——我和埃克将军关于飞行堡垒问题的讨论——他说服我扭转态度，支持他们——邀请戴高乐——他抵达卡萨布兰卡——严肃的谈话——对戴高乐将军的称赞——1月20日，我向战时内阁续报会议情况——"无条件投降"——全部经过——"引文要正确无误啊！"——联合参谋长委员会关于会议的最后报告——"1943年的作战方略"——1月24日的记者招待会——总统和我乘车去马拉柯什——泰勒别墅——25日清晨，总统动身回国

1月12日，我出发前往北非。这次空中之旅发生了一件让人略感焦虑的事情。这架飞机上装有一个可以产生热气的汽油引擎，因此每个暖气片的温度都非常高，飞机内部如我们所愿非常温暖。这天凌晨两点时，我们正在距离任何一个地方都有五百英里以上的大西洋上空飞行，接着我由于脚趾头被一个暖气片烫到而醒了过来。我发现这个暖气片的温度非常高，炽热到好像能把毯子都烤着了。彼得·波特尔就在下面机舱中的椅子上打盹，我下床叫醒了他，让他检查那个有问题的高温暖气片。我们巡视了机舱，

发现另有两个暖气片也非常炽热。来到后面的炸弹舱——这架飞机已改装为轰炸机——我们看到了无论从哪个角度看都是非常危险的一幕：有两个人正在奋力使这架汽油加热器燃烧得旺旺的。波特尔和我都认为，这可能会导致汽油暖气起火，继而导致周围的汽油立马爆炸。我命令关闭所有的暖气设备。在挨冻和被烧死之间，我坚决地选前一个。接着，我回到八千英尺的高空中——必须飞这么高是因为飞机需要在云层之上飞——裹着冬季逼人的寒气继续入眠。必须坦陈，这让我十分不高兴。

抵达卡萨布兰卡时，我们发现准备工作做得很好。旅馆位于安法郊区，很大，有足够容下所有英美参谋人员的房间，还有很宽敞的会议室。旅馆周边的几座别墅是留给罗斯福总统、我、吉罗将军以及可能也会到来的戴高乐将军的。整个地区的周边都围有铁丝网，还有美军进行严实的守卫。总统是在我和我的参谋人员到达后两天才到达的。我、庞德以及另外两名参谋长一起散了几次步，在岩崖和海滩行走，十分愉快。岸边的猛浪像一只不断口吐白色泡沫的猛兽，看到这幅景象，很难相信会有人可以在此地登岸。海上每天都有风浪，高达十五英尺的巨浪呼啸而来，猛烈撞击着巨大的岩崖。所以说，那么多的登陆艇和小艇以及艇上人员都被冲翻就不奇怪了。我的儿子伦道夫从突尼斯前线也来到这里。要考虑的事情很多，参谋人员每天进行很久的讨论，两天很快就过去了。

*　　　*　　　*

14 日下午，总统抵达，接着我们开始了充满热情的友好会谈。我非常荣幸能够在这块已经获得解放的土地上和他进行会晤。当初，这位伟大战友的军事专家对我和他百般劝告，但我们不管不顾，最终获得了这块土地。第二日，同样经历了一段危险的飞行之旅的艾森豪威尔将军也到达了这里。他迫切想知道联合参谋长委员会的打算，因此想尽可能地联系他们。他的职权远远高于他们。亚历山大将军在一两天后也到达了卡萨布兰卡，他向我和总统汇报了第八集团军的情况——不久后，该部队将攻占的黎波里。

他给总统留下了很好的印象，以致总统想要更多地了解他本人以及他所带来的消息。根据他所说的，拥有两个强大军团的蒙哥马利采取了这样的措施：让一个军使用两个军的车辆全速前进，然后，这个军以强大的力量把隆美尔从的黎波里一直驱赶到危机四伏、满是障碍的马雷斯边境防线。大家听了这个消息后，十分振奋。亚历山大以其平易近人的个性和充满自信的魄力，感染了在场所有人。

我向国内作了如下报告：

首相致副首相及战时内阁　　　　　　　　　　　1943 年 1 月 18 日

　　三军参谋长每日至少举行两三次会议，讨论整个战局问题；有时候是他们三人讨论，有时是他们和美方同僚共同探讨；他们逐个地研究战场。金海军上将自然认为当前首先需全力进攻太平洋地区。美国陆海军方面则迫切希望能在缅甸开展大规模行动，以便协助中国，同时在今年年底前将逐步发展为大规模的"安纳吉姆"（缅甸）战役。马歇尔将军是十分支持他们的这一看法的，不过他好像主张舍弃地中海战场，为"围歼"作战计划（或）"痛击"作战计划做好准备。

　　反过来说，我感到满意的是，当他表示极力肯定地中海战场的优先权时总统极为赞同。昨晚，他还向我提出，将他貌似越来越感兴趣的"哈士奇"计划（西西里）改称为"腹部"（Belly），我建议叫作"女战神"（Bellona）。虽然参谋人员会议乃至我们双方都还没有得出明确的结论，不过我坚信，我们对基本问题的看法是一致的。

　　通过联合参谋长委员会会议还可以发现，在西西里岛和撒丁岛之间，美国人日益倾向于前者。金海军上将甚至表示，若决定攻打西西里岛，由他来解决所必须的护航舰只的问题。

　　显然，由于沙漠集团军不断获胜，地中海的战局已经有所改观。总统在 15 日召开会议，亚历山大在会上非常清楚明确地描述了他那边的情况以及他的计划，所有与会人士都十分满意他的汇报。他计划在 26 日攻夺的黎波里，在 3 月进攻马雷斯防线，由于最初没有多少师可以调动，他打算使用六个师。如果加上安德森的四个师的话，那么，在突尼斯顶端的最后争夺战中，我们有希望拥有第一集团军和第八集团军的十个英军部队。那时，英军将是这个战场上的主力，因为，美国届时在突尼斯的兵力最多也就两个师，而法国部队也是参差不齐。

如果正进行中的争夺的黎波里之战以及清理该地港口的行动都进展顺利，那么沙漠集团军浩浩荡荡向突尼斯战场挺进是有决定意义的。由于我们的增援人数非常之多，在最高统帅部，我们也将会有更大的发言权。鉴于克拉克将军已被任命为美军第五集团军的司令官，而帝国总参谋长之前曾向我提议，在合适的时候提出让亚历山大来补艾森豪威尔的副司令之职，所以我在昨晚便提出了这个建议。总统非常赞成我的建议。因为，这样任命不会导致和法国人发生不好的事情，而如果让一名英国将领来统率全突尼斯的部队则不然。

这次会晤不仅是我们之间的面谈，而且亚历山大也能到场，这让我感到非常高兴。艾森豪威尔将军想要在斯法克斯据守，因为在不久的将来，他将要对该地发动一次大胆勇猛的进攻。他之所以发起这么一次进攻，也是因为考虑到他的部分供应是来自马耳他。毫无疑问，他的这一行动必须和亚历山大的进攻行动相协调。要不然，在的黎波里这边，沙漠集团军因需要仰仗港口获得汽油等物资而按兵不动，那么，德军就有可能趁势攻打在斯法克斯的美军。正是考虑到这个情况，我才将亚历山大与艾森豪威尔拉拢到一处。他们之间的沟通十分顺利，两人和帝国总参谋长及马歇尔一起会谈时也相处友好，在深入了解对方后，他们约定如有必要就见面。艾森豪威尔意识到，拥有雄厚兵力的亚历山大将率大部队加入战斗，他将能够与这支强兵联合对抗敌人，而不再是孤军奋战了。他松了一口气。此四人的看法是一致的：我们只要不在突尼斯犯错误，获胜是完全有希望的。局势如此进展，令我深感满意。

＊　　　＊　　　＊

我和总统都没有出席参谋人员会议，但每天都有收到他们发来的关于整个会议的报告，因为，我们每天也都和自己的军官进行讨论。会议出现的分歧主要来自联合参谋长委员会和联合计划委员会之间，而不是英美两国之间。虽然我和联合参谋长委员会都认为下一个目标应该是西西里岛，但是，联合计划委员会以及蒙巴顿勋爵则认为，先攻打撒丁岛可以提前三个月行动，所以应该首选该岛而非西西里岛。在蒙巴顿极力说服霍普金斯等人支持他那边的观点时，我以联合参谋长委员会作为强大的后盾，也极力主张我的观点。联合计划委员委婉却又十分强硬地表示，不可能在8月30日以前办成此事。于是我当着他们的面计算了一下日期。最终，我和总统指定了进攻之日期：首选7月中或者6月中的某个好日子。结果，7月9日晚，空降部队开始行动，次日早开始登陆。

＊　　　＊　　　＊

1月，当我们的会议在进行中时，我接受了驻英国的美国空军部队司令埃克将军提出的谒见我的请求，和他讨论了一项计划——美国人用装甲飞行堡垒在白天轰炸德军。对于这个计划的可行性，我是抱有怀疑的。我觉得，这样的轰炸有点浪费，且从时间方面来说有点可惜，同时认为，在晚上轰炸的效果更好，因为方法科学，所以准确率会更高，能够投掷的炸弹也更多。当我告诉埃克我的意见后，他感到非常不安，并十分真诚地向我解释为何选择在白天轰炸：为了这个行动，在英国已经做了大量的准备工作，包括从美国抽调过来一大批飞行堡垒中队，在人力、物力以及零件方面下了很大功夫，另外，连飞机场都准备好了。

我对他说，现在已是1943年的年初了。在参战一年多以来，美国的确一直在英国保持着拥有一支空军的状态，但是迄今为止，他们貌似只对德国进行过一次白昼轰炸，而且那次只投下了一颗炸弹，还是在有英国战斗机掩护的情况下，轰炸的时间也非常短。我们有上当的经历：去年，在华盛顿，我们本以为美国在四五个月内一定会对德国进行大规模轰炸，结果，他们没投下一颗炸弹，我们浪费了大量人力物力。埃克仍坚持辩护，他很聪明地承认了他们的确还没有扔下一颗炸弹，不过他说，再给他们一两个月的时间，他们届时一定参战，而且规模只会越来越大。

我最终还是决定支持埃克。之所以扭转我的态度，是因为考虑到美国的确在这件事上耗费了很大的人力物力，而且，他们又是如此执着这个计划。看到我不再反对他们用空中堡垒进行白昼轰炸，埃克十分高兴，如释重负——他原本担心他的政府也不怎么看好白昼轰炸这一方法了。这实在令人难以接受：他们做了大量的部署和安排，然而，在1942年下半年的整整六个月里没有任何成果出来，甚至都没有给德国扔过一个炸弹。当时，最少有两万人和五百架飞机部署在东英吉利，但是他们看着却毫无行动。我原本揪着这个关键问题不放，一再问他们理由何在。当我态度发生一百八十度的转变，也不再追问到底时，他们都觉得松了口气。自此之后，英方也不再批评他们的计划，他们得以继续执行此计划。虽然他们很快就拿出了成绩，但我仍然坚持这个看法：倘若最初他们采取夜间轰炸的措施，把钱力等用在这个行动上，那么，本有望更早地迎来轰炸高潮。行动过后，埃克将军多次表示对我的感谢，说我的及时支持使得美国政府最终没有放弃飞行堡垒，让这支空军得以大显身手。即便他说的是真心话，我也只是觉得，他所谓的支持和拯救本质上是我的消极应对——不再反对他们的计划了。

*　　　*　　　*

这时，戴高乐方面出现了问题。我在当时非常希望，且总统业已基本同意，让他到卡萨布兰卡来一趟。我甚至请总统发电邀请他。这位非常高傲的将军三番五次拒绝了总统。我让艾登给他施压，甚至以最严重的后果威胁他——如果他不听令，我们将设法让别人接替他设在伦敦的法国解放委员会主席的职位。关于这段事情，总统的公子埃里奥特·罗斯福在他的一本书中进行了传奇性极浓的描写。书中有一段是他在饭桌上——总统当时带上他去吃饭——听到的大实话，不过这段描写是十分草率的。我的本意是对戴高乐施最大压力以促其前来，而总统的这位公子却像在暗示，总统怀疑我反对并极力阻止戴高乐前来。这一荒诞的说法一度流传在外，以下，就让电报来驳斥它的荒诞无稽吧。

首相致外交大臣 1943 年 1 月 18 日

如果你觉得合适，请将我的如下一封电报转交给戴高乐。（开头）

我本人以及美国总统都邀请你来这里一趟，我经他授权后在此专门通知。

吉罗将军只带了两名参谋人员前来，现已到达，并正在等你的到来。我还没有告诉他你拒绝邀请一事。我认为，你固执己见的话，你以及你所领导的运动都将会受到影响。我们非常愿意和你商讨北非问题，我们马上就要作出有关计划了。如你缺席，我们也只能在没有你参与的情况下做决定。无论什么决定，英美两国都将会给予支持。

你若坚持拒绝计划中的这次会晤，舆论无一例外将会以此为最有力的话柄谴责你。此外，你本来希望不久之后可以受邀访问美国的，而现在若是你拒绝了总统，那个希望自然将会落空。再者，我所有为你所做的努力——包括补救你所领导的运动以及化解你和美国之间的分歧——也将会化成泡影。即便你仍作为上述运动的领袖，我也不可能争取什么了，届时英王政府也将会重新考虑如何看待这个运动。

若你就这么丢掉好时机，我们没有了你，也会争取和它好好相处。现在，机会尚未溜走。（结尾）

你可以自由修改此信，只要你觉得修改得合适，且不会减损它的严肃性。要是可以直接向法国民族委员会提出呼吁就没必要那么麻烦了，但是现在考虑要保密此信，我们就无法跳过他。最近这几天，我一直争取让戴高乐前来，同时竭力设法使各派法国人和好。因此，我希望你能结合你的意见，适当地向他说清楚一点：如果他不要眼下这个机会，我就会理解成唯独他不愿再领导自由法国运动；而我英王陛下政府不管怎样都会继续支持该运动。

为了他好，你应该表现出严苛。

＊　　　＊　　　＊

1月22日，戴高乐终于抵达，他被带到了他的专属别墅里。虽然这座别墅紧挨着吉罗所住的，但他一开始拒绝拜访吉罗，经过几小时的百般游说后他才被迫同意与之会晤。我十分严肃地和他谈了谈，我明确指出，如果他仍坚持拒绝前来，我们将果断与之彻底断交。他礼貌、昂首挺胸地大踏步走出别墅，到花园去了。虽然是逼不得已才和吉罗举行会谈的，但在这次长达两三个小时的会谈中，双方都表现得十分有兴致。同一天下午，他和总统会晤了，我对他们能够友好相处既深感意外又十分高兴。他那"闪耀着智慧和光芒的眼神"迷住了总统，可惜，两人的意见却无法取得一致。

＊　　　＊　　　＊

在这部分中，我根据当时的情况，记录了和戴高乐将军相处时出现的各种严重问题。我承认，我们之间发生过争执，而且有很多次是非常激烈的。但是，在我们二人的关系上，于我而言存在一个问题：我无法认为他能代表对敌投降并受尽屈辱的这么一个法国，也无法认为，他能自由决定成为未来的法国代表。虽然深知他对英国没有什么好感，但这并不影响我在他身上能看到一种令我虽不满他的清高傲慢却又不由得表以钦佩的信念和精神——在有关"法兰西"一词的历史记述中，随处可见这种精神和信念。作为一个在本国被判死刑而流亡国外的逃亡者，他完全是因为有英国政府一直以来的支持，以及美国现在的支持，才有今天的。他实际已是无家可归了，因为他的国家已被德国人占领了。然而，即便如此，他却仍能够傲然无视一切。甚至可以说，好像在他表现得最为清高自傲时，仍可以在他身上看到一个法兰西民族的性格：高度的自豪、威严十足、雄心勃勃。传言他的先辈中有人忠实地追随过圣女贞德，因此有人嘲讽他自封当代的圣女贞德。我不认为这个嘲讽怎样，据说他还自比为克雷孟梭。相比起来，政治家克雷孟梭更明智更老谋深算，不过二人都让人有一种感觉：法国人是不会被征服的。

＊　　　＊　　　＊

我又向战时内阁作了如下报告：

首相致副首相及战时内阁　　　　　　　　　　　　　1943 年 1 月 20 日

1. 今天下午，"Q 海军上将"（总统）和我召开了一次全员会议，联合参谋长委员会汇报了他们的工作进度。大家都非常满意此次会议。此前已经进行了五天的讨论，意见上的分歧并不少，但是显然，关于 1943 年的作战问题，联合参谋长委员会如今取得了一致的基本方针。在会上，帝国总参谋长代表联合参谋长委员会作了报告。虽然他们的最后报告还没有写好，不过现在可以先汇报一下报告的要点：

双方都赞成：确保海上运输的安全是首要问题，因此需集中我们的力量用于这方面。我们还再次强调了要集中力量击垮德军。

为争取早日开展进攻西西里岛的行动，现在就开始着手准备工作。我们还希望缅甸的行动计划在今年年底时可以落实。

美方已承诺大体上由他们负责（后者所需的）部队运输工作和登陆艇——将由美方人员驾驶这些舰艇；他们还承诺担负起部分海军掩护的工作。

我国这边，在本土将会尽快执行"波莱罗"计划。这是为了在德国一旦于年内露出崩溃端倪时，就发动和"痛击"作战计划相似的军事行动或者集中全力返回来攻打欧洲大陆。

在太平洋方面，将继续展开以攻占拉包尔和扫荡新几内亚为目标的军事行动，如此是为了牢牢控制日本。关于这一行动是否开展到特鲁克的问题，将在本年年底作出回答。

对于上面所述要点，"Q海军上将"和我均表示同意。

2. 在联合参谋长委员会商讨期间，美方代表曾表示他们有这一担忧：我方在德国被击败后会立刻退出战争。得知他们的此担忧后，我认为有必要义正辞严地说明一下。这不仅关乎我国利益，而且关乎我们国家的荣耀，因此，不用怀疑这点：在打败德国后，英国议会以及英国所有民众都将坚决地继续作战，直至打败日本。我觉得这个说明是适合的。我还表示，在这一问题上，战时内阁会完全愿意与美国签订正式协约。"Q海军上将"说，他完全相信英美两国是同心同德的。他没有理会我所提的建议，不过倒提出了另一个建议：如有可能，可以在必要的情况下和苏联秘密签订一份明确的协定：一旦打败德国，他们将参加对抗日本的战争。

3. 在大原则上已达成一致意见，接下来的十天，联合参谋长委员会将研究出具体的方法。考虑到他们还要做很多细节上的工作，我觉得他们未来这几天应该待在一起。马歇尔将军特别强调，无论如何，最迟不过半年，还必须举行一次性质与此次相同的会议。

4. 我认为，在全体会议上适合提出这个建议了：在适当时机，让亚历山大担任艾森豪威尔的副总司令。因此我已提出。对此建议，马歇尔将军和金海军上将表示非常赞成。至于空军司令的难题，正在努力研究解决。我确信最终会处理好的。

5. 在盟国于北非进行的军事行动中，坎宁安海军上将作出了重大的贡献。马歇尔将军在会上特别表示他对坎宁安的钦佩，并要求正式记录下他的这一意见，以便让战时内阁知晓。坎宁安具有指挥领导海军的卓越才能以及智慧，他提出的意见给予了艾森豪威尔将军很大的帮助。"Q海军上将"则给予了陆军元帅约翰·蒂尔爵士十分的肯定，现在，美国方面的人员都认为这位陆军元帅是不可缺少的人物，因为他能够让美方参谋长和英方参谋长在军事方针的问题上进行很好地沟通。

6.我们正准备起草有关此次会议详情的一份声明，在适当的时候，将会对记者公开该声明。在这份声明中，我们打算明确表示英美两国的这一坚定决心：直到德国和日本都"无条件投降"，否则，两国人将坚决毫不手软地作战到最后。对此，不知战时内阁有何看法，希望告知。文中没有提到意大利是有原因的，意在促使三国结盟尽早解体。总统认为如此还可以给我们各国人民打气，因此也赞成这么做。

7.有必要在会议结束时另起草一份致斯大林主席的声明。在这一声明中，我们认为应该不带任何承诺地声明英美两国的共同意思。

8.以上是伊斯梅将军按照我的指示罗列陈述出来的。虽然这些只是大致说明了目前会议的情况，但正如各位阁员所知，它们都符合我们我们的共同意图。不过必须承认一点：从英美两国拥有的力量之庞大这一角度看的话，双方所采取的所有军事行动，就规模而言还是不值一提的，而要是和苏联所做的对比的话，就更微不足道了。我认为总统也会有此看法，这么说是因为，就在昨天，当霍普金斯和我谈到这一点时他指出："还行，但还不够。"哪怕是连同我们在海上和空中所付出的诸多努力也算在内，我还是会这么认为。因此，在会后的讨论中，我们必须努力研究如何使我们能够给予敌人更沉重的打击。

* * *

上面电文中的第六段或许已引起读者的注意。在这段中出现的"无条件投降"这句话，是总统在记者招待会上所说的，而这件事导致了议论纷纷。本书还会出现这些争论，人们还将一直争论下去也是一定的。在英国和美国，这句话都让大家认为：这个说法正符合独裁者们的意图，即能够逼迫德国和日本的民众及军队死命作战到底，从而导致战争的结束日期会一拖再拖。我将会在书中说明我不同意这种看法的理由。不过，鉴于我自己也觉察到我在某些事情上会出现记忆出错的问题，因此，最好还是拿出我的记录来说明事实。

埃里奥特·罗斯福在他的书中说，总统是在一次晚餐席上说了这句话，而我当时的反应是"想了想，皱了皱眉，又想了想，最后笑着回复说'这句话真是太妙了'"。据他说，当晚我喝最后一杯酒还祝愿"无条件投降"的到来。在那样的谈话场合，说话都是无拘无束的，我因此对这些非正式的私人交谈都毫无印象。不过，可以肯定，这个问题一定在我和总统的正式会谈中出现过，否则第六段就不是那样的了。

从战时内阁的记录来看，这句话是在 1 月 20 日下午的战时内阁会议上提出来的。当时，会议好像谈论内容为是否将意大利排除在外，"无条件投降"这一原则并非会议主旨。1 月 21 日，我立即收到了战时内阁发给我的如下一封电文。

副首相及外交大臣致首相

将意大利排除在外恐怕会导致不好的后果，土耳其、巴尔干各国和其他各地区必然会因此起疑心和产生焦虑。这是内阁的一致意见。我们还认为，这样做也不会对意大利产生什么好影响。让他们认识到就要大难临头了，反倒是会对如他们所预期地影响到意大利的士气。

由此可知，这是确定无疑的：在当时起草的联合声明中有这句话，而我将它转告给了战时内阁，他们当时并没有对此表示什么异议。相反，他们倒是对将意大利排除在外表示了抗议。在收到内阁的电文后，我和总统曾就这一问题交流沟通过吗？对此，我并无印象，而手头中也没有任何可作为证明的记录。大概是因为事情太多，特别是忙于吉罗与戴高乐的关系问题以及二人的会谈，所以我们二人都没有再提到这个问题。而这一时期里，由于要起草正式联合声明，我们的顾问以及联合参谋长委员会又都正忙着。他们的声明是十分慎重地写成的，用词严谨，最终通过了总统和我的审批。在这之后，我之所以也没有向总统提出这一问题，大概是因为，我当时并不赞成"无条件投降"这一原则也用在对待意大利上。总之，对于我们的幕僚们所拟的声明，我们二人的确都一致表示同意。不过，"无条件投降"这句话并未出现在这份声明上。战时内阁收到声明后，照着这个样子批准了它。

我原以为，双方之前的交谈应该被双方一致批准通过的公报取代。然而，1月24日，总统在记者招待会上却声明我们要使所有敌国都"无条件投降"。这着实令我以及伊斯梅将军感到震惊。我所想的，伊斯梅是一直清楚的。而且，在起草这项声明的整个过程中所举行的各次联合参谋长委员会会议，他都是有参与的。我是在总统之后发言的，我当然表示同意并支持他所说的，因为那种场合要求我们二人不能有一点分歧。即便是一时大意造成的分歧，也会给两国为战事做的诸多努力造成威胁。显然，我以及英国战时内阁在这件事上都负有责任。

不过我认为，总统对霍普金斯说的下面这番话是非常对的。

我们花了九牛二虎之力才使得这两位法国将领坐在一起，我觉得，使格兰特和李①重归于好的难度大概也不过如此——接着，突然就要召

---

① 格兰特和李：美国南北战争时期，格兰特为北军总司令，李为南军总司令；在唐纳尔逊堡战役中时，南军司令想和格兰特谈条件讲和，格兰特强硬回答："没有任何条件！"他由此得到"老牌无条件投降"这一绰号。——译注

开记者招待会，没有给我和温斯顿一点准备时间。我突然想到格兰特被人称为"老牌无条件投降"，于是便知道我有说过这句话。[①]

在我看来，这段率直的谈话是非常有力的，即便那句话出现在他所发表的发言稿中，它的力量也并未削弱。或许，回忆起这次战争的时候一切都如在昨日，但是，未经核证的事情，尤其是事情的先后顺序，是绝对不可靠的。我对"无条件投降"这个话题显然就发表过多次不确定的说法，很多时候是想到哪儿就说到哪儿。我自以为自己说的就是确定无疑的，所以也没有去查找记录。然而，我并不是唯一记错的一个。贝文先生在1949年7月21日向下院作报告时提到，"无条件投降"原则给他战后重建德国的工作，带来了非常大的困扰。他曾说，当时根本无人和他或者和战时内阁商讨过有关这个原则的问题。和他一样，我也错误地以十足肯定地口吻回答说，我是在卡萨布兰卡的记者招待会上，从总统口中第一次听到这个说法的。回家查阅档案后我才发现，事实正如本书所写的。这时，我想到了那位教授的故事：他忠心的弟子在他临终前想听他的遗训，他只说一句："引文要正确无误啊！"

*　　*　　*

在"无条件投降"这个说法刚出来时，它的确受到了大家的追捧，不过之后，它一直被各方面的所谓专家解读成是英美战时制定的一个严重错误的政策。有必要反驳一下这个论点。我觉得，说它导致战争延长以及战后重建更加困难，是有失偏颇的。1943年6月30日，我在伦敦市政厅发表演说，趁此机会为这个政策辩护：

对纳粹、法西斯以及日本的专制政权，我们提出了无条件投降政

---

① 舍伍德著《罗斯福和霍普金斯》，第696页。——译注

策，这个政策的根本意思是：我们必须彻底击毁这些专制政权的抵抗意志，使它们听凭我们的处置。也就是说，它意味着：为确保这些独裁者完全无能力再玩阴谋诡计和进行残暴的侵略，确保世界不会再次动荡不安，确保人们不会再次遭受战火之苦，我们必须深谋远虑，采取所有必要性措施。它不包含也绝对没有这层意思：我们将采取不人道的做法或者极端的复仇行为，而不顾这会导致用无数人的鲜血才换来的胜利将蒙上污点。这层意思也可以说成是，我们根本不打算建造这么一个世界：在这个世界里，全世界人民都可以享受到美国独立宣言中所说的美好的东西，即"生命权、自由权和追求幸福的权利"。

罗斯福总统在 1943 年 12 月 24 日也说过同样意思的话：

> 同盟国没有让德国人当奴的意思，我们希望他们可以正常地作为欧洲这个大家庭中的成员，在世界的和平发展中尽一己之力，并使自己受人尊敬。我们之所以特别指出"受人尊敬"一词，是为了表明：他们所具有的纳粹主义和普鲁士军国主义是要不得的，他们自命为"优秀种族"的狂妄尤其不可取，这可能会引发大灾难。因此，我们必须坚决清理他们的这些思想。

有人极力主张媾和并提议宣布有关条件，这一呼声没有断过。对于这种主张，我一贯以来的态度都是反对。我认为，相比"无条件投降"这个泛泛而谈的说法，所谓的投降条件更难以让德国国内主张媾和的人接受。当然，这么说的前提是假设三个伟大的盟国真坚持媾和，同时舆论也逼迫它们这么做。我认为，按这个前提列出这些具体条件最终也没什么用，因为我记得有过几次这样的事情：我们试图拟出一些能解战胜（德国）方之恨的媾和条件，最后发现这些条件非常吓人且根本办不到，甚至，如果公布出来，它们只会使深受刺激的德国人进行更凶猛的抵抗。

1944 年 1 月 14 日，苏联人在德黑兰向我们表明了态度，在这之后，我就这个问题写了一份备忘录并送交给内阁同僚。

"无条件投降"说明德国人绝对不可能会有任何特殊待遇，诸如他们就没有权利享受大西洋宪章的优待。反过来说则是意味着，战胜国有权决定是否遵守人道上的义务和文明要求。

我认为，目前的问题在于，我们是不是该更具体地提出条件。我认为，或许有必要先研究德国的结局，然后再论断，他们会因为我们公布更具体的投降条件而投降吗？在我看来，他们的结局包括：

第一，解除他们所有武装力量，剥夺他们重新武装的能力。

第二，禁止他们使用包括民用和军用在内的各类航空工具，禁止他们学习飞行技术。

第三，将大批被断定犯下暴行的人送交到相应的受害国，由受害国审判他们。斯大林曾在德黑兰说，要想重建他们遭受德国人入侵的家园，至少需要四百万德国人为此工作好几年。苏联的很多机械设备被德国人毁坏了，我相信苏联人一定坚持让德国人用足够多的德国机械设备给予补偿。或许，其他的战胜国也会如此要求。考虑到法国、意大利以及苏籍的战俘和被拘留者遭受了惨无人道的对待，这种要求看起来也没有什么不公正。

第四，据我所知，英、美、苏三国政府已经一致同意：把德国分割成几个独立的国家；东普鲁士和奥德河以东的德国领土将被永久性地割让出来，当地居民将迁移到别处；普鲁士本身也将被分割成很多个小部分；使鲁尔和其他重要的煤、钢产地不受普鲁士控制。

第五，彻底解散德国军队的核心组织，即他们的总参谋部。苏联人很有可能会要求，对该部的大批人员或者判处死刑，或者判处长期徒刑。我本来的想法是，列出一份名单，上面是犯下最严重罪行的五十名到一百多名坏蛋。这是为了将这些被盟国判处极刑的人和大多数人区分开来，同时避免大屠杀之类的事情发生。若采取这个方法，想必普通的德国民众会比较安心。但是，我的建议被否决了。在德黑兰提出此建议时，人们认为这太过于宽宏大量了，根本无视它。不过，我并不知道斯大林是不是认真说出这番话的。

不过，从以上所述可以看到，直白地说出德国未来的命运结局，或许都不如"无条件投降"这一吓人但又不是很明确的要求，更能让德国人安心。况且，在总统所发表的那些声明里，这一说法并不是很强硬。

最后，我在1944年2月22日对下院说道：

"无条件投降"这个说法并不表示我们会奴役德国人或者灭了他们这个种族。它意味的是，盟国可以不受任何制约地接受德国的投降。比如说，显然大西洋宪章就不适用于德国，也不会有类似"不能转让敌国领土或者调整此类问题"的规定。德国人在第一次世界大战后所说的那套理论，"我们是因为遵循威尔逊总统的'十四点'才投降的"之类，我们是不会承认的。无条件投降表明的是胜利方有充分的自由，它并不代表胜利方可以肆意乱来或者从欧洲抹掉德国。良心和对文明的责任，是我们唯一所受的约束，这也是我们遵循的原则，是"无条件投降"的根本意义所在。

毋庸置疑的是，当战争进行到最后时，在这个问题上，德国人并没有任何误会。

＊　　　＊　　　＊

联合参谋长委员会用了十天来研究各项主要问题，最终达成了统一意见。对于他们的工作，总统和我每天都有去了解，同时也是支持他们的。联合参谋长委员会的计划是：先集中力量攻打突尼斯，这就要使用到沙漠集团军、英方所有兵力以及艾森豪威尔军队的部分兵力；任命亚历山大将军为艾森豪威尔的副司令官，让他亲自负责指挥所有战斗；海军和空军方面的作战，分别任命坎宁安海军上将和特德空军上将为指挥官。现在的情况是：若该战场上能够获得第八集团军的六七个师的兵力，那么，加上安德森将军率领的英国第一集团军的四五个师后，英方的兵力能达到大概十二个师；美方这边，参加突尼斯决战的只能有三四个师，这是因为他们的部分兵力已用来驻守在摩洛哥和阿尔及利亚。对于这种情况，马歇尔将军感到震惊。不过，这是他两年后在马耳他才跟我说的。这种情况就是：在突尼斯战场上，英国比美国付出了更多的兵力，然而，竟没有人提出将艾森豪威尔的兵权转交给一位英国指挥官。我自己也根本没有想过这么做，因为，若是那么做，就违背我和总统合作的整个原则了。在后面，我接下来就会提到艾森豪威尔和亚历山大二人的关系。他们都能够以大局为重、无我无私，且彼此坦诚相待。艾森豪威尔将作战指挥权全部转交给了亚历山大。

＊　　　＊　　　＊

会议快要进入尾声了。1 月 23 日，我们和参谋长们举行了最后一次正式全体会议。参谋长们向我们两人递交了关于"1943 年作战方针"的最后报告，以下是这份报告的要点：

击败德国潜艇是当务之急，同盟国的物资仍须首先用在这一方面。为确保对苏联军队的支援能够充足，必须运送尽可能多的供养到苏联。欧洲战场的军事行动应以此为目标：能使得同盟国在 1943 年的时候尽最大力量击垮德国。以下是主要的作战方略：

地中海方面：

1. 攻占西西里岛的目的有三：（1）使地中海的交通运输更有安全保障；（2）使苏联前线所遭受的来自德国的压力有所减轻；（3）以便对意大利施加更大的压力。

2. 努力营造一种可使土耳其成为我方盟友并积极抗战的局势。

联合王国方面：

1. 以最凶猛的空中攻势打压德国，削弱他们的力量和抵抗。

2. 根据当前两栖部队的兵力情况发动局部进攻。

3. 尽可能集中空前强大的力量，以便在德军的抵抗减弱到适合我们行动的时候，立即在欧洲大陆发动攻势。

在太平洋和远东地区，继续开展军事行动，继续对日本施压，这样，一旦我们打败了德国，便可立即全面进攻日本。但是，联合参谋长委员会认为，首先必须保证同盟国在1943年能够拥有足够的伺机击败德国的兵力，所以，在太平洋和远东地区的行动也要以此为前提。在这个前提下，可草拟一份1943年收复缅甸的计划（"安纳吉姆"计划），同时要为之做好准备。另外，也可以草拟进攻马绍尔群岛及加罗林群岛的一份计划并为之准备。不过，前提是，保证有关"安纳吉姆"计划工作能正常落实的情况下，而且在时间、人力、物力等方面也允许。

我们二人都有参与拟订这个作战方针，和我们的专家顾问们进行讨论，逐步敲定。在批准此方针时，我们分别给自己国家的参谋长委员会写了一封信，内容如下：

联合参谋长委员会仔细、彻底地研究了各种问题并拟订了一份报告，而我和总统非常满意地给予了批准，不过，我们此时要特别指出，在进行各项准备工作时要随时注意下面提到的：

1. 即便在执行"哈士奇"作战计划期间，也必须努力设法使开往苏联的 W.J.① 运输船队正常工作。

2. 在中国的陈纳德将军的部队急需飞机方面的支援，应立即为之准备飞机并挑选人员，以确保这些飞机能够充分发挥出应有的战斗力。

3. 在 6 月份那个月色良好的日子到来前，必须做好进攻西西里岛的准备工作，这是非常重要的；同时要意识到，在夏季不开展行动会对我们产生十分巨大的危害。

4. 必须尽快在联合王国建立一支美军攻击部队，以便在 8 月间天气良好的日子里可以发动某种形式的"痛击"行动。为此，应重新全面审查所发的武器设备以及每月的给养数量，另外，根据进攻之日可能会出现的状况，还应调整从美国运到英国的人力及物力的优先权。

*　　*　　*

最后，我们二人出席了24日早晨的记者招待会。在我们的强硬要求下，戴高乐和吉罗只能和总统及我同坐一排，不过是交错着。我们还硬要求这二人在记者与摄影师的面前握手，他们也照做了。那幅画面是非常搞笑的，即便是在当时的悲惨环境中，它也能让人忍俊不禁。总统和我在卡萨布兰卡这件事一直是保密的，因此，当我们在记者们面前现身时他们简直无法相信自己所看到的，当听闻我们在此间已有两个星期时他们就更惊讶了。

这场费了如此大劲儿才获得成功的"持枪逼婚"行动（美国人如此戏称）终于结束了。之后，总统便对记者发表了演讲，我则表示支持他的观点。

*　　*　　*

总统准备离去时，我对他说："你好不容易才来到这，不逛逛马拉柯什就太可惜了，我们去那儿游玩两天吧，我们可以一起欣赏雪山阿特拉斯

---

① 温斯顿·约（Winston—Joe）的缩写。——原注

山以及它的落日。"我对哈里·霍普金斯说了同样一番诱惑话。正好——我是这时才知道的——美国副领事肯尼思·蓬达先生在马拉柯什租有一座非常漂亮的别墅，他说是从美国人"泰勒太太"那里租的。总统和我住别墅里，我们的随行人员住外面完全没有问题，因此我们就决定出发了。在沙漠的路段中，罗斯福和我同车。在我看来沙漠已经开始变绿了。车子行驶一百五十英里后到达了这块著名的绿洲。

几百年来，作为中非各地商人的途中栖息地，马拉柯什闻名古今。这些商人宁愿一路上向山中的部落缴纳重税，也要到此一游。这里有占卜师、戏蛇人以及各种吃喝玩乐，还有一个在整个非洲大陆范围内最大的且最有组织性的妓院。当然，集市上还有各种骗子。然而，即便如此，商人们也要来享受一下这里的放荡生活。正因此，我把它称之为"撒哈拉的巴黎"。

我和总统商定，午餐由我来准备，其他事情就由汤米主持。在同行的五个小时的车程里，总统一直在谈论工作上的事情，时而也插入其他话题。为确保我们的安全，沿途都派有美国士兵在驻守，多达几千名，此外还有飞机不断在我们上空巡视。傍晚，我们抵达了那座别墅，蓬达先生热情地款待了我们。由我引路，坐在椅子上的总统被人抬到了别墅的塔顶，然后坐在那里欣赏白雪皑皑的阿特拉斯山的日落。晚餐席上一共有十五六个人，大家都兴致高昂，唱起了歌，我也唱了一首。总统也加入进来，并且一度想要独自演唱一首，但被人阻止了。因此我很遗憾没有听到他的歌声。

25日清晨，我这位始终充满激情的盟友动身了，他将要经历一次经由拉各斯和达喀尔，飞跃大西洋到巴西，最后在华盛顿落地的长途飞行。虽然前一天晚上我们已经道过别，但是第二天早上出发到机场前他再次来向我道别，而我当时还在酣睡中。我自然要送他一程，于是赶紧跳下床。然后，我就一身不成体统的打扮去送他了：一件拉链外套，一双拖鞋，仅此而已。我们乘坐同一辆车前往机场，到机场后，我还登上飞机去送他。他行动不便，上机后便以最舒服的姿势坐好。看到这个画面，我一边钦佩他的勇气，一边又为他的安全担心，毕竟太冒险了。在战争时期的出行虽说理应乘飞机，但我仍觉得这是十分危险的，好在总统顺利抵达。回到泰勒夫人的别墅后，我又逗留了两天，写信给战时内阁，告诉他们我之后的行动。在这期间，我还在塔顶上画了一幅画，这是我在整个战争时期所作的唯一一幅。

第十六章　阿达纳和的黎波里

争取土耳其加入战斗的必要性——11 月 18 日，我写了一份备忘录给参谋长委员会——我于 11 月 24 日致电斯大林——我希望和土耳其总统进行会谈——内阁表示反对——罗斯福总统同意我的意见——我再次请求内阁同意我——他们最终勉强同意——飞越阿特拉斯山——土耳其政府举行欢迎仪式——我们飞抵阿达纳——我递交一份备忘录给土耳其方面——一封求婚书——向他们充分说明我方的态度——在伊诺努总统专车上的会谈——《晨思》——1 月 31，我写了一份报告给战时内阁——土耳其对苏联怀有疑虑——苏军在斯大林格勒大获胜利——2 月 2 日，我致电斯大林——他于 2 月 6 日复电——失去的机会

地中海的战略形势有了改观：盟军占领西北非就等于在地中海南岸有了一个牢固的基地，进攻敌人的可能性就有了。早在此前，总统和我就想着要开辟一条通往苏联的通路，并进攻德国南翼。在所有这些计划中，土耳其是关键，因此这几个月以来我都力争让土耳其加入我们。现在，这件事看来更有希望且比以前更具有紧迫性了。

11 月 18 日，当阿拉曼战役与"火炬"作战计划已初露胜负端倪时，我立刻给英国参谋长委员会发了一份有关这一问题的报告。我们的大批部队已经在埃及和中东驻守待命，现在战局改观，是他们发挥积极作用的时

候了。以下是这份报告的大概内容：

必须坚持不懈地努力以争取土耳其加盟我们。必须预估到这种情况：由于要在中地中海地区使用我方所有的海军力量、舰只以及登陆艇等，那么在地中海东岸只能使用较少的两栖作战力量。不过，借着穿过叙利亚的铁路以及沿海航路，我们可能开辟一条通往土耳其的道路。届时，只要能逐步建立起一支空军力量给予保护，那么，我们就可以获得并使用安塔利亚，甚至达达尼尔海峡也可以归我们所用，如此，向土耳其运送给养的问题就解决了。至于部队，他们可以从叙利亚走铁路和公路去到土耳其。

只要方法得当，就有希望使土耳其加入我方——请正式记录这一条。土耳其是我们的盟国，它希望将来作为其中的一个战胜国，可以在和会上有一定的话语权。它的部队训练有素，非常想要充分武装起来，只是尴尬于现代武器不足。但是，德国人已经给予他们一定帮助了，现在，保加利亚方面还是占据很大优势的。土耳其陆军这三年来一直处于动员状态，是有战斗力的。它不愿加入我们，完全是因为土耳其这个国家有所恐惧，不敢做该做的。对于这个国家所采取的策略，由于我们此前也无法给予他们帮助，所以一直对他们非常包容。但现在局势改观了。在肃清隆美尔的部队后，我们在埃及和昔兰尼加的大批部队不久之后便可抽出来使用。另一方面，苏联人正进行更猛烈的抵抗以及他们可能在高加索进行反攻，同时我们将大力援助他们，那么可以预见：在波斯地区，我们所承受的压力将大大减轻，所以有望抽回来第十集团军。再一方面，我们还有在叙利亚的第九集团军。一言以蔽之，只要苏联人能守住高加索山脉以北地区里海一带，我们就可以实现前面所述的抽取兵力的计划，然后建立起一支用以援助土耳其的英国陆空力量——应力争在 4 月或者 5 月实现目标。你们的建议可以说说看。

以下是政治和军事上的程序：

1. 美国、英国和苏联要保证土耳其的领土保持完整与现状。对此，苏方已表示同意。美国现在也已同意，土耳其人应该更放心了。做出这个保证后，英国和美国已经派人组成一个军事代表团到土耳其驻守。

2. 这个冬天，从埃及和美国运过去的坦克、反坦克炮和高射炮等必须利用起来，将土耳其军队武装好。另外，从现在开始就要抓紧建造飞机场。话说，我们这两年一直在土耳其建飞机场，现在进展如何？在埃及地区，我们已经打败了隆美尔的部队，那里应该有很多物资可用。中东集团军现有两千五百多辆坦克，德国和意大利军队的很多物资被他们缴获了，他们在反坦克炮和高射炮方面也相当充足。必须让专家去教土耳其士兵使用这些设备，还要让他们学会如何保养。当然，首先必须给他们运去这些武器设备，我已经向他们做了这一方面的承诺，现在只等他们同意提到的上述计划。一旦他们同意了，我们将会以高于原来所承诺的数量给他们运去物资。不过，从叙利亚到博斯普鲁斯海峡和达达尼尔海峡的铁路运输能力是怎样的呢？希望告知。显然，一旦土耳其加入我们，我们的强大空军就可以以海岸为基地，支援所有进攻行动。考虑到这一点，我认为，在我们还没有争取到土耳其加入前，不宜攻打罗德岛和东地中海其他被敌军占领的岛屿。等争取土耳其成功后，我们就应该通过海上交通和陆上交通的方式，神不知鬼不觉地绕过这一海岸地区，同时加强我们的空军力量。

3. 另外，我们应该敦促苏方加强他们的南侧部队的力量，以便尽快消灭高加索地区的敌人，重新占领诺沃罗西斯克。苏联这方面的行动和上面提到的两点是有关联的。最重要的一点是——这是斯大林自己告诉我的——应该尽早从斯大林格勒的北部地区向西南方向挺进，以便攻打顿河上的罗斯托夫。如果这个行动能获胜，那么最后的方针就是：空军给予尽可能的掩护，确保将物资可通过达达尼尔海峡运到苏联黑海的各个港口，苏联人在黑海方面所需要的任何援助也可经过该海峡到达黑海……

这份报告只是我关于初期阶段的想法。11月24日，我将我的这些想法告诉给斯大林。

我已告诉罗斯福总统我关于土耳其方面的一些初步想法，我们二人的意见是一致的。

第一，我认为，继续努力争取土耳其加入我们，和我们共同抵抗敌人，是必要的。我希望在关于尊重土耳其领土完整及维持其现状这一问题上，英国和苏联作出保证，美国也能加入到保证人的行列中来。

第二，我们已经从中东向土耳其运送大批的军火，其中包括二百辆坦克……

第三，我希望，明年初春可以在叙利亚集结一支强大的部队……这样一来，一旦土耳其遭受威胁或者它愿意加盟我们，就可派出这支部队援助土耳其。毫无疑问，苏联在高加索的军事行动，包括该地区以北的作战，和土耳其方面的关联也是重大的。土耳其加盟我们的好处在于：一来，有利于我们的作战行动，并使我们可以打通一条通往你们在黑海左翼的航线；二来，我们可以从土耳其的基地发起进攻，对罗马尼亚的油田实行大轰炸——你们已经守住了高加索的主要产油区，可想而知罗马尼亚的油田现在对于轴心国的重要性。

斯大林于11月28日回复我。他说，他完全赞成我和总统就土耳其问题所提的意见。"必须竭力促使土耳其在明年春天加入我们，这将大大有助于加速打败希特勒及其帮凶们。"

*   *   *

一直到卡萨布兰卡会议召开，才正式展开了有关这个问题的讨论，它是会议的主要内容之一。在争取土耳其参战这个问题上所达成的常规协约，我们已经将它们列入联合参谋长委员会的报告以及关于该报告的说明中。为了彻底解决掉这个问题，我非常希望前往土耳其与伊诺努总统会晤。在开罗，要办的事情还很多。另一方面，我又希望在归国途中顺便慰问在的黎波里的第八集团军，同时拜访阿尔及尔——前提当然是那时它已被攻克。很多问题可以立刻处理，但需要我亲自去审视才能做定夺的也有很多。所以，1月20日，我从卡萨布兰卡发了如下一封电报给副首相及外交大臣：

> 在事前先进行研究后，我就土耳其问题向罗斯福总统提出了建议。我们二人商讨后决定，在这个问题上，由我方来处理军火以及外交方面的问题；美方负责处理中国方面以及法属北非方面的事情。想必这个议定能让你们满意……总统从这离去后，一旦天气适宜，我也会立刻离开马拉喀什，飞往开罗。我预计在开罗逗留两三日，以便解决一些重要问题……我认为，现在正适合我们和土耳其方面进行直接接触，你们不这么认为吗？……如果你们也如此认为，外交大臣应立刻和土耳其方面沟通。

第二天，我收到了回复电报。电报上说，关于这件事，艾德礼先生和艾登先生及战时内阁已讨论过，他们一致认为，我应该赶紧直接回到伦敦，理由是我应该尽快向议会报告我和总统的会晤经过。另外，他们也是因为觉得我到开罗去太危险了，所以反对我。至于和土耳其方面接触的提议，他们觉得还不是时候，因此更加强烈地反对。他们说，我若一意孤行，则"不是被拒就是会谈失败"。我无法被他们的这种说法说服。

首相致外交大臣   1943 年 1 月 21 日

　　在土耳其问题上，我感到非常遗憾，我认为这是在错失难得的良机。和土耳其接触，我只有一个目的，就是告诉他们我们将会如此帮助他们，并确保他们的国家安全。我并不打算强迫他们承诺什么。我想要采取的措施包括：对他们做出承诺；提供大批军火给他们；一旦他们被攻打，我们就立刻支援他们，届时，高射炮部队、飞机以及反坦克武器和雷达等都会派上用场。即使土耳其人出于畏惧而仍不加入战斗，我们也是可以接受的。

　　艾登先生给我发了一封私人电报。他在电报中指出：战时内阁提出的论点是有理有据的；用其他方法和手段，也能获得我认为具有重大意义的那种结果。

　　我和总统就来自伦敦的这两份电报，再次商讨了这个问题。于是，我在 1 月 24 日又致电给伦敦：

首相致副首相及外交大臣   1943 年 1 月 24 日

　　在此，我必须慎重地向战时内阁提出我的这一请求：请重新考虑这个问题，并将决定告知我。我希望可以用我个人的名义，向伊诺努总统或土耳其总理发出如下一封电报，但是，是否同意我的这一愿望由你们决定。

　　"继和美国总统在北非会谈后，我马上就会访问开罗。在这两个问题：1.给土耳其陆军部队配备最新式的武器；2.土耳其的整个安全问题——我已得到英美两国政府的授权，可作为代表发言。因此，能和土耳其总理会晤是我当前的愿望之一，会晤地点当然要保密。如有必要使帝国总参谋长和查克麦克元帅会晤，或者使他和土耳其其他高级将领会晤，那么我也将竭力促成。你认为塞浦路斯适合作为会晤地点的话，我是非常乐意前往的。我个人认为，此地从安全角度来看，是可以作为常规的友好会晤地点的。"

罗斯福总统非常重视根据这项方针所采取的行动。如我的内阁同僚乐意发出上述一封电报，那么，他也将会亲自发出如下一封电报给伊诺努：

"伊诺努总统：丘吉尔首相和我的会晤已结束，他即将前往开罗。他很可能希望能够与你或者你的总理在某一相宜的秘密地点进行会谈。如果他的这一愿望是真切的，我也非常希望你或者你的总理能够答应此事。罗斯福。"

即便我们的会谈请求被土耳其拒绝了，我也不觉得有什么，毕竟我在这个问题上并没有满足个人虚荣心的想法。我只是觉得，目前的机会千载难逢——在的黎波里，苏联人的进攻不断得胜；而我在这个问题上又可以代表两大盟国发言。因此，我迫切请求各位不要错过机会。

我们有关人员严密地勘察了自马拉柯什飞到开罗的这段航程，最终确认这段航程中不会遭遇什么危险。因为，它不会经过敌军占领区的上空，和任何战线也都是有安全距离的。空军参谋长和驾驶员都觉得这将会是一次非常安全的飞行。不管怎样，我和帝国总参谋长都是要前往一趟的。为了攻打西西里，我方不久就要从第十集团军抽调出大批兵力。从这个角度来说，我也必须去和威尔逊讨论。关于他的新战区的所有问题以及如何安排第十集团军，都是要解决的。

我相信，你们二位以及我的其他内阁同僚会让我有充分的行动自由，以便我为国家做有益之事。

战时内阁重申了他们的论点，再次否决我和土耳其领袖们会晤这一提议。他们支持继续由参谋人员会谈，因为他们觉得，在没有准备的情况下就和土耳其的最高领导接触为时过早。他们尤其考虑到：一旦达成协议，就意味着需要船只和其他交通工具来运送供应品，而如果这些运输工具没有准备好，就更不应该过早接触。泰勒别墅里的床十分舒适，但躺在上面的我十分恼火；遥望着阿特拉斯山，我心里愤愤想着的是战时内阁。我是多么渴望跳上那架此刻正在飞机场耐心等待我的C-46式飞机啊，我的心早已飞过了阿特拉斯山。

在这个问题上，总统和我的意见一致，我更加坚信我是正确的。因此，我在1月25日又作了如下回复：

首相致副首相及战时内阁   1943 年 1 月 25 日

  1. 我和总统都没有被你们所提出的论据说服。我们从未有过这样的计划：完全不考虑客观情况以及是否有条件，就敦促土耳其参加我们的战斗。我们认为，事在人为。如何创造这些客观条件？我们考虑到两方面：一是充分武装好土耳其的军队，二是利用对意大利的打压以及苏联人的攻势所造成的局面——它必然会对土耳其的安全产生很大的影响。若是这些条件都有了，还会有人怀疑土耳其加入我方是否有利吗？可想而知。谁也没有想过使土耳其做出超过他们边界的事情，我们想的只是，利用上他们的飞机场。参谋长委员会也评估过这些飞机场的重大意义，显然，有了它们，我们就能够使普洛耶什蒂油田陷于瘫痪。另外的意义是：我们一直想要的大规模战役将在四五个月后启动，如果土耳其加盟我们，那么它将成为一支重要的对敌作战的力量。我确信，联合参谋长委员会也是这么想的，遗憾的是他们已分散各处。我只能说，帝国总参谋长、总统以及总统的顾问们，也都是这么想的。

  2. 我恳求发出我那封电报，虽然它尚有争议。我相信，即便真如你们所说的，我"被拒"了——不太可能会出现这种情况——后果也不会严重到哪儿去。总统支持我的这个观点。反过来说，土耳其方面也可能接受，如果这样，那我们之间的接触就不太可能会失败，因为他们哪怕是为了自身的利益，也会想要使这次会晤有所成效的。当然，他们也有可能向总统和我提出无理的军火要求，漫天要"数"。如果这样的话，我在决定是否答应这些要求之前自然会向你们进行汇报。

3. 因此，我郑重请求你们将我那封电报发出去。几个小时之内，总统将会动身（星期一早上），他已授权我：等你们决定好后立即发出他的那一封电报。

战时内阁无奈只得做出决定。于是，当天下午，我收到了他们表示勉强同意此方略的一封电报。我这时心情宽慰多了，给伦敦发去了如下一封复电：

首相致副首相及外交大臣　　　　　　　　　　　1943 年 1 月 25 日

我非常感谢你们给我机会让我执行我的计划。或许，我们的结果是遭到坚定的拒绝，若果真如此，那也只是我个人的责任。但是，坐等土耳其的答复绝不是我的行事风格。我觉得，他们的答复更可能倾向于同意。要真是这样，我认为我可能会使得事情所有进展。不能和队友一起讨论事情可真让事情难办呐！

除土耳其之外，另一个很有可能争取过来的地区是南突尼斯，我自然会努力争取，以便能够充分利用上它们。沙漠集团军的作战，在阵线上迂回长达一千五百英里，最终取得目前的辉煌战绩，这已经成为北非海岸地区影响最重大的一件事。想起在我上次见到该集团军时他们的状态：士气低迷，毫无军纪。直到今天中午前，我还思虑着我明天的日程：在下院和那些质疑我的人辩论？还是在开罗和威尔逊将军会晤？想想也觉得可笑。（且由上帝安排吧）。

我忍不住又发了如下一封电报：

首相致副首相及外交大臣　　　　　　　　　1943 年 1 月 26 日

　　此时此刻，我们正在阿特拉斯山上飞翔。在阳光的照耀下，山上的皑皑白雪闪闪发光。你们知道的，我非常想参加你们明天举行的下院会议，但遗憾身上的工作让我难以脱身。

＊　　　＊　　　＊

　　26 日下午，蓬达先生亲自为我们准备了美味的晚餐，在泰勒别墅用过餐后我们便乘那架 C-46 式飞机起程了。飞机上，我在一个好觉醒来后便去到副驾驶员的位置，这是这八个月以来我第一次坐在这个位置上。我的身旁是年轻的美国驾驶员范德克路特上尉，我的眼前是尼罗河上美丽的日出。由于阿拉曼战役的胜利，敌人被我们赶到了西面一千五百英里以外的地方，因此我们这次的飞行不用太靠南。

　　飞机场距离金字塔有十英里远，当我们下飞机时，英国大使基雷恩勋爵和开罗司令部人员已在那里等候，他们热烈欢迎我们并把我们带到了大使馆。我曾请内阁将国内的外交部常务次官亚历山大·卡多根爵士派来此地，当我们到达大使馆时，他也已在那里。接着，我们开始讨论当前的局势，并拿它和 1942 年 8 月时的局势做对比；讨论的时候，我们的心情是轻松愉悦的。这时我接到了一封电报：关于会晤建议，土耳其总统伊斯麦特·伊诺努同意了。

　　关于会晤的时间和地点的建议有好几个，其中一个是我亲自去到安卡拉，但外交部十分反对这个建议。最近发生了德国大使巴本被人试图扔炸弹进行谋杀的事情，这让外交部觉得飞到安卡拉有危险性。土耳其总统提出的建议是，我们于 1 月 31 日在塞浦路斯会晤，先让我和他的首相萨拉齐奥洛先生见面，他当天在德国大使馆用过晚餐后再前来。土耳其方面的另外一个建议是：只要我们认为合适，在土耳其境内的任何地点都可以，届时，就在他们的总统及随从所乘坐的专车上秘密会晤。这自然更方便。于是就敲定时间是 1 月 30 日，地点是阿达纳——它所处的海岸同时靠近土耳其和叙利亚边界。我立刻将这个决定通知给总统和斯大林。

首相致罗斯福总统 　　　　　　　　　　　　　　　1943 年 1 月 27 日

　　由土耳其方面发给你的电报可以看出他们非常期待这次会晤。我还在开罗，一两天后就会前往土耳其的某个秘密地点，请容许我过后再告诉你具体地名。所有情况我也将会电告。希望你那边一切顺利及身体健康。从世界各地的报纸的反应来看，我们这次会议也是受欢迎的。

首相致斯大林主席 　　　　　　　　　　　　　　　1943 年 1 月 27 日

　　罗斯福总统和我都想要尽快武装好土耳其军队，以防患于未然，因此我们都赞成，由我向土耳其总统提出这个建议：我和他进行一次会晤。他已经给出答复，表示非常欢迎这种目的在于使土耳其"侧面防御力量"更强大的计划。他还说，若我允许，他希望在会晤后的某个合适时机向世人公开这次会晤。我关于这个问题的看法已写在你我来往的电文中。关于此事的全部情况，我一定及时电告。在此，我再次对接连获得胜利的苏军表示钦佩。

＊　　　＊　　　＊

　　那架 C-46 式飞机载着我启程了。地中海上空的飞行只用了四小时，在大部分时间里，巴勒斯坦和叙利亚都未曾脱离我们的视野，我们很快就在阿达纳降落。卡多根以及布鲁克、亚历山大、威尔逊三位将军及其他军官也随同前来，不过他们乘坐的是另一架飞机。我们的飞机所降落的这个土耳其飞机场非常小，降落颇为费劲。机场的欢迎仪式一结束，只见一列长长的被漆得锃亮的火车从山隘里缓缓驶出，火车上是热烈欢迎我们的土耳其总统、土耳其内阁的全体成员和查克麦克元帅。火车上没有可住的地方，为了让我们住下，它另加了几节卧铺车厢。我们在火车上度过了两个晚上。每天，我们都和土耳其人进行长时间的讨论。和伊诺努总统用餐时，我们也没有放弃会谈的机会，但我们的交谈是愉快的。我在路上曾拟写了一份给他们参考用的文件，里面有我和总统提出的建议，可以说它等同于一封联合书。

1. 苏军打败德军，解除了土耳其北翼曾遭受的威胁。另外，亚历山大及蒙哥马利两位将军也击退了隆美尔的部队，将其从开罗赶出一千六百英里以外，使他的部队如今只剩下四分之一，而且几乎不再拥有任何武器装备。这么一来，土耳其南翼也不再遭受威胁了。不过，心有不甘的德军仍然迫切需要石油以向东挺进，因此看来，在今年夏天，他们可能会想要从中央地区突围。为防患于未然，土耳其必须做好武力方面的准备。我们来到这里，正是为了知道在这种紧要关头，我们可以采取什么样最有效的措施来帮助我们的盟国。毕竟，这样的一个时刻，也是我们可大有作为的好时机。我们了解到，土耳其军队正缺少现代武器装备，为此，我们准备尽快给他们提供更多的现代武器。我不仅可以代表我国处理此事，也已得到美国总统的授权，代表他们处理此事。当然，在一些具体问题上，我还是得和美国方面商讨，而不能随便代表他们做出无效的口头承诺。但可以肯定，对于这次我们的会晤，总统是十分支持的，因为他希望土耳其在安全方面有所保障，并且希望它作为一个强国可以在战争结束阶段及战后的世界复兴大事业中，都能和我们两大西方民主国家保持密切合作的关系。我设想，对于我们所提出的建议，你们都将报以十分的支持。

2. 我们应该做什么，以便使我们能够提供更多的武器并使它们尽快发挥作用？当前的运输情况是怎么样的？对于运输拥挤的问题，我们应该如何解决？为确保我们的盟国能够正确使用这些武器，我们应该如何做？我们英国人一心想着更好地武装自己，使自己更强大，因此，在这些问题上，我们的态度绝对是谦虚的。举个例子，美国人为了让我们能够用好他们在中东提供给我们的包括坦克在内的各种武器，他们专门派了教官过来。他们甚至派了很多穿便服的技工过来，以便在他们投入战斗前就教会我们使用并学会修理这些车辆。再举一例：我们原以为我们对那条横贯波斯的铁路管理得非常好，但美国人却提出了很多建议，其中一条是：为了更好地管理，由他们的人员来接管这条铁路，这项接管工作现在正逐步进行中。

我举这两个例子是为了表明，如果我们也提出类似的建议：由我们派出很多穿便服的专家和技工，让他们到土耳其来协助贵国军队使用这些军用物资，并教会贵国士兵学会保养它们，我们绝对没有侮辱贵国之意。只要你们需要，我们还非常愿意派遣有着丰富的坦克战经验的军官以及擅长其他作战方式的军官。另外，我们也愿意尽可能提供你们所需的情报。

3. 我尤其担心土耳其军队。虽然它拥有最优良的步兵和炮兵，但自战争爆发的三年半以来，它一直缺少现代化武器，而这才是决定胜负的关键。相反，由于德国人的援助，像保加利亚那些国家却能够不断获得这类武器。正因此，对于土耳其在各阶段所采取的立场，我是表示十分的理解的。不过，现在情况不同了，这种差距将不复存在……

4. 只要土耳其决定参战，英美两方一定立即给予支援。光是空军中队，我们就能共同派出最少二十五个。我们已经准备好了好几个机场，并且很多物资已运到这些机场。另外一些机场没有准备完毕，是因为建成它们需要有很大的消耗，因此它们的准备工作在一年半前暂停了。物资和零件要准备好，战地修理站和鸟巢也要搭建好。鸟巢没搭建完成，这些铁鸟就无法在那里休整，也无法发出攻击，等它建好了，它们就可以立刻飞到这里。这项工作关系到土耳其的防务问题，因此必须全力抓紧。英国和美国的空军军官和技术人员都十分愿意为土耳其效力，所以，一旦双方参谋人员达成协议，就要马上行动……

5. 要预想到有这种意外发生：在今年初夏时，土耳其军队还不可能全部配备各种武器装备。若果真发生这种不测，英方届时可以提供一些训练有素且便于调动的特种部队。调用它们不会发生像调动大批部队那样引发交通拥堵的问题，而且，它们对于防守机场是非常必要的，击退敌方的坦克攻击也少不了这类部队。为确保它们能发挥这两个方面的作用，我们还需尽可能争取美方的支援，并利用上可用的反坦克炮团——之前未曾使用过的最新式的十七磅炮也可使用。做好这些准备后，部队就在合适的地点待命。我们另外还要准备好的部队包括：若干用以支援已进入阵地的部队的高射炮团、需尽快调过来的富有作战经验的两个装甲师以及第九和第十这两个集团军。波兰军团四分之三的人员都已准备好，而且他们本身都素质极好，所以第十集团军是可以调用的，它的大批力量届时将用于中地中海的军事行动。不可调用第十集团军的情况是：苏军的高加索阵线被德军攻破了，且他们直逼波斯。但这种情况根本不可能出现。第九集团军目前在叙利亚，他们正在扩编中，扩编后大概为五个师。考虑调动这个大部队过来可能会造成交通线的拥堵，所以最好还是先将特种部队尽快调来……

6. 我现在要告诉你的是关于卡萨布兰卡会议的情况，以及我们决定在中地中海集结大批部队。后一项的具体计划和日期，我们当然还不能透露，不过可以说说我们的打算：从突尼斯和英国发起对意大利的猛烈轰炸，为了彻底击垮他们，还要横越地中海发起进攻。这个行动需要大量准备工作，目前已在开展这些工作。击垮意大利的好处是，我们可以争取和西巴尔干方面及米海洛维奇将军方面建立联系。米海洛维奇将军目前在塞尔维亚进行抵抗运动。另外，我们届时还可以和在克罗地亚和斯洛文尼亚的游击队合作，他们所进行的抵抗运动是非常有希望的。我们预测，夏天到来之前可以将陆地上的敌军从沿海各地区赶下海。这个预测是合理的，有可能实现，说不定时间还可以更提前。若果真实现了，那么英美两军在夏天的时候就可以进行一次目前来说是最大规模的军事行动。这些行动以及意大利的反应将能大大地影响到整个巴尔干地区，尤其是意大利的态度所带来的影响会更大。苏军可能会继续推进，也有可能凭借他们占据优势的舰队横穿黑海，然后继续作战。我们必须预测到这些情况，因此也必须预计到，随着夏天的到来，形势也会变得异常严峻，而届时土耳其的安全问题将是最需要考虑的。

7. 我相信斯大林主席非常希望土耳其能武装起来以便抵抗侵犯，我还相信，罗斯福总统所想和英方所希望的是一样的，即土耳其能够站到我们盟国一边，将来能够理直气壮地参加和会。在和会上，关于改变现状的所有问题，都势必是要提出来的。当然，现在还无法论定这场大战的结束之日是哪年哪月，不过，英美双方都坚信胜利将属于我们。正因此，总统才把卡萨布兰卡会议叫作"无条件投降会议"。回想起来，我们这些国家都是爱好和平的，在战争之前也并无准备；但是现在，无论从兵力上说还是军火武力上说，我们的力量较之德国、日本和意大利这些嗜战国都更为强大。所以说，我们将战争进行到底，不击垮敌人不罢休的决心是十分坚定的。你们对德国内部情况的了解程度估计和我们一样，甚至，你们所知的可能更多。虽然我们不指望德国会尽早或者突然土崩瓦解，但我们还是会乐观地保留这种可能，因为说不定它可能重蹈上次的覆辙。也就是说，我们做好准备来应对最好和最糟糕的情况。

8. 我上一次去土耳其访问是在1909年，我记得，我那次会见了许多作为现代土耳其的奠基者的勇士。一直以来，英国和土耳其的关系都是非常和睦的。然而，上一次世界大战的爆发切断了这一关系并造成了我们的对立。追溯原因，当时德国的阴谋是其一，我们双方所犯的错误是其二。我们曾成为对立面，为了各自的光荣而勇敢地战斗过，但是，这些都是过去的事了。如今，为了建立一个新的世界，我们应该团结起来，我们也有团结的意愿。不仅如此，我们的盟国美国也希望是这样的。我们所要建立的新世界是这样的：各国人民都爱好和平，能够自由地过着各自的生活，彼此之间是友爱互助的。

抵达阿达纳的当日傍晚，我和土耳其总统举行了首次会谈，地点就在他的专车上。会谈中，我把上述文件交给了他。

*   *   *

之后举行的一系列会谈围绕两个话题，一是重建战后世界的问题，包括架构以及国际组织的安排；二是土耳其和苏联的未来关系问题。我只是重申了我曾对土耳其领袖说过的一些事——有记录可查的——比如我曾和莫洛托夫和斯大林会谈过，我认为他们二人都愿意和英国及美国和平相处。我说，英美这两个西方大国可以给予苏联很多经济方面的援助，帮助苏联弥补所遭受的损失。虽然无法预测二十年后会有什么情况，但我们还是签订了二十年的合作协约。我认为苏联在未来的十年会努力拼搏，力求复兴。当然，由于一些内容已经被修改了，各种变化可能还是会出现的，但我觉得和苏联保持一定关系是必要的。至于英美双方的关系，我认为我们若能够齐心协力地合作，一直拥有一支强大空军力量的话，那么局势就可以在一定时期内保持稳定。苏联甚至也可以从英美的合作中获得好处。苏联未被开发的领土还有很多，比如西伯利亚。

土耳其总理表示，我曾说过苏联或许会变成帝国主义国家，因此土耳其必须谨慎行事。我回应他，我对此并无恐惧，因为届时会成立一个比国际联盟更强大的国际组织，这个组织就是用来保证和平和安全的。萨拉齐奥洛表示，他想要的是一些更切实际的东西。他说，斯拉夫人和共产党人如今遍布欧洲，一旦德国战败，斯拉夫人以及布尔什维克将会变成战败国的新主。我说，想象中的糟糕经常会被夸大，实际结果没那么可怕；而相反，如果真会发生那么糟的情况，那么土耳其不就更应该增强实力并和英美两国紧密合作吗？若土耳其有一天真遭到了苏联毫无理由的攻击，我刚才提到的国际组织这时就能保护土耳其。事实上，这个组织不仅对战后的土耳其，就是对战后的整个欧洲来说，也都是一种更加郑重的保证。若苏联重蹈德国的覆辙，那么它绝对就不可能再是我的盟友——我可以在斯大林面前保证——我们届时将会集中所有力量对付它。我们已经拒绝了莫洛托夫的一个要求：和苏联签订一项协定——按照该协定，巴尔干诸国被认定是苏联的省份。我们之所以拒绝，一是因为认为应该等到战后再解决有关领土重新安排的问题，二是因为我们觉得有必要让各国保留它们的自主权。

＊　　　＊　　　＊

第二天早晨，我在火车车厢的床上写了一篇我起名为《晨思》的随想，它是我基于一系列的会谈所集成的一些关于战后安全的想法。在此不妨摘录其中一段，以便和日后事态的发展联系起来：

本着自由、正义以及恢复繁荣这类主旨，同盟国的首脑计划成立一个用以维护和平的世界性组织。这个组织将包括一个欧洲政府机构在内，该机构将传承前国际联盟的精神，不过不传承它的不足之处。届时，欧洲和小亚细亚这些地区的一些具有悠久历史的大国，自然是这一机构的重要组成部分；此外，由一些小国家组成的联邦也是它的组成部分，比如肯定会有一个斯堪的纳维亚集团、一个多瑙河集团以及一个巴尔干集团。远东地区届时也会成立一个类似的机构，不过成员是不一样的。要想成立这么一个国际性组织，前提是：战胜国届时仍必须保持充分的武装力量，特别是空军方面的力量，此外还须保证战败国的武装力量已经彻底解除。

自然，在未来，战胜国之间可能会发生争吵，美国可能会再次退出欧洲。然而，即便无法预知未来之事，各个大国现在必须全力团结起来，并使它们光荣的合作继续下去。在经历这次大战之后，在一度承受种种苦难后，在想到若有第三次这样的大战的后果后——人类所有的文化、财富以及文明届时必将消亡，人们也将变得如野兽一样——各大国现在必须这么做，而由于它们所作出的牺牲以及它们的自我克制，历史也将会铭记它们。就英国而言，在未来，为了抵抗任何会发起侵略行动的大国，它一定会全力联合所有可用的力量。而且它相信，美国届时也会作为它的盟友，一起作战。甚至还有这种可能：由于英国在人力、物力上更有优势，它可以在侵略行动未发展成为正式战争前就挺身而出，制止这一倾向。

*　　　*　　　*

在和土耳其方面进行这一系列的政治会谈中，我们还进行了军事会谈。我方出席军事会谈的有帝国总参谋长以及其他高级将领，他们和土方围绕两个主要问题展开讨论：一是为土耳其提供装备的问题，只要它采取政治行动，我们前后都会给予支援；二是制订英军如何援助土耳其的计划——只要它参战，英军肯定会援助兵力。这些会谈形成的结论列入了一项军事协约中。

*　　　*　　　*

在斯大林格勒附近发生的那件震惊天地的事情，有必要在此回头讲讲。我在前面提到过11月的作战结果：苏联军队犹如钳子一样牵制住了保卢斯所率领的德国第六集团军，敌人被围困于其中，无法脱身。12月，曼施坦因从西南面发起进攻，试图突破苏军的围困，救出如瓮中之鳖一样的德国守军，不过他最后失败了。成功深入苏军防线内四十英里后他就无法前进了，这时，斯大林格勒还在他五十英里外，他的侧翼又受到苏军从北面发起的新一轮进攻的威胁，于是只好撤退。德军的整条南线上，包括高加索在内的部队，都被迫撤退到顿河上的罗斯托夫的后方。

现在，保卢斯已身处绝境中：气候寒冷，粮食弹药不足，再加上士兵中出现斑疹伤寒。德军想要通过空中支援他，但是很少有飞机可以穿越封锁线，要付出的代价太大了。虽然处于极度痛苦的环境中，但是，保卢斯在1月8日还是拒绝了苏军令其投降的最后通牒。第二天，苏军从西面发动猛攻，这就意味着双方的交战进入了最后阶段。德军的抵抗是顽强的，因此，苏军的推进十分缓慢：用了几天才推进五英里。不过，德军最后还是撑不下去了，1月17日，苏军推进到距离斯大林格勒城不到十英里的地方。保卢斯用尽了所有可用的作战力量，但徒劳无益。1月22日，在苏军的再度猛攻下，德军被逼到他们苦心竭力想要占领的这座城市的郊区。这支曾妄自尊大的德国大军来到这里时只剩下不成气候的残部，他们被围困在一个长宽分别仅为四英里和八英里的地带中。他们在苏军猛烈炮火的轰炸中进行激烈的巷战，但由于他们已经处于绝境中，他们的自卫也是不堪一击的。他们越来越体力不支，而苏军步步逼近，于是很多士兵开始投降。1月31日，保卢斯和他的幕僚被俘，2月2日，沃罗诺夫元帅宣告所有抵抗都结束了，一共俘虏了九万名德国士兵。也就是说，原本的二十一个德国师和一个罗马尼亚师最后只剩下这九万名。德军所遭受的这一场毁灭性的打击意味着，希特勒费尽心力想要征服苏联，想用极权专制制度摧毁共产主义的妄想，成了真真切切的白日梦。

* * *

首相致斯大林主席　　　　　　　　　　　　1943年2月2日

1. 已收到你关于土耳其的电报，在此表示感谢。30日这天，我抵达阿达纳，见到了土耳其的全体重要人物并与他们会谈。我们的会谈进行了很久，就效果而言是非常好的：我们和土耳其的关系有了很大的进展，他们愿意和英美两国接触。这可能也是因为，他们剖析来自德国方面的情报后认为情势于他们不利。当务之急是用现代武器充分武装好土耳其军队，但是我们至今为止所能提供给他们的武器还是有限的。陶鲁斯铁路是唯一的一条可运送武器给他们的陆地交通线，我们已在尽快落实运输工作。为了能从埃及运过去更多的物资，我们还借了一些船给他们。我们也拿出了一部分在沙漠中缴获的德国军用物资给他们。为了方便讨论并改进交通问题，以更好地运输武器，我们双方还在安卡拉成立了一个英土联合军事委员会。此外，为了在土耳其一旦遭到德国或保加利亚的进攻时，我们可以及时援助，我们现在还在制订一个联合行动的计划。

2. 我认为，不用一年甚至更短的时间，土耳其就会提出要与我们达成明确的政治协议，以便解决一些它加入我方作战的问题。因此，我现在没有对土方提出这方面的要求，也没有要求他们在这个问题上作出什么承诺。或许，他们会从他们对中立的理解出发——这种理解显然是牵强的，正如美国在参战前对中立所作出的理解一样——给予我们这些便利：使用他们的飞机场，让我们轰炸普洛耶什蒂油田的飞机可以在那里加油——对于希特勒而言，那里的油田现在无疑就是救命稻草，尤其是当你的军队攻克了迈科普后。我再重申一下：我没有要求土耳其与我们达成一个明确的政治协议，也没有得到这样一个协议，并且对他们说他们是有权这么宣布的。虽然如此，这仍是一个全世界都不会否认的事实：在这次双方会晤过后，他们倾向于我们而反对希特勒主义的态度会更明显。这个事实，可以从他们的整个态度以及我将要致电给你的联合公报看出来。

3. 苏维埃共和国是一个强国，这也是不争的事实，所以说，土耳其对他们自身在战后的地位的担忧也是可以理解的。我是这么劝慰他

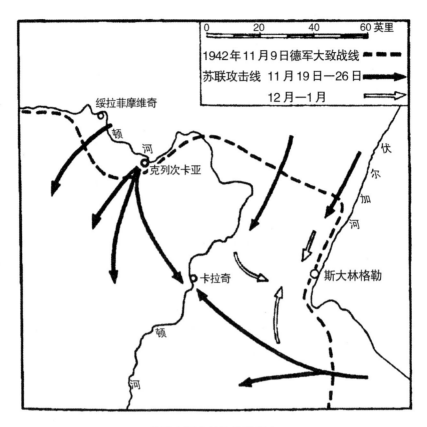

苏联在斯大林格勒的反击

们的：据我所知，苏联从来没有对谁毁约过；现在对土耳其来说正是个好机会，不但可以重做规划，而且也可以争取到一个最安全的保证，即将来在和会上作为其中的一个战胜国而拥有一定分量。我所说的这些都是在遵守我们的同盟协约前提下，而且是为了我们共同的利益，因此希望你赞成我的说法。我坚信，只要苏联对他们表现出友好，他们一定会立刻有所反应。我非常愿意知道你在这个问题上的真实想法。目前，我和土耳其方面的重要人物已经建立良好的私人关系，和伊诺努总统的关系又尤其密切。

4. 在你最近写给罗斯福总统的一封电报中，你似乎疑问盟军在北非的作战行动为何进展缓慢。现在说说这个问题。从英国方面说，英国第八集团军目前已经攻下了的黎波里，且有希望很快大规模挺进突尼斯，然后赶走在马雷斯和加贝斯两地的敌人。目前，正在加快清扫的黎波里港以便恢复使用它。但必须指出，我们的交通线目前还是有延伸局限的：最远只到班加西，有的甚至只到一千五百英里外的开罗。已获得美军有力增援的我们的第一集团军，现在正运送物资到前线去，该部队将尽快联合第八集团军发动进攻。现在面临的两大严峻问题，一个是正逢雨季，另一个是交通线。我们的公路和铁路都存在质量问题，而且，它们都只能延伸五百英里。尽管如此，我仍希望在4月底的时候，甚至更早时，就可以全部消灭敌人或者将他们赶出非洲沿海地区。据我预测——是根据可靠情报来预测的——德国第五装甲集团军有八万兵力在突尼斯，此外，在突尼斯还有两万五千至三万名意大利士兵。至于隆美尔方面，他虽然拥有十五万名德军和意军，但只有四万名属作战部队，而且他的部队缺乏武器。这些部队是我们现在首先要消灭的。

5.关于总统和我在卡萨布兰卡的具体作战计划，你也提出了一些问题，我认为你提得十分恰当，我稍后也会给予回答。

6.保卢斯元帅的投降以及德国第六集团军的覆灭，无疑是一项了不起的成就，我在此表示衷心的祝贺。

苏联人的态度并没有因作战获胜而有所改变，他们一如既往的冷冰冰，以下是我在2月6日收到的斯大林的复电。

斯大林主席致丘吉尔首相　　　　　　　　　　　　1943年2月6日

1.希望你将你在阿达纳和土耳其首脑人物的会谈情况致电告知我，非常感谢。

2.你提出，土耳其方面会对苏联方面所表示的任何友好举动作出反应。对此，我在此谨慎表示我的看法：英国政府也非常清楚一个事实，即在苏德战争爆发前后的好几个月中，我们好几次发表了友好的声明，然而，土耳其方面并未因此采取什么措施。显然，他们唯恐招惹到德国人。所以，我担心你所提的建议最终也会被他们如此冷待。

3. 土耳其的国际地位依然非常微妙，这么说是因为土耳其同时对苏联、英国和德国负有条约义务：早前，它和苏联签订了友好中立的条约，现在它和英国签订反侵略的互助条约，然而就在德国进攻苏联的三天前，它又和德国签了一项友好条约。所以我真不清楚土耳其对于目前这种情况有何想法。不过，如果它愿意促进它和苏联之间的关系，使双方更密切地关联起来，那么由它这么表态好了。如此，我们也是愿意拿出向其妥协的态度的。

4. 虽然我并不是充分了解关于英国和土耳其的会谈详情，但我自然也不会反对你发表这样一份声明，说我对此完全知情。

5. 在此，我衷心祝愿在北非的英国第一集团军和第八集团军以及美军，会取得将要进行的攻击行动的胜利，祝愿你们早日将德意军队赶出非洲。

6. 我非常感谢你对保卢斯元帅投降及斯大林格勒附近被围歼敌军全部就歼表达的祝贺。

斯大林所写的关于苏联和土耳其之间的关系的第二封电报，直到3月2日才送到我手中。事态有了进展。

关于这个问题，我在此慎重向你转告一件事：2月13日，土耳其外长告诉苏联驻安卡拉大使说，土耳其政府愿意和苏联政府进行会谈，以便改善双方之间的关系。苏联政府表示欢迎这种会谈并愿意双方会晤，驻安卡拉的大使已经代替回复。所以现在我们正等着土耳其大使从安卡拉回来，等他一到就和他开始谈判。

＊　　＊　　＊

我之所以和土耳其方面会晤，本想是为了让该国在 1943 年秋天加入我们作战。然而，土耳其最终参战是在意大利崩溃之后，那时苏联人已经步步逼近黑海北岸的德军。之所以这么晚，是因为这年的下半年在爱琴海发生了一些不幸事件，我之后会详细谈到这些事。

我们想当然地认为，胜利之后一切都会好转，然而实际情况却是，我们面临新一轮的艰苦卓绝的斗争。如果我当时一切都按照我的意愿进行的话（我已坦白了我的所有想法），我本可以争取同时做到有利于盟国和土耳其——尤其有利于后者。也就是说，我本可以让土耳其在 1943 年年底以前加入战斗，同时又保证我们的主要计划不受影响。现在的情况也没有太糟——美国已经在全力对土耳其提供支援，所以这些错误在战争发生后都被纠正了过来。不过还是得回想当年：正是因为我们在巴尔干作战时没有得到土耳其的援助，1944 年初的各种不幸才会发生。

第十七章　返国后的困惑

北非战役的进展——第八集团军的推进情况——1 月 23 日，攻占了的黎波里——我飞抵的黎波里，途中经过塞浦路斯和开罗——壮观的第八集团军入城场面——亚历山大将军答复了我 8 月 10 日发出的指示——在阿尔及尔的事务——安全归国——与总统通信——我于 2 月 11 日对下院发表声明——艾登先生访问美国——我得了肺炎——有人赠送了我一头狮子——西尔威斯特·丘吉尔将军——隆美尔再次进攻——但失败了——国王的来信——我于 2 月 22 日答复国王——甘地先生绝食——关于斯大林格勒的影片和《沙漠大捷记》——3 月 17 日的总统来信

　　12 月，我们征服突尼斯的行动失败了。这时，我们用以对西北非发动初步攻击的力量已经用尽，所以德军最高司令部又掌控了突尼斯并让局势暂时稳定。希特勒为了对付从东、西两方进攻的盟军，下令在突尼斯建立一支新的陆军部队，为此他甚至不顾这么一个事实：他根本无法用海空军来防卫西西里岛和突尼斯之间的那条超短通道。隆美尔的非洲军团已被打败，但英国第八集团军仍穷追猛打，他们不得不节节后退。

　　至于中地中海，获得粮食和物资等方面支援的马耳他又变得生机勃勃了。负责保卫航运的我海军和空军仍保持战斗状态，它们从阿尔及利亚和

昔兰尼加的新基地出发，在一大片航运地带巡逻的同时，它们还肩负着重创敌军的供应线和支援线的责任。在突尼斯，由于德军在那里的力量仍十分强大，我们只能对该地进行封锁。抛开这个情况不说，我们的部队是可以进抵意大利本土港口的。在力量得到加强后，巴勒莫、那不勒斯以及拉斯佩齐亚都差不多成了我们的囊中之物，与此同时，英国皇家空军的轰炸机还从英国本土发动攻击，意大利北部岌岌可危。意大利舰队本来就存在燃油不足的严重问题，所以他们也不敢再有什么行动了，更别提英国舰队出场后他们有多害怕。在一段时期里，整个西西里岛都掏不出一吨燃料给运送物资到突尼斯去的舰只。

至于陆军方面，艾森豪威尔将军了解到他在西北非的军队必须进行一次整顿，以便进行改变和增强力量。在北边的英国第七十八师和第六装甲师必须巩固好他们已经占领的地区；在南边的战线上，法国第十九军在中央，美国第二军的一部分在右侧进行防守，这部分兵力明显不足，而阵线又是十分薄弱而漫长的，这种情况容易引发敌人发起进攻并试图包抄盟军的所有阵线。盟军部队的组成本来就十分杂乱，现在这个问题又更严重了，因为吉罗将军不让英方来指挥法国部队。但是，法国第十九军在1月中旬遭受猛攻时，英美方面却不得不派大部队去协助他们。在这件事之后，艾森豪威尔只好下令全线都必须听从英国第一集团军司令安德森将军的指挥。吉罗也只好接受了该命令。

*　　*　　*

英国第八集团军虽然在1月初时曾因比拉特敌军的抵抗而无法深入阵地，但他们在这个月的行动整体而言是顺利的。蒙哥马利将军认为必须推迟进攻，一直等到有充分的理由表明可以迅速获得战果时再行动。第八集团军的物资取自于班加西、图卜鲁格和的黎波里，其中，的黎波里又是一开始的供应来源。1月15日，蒙哥马利发起了进攻，他的部署是：第五十一师沿着海岸公路发起进攻，同时，第二十二装甲旅在中线出击，第七装甲师和第二新西兰师则负责在沙漠侧翼形成对敌的包围圈。1月23日，英军按计划成功攻占了的黎波里。该地的港口已严重损坏，沉没的船只完全堵住了入口处，航道上到处都是水雷。不过，我们之前就估计到会出现这样的情况。也正因此，直到2月2日，我们的第一艘供应船才驶入港内。一星期后，港口每天输入的物资能达两千吨了。虽然第八集团军还要行进很长远的一段路程，但好在，给予他们的供应一直没有断过。从阿拉曼开始的一千五百英里的路程中，他们就一直保持着能够获取给养的状态，在的黎波里港口迅速开放之后，他们所能获得的给养更是达到了史上之最。能在供应链上做到如此的成就，这都归功于林塞尔将军和罗伯逊将军，他们作为第八集团军的后勤，在开罗做了出色的工作。

勒克莱尔将军及其部队对蒙哥马利言听计从，因此，在本月末，他率领着一支自由法军混合部队出发了。该部队大概有两千五百多名兵员，他们从法属赤道非洲出发，穿越沙漠，又行军了一千五百英里，最终和第八集团军成功会师。在突尼斯战役的后期，勒克莱尔将军及其部队所起到的作用相当重要。2月4日，第八集团军从边境进入突尼斯，成功实现了大不列颠征服意大利的目标。现在，按照卡萨布兰卡会议所做出的安排，艾森豪威尔将军指挥第八集团军，亚历山大将军为艾森豪威尔将军的副总司令，负责指挥陆地的军事行动。

*　　　*　　　*

我从阿达纳飞回塞浦路斯。在塞浦路斯，我逗留了两个晚上，并再一次视察了我曾任团长的第四轻骑兵团。我记得，我在这次大战中对该团的上一次视察，是在阿拉曼战役前的一个月。看起来，塞浦路斯十分繁华，这里的人都十分友好热情，亦如我在其他地方所见到的人民一样。他们都认为，较之1941年，现在更有安全感。该岛的土耳其居民以及希腊居民丝毫没有反英国统治的倾向，相反，他们非常希望盟国能够取得正在进行的战斗的胜利。我好几次和这里的人们友好洽谈，在总督府的花园里，我还为当地的名流们做了演讲。早在 1907 年时，我就对该岛屿进行了第一次访问，那时我的职务还是贝尔－班纳曼政府的殖民地事务部次官；1936年，我乘坐瓦尔特·默因的游艇，以巡游的方式对该岛进行了第二次访问；现在，1943 年，我第三次访问了该岛。一直以来，我都密切关注着该岛，我曾争取让这个岛屿不必向财政部交贡税，自然我也做到了。能为该岛做点什么，令我十分高兴。

在开罗，我们又逗留了两个晚上才飞往的黎波里。蒙哥马利给我接机，这位在历史性的进军行动中获得胜利的将军，成功将敌人赶到了城西四五十英里处。我在的黎波里还是逗留了两天，其间，我亲眼看到了第八集团军是如何进城的。当他们在闪着荣耀的街道上浩荡入城时，当前列的第五十一高地师的管乐队奏起胜利之歌时，那气势是何等壮观。长途行军和作战并没有使他们衣冠不整，相反，他们看起来十分干净且有序。下午，我出席了两个师密集队形的阅兵式。

至于住所，蒙哥马利的车厢就是我的下榻之处。在阿拉曼战役前，我们会过面，自那之后，这种在车厢住宿的机会我就很久没有遇到了。蒙哥马利的总部中大概有两千名官兵，我向他们发表了演说，演说的大意是：

虽然，我们每个晚上还得支起活动帐篷，

但是，每一天的行军都让我们离家园更近了一步。

事实上，他们还要走很远的一段路，才能走进家园，而且这条路也不是直的。

我计划要飞去马耳他，在开罗时我就表明了这一意图，因此蒙哥马利已经做好所有准备。没想到敌机出现了，大家因此认为我原计划的飞行有危险。这时我不得不佩服蒙哥马利的反应，他建议我改乘一架仅有两个座位的小飞机，而且让六架"喷火"战斗机护送。然而，当我表露出欢快时，蒙哥马利才意识到，我是出于私人的意图才想要去马耳他的，而他却当成了命令。因此，他开始反对我进行这次冒险飞行了。我最后只好听从他的劝告。我本有机会去看一眼这个正处于战争中的马耳他，现在也只能遗憾：关于战时马耳他岛的记忆没有留存在我的脑海中。

读者也许会还记得，六个月前，即我离开开罗时，我给亚历山大将军发出过如下一封命令电报：

首相致中东总司令亚历山大将军　　　　　　　　　1942 年 8 月 10 日

现在你最首要的任务，就是尽早地歼灭隆美尔元帅指挥的德意联军，以及获取所有在埃及和利比亚的装备物资。

类似于下文提及的属于你指挥范围内，而且有益于陛下的任务——前提是不影响第一段所说的任务——你都应该执行或者命令他人去执行。

他回复电报说：

亚历山大将军致首相阁下：

我已经执行了你在 1942 年 8 月（10 日）下达的命令。我们已经将在埃及、昔兰尼加、利比亚和的黎波里塔尼亚的所有敌人和他们的装备物资全部清除。现在我等待您的下一步指令。

我们在度过这漫长又颇具活力的两天后，从的黎波里去往阿尔及尔，看望在那里的艾森豪威尔和所有其他人员。

首相致艾森豪威尔将军（在非洲）　　　　　　　　1943 年 2 月 3 日

按照我的计划，到达时间应该是在 5 日。我想会见吉罗、墨菲和麦克米伦，我想知道你们几个人是否方便和我一起吃午饭。当然，除非你觉得方便将安德森将军召回来，而且你愿意也这么做，不然我不想让他特意从前线过来。我计划提前吃午饭，然后去直布罗陀。我非常想见到你。请只让坎宁安海军上将一人知悉。

达尔朗遭到刺杀后，阿尔及尔的形势非常紧张，现在所有的知名人士都非常谨慎。战时内阁还是担忧我的安危，因此想要我赶快归国。这最起码是表示关心。但是换个角度，我立刻就意识到，我还是应该在阿尔及尔多待一段时间。

首相致副首相　　　　　　　　　　　　　　　　　1943 年 2 月 5 日

　　在这里，我们住在海军上将的别墅，它与艾森豪威尔将军的住处相邻。铁丝网围着两所房子，周围都是严密看护和巡视的士兵。防弹汽车载着我们绕道来到这里。这样的防卫力量不会让人感觉到有什么危险，所以我不建议去别的地方，

　　本来计划天气好转之后，我就从这直接返回英格兰。但是在紧张的一个星期过去之后，我很想多休息一天。我昨天检阅了我们在的黎波里的四万多人的部队。和其他人一样，意大利人也非常热情。

　　对于什么地方有危险我是很机警的，而且我也很小心，所以不要对我自身的安全担忧。星期二的时候，我想在下院说说我的问题。请务必允许我回国之后等几天再做报告，或许就在周四。

这天相当忙碌。我和艾森豪威尔长谈了几次，从他和海军上将口中，我了解到了很多无法通过电文告知的事情。我们的别墅距离不到一百码。戴高乐和吉罗都出席了午餐宴。需要处理很多的事情，因此一直到星期六晚上很晚时我才脱身。在海军上将的别墅，艾森豪威尔和我以及其他几个

很有趣的人共用了午餐。

2月6日，我碰到了两个法国人：诺盖和佩鲁东。他们虽然权高位重，但处境却十分困难。在美军登陆时，诺盖进行了抵抗，即便如此，他依然担任着摩洛哥的总督。佩鲁东原为驻阿根廷的维希大使，他现在来到这里接任阿尔及利亚的总督是因为得到了美方的邀请。我对这两人表示，只要他们能加入我们，和我们共同作战，我们就会不计前嫌。他们表现得十分谨慎而焦虑。

我在午夜之前赶到了飞机场，当我们在飞机中坐好等待出发时，飞机却没有动静。我这时对我的秘书中一位瘦小的矮个子说："对于飞行而言，你这样的矮小身材是极好的。不过，如果我们在沙漠地带降落，你就不能和我们一样走很长的路程。"最后，我没有耐心等下去了，决定乘车返回。那时，我那已沉睡的医师查乐斯·威尔逊爵士没有觉察到我们要离去，我们便将他锁在飞机内了。他在里面睡了一夜，天亮后才出来。由于还有不少事情要解决，我们还需要在阿尔及尔再停留一天。我给外交大臣发去了一封海底电报：

> 昨天晚上，飞机的磁电机坏了，因此我们必须推后两个半小时才能出发。但如果这样的话，我们抵达英格兰就是在第二天的白天，其间我还可能无法得到护航，所以我们想着倒不如延迟一天。无论如何，磁电机不是在我们出发后损坏的，这是好事。

7号，即星期日的晚上，我们终于得以直飞回国了，整个旅程是安全的。然而，这次飞行却成了我乘坐这架 C-46 型飞机的最后一次。后来，这架飞机及机上所有驾驶人员和机组人员——当然是不同于这次的——都不幸遇难了。

* * *

回国后，我要做的第一件事就是向下院汇报——关于卡萨布兰卡会议和地中海之行的详细报告，以及有感当前局势的常规性报告。英美双方此前达成了有关重要军事人员的安排协定，我认为这个时候正适合宣告出来，因此给罗斯福总统发出了一封海底电报：

1943 年 2 月 8 日

我打算在 11 日即星期四的中午时分，向下院说明一些同时关乎我们的事情。亚历山大将军给我发来了一封电报，据该电报说：在埃及、昔兰尼加和的黎波里塔尼亚的敌军已被赶走，另外，沙漠集团军的先锋部队正在进入突尼斯；也就是说，他已执行我在 8 月 10 日发给他的电报中的命令。可见，是时候让艾森豪威尔将军统领第八集团军了。我也认为现在应该宣布此消息了，毕竟总是要有一个结果的。我的建议是，当我向国会进行汇报时，顺带宣布有关亚历山大和特德的任命。另外我认为，在我向下院作汇报前，最好不要宣布有关第八集团军的消息。不久前，我在阿尔及尔和艾森豪威尔、史密斯、吉罗以及墨菲等人进行几次会谈，效果都令人满意。回到这里，也就是刚刚的事。自上次与你会见后，我差不多都是在旅途中。这几日，我会再发给你一份报告。

致以衷心的问候，请代我向哈里及其他人员问好。

总统立即答复。

罗斯福总统致首相　　　　　　　　　　　　　　　1943 年 2 月 9 日

我支持你的决定，即在 2 月 11 日宣布对特德的任命，特别是宣布由艾森豪威尔接管你们的第八集团军，并任命亚历山大为艾森豪威尔的副司令。我认为，使美国在北非的最高统帅地位更令人信服，可以更顺利地让法国军队和我们合作。我还认为，如果有关亚历山大或特德的任命消息发布出去后会给敌军带来好处，那么这样的发布就是不适合的。我非常高兴你已安全返国。显然,你所做的一切都是有功的。

我认为总统最好平静地看待英国的舆论。

前海军人员致罗斯福总统　　　　　　　　　　1943 年 2 月 10 日

我愿意照你所说的去做,不过我不敢保证如此就不会有批评的声音。这期间,新闻大臣布伦丹·布雷肯和英美报界保持着密切的接触,他发了以下几段备忘录:

"我曾规劝某些报纸不要肆意谴责美国在北非问题上所采取的措施,但是我的规劝遭到了很多阻碍。我认为,如果只是强调艾森豪威尔将军为最高司令,却不明确亚历山大将军和特德空军上将的职责,那么英国报界肯定会提出谴责。我相信,报纸通常是国内普遍情绪的反映。不仅如此,这还会导致很多人干脆产生这种想法:由于国际政治方面的因素以及某些行动所致,英国的将领和他们的部队受到了不应有的轻视。

"已经习惯了被谴责的英国政府自然不会因为这些舆论而过怒,但是,由于任命艾森豪威尔将军为最高司令,美国人一定也会被批判。或者,人们会从各方面比较艾森豪威尔和亚历山大将军,借此表示极度的不满。所以,我觉得有必要采取这样的应对:告诉众人,当艾森豪威尔将军被任命为最高统帅时,亚历山大和特德也都正肩负重任,前者负责指挥在突尼斯作战的同盟国军队,后者负责指挥空军。"

对于这类争论,我将会提出严重警告,布雷肯也将会在幕后努力做点什么。请你在你们那边也努力为你忠诚的盟友做些什么。我认为,苏联人的胜利使得局面全然一新。对于瓜达卡纳尔岛的胜利,我表示衷心的祝贺。[1]

---

[1]　我会在后一卷书谈到瓜达卡纳尔岛的胜利,它是在 2 月 9 日获得的。

*   *   *

我在 2 月 11 日进行了两个多小时的演讲之后，还想要讲一些重要的问题。最重要的是这两项：一是我在 1942 年 8 月给亚历山大将军的训令，二是 1943 年 2 月 2 日我在的黎波里蒙哥马利的总部收到的回复。我将法属西北非的大概情况叙述了一遍，并且宣布我和总统所决定的任命——关于指挥权的问题以及最高统帅由艾森豪威尔将军担任。

*   *   *

因为尚未处理的难题还有很多，所以我让外交大臣对华盛顿进行大战开始后的第一次访问——我认为他是最合适的人选。如此也是为了建立和总统紧密的个人关系，以及与赫尔先生和国务院进行紧密来往。总统赞同我的建议。艾登先生调职的这段时间，我打算自己来负责外交部的事情。

罗斯福总统致首相   1943 年 2 月 12 日

我很高兴安东尼·艾登到美国来进行访问，这个意见非常好，希望能早些见到他。你的演讲非常好，对于各方面都有很大的好处。

*   *   *

我想我应该是感冒了，因为比起在旅途中的时候，现在我感觉更疲惫。过了几天，我就被感冒和疼痛的嗓子折磨得不能起床。16 日夜晚，我正和夫人单独在一起，我的体温突然开始升高。一直照看我的摩兰勋爵非常肯定地说，我有一个肺的底部出现了炎症。于是他给我开了一个药方，名为"M和 B"。第二天，通过几张 X 光照片，证实了他的判断是正确的。为我诊病的还有被邀请来的盖伊氏医院的杰弗里·马歇尔医师。需要我亲自负责的各种工作不停送到新楼来，虽然我感觉不舒服，但工作还要照常进行。但我现在感觉看到的文件还是明显少了。我提出抗议，但医生说我应该把工作全部放下，我的夫人也同意医生的意见。我不同意他们的建议，不让我工作，那我一整天都该干什么？然后他们说，我得了肺炎。我回答他们："那你应该对你的新药充满信心，你肯定能治好肺炎。"我很好奇马歇尔医生为什么将肺炎叫作"老人之友"，他说："因为它会让他们没有痛苦地死去。"我也非常巧妙地回答了他。接着我们双方就我能否继续工作的问题达成了一致：最重要的文件、我感兴趣的文件可以看，另外还可以读点儿小说。我曾听人讲过关于《莫尔·弗兰德斯》这本小说的一些精彩之处，但以前从没时间读它，所以我就选了它来读。接下来的一周，我在发烧中度过，很多时候感觉不舒服，有时甚至病得很严重。因此，我的记事薄中的 19 日到 25 日毫无记录。

差不多是同一时间，议长菲茨罗伊上校和我一样得了肺炎，病倒了。一开始我们还相互安慰，他所说的让我非常担心他。他年长我五岁，而且病得非常厉害。

＊　　　＊　　　＊

虽然我觉得这几天时间过得很漫长，但是还是有让人高兴的事情。一位绅士汤姆森先生在预祝我身体恢复健康的同时，还非常友好地将一只名叫"罗塔"的狮子和一张该狮子的照片送给了我。我只好通过汤姆森先生的引荐，向动物园园长德文郡公爵恳请找一个能养狮子的地方。这是一只已经八岁、生养过许多小狮子的健壮雄狮。这天，与我同乘飞机的那位助理给我带来了文件。我将一张罗塔张开嘴的照片给这位有能力又很幽默，但身材矮小的秘书看，并对他开玩笑："罗塔现在缺少肉食，如果工作中你犯了任何一个错误，我就拿你喂狮子。"他回去后，跟办公室的同事说我精神不正常，显然他是把我的玩笑话当真了。

我给公爵写信说：

如果用不着我喂它和照顾它，而且保证它不能从动物园逃出来的话，我非常愿意成为狮子的主人。

你的想法非常正确，现在我不能在唐宁街或契克斯养这只狮子，因为这两个政府部门需要安静的环境。不过，动物园也不是非常远，我也许有一天会非常需要它。

我想我会在天气很好的时候来看狮子和我的黑天鹅。我觉得，如果其他一切办法都不成功，你也有义务在查茨沃斯认养这只狮子。

＊　　＊　　＊

我得病的消息很快就传到了罗斯福总统、史默兹将军和一些朋友那里，他们不断地发电报告诉我要听医生的嘱托，所以我还是很老实地履行了我们的约定。我将读完的《莫尔·弗兰德斯》转交给马歇尔医生，培养他的爱好。我的病情有明显的好转。

也就在这段时间里，罗斯福总统给我寄来了一张画像，画像上是一位1862年逝世的、名为西尔威斯特·丘吉尔的美国将军。他的家谱和相片附在一起，所以他肯定是多塞特郡丘吉尔的直系后裔。总统觉得我们看上去很相似。

华盛顿，白宫

1943 年 3 月 2 日

亲爱的温斯顿：

有时间的情况下，请你和夫人看看这张照片，不用回复这封信。我觉得，我们驻瑞士公使的夫人即哈里森夫人的想法是正确的——她说你和照片上的人有一些相像。

你永远的朋友

富兰克林·罗斯福

附件

亲爱的总统先生：　　　　　　　　　　　　1943 年 2 月 27 日

我送给你一张照片，这张照片上的画像是我们的高祖父西尔威斯特·丘吉尔将军[①]。

到我家来看过这幅画像的很多人也不问他的姓名，便说："温斯顿·丘吉尔怎么在这里！"我回答他们说："这是美国的丘吉尔！"他们都饶有兴趣。我把画像拍成照片送给你，是因为想到总统先生你大概也会对它有兴趣。

我回复信件：

首相致罗斯福总统　　　　　　　　　　　　1943 年 3 月 19 日

非常感谢你 3 月 2 日的致信。我已经让丘吉尔夫人看了哈里森夫

[①] 西尔威斯特·丘吉尔将军：1783 年生于佛蒙特州伍德斯托克，1862 年逝世于华盛顿。在 1812 年的战争中，他担任步兵上尉。1846 年，他在墨西哥战争中升任上校，同年，他在布埃纳维斯塔战役中担任司令并建立军功：他"拯救了身处苦难的全军并打赢了战斗"。也因此，他名誉升衔旅长（但并不升薪）。任陆军总监时，他每年为了视察边防而要旅行一万多英里，这一直持续到他于 1856 年退休。1862 年，他在华盛顿逝世。多塞特郡的丘吉尔家族如下：

→约翰·丘吉尔，伦敦供货商，给马萨诸塞湾殖民地的乔治·恩迪科特供货。

→约翰·丘吉尔，出生地为英格兰，1643 年移居马萨诸塞州的普利茅斯，于 1662 年逝世。

→约瑟夫·丘吉尔，1647 年出生，出生地是马萨诸塞州的普利茅斯。

→巴纳巴斯·丘吉尔，1686 年出生，出生地同上。

→约瑟夫·丘吉尔，1721 年出生，出生地同上。

→约瑟夫·丘吉尔，1748 年出生，出生地同上。

→西尔威斯特·丘吉尔，1783 年出生，出生地为佛蒙特州的伍德斯托克，1862 年逝世于华盛顿。——原注

人的信和照片，我们二人都很感兴趣。你能不能将我们的谢意转达给哈里森夫人？因为是她让我们看到了这幅照片。

有几位高超的鉴赏家确实觉得有些地方非常相像。

＊　　　＊　　　＊

在北非东线，盟军的进展速度确实出人意料，但让人忧虑的是在2月中旬盟军的整体形势。敌军虽然因我们海空两方面给予的打击而损失惨重，但是他们仍组建起了一支拥有十四个师兵力的军队，其中还包括隆美尔的部队。德军大部分是空运过来的。其中四个师是装甲师，包括德军的三个师和意军的一个师。而盟军算上装备欠佳的法军第十九军的两个师，一共只有九个师能够投入战斗。美军第二军的四个师还没有完全到达，在前线战斗的只有第一装甲师和第一步兵师。英军第五军的三个师防御着从海岸到布阿腊达的北部战线。英军两个步兵旅、美军步兵第一师和法军第十九军的一个师则防御着北部战线的右翼。能够鸟瞰海岸平原地带山脊的每个隘口都由这个军防御着。剩下南边的地区，则由两大部队防守，一是正在集结中的另一个美军步兵师，另一个是包括美军第一装甲师和法军一个师在内的美军第二军。除了已于1月30日被德军夺取的重要的菲德隘口，这些部队还要防守它们前线上的那些隘口。

突尼斯方面的所有轴心国军队都由升迁的隆美尔负责指挥，他现在和英军第八集团军作战，为了击退美军第二军，确保他的侧翼和后方免遭攻击，又在菲德以东集结了一支由两个德军装甲师组成的部队。2月14日，他开始进攻。大家曾估计进攻不会是从菲德发起的，而是来自冯杜克，显然这是错误的。安德森将军所率领的美军第一装甲师因而分散出了很大的兵力，这就导致在冯杜克以东只有一半的士兵在反抗这次突袭。巨大的压力让他们陷入极度的混乱。德军在17日接连攻占了卡塞林、弗里亚纳和斯贝特拉。

现在，隆美尔只有两种选择：一是从卡塞林隘口向主要的交通中心特贝萨进攻——它后面还有重要的尤克斯盐沼机场；二是向北进攻。他选择了向北进攻，结果遭到第一警卫旅和安德森迅速调配的美军第九师先遣队的顽强抵御。而在塔拉公路上，德军的先头部队——第二十一装甲师，则遭到以下英美部队的抵抗：我们的第二十六装甲旅、两个营的英军以及美军的步兵和炮兵。所以，双方进行了激烈地战斗，22日中午，隆美尔开始有次序地全面撤退。2月27日，我们重新占领了卡塞林和弗里亚纳，28日我军收复斯贝特拉。之后我军原本的阵线又恢复了。

不过，隆美尔的侵略意图并没终止，他最起码也要在突尼斯争取到一个安身之地。于是，他在2月26日开始持续地猛烈进攻英军第五军前线。敌人在迈杰兹以南还没有取得实际进展时就被击退，而他们在该城北面也只是尴尬地前进了几英里，倒是使得该城看起来更显眼了。敌人迫使我军后退到距离海岸线两英里处的阿比奥德山，但我军却在此地站稳了脚跟。

*　　*　　*

这时，我接到了国王的亲笔信。他一直密切关注大战的发展，某些问题让他忧心。

白金汉宫，1943年2月22日

我亲爱的温斯顿：

听说你生病了，我非常忧心，希望你能尽早康复。趁着这种时候，你就多休息休息。而且，在你上次旅行后，你本来就该休休假的。更何况，想到之后的日子还有许多艰苦卓绝的工作在等着你，你也必须补充元气。很遗憾我上个星期二没能和你谈谈，想着下个星期二也可能没有机会，所以就写信给你了。

对于北非目前的政治形势，说实话，我不是很乐观。我理解这些决策：必须让美方来负责"火炬"作战计划的政治方面的工作，以便我们可以在战事进行中能够和西班牙及葡萄牙保持友好关系。我也理

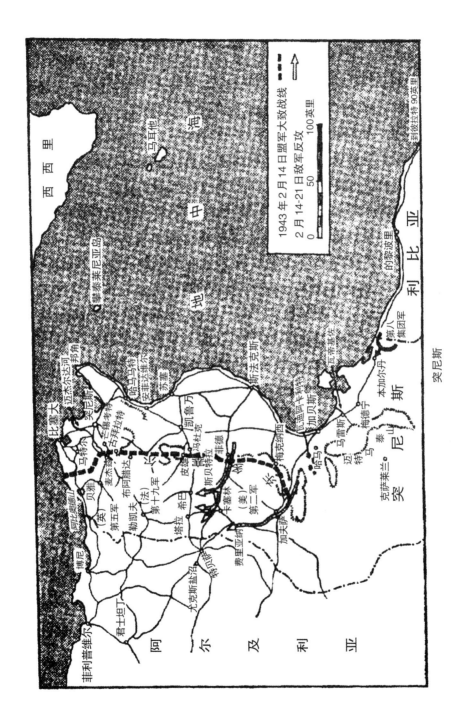

解，我们在一开始的行动中必须如履薄冰。但是，我还是想着：现在，我们就在政治和军事两方面加强麦克米伦和亚历山大的力量，以使得法国在这两方面都能够和我们合作。这样难道不行吗？

我现在听到这样的消息：美方提议必须将"哈士奇"作战计划的启动日期推迟。我不理解，我们既然可以更早行动，为何又要推迟呢？推迟一定会使得我们的准备工作更加困难。由于这个变动，我们关于运输船队的所有细致安排都无效了，我们的输入计划也被打乱了。我实在很担忧这些问题，所以，虽然不想打扰你，但还是要说出来。我想从你那里取得一个保证，使大家更密切地关注这些问题。

这些重要的事情，我也只能和你讨论了。

相信我！

你的非常诚挚的

乔治

我立刻通过口授给国王复电，这样一来，我就不可避免地会论及各方面的问题。

1943 年 2 月 22 日

陛下：

承蒙陛下给我写亲笔信，我受宠若惊。

在北非战事的进展问题上，我并没有过度担忧。尽管在政治和军事方面的很多问题并不令我满意，但我们对它们整体都还是放心的。

一直以来，我都是亲自阅读所有重要电文。现在我不得不承认，我在两天前发现自己无法阅读了。我相信墨菲纯粹是为了支持吉罗，以及在法属北非建立一个可以让一千六百万人民安稳生活的稳定政府。仅从这个角度来看，他就是令人尊敬的。不可否认，我们也是为了这个目的，以及为了保障我们的主要交通线，才不得不和维希政府中的许多法国官员合作。想想，少了这些人，我对于管理这个地区也是束手无策。即便是在叙利亚方面，我们所取得的进展也可以说做到了这个地步。我个人没有看出这些官员们有改变态度的倾向，也没有看出他们会阻碍我们的作战行动。他们只是想获得属于自己的好处，而他们的措施就是保证行为不越界或者用生命来抵换。

让戴高乐或者他的代表突然进入该地区，或者由于我们的极力诱导而使得他们得以突然进入，这两个做法产生的唯一结果就是引起混乱。届时，完全由于他的错，两边的法国人将无法达成友好协定。美国人已经无视戴高乐及其法兰西民族委员会了，因为当总统（和我）邀请他来卡萨布兰卡商讨友好解决之道时，他的回复是粗暴无理的拒绝。

在上次会见陛下时，我曾说，我会竭力使"哈士奇"作战计划能于6月份内落实。当时，参谋长委员会和所有相关人士都是支持我的这一意见的，但是，艾森豪威尔却给了一个很坚决的意见：若是在6月执行，行动是"不可能成功"的，因此最早也要等到7月份。我们的参谋长委员会以及我自己都反对艾森豪威尔，于是分别给华盛顿的联合参谋长委员会以及霍普金斯提意见，要求按照原计划行事。据悉，最后的结果是，具有最高指挥权的联合参谋长委员会给艾森豪威尔将军下达了命令，要求他为6月份的行动拿出最积极热情进行准备，还要求他在4月10日前就将准备的进展情况进行汇报。现在你应该清楚了，美国参谋长联席会议所采取的意见正是我们的参谋长委员会所想要的——如果我可以作为代表这么说。目前的情况就是这样。

战事方面，我在收到亚历山大的报告前就先不作判断了。美国陆军第二军被打败了，而且损失惨重，一半左右的重要武器都毁了。相反，敌军却没有遭到严重的损失。不过，现在那里的部队已经得到了补充，现有兵力包括约六个最精锐的步兵旅团以及第六装甲师、拥有"丘吉尔"式重坦克的一个旅。此外，正在路上赶去的部队占据更大的比例。运送给养物资方面情况很好。第一警卫旅已加入了斯贝特拉的战斗中，并使得敌人感觉如碰到了硬骨头般吃力。

敌人这次发起的新攻势完全是在他们的原计划之外的，而为了这次行动，他们的马雷斯防线上的兵力被抽调了很多，如今这些线上的力量已经十分微弱。全面掌握军情的蒙哥马利每天还得到很多物资，这些物资来自的黎波里港口以及班加西，有时多达六千吨以上。可以预想，第十军很快就能调配到他那里。在此前，这支军队的运输工具是他维持部队给养，建立物资储备的重要力量。我希望，第十军和第三十军能在3月中旬甚至更早些就能在突尼斯展开作战。虽然希望的是这个日期，但可能还会更早，因为如果蒙哥马利已觉察到敌军的力量越来越弱，那么他肯定会集中力量来一决胜负。

隶属于第八集团军的这两个军总计有大概十六万人，它们可能是这个世界上最精锐的部队，想必陛下也了解这一情况。我非常希望它们能够作战，我对此也是非常有信心的。想到届时艾森豪威尔的下属亚历山大将军还会来协助作战，协调所有行动，我的信心就更大了。完全可以这么说：由于敌军估计错误而造成了不必要的兵力损耗，蒙哥马利将有机会更早地获胜。

无需我说，我的任何一句话都没有中伤美国人的意思。美军虽然勇猛，但他们缺乏作战经验。不过，失败会让他们得到教训并有所改进，届时他们会具备最强悍的军人所应具有的品格。多亏我的不断催促和邀请，最后是艾森豪威尔将军作为总指挥，而不再是英国的某个将军担任。若不然，我们在美国的敌人此时就有一个好机会来辱骂我们了。

总之，我就是相信我们完全可以非常乐观地看待北非局势，我有理由相信它不久之后就会好转。现在，发烧中的我虽然不能一一阅览电报，但我相信我是熟知情况的。我还希望可以在吃午饭时亲口向陛下说明这些问题。谨而慎之地回复了您的来信。

臣下

温斯顿·丘吉尔

＊　　＊　　＊

在的黎波里，运输量猛增。24 日，我给港口司令致电说："请将我的这句话转告有关人员：历史的重任正握在他们的手里。"

我读到公文箱的报告中的一个报告——其间虽然不时还有报告送来，但越来越少——读后，我对英国第一集团军在激烈的突尼斯之战中被调遣的情况有所不满。

首相致亚历山大将军　　　　　　　　　　　　1943 年 2 月 24 日

1.第一集团军好像是在圣诞节时就放弃了所有进攻计划；而最近这两个月，我们一直在竭力给南方运去给养和援兵。不可否认，由于法国部队跟不上队伍，其间发生了一些混乱。也不可否认，美国加入战斗的兵力具有相当大的规模。但是，如你所说，这些在安德森指挥下的美国士兵却被零散地部署在一条面积广阔的战线上，致使防守力量十分薄弱，而造成这种情况的原因可能是受了安德森的命令，也可能是受了其他人的命令。如果那时候将驻守在山脊南面的部队撤到山上，或许是明智之举。如今，山南的战线依旧薄弱，另一方面，要想小心翼翼地撤退也是不可能的了。我们的情报处曾在攻击前发出了有力的警告，那时候要是能撤退的话还是十分明智的。可惜，直到丢掉了这些地方，他们才注意到它们并得悉它们的名字。或许，营造出一种假前线也不失为一个巧妙的办法，可惜当时也无人想到这样的一个办法，这就造成了美国第二军只能和拥有一百五十辆坦克的敌人硬拼，并最终严重受创。

2.虽然现在情势扭转了回来，但仍必须彻底纠察所发生的一切。我相信你，也相信你所作的判断，我认为你不会隐瞒任何错误或者不好的方面。

3.来电中提到，曾不受待见的"丘吉尔"式坦克表现出色。读到这里，我非常高兴。我认为，对于它们而言，装甲设备是最重要的，我觉得它们足以承受多次打击。我非常乐意看到你会派一名军官送来情报。或者，你已经派人送过来了。我对这方面是很有兴趣的。

4.我今天身体不错，好几个小时都没有发烧症状，但愿这种令人不快的生活就要结束了。也祝愿你那边一切顺利。我知道，现在你掌握着一些重要线索，它们关系到在4月中旬之前将会结束的一件大好事情。我非常高兴你能在那里指挥。的黎波里的卸货工作进展良好。如有事情，请随时告知。

致哈里·霍普金斯先生　　　　　　　　　　　　　　1943 年 2 月 24 日

我病了好几天，据说病情很容易恶化，不过我现在感觉好多了。我觉得突尼斯的军事进展不错，往后会更不错。英美双方的士兵现在并肩作战，就像兄弟一般，胜利就在他们眼前。昨天，在的黎波里港口，有六千三百吨的军需品安全运入。蒙哥马利已做好准备，正严阵以待中。我在此要感谢你，由于你的帮助，进攻西西里的日期最终得以定在 6 月份。哪怕有人有异议，我觉得最近的作战行动不会影响到这个日期。请转达我对总统的真挚问候。

致艾森豪威尔将军（在阿尔及尔）　　　　　　　　1943 年 2 月 25 日

非常感谢你的来电。我相信卡塞林隘口的战斗会有好结果的。

现在轮到总统卧床养病了。

前海军人员致罗斯福总统   1943 年 2 月 27 日

我非常希望你的身体是健康无恙的，盼望你的发烧赶快好起来。我此前也烧了很长一段时间，健康状态十分糟糕，不过现在已经好了。但愿此后一切正常，也祝你顺利安好。

*　　　*　　　*

虽然身体折磨着我，但我还得操心同样身体欠佳的另一个人。有关他身体状况的报告书占满了各种报纸。我在开罗时，得到战时内阁授权的印度总督逮捕并监禁了好几百名印度国大党党员。2 月初，被软禁在浦那的一座小王宫内的甘地先生宣告要绝食三个星期，他说到做到，全世界都因为这个消息而兴奋了，甚至有人说他快死了。实际上，他所在的那个地方条件很好，而且，英国医生和他自己的印度大夫都日夜在守护他。总督府行政会议的印度委员们几乎都提出释放甘地的请求，我们表示拒绝后，他们便以辞职来表达抗议。我们的意见十分坚定，当了解到这一点后，甘地也不再绝食了。他的身体因绝食虚弱了，但整体而言，对健康的影响不大。

我一直都有向总统汇报此事的整个过程，我们并未受到来自美国方面的压力。这一突发事件在当时使我非常忧心，毕竟，如圣徒一般的甘地先生在整个印度都是受到很大推崇的，他若是死了，全印度都会为之震动，此事所产生的影响是很大的。好在，我们正确地判断了形势。

*　　　*　　　*

这时我收到了一部关于斯大林格勒胜利的电影，是斯大林送给我的。电影将激烈的战斗刻画得很感人，而且还有保卢斯元帅最后投降以及他接受苏联军事法庭审判的画面。这位非常有地位的德国军事首脑受到了苏联政府无微不至的关照之后，转而为他们工作。电影还展示了，在广阔的雪域平原上，无数的德国战俘疲倦地前进，在前方，等待他们的是远远不及保卢斯的悲惨命运。

有一间放映室就在我的住所旁边，我大概是在 2 月 24 日时从病床上爬起来看的这部电影。电影准确地将东战场战役的伟大事件记录了下来，是一部非常有意义的影片。我们也刚好拍摄完成了一部展示阿拉曼战役的影片——《沙漠大捷记》，我将这部影片回赠给了斯大林，也分别送了总统和各自治政府。与苏联的电影一样，这些影片的录制都是摄影师在凶猛的炮火中完成的，有一部分人甚至因此失去了生命。但是，他们完成的作品成功地激发起同盟国的激情并获得大家的赞誉，让我们更加密切地完成共同的任务，所以他们绝不是白白地牺牲。

我对仍患病的总统说：

我希望你收下附送寄给你的一部新电影《沙漠大捷记》。昨晚我看了这个影片，感觉不错。它展示的战斗场景非常逼真、生动。我知道，电影中正在战斗的"谢尔曼"坦克肯定会引起你的兴趣。为了尽早让你看到这部电影，我用飞机将它送给你。

得知你生病后，我非常不好受。但愿你现在已经好了。现在我的感觉不错，迫切想马上开始全面工作。

衷心地问候你以及你的夫人，还有哈里，祝愿你们一切安好……

总统答道：

亲爱的温斯顿：　　　　　　　　　　　　　1943 年 3 月 17 日

在记录有关双方即时交战的所有影片中，《沙漠大捷记》无疑是最好的一部新电影，在这里的所有人都急切地想观看。我特地为白宫人员播放了一次，并且将在今天晚上放映给内政部的职员，毕竟城里的所有人都在议论这部电影；我很清楚，在十天内，各电影院都会上映这部影片，它肯定能产生极大的良好反响。

我也许是受到了一种昆虫的传染——在你们非洲那个名叫巴瑟斯特的破地方，也有可能是得了冈比亚热病或者嗜睡症。总之，我整整四天都昏睡在床上，一点精神都没有。我在这四天中服用了很多磺胺噻唑，虽然体温是下降了，但是感觉整个身体像一条湿布。下午两点之后我通常就感觉很不舒服，经过大约一个礼拜的折磨后，我到海德公园住了五天。这里温度为零，天气良好，自从上周回到这里，我的身体就恢复了健康，现在我感觉自己像一只充满斗志的雄鸡。

有三个夜晚我是和安东尼一起度过的。从卢西尼亚到花生的种植，我们无所不谈，他真是一个非凡的人物。

我们几乎对百分之九十五——这是个很好的平均数——的问题都同时有着相同的看法，这个事实很有趣。

他貌似有这种看法：你和下院的领导会搞好关系。不过，你跟外交部的关系如何，才是我们都关心的。我们很忧虑，你在外交部所做的所有事情，他回来之后可能会全部否定。

在这些日子里，你绝不能太过操劳，你要为全世界着想。请务必牢记，要想让你的所有精力都恢复，起码要大约一个月的时间，你需要进行间歇性的休息。

哈里精神饱满，这里一切顺利。

请转告丘吉尔夫人，卧床中的我简直就是病人的好榜样，以及我希望你能帮我们除去报纸施加给我们的这一污名——"全世界最坏的病人"。

祝你平安。

第十八章　苏联和西方盟国

苏联的胜利——英、美双方的努力——斯大林发于 2 月 16 日的谴责——罗斯福于 3 月 5 复信给斯大林——我于 3 月 11 日给斯大林的电报——充分说明了我们的资源和部署情况——进一步和斯大林通信——芬兰形势——斯大林在 3 月 15 日发来电报——我在 3 月 20 给他回电——艾登先生在华盛顿会见总统——我们为维持北极运输船队所做的努力——在我和斯大林的通信中出现更和谐的语气——他开始意识到我们在突尼斯作战有多重要——卡廷：波兰军官的命运——在斯摩棱斯克周边的集中营——不祥的缄默——麦斯基先生来访——波苏关系崩解——在纽伦堡无人提及此事

东线战场在 1943 年春季开始反攻。

苏联的攻击势不可挡，他们全线击退敌人的征兆很早就出现了，甚至可以说，在击败在斯大林格勒的德军前，一切已成定局。在高加索战场上，德军也进行了巧妙地撤退，他们兵分两路，一路退至罗斯托夫，一路退至诺沃罗西斯克和库班半岛，并在这两个地方形成了强大了桥头阵地。苏联人从顿河驱赶敌军，一路将他们驱到了顿涅茨河的另一边——希特勒在第一年夏季展开进攻时，就是以这里为战线的。更北面的德军也失去了阵地，不断后退，最后停在了距离莫斯科二百五十多英里远的地方。对列宁格勒

的包围也被冲破了。无论是在人力上还是在物力上，德国及其附庸国都损失严重。前一年被占领的地方被苏军收复回来。在对苏作战中，德军显然已经失去了地面优势。如今，鉴于以英国和非洲为基地的英美空军日益强大，德军在天空上的作战也必须谨慎。三个盟国当前要是可以共同拟定一个计划就好了，但前提斯大林可以到卡萨布兰卡来。而这显然是不可能的，那么三方只能通过电报协商了。我于 1 月 26 日告知斯大林我们在会议上作出的军事决策。

罗斯福总统及首相致斯大林主席　　　　　　　　　1943 年 1 月 26 日

1. 我们和我方的军事顾问进行了讨论。有关英美两国应该在 1943 年的前九个月执行的作战计划，我们已决定了如何安排，我们想立刻告诉你我们是怎么决定的。我们相信，将要执行的这些行动加上你们军队的有效攻击一定能在 1943 年取得显著战果，让德国屈膝降服。为了实现这一愿望，我们必须竭尽全力。

2. 集中全力打败德国，争取尽早在欧洲战场上获得决定性的胜利——这一方针，我们确信是正确的。当然，我们必须同时对日本施压，保证给它造成足够的威胁，由此保证我们可以掌控太平洋和远东方面的局势。绝不允许日本扩大侵略范围，比如将手伸到你们沿海各省。另外，援助中国也是必须的。

3. 我们会竭力通过现有的各交通路线运送物资给你们，力求给你们更多的给养，这是因为，将德国的陆空军从苏联前线引开是我们目前的主要心愿。

4. 将在北非的轴心国军队赶走，然后在那里建立海空军设施，这也是我们当下的计划。这是为了实现两个目的：一是在地中海开辟一条有效的运输线，二是可以不断地强力轰炸南欧轴心国的重要目标。

5. 我们决定，如有可能，将尽早在地中海发动两栖作战，因此目

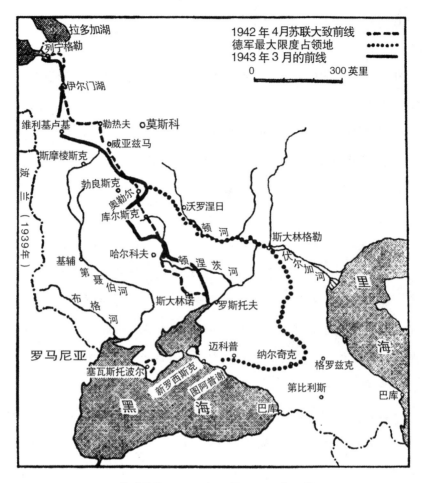

苏联前线：1942 年 4 月 –1943 年 3 月

前正在做相关准备工作。这次行动规模较大，所以需要集结大批的军力，登陆艇是必须的，埃及和北非各港口的船只也要集结起来。

另外，我们还将在联合王国集结一支由美国陆军和空军组成的强大军队。所有这些军队加上联合王国内的英国军队，将尽早在适当的日期内重登欧洲大陆。敌人应该也知道了我们这一计划，不过，他们不会知道具体的行动时间、地点以及规模大小，所以他们只能分散他们的陆军和空军，在法国、低地国家、科西嘉、西西里、意大利东南部地区、南斯拉夫、希腊、克里特岛和多德卡尼斯群岛等各处海岸都要做好部署。

6. 在欧洲，我们将加速增强攻击力量，使盟军从联合王国发起的对德轰炸更为强悍，甚至到夏天时，攻势可强到现在的两倍以上。从目前看来，在我们的白昼攻势下，德国已经损失了大量战斗机。我们相信，同时展开白昼和夜间攻势，并且增加轰炸次数以及力度，会大大打击德军的士气，并且重创他们的物资，他们将很快就会失去战斗力。如你所知，德国一半以上的空军力量已经被我们牵制在西欧和地中海地区。可以确信，只要我们从各方面加强对敌轰炸力度，以及继续维持现在其他作战行动对德军造成的攻势，那么，德国将会从苏联战场上撤出更多的空军及其他军事力量。

7. 至于太平洋方面，我们的计划是，未来几个月内一定要将日本人赶出拉包尔，获胜后还将全面攻打日本。另外，为了重新向中国输送供应——我们打算立即给中国增援空军——我们还打算扩大我们在缅甸的作战规模。不过，对日本的攻势不能影响到我们的对德攻势，但凡有机会让我们可以在1943年打败德国，我们无论如何都要抓住。

8. 总之，充分利用海、陆、空三方面的力量，尽最大力量攻入德国和意大利，这是我们的主要目标。

经总统同意，我回国后又做了如下补充说明：

1943 年 2 月 9 日

1. 我们希望，最晚要在 4 月份时消灭或者赶走在东突尼斯的二十五万德意部队。

2. 完成上述目标后，我们接下来的计划是：在 7 月份——如有可能就更早——的时候攻下西西里，肃清地中海，争取尽早击垮意大利及削弱德国空军力量。那个时候，希腊和南斯拉夫就会被我们的胜利影响到。再接下来就是，在东地中海开展一次作战行动，或许我们会攻打多德卡尼斯群岛。

3. 这次作战将要用到的军力，包括现有的受过登陆训练的部队——三四十万人，以及所有可以集结于地中海的船只和登陆艇。等港口和登陆基地一建成，我们就将尽可能把我们所有的资源利用上。

4. 8月份横渡海峡的计划——英国和美国的部队都将参与——的准备工作也在进行中，我们正全力以赴。在这一计划上，要考虑到船只和进攻用的登陆艇将可能会制约行动。此外，天气因素也可能成为一种限制因素。如因天气或者其他原因而不得不推迟这次作战，那么就改在9月份准备，而且要准备的兵力还须更大规模。当然，到底何时进攻，还得看德国当时在海峡对面的防御情况如何。

5. 当这两项作战行动开展时，大批的英美空军将会给予支援；英国首都空军将会全力支援横渡海峡的作战行动。可以设想，英国和美国的所有运输力量届时都将用在这些作战行动上。

6. 总统和我已对我们的联合参谋长委员会下了这一命令：尽早并尽快出动人力物力等，加强这次进攻。

几天后：

首相致斯大林主席　　　　　　　　　　　　　　　　1943年2月14日

在你们一连串的大胜利后，我们今晚又得知你们解放了顿河上的罗斯托夫。苏联军队实在令我们钦佩及十分感激，这种感情强烈到无法言说的地步。我们只希望能够以最大的力量来协助你们。

他很快回信：

斯大林主席致丘吉尔首相　　　　　　　　1943 年 2 月 16 日

1. 你在 2 月 12 日发给了我一封信，讲述在计划中的英美军事行动计划，我在此说明我已收到此信。另外，谢谢你补充了关于卡萨布兰卡会议的决定。你声明，这封信也代表着总统的意见。鉴于此，那么我就有必要说明一下我对信中内容的看法了。

2. 你的来信说明了有关突尼斯的作战计划和你之前所设想的不一样，现在估计它不会在 2 月结束，而要到 4 月份。不用说，推迟计划令人不满。当前，苏联方面仍有余力保持有效的攻击状态，所以说，现在比任何时候都更需要英、美军队在北非展开强有力的活动。如果我和你们那边都同时给希特勒造成严峻的形势和压力，我们将可以获得丰硕的战果。届时，希特勒和墨索里尼将会面临巨大的难题，而我们在西西里和东地中海的作战行动就有可能获得成功。

3. 你的来信似乎还表明了这么一种意思：要等到 8 月份或者 9 月份，才有可能开辟第二战场，而要想在法国开辟第二战场就更需等到这个时间点。但我的想法是：鉴于目前的形势，我们应该尽快落实这一行动计划。我的意思是，尽早开辟西方的第二战场，日期要在比你所提的日期早很多——春天或者夏天开始时，总之不能拖到下半年。在西方的战线上攻打敌人是非常重要的。我们最好不要给敌人喘息的机会。

4. 据可靠的情报，自 12 月末以来，由于某种原因，英美军队减弱了在突尼斯的作战行动的力度，于是就导致了这么一种情况：德国人从法国、比利时、荷兰以及德国本土抽调了部分军力到苏德前线，总共是二十七个师，其中包括五个装甲师。看来，对苏联的帮助并没有实现，因为非但没有将德军调离苏德前线，反倒让希特勒的压力减轻了。他现在能投入更多的兵力和苏联对抗，正是因为突尼斯方面的作战力度减弱了。

5. 基于所有的情况，我们的结论是：希特勒在前线正遇到难题，我们越早联合起来对付他，就越有希望尽早打败他。若是我们缺乏大局意识，不会利用当前的机会来行动并获得有利于双方的局面，我们就是在给德国人喘息以及集结部队的机会，而在这之后，他们将可能重整旗鼓。不用说，大家都知道这种结果是大大不利于我们的。

我觉得应该同时给罗斯福先生寄出这封信。谢谢你对解放罗斯托夫的真诚祝贺。今天，我们的军队又拿下了哈尔科夫。

我是在病中收到这封信的。

首相致斯大林主席   1943 年 2 月 24 日

我原本已经草拟了对你最近来电的复信，但由于正发高烧，所以就搁置了，在此表示歉意。几天后我会告诉你更多的全方面的情报。你们在正进行的战斗打得很好。突尼斯方面，一切还顺利。敌人已经几乎是走投无路了，我们很快就能将他们围困住。在此祝愿你那边一切顺利。

3 月 5 日，总统把他写给斯大林的回信的副本寄给了我：

已收到你 2 月 16 日的来信。你在信中提到了你的意见——对丘吉尔先生在 2 月 12 日写给你的信的有关想法。

和你一样，我也非常遗憾盟军在北非的计划未能如期进行。突然降临的大雨是造成计划被打乱的原因。倾盆大雨导致行军困难：从我们登陆港口到前线的一段路程让人步履艰难，军队前进和供应品的运输遇到了很大的难题，而田野和山路更是无法行军。

我十分清楚这种情况十分不利于盟军，因此正在采取可行的办法，争取能够尽早攻打在非洲的轴心国部队，以积极有效的攻势消灭他们。

想必你十分清楚这个情况：当前，美国的运输工具是分散在各处的。不过我可以向你担保，我们正竭力加快生产船只，以改善我们的运输状况。

若能在欧洲大陆尽早作战，就能使轴心国以更少的军力抵抗你们英勇的军队。这一点，我是清楚的，所以你大可以相信，只要我们可以尽一己之力提供运输便利，美国就会尽快将军力投到欧洲大陆去——但这必须是在北非的战役取胜后。

希望你们勇猛的军队不断地再创辉煌，这将会使我们每一个人都受到鼓舞。

我想，我有必要亲自向斯大林说明我们这边的所有情况。

首相致斯大林主席   1943 年 3 月 11 日

1. 罗斯福先生已寄给我他写给你的回信的副本——回你 2 月 16 日发给他的信件。我的身体现在已无恙，可以亲自复信了。

2. "火炬"作战计划是我们首要执行的任务，这是为了肃清在北非的轴心军队。我们希望这项任务在 4 月末时可以完成，若可以的话则意味着，轴心国的二十五万兵力将会被我们牵制住。

……

5. 英国和美国曾打算以强势一口气攻下突尼斯和比塞大，但是，12 月时，双方都放弃了这一企图和这方面的努力。之所以放弃是因为考虑到敌人的军力、雨季将至、地面湿软，另外还考虑到：我们的交通线包括从阿尔及尔出发的五百英里路程以及从博尼出发的一百六十英里路程，而组成整个交通线的道路寸步难行，轨道还是必须行走一个星期才能走完的法国的单轨铁道。再有，敌人空军和潜艇发起的攻势，必然会导致我们陆军只能从海上获得供应，而且供应量必定非常少，这就意味着，我们无法在前沿阵地储存汽油及其他物资。实际上，所有给养只够当地的原有军队使用。空军遇到的苦难是一样的，临时建起的飞机场都成了泥潭。当我们不再发起攻势时，在突尼斯的敌军部队力量是这样的：德军四万人加上意大利部队以及还在的黎波里的隆美尔部队。而如今，德军在北突尼斯的兵力补充了一倍多，更甚的是，他们的运输飞机和逐驱舰还在运送部队过去。上月末时，有的地方受损惨重，不过现在局势还好。但愿因种种不顺导致的延误和损失，在蒙哥马利的部队尽早到达后可以得到弥补。他届时将会率领大概有二十万人马的六个师从的黎波里出发，向马雷斯阵地挺进并发起进攻，而且，他的物资是十分充足的。隆美尔在 3 月 6 日先发制人，但他的进攻被蒙哥马利击退了，而且损失惨重。在突尼斯北部作战的英国和美国的部队都将会配合蒙哥马利的作战行动。

6. 虽然这场战役的规模比起你所指挥的战役规模要小得多，但我认为你应想要知道上述细节。

7. 英国参谋人员预测，敌军从法国和低地国家调派到苏德前线的的德国部队——这里仅指自去年 11 月开始调派的——有大部分被来自苏联和德国的部队替代了，另一部分则被在法国新组编的师替代了。他们估计，目前在法国和低地国家的德国师还有三十个。

8. 我下面要提到的是秘密情报，只能让你一个人知悉，而且我也希望你能知悉。它和我们将要通过地中海或英吉利海峡进攻欧洲的计划有关，我在此主要透露的是我们所拥有的力量情况：

大部分的英国兵力部署在了北非、中东和印度，根本无法通过海上运输将他们调回到英伦三岛。到 4 月末时，我们在北突尼斯的兵力一共是十四个师，其中包括蒙哥马利将军的大概六个师、另外的二十万人马、从波斯调过来的受过训练的两个英国师，以及为了增援攻打西西里而从本国调派过去的一个师。至于中东方面，我们的兵力包四个机动的英国师、两个波兰师、一个自由法国师以及一个希腊师。在直布罗陀、马耳他和塞浦路斯，我们的兵力相当于四个常备师。印度方面，驻军和边防军是一部分，另外还有为了在雨季过后落实"安纳吉姆"作战计划（具体是指收复缅甸并重新打开和中国交往的通路）而准备的十个或者十二个师——有的在编中，有的已编成。这么算来，在直布罗陀和加尔各答间（横向跨度达六千三百英里）的广大地区中，受英国指挥的兵力相当于三十八个师，其中包括强悍的装甲部队和适当比例的空军。所有这些军队在 1943 年要展开的积极的任务都已经明确了。

9. 若将军资、作战兵力以及补给线的部队实力都算在内，英国的一个师大概为四万人。这么计算的话，在联合王国内的兵力便只有这些了：约十九个在编师、四个师的本土防卫力量以及四个后备师。在 8 月份时，还需从这些兵力中抽出十六个师用于跨海作战。想想，我们的四千六百万人口首先必须用来维持皇家海军和商船队，因为他们是我们得以生存的前提条件。此外你还得想一下，我们的人力还得用来维持我们的大规模空军——它现在大概有十二万多人；而在军火、农业生产以及防空部署等方面也都需要人员。因此，有时候，我们国内的所有成年人都是要派上用场的。

10. 美国在去年 7 月时曾制订了一个计划：以四万到五万人为一个师，将调派二十七个师到联合王国以便攻打法国。自那之后，他们已经为"火炬"作战计划派去了七个师，现在还有三个师即将起程。我国现在只有一支空军和一个美国师。我这么说并非是抱怨美国的努力不足——虽然他们现在所做的确实和去年所计划的有很大差距。其中的原因不在于军队不足，而在于我们可用来运输的船只和护航的力量不够。事实上，此间可以运往联合王国的兵力在数量上最多也只能是我上述提到的……

接着，我讲述了轰炸德国的情况，最后是这么结束的：

12. 我和总统都非常希望，通过进行跨越英吉利海峡的进攻，我们的军队将能投入到你国军队正在勇猛参与的欧洲全面战争中。但是必须考虑到，现在几乎无可能调配联合王国的人力了，因为，他们都用来或者将用于维持在北非、太平洋及印度的作战行动，甚至，为了这些行动，我们储备的人力也已被用上了。实际上，我们每周都会调整一下计划。如果敌人的兵力已经削弱到一定程度，我们就打算在 8 月前发起进攻。若不然，盲目地在不利情况下以不足的兵力发起进攻，这种不理智的进攻最终也只会导致惨败，而且还会给纳粹分子再次发动攻势以报复当地人的机会。这样一来，敌人就大大获得了一次胜利。只有在将要放弃进攻时，才可能对海峡形势作出判断。此篇仅供你个人参考的关于我们计划和想法的声明，并不代表我限制了我们的自由决定权，因此请勿有这样的误解。

*　　*　　*

很明显，迅速肃清在北非的轴心国部队并在空战方面加强对德国的压力，这是我们可以最有效地帮助苏联人的做法。而自然地，斯大林又重复了开辟第二战场的要求。

斯大林主席致丘吉尔首相　　　　　　　　　　　1943 年 3 月 15 日

这是一眼可见的事实：英美非但没有抓紧落实在北非的作战行动，反倒将它推迟到了 4 月末，而这个日期也还是说不准的。也就说，在2、3 月份的时候，我们这边和希特勒的军队正打到了巅峰时刻，而英美那边非但没有加紧在北非的行动，甚至可能根本还没开展。这样的推迟已经超出了你们本来规定的最晚日期。而德国这边，为了对付苏联，他们甚至从西方抽调了包括六个装甲师在内的三十六个师过来。可以很清楚地看到，这个推迟给苏联军队造成了极大的苦难，同时使得德国在苏德战线上的压力大大减轻。

我非常清楚西西里有多重要，但仍必须指出，它无法代替法国的第二战场。正因此，我非常赞成你们要加速这个作战行动的意图。

我的想法仍和此前的一样，即认为，尽快在法国开辟第二战场是当务之急。你曾在1942年承认过有这一可能，还认为最晚也要在1943年春天前开辟这么一个战场。想必你对你此前的想法还有记忆。而我认为，你当时的意见是正确的。这也是我为什么在前一封信中强调说明，最晚不能迟于今年春天或者夏初开展从西方进攻的行动。

这一整个冬天，苏联的军队都在拼命进行抵抗，目前我们还在奋战中。希特勒已经设法增强他的军队，以便在春夏两季继续和苏联作战。鉴于这种情况，我们认为的确不应该推迟在西方展开作战的计划，而应该在春天或者夏初时就行动，这是目前最重要的事情。

在第8、9和10段中，你提到了英美在欧洲作战遇到的苦难。我认真想了想，觉得这些困难的确存在。但我认为我还是应该提醒你——以最郑重的态度：就我们的共同利益而言，再次推迟在法国开辟第二战场将会造成极大的危险。我现在忧心忡忡是因为我看到，在你那篇有关英美军队将越过海峡进攻的计划的声明中，你的态度十分模糊。也正因此，我觉得我应该做出表示。

＊　　＊　　＊

显而易见，苏联政府这时候开始试探英国和美国的外交部，想知道它们对于战后的苏联西部边境的安排是什么态度。而他们进行这种试探是基于，他们在春天获得了打击德国的胜利。对于"苏联在波罗的海沿岸国家的地位"这个议题，美国的舆论十分敏感，哪怕是暗示性地承认苏联的这一地位也会兴起舆论波澜。不过，华盛顿方面却非常支持有关芬兰的问题。美国曾提议要调停芬兰和苏联的事情，以便将芬兰拉出战争，但苏联拒绝了此提议。

斯大林主席致丘吉尔首相　　　　　　　　　　　1943 年 3 月 15 日

美国大使斯坦德利海军上将代表美国政府，在 3 月 12 日递交了下面一封信给莫洛托夫先生：

"美国政府愿意作为调停人解决苏联和芬兰之间的纠纷，以促成单独和约。"

莫洛托夫询问美国政府是否清楚芬兰的真实态度，是否知它希望和谈。斯坦德利海军上将答复说，他无法回答这个问题。1942 年 5 月 26 日签订的苏英条约规定：苏联或者英国要想就"和德国或其盟国缔结单独和约"这类事情进行谈判，前提必须是双方都同意这么做。这个规定是众所周知的事情，我认为这是一项恒定的基本原则。所以我觉得我有义务告诉你美国的提议，并征询你对此问题的看法。我无法相信芬兰现在的立场是这样的：已决意脱离德国并真心希望和谈，而且还专门提出他们能接受的条件。我认为，即便芬兰有心脱离希特勒这个魔鬼，但它现在还受他的控制。芬兰现在的政府违反了它和苏联缔结的和约，转而站在德国一边，对付苏联。就这点来讲，要它和希特勒决裂几乎不可能。不过，既然美国政府提出了建议，我觉得我应该告诉你上述情况。

我是这么回复：

首相致斯大林主席　　　　　　　　　　　　　1943 年 3 月 20 日

你最好估量一下：就你那边的对德作战而言，如能将芬兰拉出战争，你们的前线会得到多少好处。在我看来，那样的话，苏联将能抽出兵力用于别处，而且数量会超过德国所能抽出的。此外，由于芬兰对轴心国的背叛，希特勒的其他附庸国一定会受到很大影响……

我的整体意见是：现在正是使芬兰相信德国必败的好机会，而一旦芬兰有了这个信念，它肯定会迫切地想退出战争。所以，你大可以向美国政府提出此要求：在保密你方想法的前提下，测探芬兰方面打算接受什么样的条件。当然，你自己才是最能做出正确决定的那个人。

* * *

拟定有关西西里的计划意味着我们将会遭遇运输方面的压力，甚至可能致使我们必须延迟运输船队开往苏联的日期。艾登先生仍在华盛顿，我们通过他和美国方面探讨了这个问题。

艾登先生致首相　　　　　　　　　　　　　　　1943 年 3 月 19 日

我今天早上会见了总统，已告诉他你说的有关开往苏联运输船队的问题。他在考虑敌人的部署情况后认为延迟是正确的，船队在 3 月份还不宜展开行动。至于是否应该现在就决定"在西西里战事结束以前暂停运输船队"，他还不敢给出确切的意见。他认为，如果我们做此决定，斯大林将会受到很大的打击。他还认为，只要这几周内出现敌人的兵力不再集中的这种情况，那么，且不管他们兵力分散的原因是什么，船队就应该能继续开出去。总之他将会再仔细斟酌这个问题，且很快就会就此给你亲笔答复。

正如总统所料，他也收到了斯大林的一封信。该信的语气非常粗鲁，就和你所接到的那封一样。

我在第二天接到了如下一封信：

罗斯福总统致前海军人员   1943 年 3 月 20 日

　　这么个情报：德国已集结对付 3 月份的运输船队的海空军力量——既然确认无误了，那么从军事角度来讲，我们好像就不应该让它按计划出行……我们当然可以在三四个星期后告知斯大林这个消息，并解释在八九月前暂停开往苏联的运输船队的缘由——为西西里的作战行动做好准备。我认为，现在就告诉他这个坏消息不是明智之举，最好保密。再说，之后四五个月的形势如何，是谁也说不准的。

＊　　　＊　　　＊

　　现在我与斯大林通信的时候，一种愈加和谐的语气悄然而生。

斯大林主席致丘吉尔首相   1943 年 3 月 27 日

　　你给我有关突尼斯重要战况的信息，我已经收到了。我期盼敌人现在就被击败、摧毁以及被彻底赶出突尼斯，期盼英美联军能尽快取得全面成功。

　　当然，我也希望你们狠狠地加强对德国空军的进攻。若你能寄来展示埃森受损情况的照片，我会非常高兴。

斯大林主席致丘吉尔首相   1943 年 3 月 29 日

　　轰炸柏林是英国空军取得的又一场伟大胜利，我由衷地祝贺。我认为，突尼斯方面情况的逐渐变好使英国装甲部队有机会步步紧逼敌人，不让他们得到休整的空隙，我希望你们抓住这个机会。你送给我的影片《沙漠大捷记》，我和我的同僚在昨天已经看了。影片非常精彩地展示了现在英国的战斗情况，有力地谴责了那些无耻之辈——他们认为英国从没真正参加战斗，只是在一旁观战。对于你的另一部记录突尼斯取胜的影片，我现在已经急不可待地想看到它。

　　我们将对我国所有人民和前线的所有部队公映这部《沙漠大

捷记》。

我想，关于运输船队的那个坏消息，现在是时候向他公布了。

首相致斯大林主席   1943 年 3 月 30 日

1. 德国人已经在纳尔维克召集了一支包括"提尔皮茨"号、"沙恩霍斯特"号、"卢佐夫"号等八艘驱逐舰和一艘拥有六英寸大炮的巡洋舰在内的强大舰队。1942 年 7 月 17 日，我在给你的致信中曾提到那支驶往苏联的运输船队会遇到危险；现在，这样的危险可能会再次上演，并且形势更加严峻。我那时曾跟你说，如果让我们的本土舰队驶往巴伦支海，德国部署在海岸基地的潜艇和飞机必定会攻击他们，而我们没有能力保卫他们，所以我们觉得不能冒此风险；我还说过，假如发生这么一种状况：我们最新式的战列舰沉没了一艘或者两艘，或者哪怕只是被损坏得很严重，而敌人的"提尔皮茨"号和其他大型德国战舰还能继续战斗，那么，这将会削弱我们在大西洋的所有制海权，继而给我们的共同事业带来严重后果。

2. 所以在极其不情愿的情况下，我和罗斯福总统研究决定，将运输船队在 3 月份起航的计划向后延期。这是因为，我们无法提供足够的力量去保护下次驶往苏联的运输船队，而且我们还很清楚德国已经做好摧毁它们的准备。也就是说，是没有办法让任何船只抵达你那里。对于这次运输船队的任务肯定要延期，我和罗斯福总统都十分沮丧。要不是德国召集了一只舰队，原本我们已经计划好，派遣两支分别拥有三十艘船的船队在 3 月间和 5 月初到你们那里。现在我们还想让你马上了解这么一种情况：在 5 月初之后，地中海方面的作战攻击需要所有护航舰进行支援，保护大西洋生命线的力量将会下降到最低，所以从那个时候起，我们不能继续让运输船队在北路航行。在过去的三周内，我们在维护大西洋运输线的作战中受到了极其严重的损失，程度甚至可以说是前所未有的。我们期望运输船队能在9月初重新起航，但是要满足几个条件：一是西西里方面的进展非常好；二是德国主要军舰的布置计划不影响我们的运输航线，三是大西洋的情况有所好转，能让我们抽调足够的护航舰和空军掩护力量来保护运输船队。

3. 在过去的半年中，每个月从南路送去的物资补给都增加了一倍以上，这是因为我们正尽全力增加该线上的供应。我们充分相信能够保持这种增加状态，那么到8月份的时候，这个数字将上升至二十四万吨。果真如此的话，那这一年中，平均每月将增加八倍的输送量。至于美国方面，他们将会大幅度增加从符拉迪沃斯托克（海参崴）这条线路运送的物资。所以，你因我下达的北路运输船队延期决定而产生的沮丧，应该可以减轻一些吧。

斯大林主席致首相　　　　　　　　　　　　　　　　1943年4月2日

3月30日的来信我已经收到了，我看过之后清楚了一点：9月份之前不能让运输船队前往苏联，是你和罗斯福总统勉强决定的。

但是，从不太保险的太平洋进行运输会限制船只的吨位，而南路这边只有非常少的运输量，所以，暂停北路运输导致的物资减少，是无法通过这两条运输线得到弥补的。所以说，这个决定让我很意外，这跟英国和美国大幅度减少武器和军用原料支援苏联没有区别。

你要知道，这样做的话，苏军各方面肯定都会受到影响。

首相致斯大林主席　　　　　　　　　　　　　　　　1943年4月6日

1. 电报上有关运输船队的问题，我同意你的说法而且觉得很有道理。我承诺会尽最大努力使它变得更好。苏联军队承受的重担和为了共同事业的卓绝奉献，我都深有体会。

2.星期六,为了更有效摧毁和轰炸克虏伯工厂,三百四十八架重型轰炸机被我们派到埃森,投放了九百吨的炸弹;它的西南部从前受到的毁坏本不是很严重,这次我们让它成为废墟。昨天晚上,我们进行了一次从未有过的激烈轰击,派五百零七架飞机(只有一百六十六架非重型轰炸机)轰炸基尔,它们投放了一千四百吨炸弹。我们期待这次的轰炸能一击即中,哪怕云层的厚度超过我们的预想。美国飞行堡垒展开的日间轰击渐渐发挥作用了。昨天,在巴黎附近的有活跃势头的雷诺工厂被他们攻击了。日间开展的高空轰炸准确得让人惊讶,除此以外,他们还激起敌机来攻;飞行堡垒上的重型武器击毁了敌军的多架飞机。在这三次尝试中,损失了四架美国轰炸机及三十三架英国轰炸机。我有必要再次强调,轰炸德军的规模会随着时间推移而增大,我们亦更有信心寻求目标。

3.这周,突尼斯的战役全面开战,原计划要参战的英国的第一集团军和第八集团军以及美、法军队,现在都按计划行事。敌人还有最后一个桥头阵地,他们打算往那里退去。他们已经开始清理阵地了,而且他们把斯法克斯海岸边的大炮撤离了。敌人不得不撤离,因为他们将要面临的形势非常严峻,在这种压力下,他们甚至有可能撤退到另一个新阵地上——他们从哈马迈特湾内的昂菲达维尔修筑起来的一条新战线。这条向西的战线将和他们目前在北突尼斯占领的主要战线接连起来,地中海上距离比塞约三十英里的地区是它的北翼——这里也是我们将要进攻的目标。我会不定时向你报告新情况,包括和所谓的"隆美尔集团军"的交战情况:能否堵截他们的大批部队,防止他们到达桥头阵地。

4.希特勒是非常固执的,他正以一百架以上的大型飞机为主要运输工具,派遣海尔曼·戈林师及德国第九师到突尼斯。所以,我们可以预计,将除去途中损失以外的有大概二十五万人在突尼斯高地严防死守。我方远胜于敌人的优势在于军队的人数和装备。在持续不停地猛烈空袭这个海港的同时，我方还做好全面准备以防止敌人采取敦刻尔克式的逃跑策略。这些作战十分重要，因为将会利于西西里战役。我们希望用约一个月的时间占领比塞大和突尼斯，之后我们就可以让运输物资的船只在地中海行驶，也就能够通过更短的航程前往埃及和波斯湾。

我全面的解说起到了作用，得到了相对比以前更友好的答复。

斯大林主席致丘吉尔首相　　　　　　　　　　　1943 年 4 月 12 日

对战希特勒和墨索里尼的过程中，英美迅速挺进突尼斯是一次重大胜利。我期待你能歼灭敌人，而且俘虏的敌人和夺得的战利品越多越好。

我们十分开心地知道你让希特勒连喘息的机会也没有。当你们正成功猛烈轰击德国的各大城市的时候，同一时间，东普鲁士的德国工业中心也受到了我们的空袭。感谢那些展示轰击埃森的结果的电影。我们将会在我方军民中普遍放映该影片以及你承诺寄来的其他电影。

你准备运给我们的战斗机——你所说的从已取消的运输船队计划中抽调出来的——对我们而言意义重大。我们也十分感谢你有此打算：把六十架配备着四十毫米口径炮的"旋风"飞机给我们。与重装坦克的对战中，这类飞机显得尤为重要。你和哈里曼先生承诺运输飞机给苏联，我希望你们做出的努力可以尽快成功。我国人民十分感谢你提出了援苏基金[①]以及大力支持的英国人民。请替我问候管理该基金的夫人，她为此坚持不懈地做事，我十分感激。

---

① 见原书第三卷，第 421—422 页。——原注

＊　　　＊　　　＊

目前，苏联和流亡于伦敦避难的波兰政府产生了裂痕。波兰被德军和苏军侵略后，1939 年 9 月，里宾特洛甫和莫洛托夫签订协议，之后上千万的波兰人曾经向没有和波兰打仗的苏联人投降，但被苏联人关押了。之后纳粹和苏联签订了一些条约，按照条约中的规定，许多人被交给德国然后从事强制劳动。日内瓦公约规定不允许这样对待被俘的军官及士兵。有三个苏联俘虏营在斯摩棱斯克地区，里面关押了一万四千五百名波兰人，军官人数为八千。这些军官又以知识分子居多，其中有大学教授、工程师，另外还有一些知名人士——他们被动员去服后备役。在 1940 年春天之前，俘虏还活着的消息还陆陆续续传来。1940 年 4 月之后，三个俘虏营一片沉寂。十三四个月中，里面无任何动静：没有信件，没有一点儿消息，没有俘虏逃跑，也没有任何相关的哪怕是几个字的报道。而毫无疑问，看管里面人员的是苏联政府的人。

1941 年 6 月 20 日[①]，希特勒突袭苏联，也就是在这时，苏联和波兰两国突然形成了盟国关系。安德斯将军以及其他波兰将军曾经被监禁于苏联监狱，承受着鞭打及其他酷刑。现在，他们打理好自己，走出了监狱，不仅受到欢迎，甚至还成了高级指挥官，指挥起苏联为了抵挡德国入侵者而组织起来的波兰军队。早之前，这些波兰人就担心那三个集中营里头的一大批军官，所以现在就提出释放他们的要求，还说这是为了让他们加入新的波兰军队，他们的价值对于这支新军队而言是无法估量的。然而现在，大概有四百名军官是从苏联其他地方召集而来的，而从那三个集中营来的人一个都没有——这三个营目前受德国管辖。波兰人多次询问他们的新战友，但这些人总是不发一词。如今，这些波兰领袖和他们接触到的许多苏联权威人物并肩奋战，在组建自己的军队时，他们也曾得后者的帮助。但是，

---

① 此处错误，应为 6 月 22 日，但照原文版保留。——译注

在很多场合，波兰人可以感觉苏联官员尴尬地含糊其辞。毕竟，没有传出关于一万四千五百名居住在三个集中营的波兰人的消息，连一个幸存者都没见过。波兰和苏联政府自然就开始怀疑对方，裂痕由此产生。

战争仍在进行。几个集中营的所在地还是被德国人占据着。如此又过了将近一年。

1943年4月初，在唐宁街吃午餐的西科尔斯基告诉我：一万五千名波兰军官和其他俘虏都被苏联政府杀害了，卡廷周边森林的一个大冢埋葬着他们的尸体；他手中握有证据。我对他说："如果他们真死了，你做什么他们都不会复活的。"他说，他必须让他的人民发言，因此已将他们的所有消息通知给新闻界。他们的企图英国政府还未知道，因为在伦敦的波兰内阁没有泄漏出去。不过，该内阁在4月17日颁布公告声明，瑞士的国际红十字会已经和他们商议，并决定派遣红十字会的一个代表团到卡廷实地调查。4月20日，波兰驻苏联大使在波兰政府的指示下，询问苏联人对德国人说辞的意见。

德国无线电在4月13日公开谴责苏联政府，说它谋杀了那三个集中营里的一万四千五百名波兰人，还提倡在现场进行国际调查，以确认这些人遭到了何种对待。无庸置疑，波兰政府对此兴趣很大。然而，国际红十字会在日内瓦声称这是德国人的推断，任何调查都以接到苏联政府的要求为前提。因此，德国人进行了单方面的调查：从各国抽调出专家，让这些专家组织成一个委员会——自然受德国控制，然后展开调查。后来，该委员会拟出了一份详细报告。这份报告宣称，超过一万具尸体在万人冢被发现了，有两个证据表明他们是在1940年春天被处死的，一个证据是他们身上的纸条之类，另一个是种在冢上的树木年轮；另外苏联当时正统治着这片区域。

最终，苏联人又在1943年9月占领了卡廷。斯摩棱斯克被收回后，委派了一个由苏联人组成的委员会调查卡廷波兰人的生死。1944年1月，他们发表一份报告声明，三个集中营里的所有波兰俘虏都是被德国人屠杀的。报告说，德国人当时进攻迅速，苏联方面未能及时让波兰俘虏撤退，他们便落入德军手里而最终受害。相信这个说法就意味着必须承认：这近一万五千名的波兰军官和士兵从 1940 年春天就没有被记录在案，然后他们却在 1941 年 7 月被德国人俘虏并且杀害了，而且无人生还，因此无人向苏联当局或苏联波兰领事求助，也无人向波兰的地下运动人士报告此事。试想一下，德国人的进犯必定会造成大动乱，而当入侵者接近集中营的时候监禁人员肯定会逃走的，这些人在后来的苏波合作中还会比较活跃。如此设想后，要不要相信那个说法那就取决于个人信仰了。

＊　　　＊　　　＊

我为了能在自己的小别墅过一夜，少有地到恰特威尔进行了一次访问。在那里，我接到了苏联大使要见我的电话，而且他已在来的路上。麦斯基神色不安地给我带来了斯大林的一封信。信上说，对于控诉苏联大规模杀戮波兰军官战俘的指责，在伦敦的波兰政府既然已经表示支持，那么现在就该立即废止 1941 年签订的协约。我说，波兰人有这种指责或者极力支持这种谴责不是明智之举，而是大错特错，可是，我由衷希望苏联和他们的关系不会因此破裂。我起草了一封电报给斯大林，向他表达了我的意思。接下来，麦斯基列举了一系列理由证明苏联无论如何不会犯下那样的罪行，他辩称这项指控是荒谬的。关于这个问题的各种说法，我都从各方听说过，但我不准备探讨实情是怎样的。我说："当前不是争论指责的时候，我们要做的是打击希特勒。"苏联和波兰政府的破裂必定引起麻烦，因此我尽力阻止这种情况发生，但最终，我说的话和所做的事都没有起到作用。不管怎样，众多波兰军人及其家人孩子都被我们友善送出了苏联，而且，我们不时还在做这件事。另外，我在波兰组织和装备了三个由安德斯将军指挥的波兰师。

在纽伦堡审讯德国战犯，控诉戈林和其他人的时候，波兰人在卡廷被害的事情也在起诉书中被提到了，可是戈林等人向法庭提交了德国调查的白皮书。一些胜利国决定不讨论这个问题，因此永远也不会对卡廷罪行进行详细调查。当坐在被告席上的一些德国要人正遭受生死审讯时，苏联政府没有趁机洗脱这个可怕而普遍流传的罪名，也没有把它安加到德国政府头上。在纽伦堡国际法庭的最后判决书中，关于纳粹德国怎样对待战俘的那一节并没有提及卡廷惨案。所以说，每人心中都有权给出自己的结论。况且，仍在外流亡的波兰领袖们，特别是前任总理米科来契克先生，以及安德斯将军，他们所写的书肯定含有不少资料。米科来契克先生战后才在第一届波兰政府中任职。

第十九章 突尼斯的胜利

亚历山大将军正式担任指挥官——他在 2 月 27 日发给我电报——蒙哥马利将军推进到马雷斯防线——开始进攻了——"齐普"——蒙哥马利发于 3 月 21 日的电报——敌人右侧部队转移——德意军队撤退——阿卡利特阵地被攻袭——蒙哥马利发于 4 月 6 日的电报——亚历山大调整计划——第八集团军在安菲达维尔对面暂停进军——亚历山大的主要进攻在 4 月 22 日开始了——他在 4 月 30 日发给我电报——我在 5 月 3 日致电斯大林，说明情况——亚历山大的总攻——美国人攻入比塞大——敌军开始瓦解——俘虏五万敌兵——我在 5 月 10 日给亚历山大发去贺电——于 5 月 11 日给艾森豪威尔将军发去贺电——5 月 12 日祝贺吉罗——坎宁安海军上将准备切断所有海上撤退的敌军——海军出色的战斗——地中海重新通航——成为北非沿岸的主人——胜利的情况——二十五万名俘虏——国王给我发来一封亲切的电报

进入 2 月的最后一个星期时，亚历山大将军开始担任全线的总指挥。同时，根据卡萨布兰卡的约定，让空军上将特德担任盟军空军的指挥。这时正是突尼斯的作战发展到巅峰的时候。这场英、美、法三国军队都有投入其中的战斗是比较复杂的，而且具有强烈的变化性。艾森豪威尔虽然对

它负有最高职责，但由于它远在四百英里外的阿尔及尔，所以不能指挥这场战斗。因此，必须选出一个能在当地亲自指挥的人来。现在，这个人已经到达并且负起了所有责任。

亚历山大将军致首相   1943 年 2 月 27 日

我前往了美国和法国的前线，一共逗留了三天，现在才回来。目前正在开展改编和整顿部队以及重组的工作，但这些工作受到敌人在北方的行动影响而有些延误了。众所周知，美国人缺少经验，法国人缺乏武器。因此，我已将现有的最优秀的军官派给了美军，以便指导他们如何作战以及帮助进行必要的军事训练。至于法军这边，我则是为他们争取重要的武器以及各种轻装备，为此我已向本国以及中东方面发出请求电报；另外，我自己也尽自己所能援助他们。美国人的斗志又点燃了，这是因为他们在南方的作战中击败了敌军，而且收回了之前被攻陷的阵地。为了能重新掌握主动权，我下达了此命令：在南方发动的攻势要小规模而猛烈。说实话，我所看到的整个形势令我相当吃惊。本来，安德森应该对形势的本质做出迅速反应，进行我现在正在开展的一切的工作。但遗憾的是，一直到 1 月 24 日，他才担负起全线的指挥工作。

我对全军的改编安排是：一方面，令安德森将军指挥英国和法国的军队；另一方面，令弗里登德尔指挥美国的军队；再一方面，令蒙哥马利专门指挥第八集团军。

我不想告诉你会让你失望的消息，但必须得说明，我们不可能轻易获得北非的最后胜利。我们还需非常努力地战斗，在陆地上以及空中都须如此。艾森豪威尔将军所起到的帮助作用无疑是最大的。

我非常高兴你的身体状况已经转好了。祝万事顺利。

*　　　*　　　*

在能够充分利用的黎波里港前，蒙哥马利只能率领他的部分军队挺进突尼斯。他意识到，隆美尔在卡塞林战役结束后一定会立刻转过头来对付他。于是，他将他的三个前进梯队——第七装甲师、英国第五十一师和第二新西兰师，安排在了梅德宁附近的阵地上。虽然已来不及设置布雷区和铁丝网，但超过五百门反坦克炮已被部署好并严阵以待。

蒙哥马利将军致首相　　　　　　　　　　　　　1943 年 2 月 28 日

第十军已夺回它的所有运输工具，当前正从班加西努力向前。3月 10 日时，该军的先锋部队所有人员将抵达的黎波里，其他人员之后会陆续赶到。3月 19 日，我所率领的部队将和第十军在前沿地区汇集。为了能够在现在的这个阵地上和隆美尔交战，我正在采取必要的措施。在我准备好再次发动对他的攻势前，如果他想要用什么阴谋诡计，我就轰走他。不久后，我将对马雷斯展开进攻，而我现在的阵地正好可以作为此行动的阵地，因此我打算牢牢守住它。

隆美尔在 3 月 6 日发动了四次大规模的攻势，动用了他所拥有的总共三个德国装甲师。不过，我们重创并击退了他的每一次进攻。结果，他们只能将被炮火击损的五十二辆坦克留在战场上并进行撤退，而我们这边则没有损失一辆坦克，伤亡人数也只有一百三十。在和装甲部队进行过的所有战斗中，这次的反坦克炮的爆发力是最密集强大的。隆美尔这次所遭受的失败，恐怕也是他在非洲的所有征战最惨烈的一次，而这次战斗甚至可能是他在该地区的最后一次战斗。后来不久，他便被以病人的身份遣送回德，冯·阿尼姆接手了他的指挥职责。

正在向前推进的第八集团军的计划是围攻敌军的主要阵地，即马雷斯防线。这条防线是法国人在战争开始前修筑的，目的是为了防备可能会入侵突尼斯的意大利军。它长达二十英里，防御设备十分严密。滑稽的是，现在在该防御系统上进行防守的却是意大利人，而防备对象变成了英国人！陡峭的瓦帝基佐是该防线的一个靠海端点，也是主要防线正面中一条反坦克的牢固屏障；再往南是用混凝土建起来的炮楼、反战坦克战壕、铁丝网以及自前线延伸到迈特马泰的山丘。要想进行迂回运动，唯一的方法就是走一条弯弯曲曲的道路，这条道路能够通向特巴戈山和梅拉布山之间的峡道。之前，法国人说这条路无法通行车辆。1月份时，远程沙漠空军大队在勘察后指出并非不可通行，只是要克服很大的困难。这支侦察部队配着高度机动化装备，在行动中表现顽强，它在整个非洲战役中做出了很多宝贵的贡献。看来，敌人并非闲坐以待，他们修筑工事的工作已在这个隘口上展开了，由德国装甲师和意大利步兵组成的驻军也已到位。现在，马雷斯阵地前线的敌军兵力就是六个师，其中两个是德国师，另外，作为后备的有第十五装甲师。在考虑到敌军的这一实力后，蒙哥马利仍决定突破这个隘口，占领敌军的主要前线的后侧地区。他打算在计划里加入一支侧击纵队。

面对这种防守牢固的阵线，要想进行一次谨慎的攻击，得好好准备两个星期。就在这时，美国第二军收复了加夫萨并向东挺进，虽然他们后来无法进抵到沿海平原地区，但是却将德国第十装甲师牵制在了马雷斯战场上。勒克莱尔将军在3月10日也被攻击了，敌方的进攻力量是一支由装甲车和炮队组成的部队，此外还有进行支援的空军。皇家空军对法国人进行支援，他们牢牢守住阵地，在重创敌军的情况下击退了他们。现在，在马雷斯防线上已经布置好了舞台，一场被称为"拳击家"的作战行动就要开始了。为了进一步做好铺垫，已下令按计划展开白昼轰炸行动，但是，由于天气恶劣，轰炸机部队一直到20日才开始行动。3月16日，第一阶段的进攻开始了，进攻主力是第二百零一警卫旅。结果证明，这次初攻虽然付出了巨大代价，但还是失败了。蒙哥马利抓紧展开他的计划中的其他行动。19号晚上，他命令弗赖伯格将军率领一支包括第二新西兰师、第八装甲旅和一个中型炮兵团在内的一支部队出发。第二天，也就是20日的

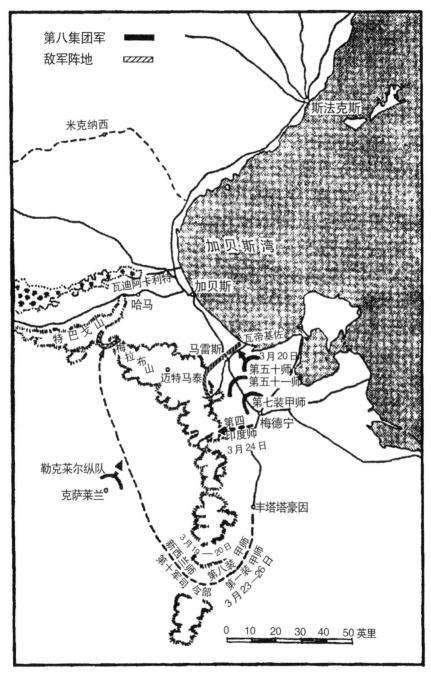

强攻马雷斯防线的行动

晚上，这些部队进抵到峡道附近地区。

亚历山大将军致首相   1943 年 3 月 21 日

第八集团军将"齐普"的时间定在了今日晚上。舞台已布好，一旦帷幕拉开，你就会收到确切的消息。在占领加夫萨后，美国第二集团军的第一装甲师现在正向梅克纳西推进。展开这次行动的目的是把缠住第八集团军的德国人引开，虽然他们至今还未有何反应，不过我们或许在明天就能看到些许动静。蒙哥马利明天将亲自与你联系。

亚历山大将军致首相   1943 年 3 月 21 日

"齐普。"

蒙哥马利将军致首相   1943 年 3 月 21 日

昨天已成功展开"拳击家"作战行动。从敌军西侧进行攻击的新西兰军今天到达了哈马西南十五英里的地区，现在正向加贝斯湾推进。第三十军在昨日晚上对敌军东侧发起了进攻，然后突破了马雷斯阵地的主要障碍并穿过了布雷区，如今建立起并扩张着一个桥头阵地。该部队所取得的胜利已经被充分利用。敌军很明显是要坚持作战，一场在马雷斯战线上的恶战就要开始了，我已经做了准备，这一仗可能要打好几天。新西兰军在加贝斯湾的行动将会对战事起到决定性的影响。

在马雷斯防线的沿海地区，第三十军于午夜前发动了一次主要进攻，第五十师突破了瓦帝基佐并且站稳了脚跟。瓦帝基佐的防守比预想中的还要顽固，工兵尝试了很多种方法，但结果都无法让坦克或者反坦克炮越过去。第二天用了一整天，第五十师在阵地站稳了脚，然而到了 22 日由于受到德国第十五装甲师和德国步兵的猛烈反攻而撤退，晚上时退到了瓦帝基佐的对面。

尝试从正面进攻而不成后，蒙哥马利迅速调整作战计划：一面命令在马雷斯阵线和敌军对抗的部队牵制住敌人，一面将主力调到了左翼。他还命令第十军和第一装甲师的司令部前往狭道和弗赖伯格会和，他们要走的是一条漫长而危险的道路。第四印度师则在梅德宁以西的迈特马泰山地上开辟出了另一条道路。

虽然得到了强有力的支援，但对于弗赖伯格来说，要想突破峡道前往哈马仍是一项十分艰难的工作。意识到这一地区有危险的敌军加强了防备，德国第一百六十四步兵旅和第十五装甲师的一部分被增派到那里进行防守。要想强行突破，唯一的方法就是对敌人发动一次强有力的攻势。这时，西部沙漠空军又做出了非常有价值的努力，亦如他们曾帮助第八集团军应对各场战役一样。包括八个美国中队在内的三十个空军中队，对在这个隘口上驻守的敌军接连进行了猛烈的轰炸，轰炸在 3 月 26 日下午时达到了巅峰：轰炸机和低飞的战斗机交替袭击，轰炸持续了两个半小时。凭借这种猛烈的炮火支援，新西兰人和第八装甲旅得以突破了敌军防线。第一装甲师也随之深入并在夜晚来临时赶超了他们，黎明时分，哈马已经近在眼前了。该师和新西兰人对敌军展开前后夹攻。敌军进行了不见成效的奋力抵抗，战斗力大大损失，还导致七千人被俘。在获取最后胜利的整个过程中，军队表现得训练有素，指挥官也充分发挥了他们的智谋。

蒙哥马利将军致首相　　　　　　　　　　　　　1943 年 3 月 28 日

第八集团军通过七天持续的激战重创了敌军。现在，敌军虽然还在哈马到加贝斯湾的战线南侧进行抵抗，但他们已经快崩溃了。整个马雷斯阵线都已被我军占领。

意大利梅斯将军意识到退路可能会被切断后，马上指挥部队从这条战

地中海战役，1942年

线上撤退。他又在瓦迪阿卡利特附近的加贝斯北侧十英里的地方布下了防线。在大海和其西侧沼泽地区间有一条狭窄的要道，梅斯新布下的防线就穿过这条要道。在正逼近的第八集团军做好进攻准备前，北侧阵线发生了一些惹人瞩目的事情。部署在沿海地区的英国第四十六师在 3 月底时开始行动了，在和敌人交战了几日后，他们收复了此前的所有沦陷地区。在巴杰以东，英国第四师和第七十八师发起的进攻也获得了成功。可以设想，用不了两个星期就可以收回迈杰兹以北的所有地盘，然后一直推进，直至抵达最初撤退时所占领的阵地。3 月 31 日，美国第二军再一次沿着加夫萨和加贝斯湾的公路前进，从后方威胁瓦迪阿卡利特的敌军。虽然他们没有获得突破进攻的胜利，但是这次他们成功诱使德国第二十一装甲师来增援它的第十师，这个结果是非常有意义的。在这两个师发动进攻时，美国军队将他们牢牢牵制在了瓦迪阿卡利特。与此同时，战术空军持续性攻袭敌人空军的降落场地。这几次袭击取得了可以说是非常成功的战果：将敌方的空军赶出了突尼斯。

*　　　*　　　*

亚历山大在 4 月 5 日给艾森豪威尔提交了一份周详的计划，紧接着，也就是次日，第八集团军又做好了发动新一轮攻势的准备。瓦迪阿卡利特本身就是一个十分坚固的防御阵地，因其背面有很多高山，地形天然地十分有利于守军。蒙哥马利再次运用他独特的战术，即以炮兵的密集炮火为支援。在这种支援下，英国第五十一师、第五十师以及第四印度师，不顾敌人当时猛烈的对抗，在黎明前发起了进攻，敌人自然拼命反击。一直到傍晚，才打赢了这场战斗。

蒙哥马利将军致首相　　　　　　　　　　　　1943 年 4 月 6 日

今早，在瓦迪阿卡利特，我们对敌军发动了一次猛攻。这次行动是在无月光的黑夜进行的，而且我令部队直接攻击敌军阵地中心，这两种情况都是我在以前的指挥中不曾出现过的。这次进攻得到了四百五十门大炮的支援，动用了约三个步兵师。在我们的攻袭下，敌军乱了方寸，我们最终攻占了所有目标阵地。就这样开辟了一个突破口后，我即令包括新西兰师和一个装甲师在内的第十军出发，他们在我写这封信时刚动身。

战斗持续了六个小时，我们的战果丰盛，俘获的敌兵估计有两千人，之后可能还会不断增多。我们还会再接再厉，直至这里的敌兵毫无还手之力且损失惨重，使得他们在后边阵地上作战时，必定面临兵力或者物资越来越少的困难。现在，激烈得让敌人意想不到的战斗仍在进行中，当他们恢复理智时，他们可能会决定拼死一战。不过，鉴于我军已经深入他们的阵地中心而且了拿下了所有重要据点，所以，他们无论如何都已无法在瓦迪阿卡利特这个阵地继续抵抗。我的军队以巨大的编队前进，战斗也很出色。

当这里的战斗结束后，我们将继续向北前进。

第二天，在这两条通向北方的道路上，追击敌人的行动又展开了，撤退中的敌军纵队遭到了我们可用的所有英、美飞机的袭击。4月7日，第四印度师的一个巡逻兵和美国第二军的一个巡逻兵相遇了。事实证明，美国人的那句无人听懂的"嗨！林米"被视为亲热的招呼而得以广泛通行了。这样，这两支本来相距近两千英里的军队终于会和了。同一天，英国第九军、英国第六装甲师以及第四十六师的一个旅，再加上美国第三十四步兵师，都试图冲过冯杜克隘口，以便阻止敌军向北撤退。虽然早就占领了皮西翁，但那个装甲师直到9日才越过防线，11日，它和德国第十装甲师和第二十一装甲师打了一仗，得胜后才进入凯鲁万。

毫无疑问，由于我勇猛的第六装甲师所做的努力，敌军只能加速撤退。不过，在第八集团军前面撤退的敌军仍具有出色表现。的黎波里如今已远在后方的三百英里以外，如此，有港口设施的斯法克斯便变得十分重要了。4月10日，斯法克斯被攻占，两日后，苏塞也被占领了。4月13日，在敌军位于昂菲达维尔北部山区的最后一片阵地上，我们和敌人进行了试探性的较量。这次初攻证明他们的防守十分严密牢固。

由于占领了前沿飞机场，现在艾森豪威尔将军可以进一步封锁突尼斯的海上和空中领域了。随着对海上的封锁的加强，敌军更依赖空中进行运输，于是每天他们都在用战斗机护送大队运输机前来。这对英国和美国的战斗机来说无疑是种引诱，这些诱人的目标也成为他们主要的攻击任务。4月10日和11日有消息传来说，击毁了他们七十一架运输机。18日，在邦角外，敌人的一支大规模运输机大队——由一百多架飞机组成，遭到了我们的"喷火"飞机和四个美国"战鹰"航空中队的迎头痛击。在他们落荒而逃的过程中，我们击落了他们五十多架飞机。第二日，南非的"小鹰"飞机击落十八架敌机中的十五架。最后，在4月22日，又有三十架被击落到海里，其中很多装载有汽油的飞机还起了大火。德国的飞机已经用尽了，事实上可以说，我们击碎了希特勒的白日梦。运输机再也不敢在白天行动了。不过，有赖于这些飞机，自12月至3月的四个月中运送了四万人和一万四千吨物资到非洲，所以说它们也获得了巨大的成功。

亚历山大已经看清了昂菲达维尔阵地的形势，他决定在西面展开对突尼斯的主要进攻。4月的上半月中，从南线抽调了已脱身的美国第二军到这里，让它代替英国第五军驻守自巴杰到海边的地区。第八集团军中的英国第一装甲师虽然被调到了第一集团军，但第八集团军的任务仍然没变，即牵制住在昂菲达维尔前线防守的敌军。4月19日，做好主要出击准备的该军由炮兵和空军掩护，发动了三个师进行猛攻。经过两天的激烈战斗后，它取得的进展显著，不过也清晰地意识到，只有付出巨大的伤亡代价才有可能从这个方向上获得进一步的突破。

4月22日，第一集团军开始了主要的进攻。第九军连同第四十六步兵师、第一装甲师和第六装甲师在右侧即古拜拉特南侧向前推进；第五军连同第一、第四和第七十八师在北侧推进，跨过了迈杰尔达河后又向芒锡考特推进。敌我激战了五天后，敌军仍有余力继续作战，不过他们的损失也十分惨重。另外，我军占领了一些重要据点，这些据点的重要作用在一个星期后就发挥了出来。在英军作战地区的南侧和北侧，分别是法国第十九军和美国第二军在行动，前者攻占了佛基林山，后者在23日发起进攻，向马特尔逐渐推进。遭遇地形困难的美军仍然对德军保持着持续的压力，以至于使他们不得不步步后退。

亚历山大将军致首相　　　　　　　　　　　　　　1943年4月30日

我和蒙哥马利进行了一次长长的讨论，我们一致认为应该取消他向布菲舍推进的大规模作战计划，这是因为考虑到对于他来说地形障碍是一大困难，他势必要付出惨重的代价却还没有胜利把握。此外还考虑到，敌人已在沿海地区集结了大规模的炮兵力量来对付第八集团军。我接下来的计划是，防止敌军从他们方面的前线把部队调到第一集团军的前面，为此我命令第八集团军在当地进行积极的行动。第四印度师、第七装甲师和第二百零一警卫旅将和第一集团军会师，他们今晚将要出发。5月4日这天，第五军或许会在现有空军和炮兵的支援下对迈杰兹—突尼斯轴线发起一次猛攻。第九军的任务是联合两三个装甲师向突尼斯进发，他们将要赶在第五军前面。我认为这次进攻的获胜希望极大，一定会取得具有决定性意义的成就。

最近两日，在第一师和第四师的前线以及美国第二军的前线，敌人展开了持续的反攻。在第五军前线的交战尤其激烈，一些地方一时落入敌手，一时又被我军抢回。不管怎样，在第一师和第四师的出色作战下，目前我们的阵地还是完整的。敌军方面则遭受了严重的损失。在很多次反攻中，他们使用了坦克，如今他们已有七辆第六型号坦克被击毁。敌军决心拼死抵抗，在此举一例：海尔曼·戈林师有五十人决定投降，但就在这时，有一个人站出来鼓舞士气，劝说大家进行殊死抵抗，哪怕直到最后无人生还。

克罗克将军受伤了，于是由霍罗克斯接任第九军军长，弗赖伯格接任第十军军长。

首相致斯大林元帅　　　　　　　　　　　　　　　1943 年 5 月 3 日

在突尼斯的最高地区，双方的激战仍在继续，且双方都遭受了惨重的伤亡。打从进入突尼斯开始，我们取得了俘获敌兵四万名以及使敌人伤亡达三万五千名的成就。现在，第一集团军和第八集团军的伤亡各为大概两万三千名和一万名。总地算来，盟军已有大概五万人或伤或亡，其中英国人占了三分之二。在所有阵线上的战斗仍将继续激烈地进行下去。亚历山大将军正在重新编队，以便进行猛烈的推进行动。敌军有将近二十万人被我们包围了，但他们的增援仍源源不断。我们的空军力量日益强大，而且一天天逼近敌人，就在这几天，他们成功阻击了敌军的增援行动：击沉了他们很多驱逐舰和运输舰，其中包括好几艘装载有德国增援部队的舰只。敌人的交通线现在都暂时不可用了，这意味着他们若无法立刻恢复交通，将面临十分严峻的供应难题，还意味着，他们也不太可能将任意规模的军队从海上撤走。这里的山多，每一处巍峨耸立的山峰都是一个有利于敌人进行防守的堡垒，所以阻挠我们的障碍是非常大的。即便如此，我仍希望可以在本月结束前给你带去好消息。对于敌军来说，这场战役还给他们造成了途中额外的损失，所以他们所遭受的损耗也是非常大的。

现在很明显，要想使敌军土崩瓦解，还须给他们一次沉重的打击。昂菲达维尔阵地实在太牢固了，唯有重创此地才能攻克敌人，这一事实已经由在 4 月 24 日进行最后一击的第八集团军证明。正如我们所知，第八集团军中的那三个沙漠作战经验丰富的师，被亚历山大将军调到了第一集团军。5 月 6 日，最后的进攻开始了。在迈杰兹至突尼斯的公路两边的狭窄战线上，第九军发动了主要进攻。充当先锋步兵师的英国第四师和第四印度师在前，第六和第七装甲师在其后，左侧是进行掩护的第五军。这一天，盟国空军出击了两千五百架次，再次表现了卓越的作战能力。面对这一大危机，轴心国由于空军力量已经逐渐衰颓，只能出击六十架次进行抵抗。战斗的高潮眼看就要到来。盟军已经毫不留情地封锁了海上和空中，敌人在两个领域的活动都被迫终止了。德国人所作的报告中有这么一段：

> 敌人获得了胜利，对胜利具有决定性作用的是英美空军：他们以空前猛烈的强度参加地面作战，击毁了在突尼斯的德、意桥头阵地。

第九军在敌军前线取得了一次十分干脆的突破。两个装甲师穿过敌人的步兵阵地，到达了突尼斯后面的芒锡考特，然后在第二日即 5 月 7 日继续向前推进。已进抵突尼斯的第七装甲师转而向北进发，打算和美国军队会和。这时候，美军前线上的战斗业已胜利结束，他们的第九步兵师挺进了比塞大。如此，盟军对三个德国师形成了包围，并使他们在 5 月 9 日投降。

亚历山大将军致首相　　　　　　　　　　　　　　1943 年 5 月 8 日

出人意料的是，事态发展得非常顺利，甚至超出了我的预期。我已经改编了军队，以便让美国人去防守比塞大。如你所知，当第一集团军占领突尼斯时，这支美军已经进入了比塞大。我命令一个法国团到突尼斯迎接他们，同时指令升起三色旗。我们成功误导了敌人，使他们相信我们是从南方进攻的。现在，他们已将很多坦克和八十八毫米口径的大炮调到了英国第一装甲师的对面，如此一来，我们第九军对面的敌军实力就减弱了。于是，第九军凭借所有空军的支援，动用大批武器和装甲部队，发起了大规模的进攻。这无疑是一个产生爆炸性效果的举动：结果，一进抵突尼斯城内，这支军队只用了不到三十六个小时便推进了三十英里。

已彻底瓦解了轴心国的前线。不过，还有一些零散的小股德国部队。我军开展了扫荡活动，到今天为止俘获了大概两万名敌兵以及包括枪支弹药、运输汽车在内的许多军资。我们在士兵和坦克方面的伤亡算来不多，第一集团军的士兵伤亡人数大概是一千二百。

我和科宁厄姆刚从突尼斯城返回，我们在那里受到了当地人的热情欢迎。之后，我们去到了第九军的前线，到那儿时，第二十六装甲旅正进攻哈曼里弗，第一警卫旅在该地南侧的一些高地上和敌军作战。英国第一装甲师已开到了大路上。法国坦克部队正在柴格万以西和敌人交战。

我们现在的主要目的是争取不让敌人攻占邦角半岛。皇家空军表现卓越，全军士气旺盛。

第六装甲师及其右侧的第一装甲师，还有后来的英国第四师共同向东突进到突尼斯外更远的地方。在该城以东几英里之外，当前两个师行进在一条靠海岸的狭窄道路上时碰到了敌人，敌人匆忙抵抗。5月10日的黄昏时分，他们冲破了地方的抵抗，到达东岸的哈马马特。在他们后面的第四师在邦角半岛展开了扫荡行动，其间没有遇到任何抵抗。敌军的残余部队已经在南面被肃清了。[1]

---

① 征服突尼斯，1943 年 5 月 6 日—12 日。（照原图译制）——原注

亚历山大将军致首相　　　　　　　　　　　　　1943 年 5 月 10 日

　　我和科宁厄姆刚回来，我们坐汽车和飞机去调查比塞大和突尼斯之间地区的情况；那里，杂乱地堆放着敌人的车辆、武器等装备，其中很多已毁坏，有些是敌人丢弃的。我们统计了关押地点的俘虏人数，已经有五万人，并且还在不断地增加。截止到现在，已经俘虏了九名德国军官。在今天下午六点，第一集团军的先头部队已经抵达古兰巴利耶。假如运气好，与第八集团军对峙的全部轴心国军队就会全面投降。

亚历山大将军致首相　　　　　　　　　　　　　1943 年 5 月 10 日

　　你始终肩负着最终消灭非洲德、意力量的一系列战斗的指挥任务。你同你优秀的蒙哥马利副司令在过去的六个月时间里，在这次自阿拉曼到突尼斯的看不见尽头的战斗和行军中，又赢得了一次可永远载入英联邦和英帝国史册的荣耀。在那场伟大的最终战役中，你们之间的默契合作将作为军事艺术的榜样写进历史。而且，你还清楚怎样用信心和热情，激励你的士兵排除千难万险并征服所有困难。现在，我们能够对他们及值得信赖的美国和法国的士兵、飞行员们说，他们以及他们伟大的事迹，令所有英国人民与整个英帝国都敬佩并深怀感谢。英国第一集团军和第八集团军打赢了这场激烈的战斗。荣誉属于所有将士。

亚历山大将军致首相　　　　　　　　　　　　　1943 年 5 月 11 日

　　我预料，清除所有抵抗组织不会超过四十八个小时，轴心国的所有力量也会在两三日之内最终消灭。我猜测，截至今天，我们俘虏的敌人可能已经超过十万人——未经证实——并且人数还在不断增加。我昨天看见一辆运送德国人到俘虏营的双轮马车，驾驶马车的本身就

征服突尼斯，1943 年 5 月 6 日—12 日是德国人。在路过他们的时候，我们和他们都忍不住笑了起来。整个事情活像赛马的节日。清查各种装备需要一些时间；有些装备已经被损坏，但很多仍然完整。

几乎所有人都被抓到了，除了一小部分坐飞机逃掉的人之外。我们救回了两千名己方被俘人员，其中一些是受伤的。这所有让人满意的情况，都预示着前路坦荡。

首相致艾森豪威尔将军（在阿尔及尔）　　　　　　1943 年 5 月 11 日

对在你英明领导下的部队于北非战役中所取得的非凡成果，英王陛下和战时内阁向你表示祝贺，并请接受我本人向你致以诚挚的祝贺。

对于曾经参加过突尼斯那场持久又猛烈战役的部队，你所展示的同僚之情和领导，以及英、美军队和法国盟军在这场跌宕起伏的战事中所表现出来的完全包容和协作，都是我们获得胜利的坚实基础。

从英、美联军同一时间联袂进入突尼斯和比塞大这一成果上看，这个世界的未来还是足够光明的。希望他们会永远团结向前，将人类的独裁者和暴君彻底击溃。

艾森豪威尔将军致首相　　　　　　　　　　　　1943 年 5 月 11 日

因为你诚挚的信任和支持我与这支盟军部队，所以我在昨天给你的信件中向你表示我心中的诚挚谢意。我今天收到你的电报，它让我倍感温馨愉快，以致我简直找不到语言能够表达我的心情。我只能诚挚地感谢你，而且我对你承诺：这支部队在没有从地球上彻底清除法西斯主义之前，将永远保持战斗。

首相致吉罗将军（在阿尔及尔）　　　　　　　　1943 年 5 月 12 日

我们所有人都非常高兴，因为：在我们共同敌人的前方，法国师不断向前并接连胜利，给后方送去数以千计的德国战俘。尽管在装备上处于不利的情况，你所领导的法国军队还是坚持拼命作战：主动前进攻击，坚决顽强防守。请让我最诚挚地祝贺你以及祝愿你那边一切顺利。

*　　　*　　　*

坎宁安海军上将已准备好要使得轴心国完全崩溃。为防止轴心国企图再次进行"敦刻尔克式"的撤退，他在 5 月 7 日命令所有海军在海峡中巡逻。这次作战计划被称为"报复"。他在 8 日发出了指令："击沉、焚毁、歼灭所有敌船，不许任何船只通过。"最后差不多是成功完成了这一目标，只有几只小船试图逃跑，但几乎全部被俘获或击沉。不仅是皇家空军，驱逐舰和海防舰艇也在日夜作战，无情地扫荡敌人。最终，算来共计八百七十九人向海军投降。已确认逃脱的敌兵有六百五十三人，他们大多数是夜间乘坐飞机逃脱的。我们虽然也有伤亡，不过是不值一提的。

一个月后，我访问了阿尔及尔。直到这时，我才能公正地指出海军各部门对这次胜利之战起到了多大的作用。

首相致坎宁安海军上将　　　　　　　　　　1943 年 6 月 11 日

我们的潜艇表现勇猛而忠诚，他们共击沉了四十七艘船只。我们的海面舰只也取得了丰硕的战果：击沉总计二十六万八千六百吨的四十二艘船。将空军的战果也算在内的话，则总共击沉一百三十七艘船只，对敌人造成四十三万三千四百吨的损失。这个数字占我们对轴心国在突尼斯战役开始时所有船只估计数的百分之三十二。

在大陆上进行的漫长战斗所取得战果是：一共击沉二十一艘驱逐舰或鱼雷艇，另外还有多艘小型船只；使敌人百分之三十五的供应船和运输船无法到达突尼斯。当然，这一切和海空军的密切配合是分不开的。

5 月 9 日至 21 日间，扫雷艇扫清了长达六百英里的海峡，固而赢得地中海重新通航的荣誉。

如今，我们运输船队的护航工作成效达到了空前的水平。从 1942 年 11 月 8 日至 1943 年 5 月 8 日间，我们进入地中海的大量船只产生的损失不足 2.5 个百分点……

1943 年 5 月 17 日，一支运输船队从直布罗陀出发了，它将在地中海的整个航线上行驶，这样的行驶还是自 1941 年以来的第一次。5 月 26 日，这支船队在毫无受损的情况下驶进了亚历山大港。现在，常规的物资运输船可以节省大概四十五天的航行时间，这是因为打通这条航线后航程缩短了将近九千英里。

*   *   *

我在 5 月 12 日收到了下面一封电报。

亚历山大将军致首相　　　　　　　　　　　　　　1943 年 5 月 12 日

一切就要结束了。已俘获了冯·阿尼姆，看来将会俘获超过十五万名的敌兵。已经击溃了敌人所有有组织性的抵抗，只有小股部队还在坚持抵抗。目测会缴获一千门以上的大炮，其中一百八十门是八十八毫米口径。另外，还缴获了二百五十辆坦克及数千辆各类型汽车，其中不少是可以使用的。今天，在从古兰巴利耶到迈杰兹艾尔巴布的公路上可以看到一个很稠密的纵队，那是驾驶着自己车辆前来的德国俘虏。

但愿在几个小时后我就可以发出一份宣称这次战役已正式结束的电报。

那一天，第六装甲师与第八集团军会师了。在已合龙的严密包围下，敌人不得不投降。亚历山大的来电中有一句：

德国人驾驶着他们的交通工具或征用的马车，前往战俘营。这一景象真令人惊叹。

他于5月13日下午两点一刻通知我：

阁下：

　　我在此要通知你，突尼斯战役已结束，敌人停止了一切形式的抵抗。现在，北非沿岸地区是我们的地盘了。

*　　*　　*

突尼斯之战的胜利所具有的重要意义，想必是任何人都不会怀疑的。它和斯大林格勒战役不相上下。我们俘获了将近二十五万敌兵，重创了敌人实力。此外，击沉了他们三分之一的用来供应物资的船只。实际上，我们肃清了非洲的敌人，解救了一个大陆。伦敦沸腾了，这样的场面是这次大战以来第一次出现的。议会以十分的热情和关注迎接各个大臣，向各个指挥表示热烈、真挚的感谢。我下令各个教堂都鸣钟庆祝。遗憾的是，由于我彼时还在大西洋的另一岸处理要事，所以没有听到它们的声响。

国王给我发了电报，收到这封亲切的来电时，我已到达白宫：

1943年5月13日

　　非洲战役现已胜利结束。我愿意向你表明，我确实认为，你的远见和最初那种不惧困难的精神，在这次战役的筹划和执行阶段起到了主要的作用，并使得我们最终获得了荣耀。不仅是我国，所有同盟国都从这次胜利中获益匪浅。

国王乔治

第二十章　对华盛顿的第三次访问

有必要召开一次英美会议——"玛丽王后"号之旅——我们为"三叉戟"会议做准备——有关缅甸的不如人意的故事——我写的有关印度和远东地区的报告——以海军发动突击的重要性——岛屿上的各种战利品——日本人的扩展已发展到最大程度——我们应该占领大西洋岛屿——我们抵达华盛顿——罗斯福总统欢迎我们——"三叉戟"会议在 5 月 12 日召开——我在开始讨论时的发言——抓好战果——土耳其和巴尔干各国——和意大利单独和好的益处——必须使苏联的压力消解——我们的军队不应该无所事事——横渡海峡的进击——援助中国——苏门答腊的尖端地区——战败日本的长期计划——总统的回答——在"世外桃源"的周末之旅——我们经过弗雷德里克——《芭芭拉·弗里奇》——我的背诵被打满分——隐居在总统的小木屋中——计划中的和蒋介石夫人的会谈——5 月 19 日，星期三，我第二次在国会发表演说——战争中的一个里程碑——"整个大陆的局势得到了平复"——任重道远

　　一旦非洲的局势确定下来，我就十分有必要立刻前往华盛顿了。我们在胜利后该做什么呢？是只满足于在突尼斯顶端地区获得的战果，还是争取把意大利拉出战争，并让土耳其加入我们？只有亲自和总统商讨，才能

解决这些重要的问题，这也是我前往华盛顿的重要理由。重要性仅次于这些问题的是在意大利战场的军事计划。我觉察在这个问题上，我们内部实质有严重的分歧，若不解决这个问题，这一年剩下的时间里它将会引起很多难题，致使我们在行动上有心无力。正因此，我决定有可能的话召开一次最高级会议。

我在 4 月 29 日打电报给罗斯福总统：

> 依我看来，西西里问题以及之后如何扩大战果这一问题，是我们现在所有需要共同解决的问题中最重要的两大问题。次于这两个问题的是，有关缅甸战役的问题：以我们的经验出发，根据目前船只不足这一情况，如何规划那个地区的行动？此外，你和我有可能随时还提出其他急需解决的问题。我希望争取在 5 月 11 日即星期四前能同你会面，不知道你意下如何。或许你更愿意派人来我们这里？这对我们来说当然更方便。

*　　*　　*

医生们规定，我必须在低于轰炸机所需要的最大高度以下飞行。由于冰冻天气，北路航线的快速水上飞机在 5 月 20 日前是无法起飞的。这样一来，只能通过海道出发了。5 月 4 日，我们从伦敦启程，次日在克莱德河口登上"玛丽王后"号。不得不夸一下这艘船，它所拥有的设备足够应对我们所需。我们所有代表都住在它的主舱中，这一区间的甲板和该船的其余各层是完全隔离的。为了便于我们随时使用，船上准备好了办公室、会议室以及地图室。事实上，我们打上船后就没有停止过工作。

我们用了各种所能想到的妙招来隐藏"玛丽王后"号上的乘客身份。在各处张贴用荷兰文写的通告，借此暗示这艘船是载着荷兰女王威廉明娜及其随行人员前往美国。为了使人们流传出这个消息：当这艘船返航时，美国总统及其诸多幕僚将会乘它拜访英国——还特意在船内的上下通道中设置便于轮椅推行的华丽的斜坡道。各种谣言越多，安全性也就越高。事实证明，这种掩饰很有效：这艘船上还有一些战时内阁成员，他们前往美国是为了参加霍特斯普林斯粮食会议。而当他们看到我们也在船上时，不禁大吃一惊。船上还装载着五千多名德国俘虏，有人建议将他们转移到其他船只上去。我不认为他们还能威胁到我们，因为我们已没收了他们的武器，完全控制着他们。因此，当有人向我转达这个建议时，我的指示是让这些俘虏就待在船上。

*   *   *

"三叉戟"会议这个名字是我以前起的，在接下来的十四天里，这个会议将会讨论关于战争的各种情况。为此我们要派出大量的代表，现在已出发的"确认出席的正式成员"有：参谋长委员会带领的好几位参谋、由莱瑟斯勋爵带领的来自军事运输部的高等官员、伊斯梅以及与之随行的国防部职员，一同出席的还有印度总司令韦维尔陆军元帅、萨默维尔海军上将和皮尔斯空军上将。因为我觉得我的美国朋友急需我们倾尽全力在印度进行军事活动——哪怕不可能也要进行——所以我召集他们开会。这次会议，必须让接任务的人员直接反映自己的意见。

有很多事情是不能留到华盛顿的，我们在到那儿之前必须先内部解决。我们现在都位于一层甲板上；联合计划部和情报参谋部基本时刻都在开会，参谋长委员会开会不是一天一次就是一天两次。我通常习惯每天早上将自己的意见写在备忘录上给他们看，或者直接下达指令，接着我们会在下午或者晚上进行一次讨论。航行过程中，我们持续不断地讨论、研究和策划，最后做出了经过再三思量的重要决定。

每个战场一定都要考虑到。我们现已通过了一致的意见，来解决非洲战场上获得胜利后在欧洲的作战问题。前面提到过的，卡萨布兰卡的会议上，我们决定攻打西西里，而且所有的准备工作都完成了。参谋长委员会深信，攻占了西西里后对意大利本土发动攻势是理所当然的事——甚至此事也可以和攻击西西里同时进行。他们的意见是先占领意大利趾形①地区的桥头阵地，然后深入攻击踵形地区，有了这两项作战做铺垫，再之后就可以向巴里和那不勒斯前进。我们在船上先将表达这些意见和观点的资料准备好，到达华盛顿以后就递交给美国方面，用于在会议上和美国参谋长讨论的依据。

＊　　　＊　　　＊

我们猜想，要想和美国朋友就英国军事行动的第二大战区这一问题达成意见——也就是让对方同意我们从印度出发作战——将会困难得多。卡萨布兰卡会议上已经确认了一个提议：1943 年 5 月之前的目标是攻夺若开（阿恰布）。②这是为了从阿萨姆进军，然后争取占据一个新的立足点，从而改善通往中国的航空路线和空运环境。我们还曾明确过，攻击缅甸的日期暂定为 1943 年 11 月 15 日，做最后决定须等到 7 月份考察能够动用多少兵力后。所有这些都能在文件上找到记录，只是我们实际上并未采取行动。进攻若开（阿恰布）的行动失败了，现在也不可能说在雨季前一定要攻下这个地方。考虑到后勤方面的难题有很多，且在春季时中国也没有兵力调到云南，因此现在也没有展开从阿萨姆进攻的行动。虽然增多了对中国的空运量，但是，仅靠我们的人力和物力，是无法充分发展空运路线的，也无法准备好必要的条件以便从陆路向缅甸中部进军。所以说，显然可知在 1943 年和 1944 年间的冬季能否执行"安纳吉姆"的全部作战了，无需在这个问题上再讨论。

我非常清楚美国人会因为这些结论而深感失望。总统及其身边的顾问过于乐观地认为，只要给中国充足的武器和装备，它就能充分利用所拥有的军队力量。他们没有恰当地考虑过，这些援助若不及时运达，中国就会

---

① 意大利的地形形状和尖头靴子相似。——译注

② 战役计划的代号是"食人者"。——原注

立马倒下。有人说，阿萨姆境内那条糟糕至极的交通线可以作为进军夺回缅甸的通道，我非常不赞成这个提议。我厌恶丛林——它终归属于胜利的一方。我在考虑的是空军和海军的各自力量，以及有关两栖作战和重要据点等各种问题。不过，对我们整个伟业来说，非常重要的一点是我们的朋友不要有这种念头：觉得我们减弱了完成卡萨布兰卡的计划的热情和行动力度。相反，他们应该有信心，为了满足他们的愿望，我们打算尽最大努力。正是因为这样，我在这次航行的头几日才准备了一份长报告，讨论有关印度和远东范围内的整个形势问题，尤其是那些我们担任主要责任的地区的问题。

……我们都认为不可能在1943年使原计划中的"安纳吉姆"行动成为事实；参谋长委员会正在研究如何调整计划或者寻找其他行得通的方法。可以针对这些方法大概提几条意见。

5. 进入到处是沼泽的丛林地区攻打日本人，好比亲自下水中抓鲨鱼——不如诱使它进入埋伏或者钓它上钩，把它拖到地面上再一斧子劈死它。关键是，如何把这条鲨鱼诱骗到陷阱里呢？

6. "火炬"计划从战略上来说的重要意义是，能逼迫或诱导敌人转移到将会最大程度地消耗他们力量的战场上。在这一战役使我们夺得了重要地区，占据有利的基地，而且还获得了一支约有八个或十个师的新的法国集团军。此外，赢得这次战役的胜利后，由于掌控了地中海，我们的主要海上交通航线也得以开通。我们能否争取在美、英、荷、澳的战区内攻下一个或者多个具有战略地位的据点，逼迫日本人在情况不利于他们但有利于我们时进行反攻？为了实现这种可能，必须巩固孟加拉湾的制海权。在这之后，还要以占领的主要据点为中心，建立有效的海岸基地制空权。在这种保卫下，只要敌人不是大规模的袭击，各方面都是只需要很少的军队就可以应对敌人。而若是敌人发起大举进攻，我们就按照已定的周详计划给予驻军支援或者帮助他们撤退。

7. 要想成功登陆，最安全可靠的方法就是，把登陆地点定在别人都认为你不会在那儿登陆的一个地方。毛淡棉至帝汶岛间的新月形地带可作为据点的有安达曼群岛、丹老（以曼谷为目标）、克拉地峡、北苏门答腊（可发动袭击）、苏门答腊南端以及爪哇，如有需要，我们应该可以通过孟加拉湾，载运三万人或四万人到这些地带中的某个或多个据点去。

8. 在决定采取何种登陆方法时，应该首要考虑上岸的重要意义，另外还要考虑到要争取尽快在上岸后建立一个强大的空军基地，因此也要认真研究出这一方面的一系列计划。在初期的行动中不必执着于拿下目标，到第二步时，就可以凭借海岸基地上的空军给予的有效掩护，更有把握地去攻夺目标。不过，一旦在登陆时遭遇抵抗，要想成功就必须依赖由各级航空母舰运载的大批空军部队。等建立起有海岸基地的空军力量后——不管是临时的还是永久性的，就可以将这种由海军提供的空中掩护力量调到其他地方。

只要哪怕夺下一个让敌人难以割舍的主要据点，就可以使得敌人动用大批力量来争取收复失地，届时他们将会把兵力分散在长长的海岸线上，而我们的海军就可以威胁到他们。如何才能让敌人分散兵力呢？唯一的方法就是对他们的某些地点发动具有决定作用的攻击。若不然就等于让敌人安守着阵地，占据着最佳防御位置——这是一种极为宝贵的财富。所以说，当敌人抢去这一财富并有所防守时，我们必须发起攻击，而将财富夺过来。凡是所能想到的方法都应该被积极研究，要以坚决行动的精神，争取攻克各种阻碍我们的困难。

9. 一旦有了这两个前提：摧毁了意大利的舰队或者使他们保持中立；我们获得了横跨地中海的航道上的制空权——强大的英国海

军部队就能重新组编包括主力舰、航空母舰和辅助舰只在内的一支东方舰队。日本的实力不应被过高估计；他们不可能在所有据点上都能应付我们具有空军援助的海上进攻。他们的空军力量日益衰微，在太平洋战役中被美军和澳军打击后，现在肯定更加紧张。所以说，只要进攻敌人的某一个据点，就可以轻易迫使他们更分散地使用力量。

10. 我们的报告说明，大概有两万日本兵在六百英里长的苏门答腊岛上，在爪哇大概是四万人。他们攻占这两个地方所用的兵力非常少，而当时在那防守的部队力量远远大于他们现在派驻在那里的力量。所以说，我们难道不能以同样的气势以及海、陆、空三军的紧密配合，来制订并执行这个作战计划吗？我们在兵力上是相当强大的，海军的力量能使我们有机会更自主地选择攻击点。再说了，过去十五个月所发生的事情应该让我们受到教训。已提出的那种不值一提的计划不过是起到"好过没有计划"的作用罢了，我们不应该满足于这类可能会被用来搪塞责任的东西。

11. 不管上述情况如何，我们在未来的会议中不要轻易承担起某项特定计划的责任。当然，偏见会损伤到任何一个计划，使其可信度下降。此外，由于盟国之间本来就存在冲突，若我们不恰当地关注每一个计划，那么我们就可能被逼着接受其他被视为更好方法的计划。只要我们提出调整"安纳吉姆"作战计划的理由，我们的朋友首先就会反对我们。我们应该不断强调一点：我们非常愿意按照卡萨布兰卡会议所决定的先后次序以及重要情况，进行这一战场上的军事活动。我们要把他们的注意力引到其他可代替的方法上，过了这个讨论阶段后，双方才可以探讨细节上的问题。我认为，美国人一定会坚持尽可能大规模地在这一战场作战，他们还希望我们也同样坚定地确信这一战场的重要性。而且，他们只有在保证所有相关问题都被确定后，才会考虑其他变通的方法和途径。因此，此时此刻，我们应做好应对所有这些情况的准备。

12. 我认为是时候拟定击败日本的一个长期计划了，此外，在考虑到人力问题时，还应把这个计划和打击希特勒的各主要作战阶段联系起来。

13. 最近，缅甸战场上的情况令人不满，绝不会允许这种情况在1943—1944年中变得更糟。除非我们有信心照计划适时开展行动，否则我们只能用其他的两种方法：一是大规模增加对中国的空运，二是像我在第 7 节中提的：派遣海外远征军占领一个或更多的主要据点。

我们内部保持了基本一致的意见，分歧不大。参谋长委员会也准备了一份用以在华盛顿讨论的报告。

*　　*　　*

我们另一个需要迫切解决的问题是，如何获得葡属大西洋岛屿的使用权。我们需要在亚速尔群岛获得便利，这样我们的远程和极远程飞机才可以从特塞拉岛和圣米格尔群岛起飞。要想在圣米格尔或法亚尔岛给护航舰加油，必须经过葡萄牙的允许，我们希望它能答应我们的这一请求并准许我们的侦察机自由使用佛得角群岛。有了这些便利条件，我们的运输船队就会得到更大范围的更好的空中掩护，航线的安全范围也就更大了。此外，我们还可以通过这些岛屿直接经过大西洋中央部分来往，于是也就能加大运输力量。借助这些岛屿，我们对潜艇的攻击力度以及数量也会加大；届时，不仅那些在比斯开湾基地穿梭的潜艇是我们的攻击目标，那些正在休息、加油或者在大西洋中间充电的潜艇也都会成为我们的猎物。我们会发现，美国对所有这些问题上会抱以比我们更大的热诚。

＊　　＊　　＊

我在 5 月 8 日致电斯大林：

我这时正在大西洋上，前往华盛顿。这次的行程我需要解决三个问题：在西西里获得胜利后，未来该如何继续在欧洲展开行动；对于太平洋的局势，有些人抱有错误的认识，我要纠正他们的错误；深入讨论印度洋问题，包括如何在该海域展开对日本的进攻。

我也致电总统。我说我想住在大使馆里，他表示反对。我在电报中说：

1943 年 5 月 10 日

从昨天开始，美国海军就开始给予我们保护了。对于你为了保证我们的性命安全而所做的无比珍贵的行动，我们表示十分的感谢。我大概明日下午就抵达白宫，我还想在周末时和你一起去海德公园。这次航行就目前来说还是非常愉快的。幕僚们完成了很多工作。

我们在 5 月 11 日到了斯塔滕岛，在那里迎接我们的是哈里·霍普金斯，接着我们立刻乘坐去往华盛顿的火车。总统在站台欢迎我，见面后他马上把我带到我的白宫"老巢"——我曾住过的房子。第二日即 5 月 12 日的下午两点半，我们在他的椭圆办公室围坐下来，先进行全面地讨论和计划我们的会议安排。下面是这次会议英美双方一致同意的记录摘要：

出席人：

英国	美国
首相	总统
约翰·蒂尔爵士，陆军元帅	威廉·莱希海军上将

艾伦·布鲁克爵士，将军　　　　乔治·马歇尔将军

达德里·庞德爵士，海军上将　　金海军上将

查尔斯·波特尔爵士，空军元帅　麦克纳尼中将

黑斯廷斯·伊斯梅爵士，中将　　哈里·霍普金斯先生

秘书

狄恩准将

雅各布准将

　　总统首先致辞欢迎我们。他说，我们上次的白宫聚会还是不到一年之前的事，那时大家共同研究讨论如何促成"火炬"作战计划。现在，恰好是在这次战役将要获胜时，我们又聚到了一起，这是非常好的。他指出，卡萨布兰卡会议使"哈士奇"作战计划出炉，他希望这次战役也会同样顺利。他认为，争取运用所有人力和武器打击敌人，是我们目前所有计划中的重点，必须避免出现作战力量闲置的情况。接着他请我提出我的看法，然后展开讨论。以下是这次会议的记录中关于我发言的部分：

　　首相想起来，他上次坐在总统桌旁时正是图卜鲁格陷落时，而自那时起，形势的变化令人震惊。他永远都会记得总统当时对他的支持：非常慷慨地调拨出"谢尔曼"坦克。在非洲战场上，这些坦克名声远扬。英国人是抱着拥护卡萨布兰卡的决定的态度，来参加这一次会议的，但是在我们胜利后认为，有必要调整一下那些决定，这也是为了我们可以用更长远的眼光看待战争前景。"火炬"作战计划已经完成了，攻占西西里则近在眼前，那么，下一步要做什么呢？过去，一系列的战役赢得了足以改变整个战争格局的胜利。而我们之所以创下这样的辉煌，是因为我们善于听取各方面的意见。我们仍可能会获得胜利，而且我们有信心。再接再厉，勿白白浪费战果，这是我们大家的共同

责任。唯一有待双方参谋长们解决的问题是如何安排轻重缓急。他相信所有这些问题都可以解决。

关于潜艇战争和对德国空中轰炸的问题，大家既然意见统一，那么他就不再说了。他愿意提一些任务计划以及在之后的讨论中可能需要特别注意的问题，权当抛砖引玉。

首要任务就在地中海。在这里能取得最大战果，有效地将意大利拉出战争。他回忆起1918年的情况：当时，德国或许会撤退到默兹河或莱茵河然后继续进行抵抗，但是，保加利亚这时倒戈了，以致敌人全盘瓦解。可以设想，意大利要是崩盘了，德国就会陷入孤立无援的凄凉处境中，这可能就是德军灭亡的开端。即便意大利的退出不会让德国立刻受到存亡威胁，它所产生的影响也是重大的。

首先，常和意大利相比较的地中海国家土耳其就会受到影响。这正是美、苏、英联合起来对土耳其提出要求的好时机，也就是要求土耳其准许这三国使用土耳其的领土作为基地，以便轰炸普洛耶什蒂和肃清爱琴海。基本上能够成功促令意大利从战争中退出，不过，向土耳其提要求必须是在德国无法强势对待土耳其的时候。

将意大利拉出战争所产生的另一个重大影响是对巴尔干而言的。包括二十五个或更多的意大利师在内的大批轴心国军队，正在压制着巴尔干不同国籍的诸多爱国者，使他们处境艰难。如果意大利退出战争，那么，德国只得放弃巴尔干或者只好从苏联战场抽调出大量军队来填充巴尔干地区。这无疑是今年内最能帮助苏联的方法。

第三个影响是，清除意大利舰队后，英国就可以派出为数不少的战列舰中队和航空母舰分舰队到孟加拉湾或太平洋，打击日本。

显然可以发现一些关于地中海的问题。要攻打意大利的领土吗？靠空袭可以成功吗？德国会防备意大利吗？意大利会变成我们的一种经济负担吗？首相对最后一个问题给出了否定回答。另外，反对全盘征服意大利的那种论点，也适用于反对为了和南斯拉夫建立接触而进行的一种"踢踏舞式"的作战行动吗？最后一个重要问题是和英美政府有关的政治问题：如果意大利将它自己全部交付给我们，那么，当战争结束后，我们该如何对待它？丘吉尔先生的意见是，如果意大利单独和谈，我们不必动用武力就可以利用撒丁岛和多德卡尼斯群岛。

第二个任务是减轻苏联的压力。在暂停北极运输船队的情况下，斯大林所表现出的这种态度令丘吉尔先生感动。在最近一次演说中，斯大林第一次承认了他的同盟国所付出的努力以及所获得的胜利。但我们也不要忘了，有一百八十五个德国师在苏联战场。在非洲的德国陆军已被我们击溃，如此，在之后的一段时内，我们便没有机会和他们进行较量了。苏联的努力具有重要意义，我们都蒙受苏联人的恩惠。在1943年可采取的最有利于减轻苏联战场压力的方法，就是促使意大利退出战争或者将它驱赶到战场外。这样一来，德国人就不得不调派大批部队来镇压巴尔干各国。

至于第三个任务，总统在他的开幕词中有提到：动用我们强大的陆、空军以及使用各种武器来打击敌人，这也是我们所有计划的基本原则。在英国，我们有大批的陆军和本土空军战斗机队；在地中海，我们有最有经验的最出色的部队；在非洲西北部，光是英国军队就有十三个师。如果在8月底就全面结束在西西里的战事，接着要等七个或者八个月后（在1944年）才能开始横渡海峡的作战行动，那么，所有这些军队在这七八个月间做些什么呢？无论怎样都不能让他们无所事事，因为，在这么长的一个时期里苏联仍肩负着重任，若是允许有这么一种状况，那将会对苏联人起到巨大的消极影响。

丘吉尔先生说，他不敢妄自说已经解决了在海峡沿岸登陆的问题。海滩头浪潮狂猛起伏，敌人的防御具有强大实力，且他们还有后援部队以及在交通方面很便利等，从所有这些问题看，这项任务都是不可低估的。不过，从西西里方面可以看清很多情况。他愿意明确说明这一点：重要计划的成功希望很大，那么，只要制订出了这样的计划，英王陛下政府就愿意承担起从联合王国大举进攻大陆战场的任务。

接下来的一个任务是援助中国。显然可以看出在缅甸作战会面临的各种困难：我们的现代武器在丛林中无法发挥作用，雨季导致作战的时长有限，此外也无法让海军作战……要是进一步的讨论可以得出一个绕过缅甸的好方法，他非常愿意进行研究，以便利用在印度驻守的大批部队。他认为，进攻苏门答腊的尖端地带以及马来半岛中间的槟榔屿，或许就是这么一种代替方法。他们非常希望我们可以像在"火炬"作战计划中那样，在这一战场上也可以找到一些有价值的便利条件，也就是：海军的力量在那次战役中得到了全面的发挥；可以进行彻底的突袭；一旦夺得重要地盘，就可以将一支新的军队运送过来，还可以把敌人带到一个不利于他们的战场上。他觉得，在其他战场上也都可以利用这些条件。他认为是时候研究如何击败日本了，应制订一个长期计划。他非常乐意表明英国的决心是不将日本打回老巢不罢休，但问题是怎么打。他认为，在整个联合研究讨论中，美国的参谋长联席会议应该起到引领作用，并设想德国将在 1944 年退出战争，然后我们在 1945 年集中力量进攻日本……

总统在他的答复中提到，在生产方面，同盟国的优势大于德国和日本，所以非常重要的一点是，让大量陆军和海军部队积极地参加战斗。对于土耳其，他同样乐观地认为，使该国加入战斗就可以为空军建立重要的基地，以便他们攻袭通往苏联战场的德军的交通线。"在西西里后我们去哪儿"的确是一个急需考虑的问题。可以肯定，必须让二十个以上的师驻守在地中海地区。占领意大利后，必须根据在地中海将会发生的任何战役情况，仔细研究同盟国在人力和物力方面的使用问题。不管怎样，可以确定在完成"哈士奇"作战计划后仍有充足的人力——应该立即将他们用来加强"波莱罗"计划。他认为，每个人都会赞成这点：不可能在今年内横渡英吉利海峡作战，不过必须在 1944 年春进行这一活动，而且要以最大规模。

总统说，至于太平洋地区，日本人的力量正不断减弱。美国人已经登陆阿留申群岛，而且，已经在所罗门群岛和新几内亚展开作战行动。集中力量攻打日本的供应线，这是尤其重要的。日本自战争开始以来已经损失了一百万吨船舶，若长此以往，他们的军事活动的范围必定会受限。此外，他们的空军力量同样受损严重。为能够继续在海上展开进攻，十分有必要在中国建立空军基地。总统说，会议不应该忽略中国有崩溃的可能，所以，在 1943 年和 1944 年必须把中国放在第一位，让空军直接援助中国。光是收复缅甸还不行。不惜代价地保证阿萨姆机场的安全，才能做到上述所说的。派更多的美国空军在中国基地活动，这等于是给日本航运施加更多的压力。总统在最后说，我们必须对抗德国人才能帮助到苏联，而正是因为考虑到这点，他怀疑德国军队在我们攻占意大利后是否会抽身出来。他认为，横渡英吉利海峡时所展开的攻势，才是迫使德国作战的最佳办法。

我回答说，既然我们都同意无法在 1944 年前展开横渡海峡的作战行动，那么就应该派我们的大部队去攻打意大利。我觉得没有必要全部占领意大利。若意大利瓦解了，同盟国一定会想要攻占港口和飞机场，以便进一步在巴尔干和欧洲南部作战。控制意大利的最恰当方法就是使它处于同盟国的监管之下。

现在，我们的联合参谋长以及他们专家要彻底讨论并解决所有这些问题。

＊　　　＊　　　＊

5月15日，周末，总统建议将同我去海德公园的计划改为去"香格里拉"——在马里兰州凯托克廷山上约四千尺高的专属于他的一处隐居地，"香格里拉"是他给起的名。一有机会，他就暂时逃离喧嚣沉闷的华盛顿，来到这里。为这个三个小时车程中的座位问题，我们曾争论了一番。从总统的身份以及他的病体考虑，唯一的正式座位理应给他。罗斯福夫人希望我在总统旁边坐下，由她去坐在前面的一个小座位。我当然不愿意这样。在双方的分歧持续了约三分钟后，大英帝国胜利了，罗斯福夫人坐在本就属她的位置上，也就是她的丈夫旁边。哈里·霍普金斯在第四个位置上就坐。在摩托车队的护卫下，我们飞驰向前。大概两个小时后，我们抵近弗雷德里克镇。虽然我在几年前就凭吊过著名的葛底斯堡战场，但直到现在我才想起要了解一下芭芭拉·弗里奇的故事和她的住宅。见我有此想法，哈里·霍普金斯背诵了下面的名言：

"'如果你们真要开枪，就朝我斑白的脑袋射过来吧，但不要损坏了你们的国旗，'她说。"

明确车中无人能接着往下背诵后，我张口道：

"9月，秋高气爽，
田野上庄稼茂盛，
弗雷德里克镇的尖塔成群耸立……"

并且轻快地继续念道：

"七十岁的芭芭拉·弗里奇，

腰弯了，背驼了，此刻，

她站了起来；

这个弗雷德里克镇上的最勇敢之人，

将他们扯下的旗帜捡了起来。

……

站住！一身灰尘的褐衣士兵定住了。

开火！步枪子弹一阵扫射。

窗架和窗框都在发抖，

旗子已裂开几道伤口。

芭芭拉老太太飞快地——

如那面旗子从折断的旗杆上掉落那么快，

——抓起那块绸巾，探出窗外，

满怀真心的善意，

挥舞着那面旗子。

　'如果你们真要开枪，就朝我斑白的脑袋射过来吧，但不要损坏了你们的国旗，'……"

念到这里时他们齐声唱和：

"……她说。"

我继续背诵：

"军官的脸上蒙上一层忧伤，

写下带着羞耻的惭愧。

由于这位妇人，

他的内心迸发出了一种

本能的高尚感触。

'谁要敢动那位老妇人一根毫毛,

（据说，他就是这么喊出了和他先前的命令不一致的话）

就让他死得跟狗似的。前进！'他说。

于是，弗雷德里克的大街上，

前进的脚步声整天奏响，

自由的旗帜也整天

在这些叛军的头顶上飘扬。"

　　我的背诵赢得了这些地位尊贵的美国听众打出的满分。纵然我的吟句有很多是错的，他们也没有谁站出来纠正。在大家的怂恿下，我又有模有样地讨论起美洲大陆有史以来最伟大的两位人物："石墙"杰克逊和罗伯特·爱德华·李，主要是围绕他们的性格特点展开。

　　接着我们就在阿勒格尼山脉的横岭边上盘旋直上了。这时，所有人都不再发言，脸上写有一点睡意。过了一会儿我们就到了"香格里拉"。大概说来，它就是一个配备了所有现代化设备的小木屋。它的前面流淌着一道泉水，还有一个池塘。池塘的水很清，池内有许多条大鳟鱼。它们原本生活在附近的小溪中，是刚被捕来的，此刻它们正在池中漫游，而我看到的却是它们在等待死亡。

　　总统希望能花几个小时在他的集邮簿上。他的私人侍从武官沃森"老爸"将军给他带来了许多邮票，而这些邮票是他很早之前就想一睹为快的。于是，他开始着手处理那几大本邮票和好几包邮票样品：把它们摘下来，放进他自己的集邮簿上，而且每张邮票的位置都必须是准确恰当的。他如此专注，以致把国事都放在了一边。我饶有兴趣地看着他，这样的沉默持续了大概30分钟。过了一会儿，门外出现一辆车，从车中走出来比德尔·史密斯将军。他是从艾森豪威尔的总部赶飞机过来的，说是有一些重要问题急需解决。罗斯福只得不再管他的集邮事业，虽然他有些失落，但还是非常专心地投入他的工作中。我们晚上十点就上床休息了，因为实在太疲乏了。

*　　*　　*

蒋介石夫人此时正在美国游走，具体而言她是在纽约，她曾暗示愿意在那儿和我会面。周末，我们商议了我和她会面一事。我个人认为无法做这次长途旅行，因为我们在工作上要处理的事情很多，而且我只能在美国逗留几日而已。总统决定邀请蒋介石夫人共进午餐，以便我和她在白宫会面。然而，她觉得我应该专门到纽约拜见她，于是傲慢地拒绝了总统的邀请。总统为此有些生气。我因为非常想要维持伟大同盟间的和睦，于是提议我和她可以相约在中途见面，但这个提议被认为是荒诞的。所以，在开罗会议前，我是没有机会见到这位夫人了，当然我也没有这个心情。

*　　*　　*

星期天，总统要到幽静的森林中去钓鱼，那里有一条小溪。他被专门安排在一个小池旁边，我也在周边几个地方钓了一会儿。鱼儿都太狡猾了，尽管他用了各种办法勾引它们也没上钩，他一无所获，但心情不错，在这天的其余时间里都兴致高昂。光从他钓鱼所得的成果来看，他就具有一个钓鱼者的首要品质。

星期一，我们必须下山了，从阿勒格尼山上这个凉爽宜人的地方前往热气腾腾的华盛顿。回程中再次路过弗雷德里克镇时，我请求到芭芭拉·弗里奇的住宅走一趟。到那儿之后所看到的景象令我震惊：房子只有1.5层楼房高。我原以为会有四层楼高，最起码也有三层。我还周详地想象当时的场景：一排排子弹从街上扫过来，要想避开它们，那么这位勇敢的妇人应该站在窗台后面多远的位置呢……来到这里得以一见后，我不得不承认这扇著名窗子到地面的距离也就十二尺；南部联邦军队必须特别谨慎才可能避免伤害到她。这个故事的结局最后都有利于双方。哈里·霍普金斯此时又以庄严的语调背诵：

"如果你们真要开枪，就朝我斑白的脑袋射过来吧，但不要损坏了你们的国旗，"她说。

蒋介石夫人的缺席让我们遗憾。中午在总统的房间，只有我们二人共进午餐，我们把气氛搞了起来。

* * *

应众议院议长的邀请，我在19日即星期三的中午到国会发表演说，这一次距离我上一次在这个庄严的国会发表演说已经过去十七个月了。这次演说转播到了世界各地，有记录可查。在发言中，我想要总的说一下各方面的情况。下面是其中的一段简单摘要：

在北非，我们取得了有点超乎我们预期的成就。由于得到了意想不到的相助，我们获得事半功倍的成果。我们必须就此事感谢希特勒伍长的军事知识。如我三个月前在下院所说的，我们这回可以确认这个军事专家有多大本事了。冯·保卢斯陆军元帅和他的部队在斯大林格勒的毁灭性遭遇，拜他冲动而顽强的固执所赐；现在，我们在突尼斯的敌人所遭受的灾难也是拜他所赐……

远征非洲的两位暴君，使他们的国家遭受了巨大损失：他们被俘的士兵多达九十五万人，而被击沉的船只有近二百四十万吨，被击毁的飞机近八千架。这些数字还不包括只是损伤的那些船舶和飞机。另外，他们还损失了六千二百门大炮和两千五百五十辆坦克及七万辆卡车……当战争进行到这一具有重要意义的阶段时，我们可以说："整个大陆的局势得到了平复。"……

我在前几天坐车路过葛底斯堡的原野。我很清楚这个地方跟你们的大多数战场一样，在这里发生的战斗是美国内战中的一次决定性的战役。葛底斯堡战役以后，没有一个人怀疑战争的天平会向哪边倒去，可是联邦军在葛底斯堡胜利以后比过去流了更多的血。因此，我们应该鼓起勇气和振作精神，彼此极端真诚地互相协商，以便不致失去在对日本以及在欧洲对希特勒和墨索里尼作战中已经获得的有利地位……

国会非常喜欢这篇报告。总统也从广播中听到了我的发言。我回到白宫时觉得他似乎对我非常满意。

第二十一章　战争与和平

参谋会议开始进一步讨论——美国人对戴高乐将军的厌恶——葡萄牙
和大西洋中的岛屿——解决战后问题的一个机构——5 月 22 日的讨
论——我关于世界最高理事会的提议——在欧洲方面的我的计划——
关于区域理事会——和平的柱石——中立国和同盟国——国家武装部
队和国际武装部队——英国和美国的兄弟般的结盟——会议的报告
书——我提交给参谋长委员会的报告——给枢密院长的关于英美科学
研究的报告——我极力主张攻打意大利——马歇尔将军和我共同前往
阿尔及尔

　　三军参谋长仍在不停地讨论，有时一天就要讨论四次之多。看起来，
意见分歧是无法避免的，而且好像根本无法协调冲突的双方。这期间，美
国的高级军官将会议内容透露给了民主党和共和党的参议员，这在参议院
引发了一次激烈的讨论。最终，我们的难题因为不厌其烦的坚持而被逐个
解决。在 5 月 20 日对国会发表的演说中，我谈及了所有可以公开的有关
整个局势的问题，包括事情的轻重缓急以及未来的命运。众所周知，总统
和我的意见是一致的，仅从我们生活在一起且能经常见面这点上便可看出。
只不过，总统打算在最后再亲自决定。另外，霍普金斯在做的工作有着重
要意义。如此，在参谋人员讨论的过程中始终有着一种力量在起到影响作

用，这种影响是循序渐进的，却能起到决定效果。即便最严重的分歧也因为双方军事要人的关系极为融洽而消解了，所以到最后，在进攻西西里问题上我们几乎达成了统一意见。

缅甸那边的军事行动毫无进展，这令华盛顿方面以及我们都非常不满。我想调整指挥部：让韦维尔任印度总司令，奥金莱克任他的副司令；同时，东亚战场的总司令将由一位最出色的而又比较年轻的军长担任。我认为，如果真的重视这一战场，想要解决它的各种问题，那就十分有必要进行这样的调整。

＊　　　＊　　　＊

华盛顿方面对戴高乐有着厌恶之情。总统每天都会跟我提这个问题，当然他是用友好的带着玩笑的态度提出的。不过，我仍觉察他对这个问题怀有强烈的情感。差不多每天，我都会收到他给我的关于谴责戴高乐的文件，有时是一份，有时是好几份。这些文件来自国务院或美国情报机关，它们断言戴高乐曾做过这么件事：用英国的钱诱使"黎歇留"号战舰的水兵来他这边。我们的东道主之所以礼貌地没直接道破这件事，是因为考虑到我们和美国在财政方面的关联——某种程度上可以说这笔钱是美国的。这时，我的心中对戴高乐也有强烈的怒气。我预感，要是我们继续支援他，英国和美国的关系可能会逐渐生冷。而这种结果，无疑是戴高乐所希望的，也是最乐于看到的。我努力让我的国内同僚们注意到所有这些情况。但此时我还在犹豫：要和这个难以交往的人绝交吗？幸好，可以接受的解决办法总会有的，只要有耐心等待时间来给出安排。

另一个非常大的难题是关于大西洋的岛屿。战时内阁愿意搬出古老的同盟条约来和葡萄牙政府谈判，要求它给我们提供各种有利条件——在联合参谋长委员会的敦促下，我和总统都十分重视这些条件。据专家的预测，若事成，可以保全住百万吨的船舶以及无数人的性命。我非常尊重葡萄牙的权利，不过，我同时觉得，我们的战斗不仅是为了它的独立自主和生存，也是为了我们自己。在经历遭受重大损失的六个月后，我们终于获得了这项我们急切盼望的援助。不过，在此之前自然还须进行长时间的友好谈判，而且还有一个前提：我们的军事活动获得了支援，而这些支援让我们普遍获得了战果。

＊　　＊　　＊

我在 5 月 22 日英国大使馆的午间宴会上，发表了有关战后组织建设的重要演讲。在这场演讲之前，我曾让英国大使邀请一些他觉得讨论这个重要问题时必不可少的人物，并事先告诉他们要讨论的议题。这些人员包括副总统华莱士先生、陆军部长史汀生先生、内政部长伊克斯先生、参议院外交委员会主席康纳利参议员和副国务卿萨姆纳·威尔斯先生。所有在会议期间发生的事情以及客人要求我做的报告，都由大使馆的工作人员记录下来。

我在常规讨论时提到，一定要杜绝日本和德国在未来还会发动战争，这是我们最优先考虑的事情。我觉得应该成立一个包括美国、英国和苏联在内的联合机构，用以达到以上的目的。当然，我非常乐意看到美国允许中国也成为这个三国联合机构中的一员；不过，中国无法与这三个国家相提并论——不管它的重要性有多大。这些大国的肩上担负着维护和平的任务。这样的世界最高理事会应该由它们和其他一些国家共同组成。

同时，还应该分别建立属于欧洲、美洲大陆以及太平洋的区域性理事会，这三个理事会将由世界理事会管理。

当战争结束之后，我觉得欧洲的区域理事会可以由大约十二个国家或联邦组成。在地图上，处于英国和苏联之间的国家都不是非常强盛，这种状况是比较糟糕的，所以现在最主要的事情就是将法国重新变得强大起来。而且我提到，我料想美国不可能永远派大批人马到欧洲承担起防备任务，英国也做不到这一点。但可以肯定的是，欧洲的秩序必定需要美国以及英国采取某种方法来共同维护。

我也期望在欧洲的东南部成立一些联邦。比如，由于奥匈帝国的灭亡产生的空缺，可以让一个以维也纳为中心的多瑙河联邦来弥补，这个集团还可以将巴伐利亚纳进去。还有一个是巴尔干联邦。

我还谈到，我希望将德国剩余部分中的普鲁士分出去，让四千万普鲁士人组成一个欧洲单位，这样对它的管理也更简单。我对于很多人希望将普鲁士更深入地细化、再次分成数个部分的想法，持有保留态度。波兰和捷克斯洛伐克显然应该和苏联交好。剩下的是斯堪的纳维亚各个国家；另外还有土耳其，它最后是否和希腊一起负责巴尔干体系中的一些事情，还说不定。

华莱士先生先是问起了比利时、荷兰，之后又提到瑞士，他表示希望这三个国家可以加入法国。我回答说，比利时跟荷兰可以和丹麦组建成一个低地国家的联盟，至于瑞士，它的情况很特殊。这十几个欧洲国家应当各自选派一位代表加入欧洲区域理事会，这就可以创立一个欧洲合众国的集团。我觉得在这个问题上，应当让他们听一听库登赫弗·卡乐吉伯爵的想法。

这样的一个区域理事会，美洲的各个国家也可以成立。在这个理事会中，代表英联邦的加拿大肯定是成员之一。还应该成立一个太平洋区域理事会，我认为苏联应该加入这个组织。解除本国西部边疆的压力后，苏联将会更关注远东地区。世界理事会将领导这些区域理事会。一个国家若是世界理事会中的一员，那么它就应该同时加入和它有直接关联的特定区域理事会，应该兼顾两级理事会的事务；我希望，美国一视同仁，即对美洲区域理事会、太平洋区域理事会以及欧洲区域理事会都派遣代表参加。所有区域理事会处理不了的事情，肯定会由世界理事会负责解决，所以说，世界理事会拥有最高权力。

华莱士先生觉得，世界理事会只由四个大国组成会引起其他国家的反对。他的想法我很赞同。我说，应该让区域理事会轮流选出其他国家作为代表，让这个代表与四个大国组成世界理事会。这种组织的结构就如同凳子和它的三条腿——以三个区域理事会为基本，构建起世界理事会。必须要说明，我认为区域理事会的原则是非常重要的。在遇到分歧的时候，应该只让那些有直接利害关系的国家去尽力解决。而假如一开始就让那些和这个分歧毫不相关的国家也参与讨论，那这样讨论的结果八成只是学院式的、无关痛痒的。

华莱士先生询问说，假如，厄瓜多尔和秘鲁之间发生了分歧，应该采取怎样的处理方式。我回答他说，应该由美洲区域理事会解决这件事；不过，世界理事会拥有领导区域理事会的最高管理权。这个例子中，美洲范围外的国家不会受到利益方面影响；但很明显的情况是，仅以区域基础来解决一个威胁世界和平的分歧是不恰当的，所以这件事会让世界最高理事会很快地参与进来。

有人问我一个问题，是不是只有同盟国才可以加入你筹划的国家联合会，那些中立国家能否加入进去。我回答他说，只要在结束这场战争之前可以加强还在保持中立的国家的安全，那么就应该采取所有可能的劝服方式乃至强制的办法，引导它们加入到同盟国，这对它们是有好处的。拿土耳其来说，我帮助它建立自己的部队，以便它在恰当的时候可以采取有效行动。想想，当犯罪国被同盟国起诉到法庭上的时候，从始终保持中立的德·瓦雷拉先生和其他一些人身上，我只能看到他们是多么的软弱无能以及丢人。

我说过，我们还要从国际联盟拥有的经验中学习许多的事情。有种言论说国际联盟彻底失败了，这种谴责是不正确的。会员国没有担负起对联盟的责任，这才是我们应该谴责的事情。我的言论得到了康纳利议员的赞同，他还列举了联盟在1919年之后的几年中所取得的各种成就。史汀先生也提出了相同的看法，他觉得假如可以实现原来对法国的承诺，那么，在未来，联盟的历史和法国政策都将会大大不同于此时。

武力肯定是维持和平的必要因素。我建议所有同盟国之间制订一项协议，将各个国家的武装力量维持在一个适当的限度范围内——最低是多少，最多是多少。每个国家的武力可以分成这个国家的国家部队以及国际警察部队两部分，区域理事会要在世界最高理事会的指导下指挥国际警察部队。这样的话，假如欧洲十二个国家中的一个国家对和平产生了威胁，有必要处置这个国家的时候，就可以使用其他十一个国家的国际警察部队。根据世界理事会的决定，各个国家所派遣的国际警察部队人员，除了自己国家以外，有义务执行对任何国家的战斗任务。

华莱士先生谈到，还需要有一个基地给这些国际警察部队使用。我告诉他，我还没说完的话可以对我刚才所说的话进行补充。建立一个世界安全机构的提议，并不会将其他国家间无恶意的交往排除在外。最后我谈到，除非美国和英联邦能像兄弟一样，联手一起奋斗，否则，我看这个世界没有多大希望。我相信可以采取互惠互利且无任何附带损失的方式进行这种合作。在不会失去现有国籍的前提下，我希望美国和英国的公民可以在对方的国家内，享有在往来、居住和自由贸易上的相同权利。更可能出现一种共通的公民身份证件，这种身份证可以让美国和英联邦的公民，在符合当地法律法规的前提下，根据自身居住情况而享有选举权并可以在另一国担任公职。

接下来要说的是关于基地的问题。我很赞同关于交换驱逐舰基地的方法，因为我觉得这件事对两国都很有好处——而不是考虑到对那些还能用到的驱逐舰有好处。在英国本土的这些基地可以为美国所用，同样，英国出于防御需要也会要用到美国本土上的基地。对于美国和英联邦来说，相互拥有一个强大的国家盟友关系是很重要的事情。我希望能增大基地的共用性，以便在共同的事业上做好共同的防御。在太平洋上，敌国占领的岛屿不计其数。英国也有港湾和岛屿。若我在战争结束后还担任公职，只要美国需要我们的一些地方作为基地，我一定会同意他们使用。

*　　*　　*

出席的全部美国人都表示，他们基本上同意我所提出来的建议。此外他们还认为，美国舆论很有可能会接纳这些建议和相似的看法。哈利法克斯勋爵询问威尔斯先生会不会认为，欧洲区域理事会的成立会导致美国舆论没有兴趣关注欧洲的情况。考虑到世界最高理事会负有最高责任以及它和区域理事会间的关系，威尔斯先生说他不担心会出现那种情况。史汀先生着重指出，他认为停战之后肯定会出现两种情况，一是各国心态的逐渐放松，二是对筹备新的国际组织这种工作的热情不大甚至消极。他确信能比较容易地和美国达成协议的时机就在战争期间；实际上这个事情只能在战争期间才能处理，战争结束之后肯定是不可能实现的。这种意见是其他人比较赞同的。我们也都认为，最恰当的办法就是在战争还在进行的时候，提出这一方面的未来规划以延续我们现在的合作。

我另外谈到，在战争结束后，我们应该将联合参谋座谈的方式继续下去；为保障外交方面的紧密合作，我们应该频繁地进行沟通，利用所有必要的手段。他们都非常同意这两点建议。

在告别的时候，华莱士先生对英国大使说，这次谈话是在他这两年参加的所有会谈中最鼓舞他的一次。自然的，我很郑重地对他说，这只是我个人的看法。

*　　*　　*

第二天，副总统、我以及总统一起享用午饭。副总统看起来有些担忧，他担心其他国家认为英国和美国打算领导这个世界。我明确指出，这种正确又不可缺少的行动，不应当因为这样的想法而放弃。哪怕其他国家都不同意，在英国和美国中仍使用通行的公民身份证，这是我最基本的想法。这些随意表达的想法，特别是和军事有关的，得到了总统的支持。我们两人都认为，在战争结束后的很长一段时间内，有必要继续保留英美联合参谋长委员会的体制，甚至要一直保留到我们十足确信这个世界非常和平的那天。

＊　　　＊　　　＊

在"三叉戟"会议期间，我们就有关战争策略的重要问题召开了六次全体会议，这六次会议我和总统都参加了。联合参谋长委员会为了让他们的不懈努力获得成果，每天都要我们解决他们提出的问题。所有工作都进行得很顺利。5月25日上午召开了最后一次会议，我们收到了联合参谋长委员会上交的报告书。他们对我提出的一些修改建议表示赞同。这份修改后的报告正式得到了我和总统的批准。报告如下：

进行战争的全面战略思想

1.联合苏联和其他盟国，以尽早使欧洲轴心国无条件投降。

2.同时联合太平洋的其他相关国家，对日本不断保持并加强对它的压力，以便削弱日本的军事力量乃至最后使其投降。在行动进行之前，联合参谋长委员会应该研究所有能够促使全面目标实现的计划。

3.欧洲轴心国投降之后，我们应该联合太平洋的其他国家，最好还能联合到苏联，以充分发挥英国和美国力量让日本早日无条件投降。

支持全面战略思想的基本任务

为贯彻全面战略思想，无论做出什么战斗计划，下列规定的事项都可以优先调配我们的人力和物资。这些问题当然需要由联合参谋长委员会根据事态的发展再度审核这些事项。

1.英伦三岛和西半球的战斗力量和安全性要得到保障。

2.我们部队在所有地区的战斗力量要得到保障。

3.给予主要的海外交通线足够的保障，尤其要保证有足够的力量能够击沉敌军的潜艇。

4.对欧洲轴心国的空中进攻要增强打击力度。

5.召集所有能调配的人力和物资，选择实际上尽可能早的时间，以决定性地攻击轴心基地。

6.采取必要而有效的措施支援苏联。

7.采取必要而有效的措施援助中国，使之成为有益于我们的盟国以及对抗日本的一个基地。

8.做好各种准备，让土耳其积极地或消极地加入同盟国的战斗。

9.做好各种准备，让非洲法军能够在对轴心国的战争中起积极作用。

*　　*　　*

现在，我可以给国内发电报汇报说，我们在各个战略问题上都达成了协定，且参谋长委员会一定会非常满意这些协定。"这个成就和总统的威信是分不开的，另外，我和他之间的亲密联系也起到了作用。一度，两国参谋长之间有着严重的意见分歧。我们现在希望签订一种有助于解决战时调配问题的协约，这是因为考虑到，在未来的十个月内，我们每个月都可以获得来自美国的但可以挂起英国旗帜的二十艘新船只，这意味着我们多余的海员有了充分的工作岗位。当然，能够实现这个，没有总统说服反对的各方是不行的。"

在允许的情况下，我还发给了约翰·安德森爵士如下一份文件，以便说明关于原子弹和英美的研究工作：

首相致枢密院长　　　　　　　　　　　　　　　1943年5月26日

关于交换有关"合金管"的情报的活动，总统已表示赞成恢复它，他还指出，应该把这项事业看作双方共同的事业，并在它上面做出最大努力。据我所知，他作出这个判断的依据是：在不久的将来，这种武器很可能就会发展，并运用到目前的战争中。正因此，把它列入了交换研究成果和秘密发明的有关协定的范围内。应通知彻韦尔勋爵此事。

＊　　　＊　　　＊

很多问题都取得了很好的进展。不过，有关征服西西里后进攻意大利的问题，联合参谋长委员会还没有表示具体的建议。这是我非常关注的一件事。我所得到的最好的答复是联合参谋长委员会做出的一个决定：

> 给北非盟军总司令下达这么一个指令：在扩大"哈士奇"行动的战果时要进行军事行动，这是为了最有效地把意大利拉出战争同时在最大程度上牵制住德军。所以，应做好这方面的有关计划。这个指令的要求应该被视为最紧急的任务。
>
> 至于各项军事行动应该用哪一种方式以及如何实行制订出的计划，等联合参谋长委员会做出决定后再说。

我知道，美国参谋长们都只顾想着撒丁岛。他们觉得，在1943年剩下的时间里，这个岛是集结在地中海的大军唯一还未完成的目标。而我则觉得，从军事以及政治角度来看，这种想法都无不令人遗憾。苏联人每天在他们面积广阔的战场上浴血奋战，而我们却要这一百五十万以上的强大军队以及数量庞大的海空军，在这近一年的时间里都闲待着吗？

关于进攻意大利的问题，总统看起来还没打算敦促他的顾问们树立更正确的认识。但我当然不能不管不顾，因为我横渡大西洋的主要目的正在于此。霍普金斯在私下里对我说："你若想坚持执行你的计划，那就要在这里再待一个星期。不过，也不能肯定地说，到那时问题就解决了。"这种形势下，我非常烦恼。

我在5月25日亲自向总统提出一个请求：让马歇尔将军和我一同前

往阿尔及尔。于是，总统在最后一次会议上就说，首相不久将有机会和北非总司令讨论"占领西西里后的政策"，而他之前就建议马歇尔将军同去，因为这一定会大有帮助。然后，他便直接问马歇尔将军是否可以推迟巡视东南太平洋的活动，答应首相的请求。马歇尔将军回答当然乐意。

我当时在会上说明，我觉得，只是我和艾森豪威尔将军进行讨论的话，人们可能会认为所作出的决定是在我施加不当影响后产生的；现场缺少最高级的美国代表好像不适合，所以我非常高兴马歇尔将军可以同我前往；我坚信，我们到了阿尔及尔后所做的一切会让人无话可说，我们还将会给联合参谋长委员会送回一份报告供他们研究。

＊　　　＊　　　＊

当时还决定，我和总统给苏联拟一份关于会议的报告。我们拟了好几个草稿，都用打字机打出来。我们在草稿上不停修改，它们最后都被我们涂抹得让人弄不清之前写了什么。我们完全混乱了，不知道该增添什么，删除什么。最后——那时已是凌晨两点，我说："我明天把它带走，等我整理好后就从帕特伍德飞机场送回给你。"总统非常满意我的提议，听我这么一说后他大松一口气。我又说："如果马歇尔和我一起出发，那是极好的，飞机上的空间绰绰有余。"脑力消耗使我们都疲倦不堪了，大家都准备去休息，这时马歇尔将军却来了。他是来跟我道别的。虽然已决定要派他到北非，但他应该没想到是乘坐同一飞机或者同时起飞。所以当听到总统对他说"你为何不和温斯顿一起前往呢？刚好可以一起讨论给苏联的公报"时，他深感意外，同时也相当高兴，摆了摆手说："我一定会上他的飞机的。"

第二十二章 进军意大利

我们于 5 月 26 日出发前往北非——马歇尔将军和写给苏联的公报——飞往直布罗陀的一段漫长旅行——飞机遭遇雷电袭击——到达"修道院"——马歇尔巡视直布罗陀的防御工程——傍晚时分降落在阿尔及尔——我们攻入西西里和意大利的决心——在地中海的英军实力——5 月 29 日，和艾森豪威尔将军召开会议——"小鬼"作战计划——事关重要的一个问题：横渡海峡的袭击——布鲁克将军及攻打意大利——在地中海地区的同盟国的二十七个师——我的"和背景有关的备忘录"——土耳其及一条巴尔干战线——亚历山大将军的一篇让人难忘的报告——我的迦太基之旅——我们在 6 月 3 日的最后一次会议——蒙哥马利对进攻西西里的信心——在友好气氛中，我们分别了——一出可怜的悲剧——形势变了

第二日即 5 月 26 日，我们——我和马歇尔将军、帝国总参谋长、伊斯梅以及其他随行人员——一大早就就乘水上飞机出发了。罗斯福总统来到飞机的起飞地点波托马克河，为我们送行。

飞机进入上空后，我便马上投入了给苏联公报的工作。一堆草稿上都是我和总统的潦草笔记，让人不知从何着手，于是我将它交给了马歇尔将军。两个小时后，他将打好的一份十分干净的稿子交给了我。这份文件恰

切地表达了我和总统的一致意见，而且说得委婉含蓄，还把军事问题和政治问题都明确说清楚了，我非常满意马歇尔所做的，而且不由佩服起他来。在这之前，我只觉得他是一位严肃的军人，出色的军队组织者和缔造者——美国的卡诺。现在我还发现，他是一位能洞察全局且见识卓越的政治家。我非常满意他交上来的文件，因此也算完成了任务。在给总统的信中，我说这草稿好到无需修改了，他想要再改动的话就直接改，改完可直接寄出，不必再和我商讨。飞机在纽芬兰的博特伍德着陆加油，就在这里，我们让飞机将马歇尔的草稿和我的信件带回了华盛顿。总统没有再做任何修改。

我们提前了用了晚餐，之后便开始横渡大洋飞往直布罗陀。这次航程长达三千英里，怎么看都是一次长途飞行，但汤普森中校（"汤米"）——他负责随时通知我旅行安排——却说这次飞行航程实际上并没有那么长。他解释说，这是因为飞机的航线等同于一个"大圆航线"（Great Circle）。起飞时天已经黑了，我们很快便准备入睡。我酣睡了好几个小时，"波音"飞机中新房间的这个双人大床实在太舒适了。我实际上是被惊醒的，当时突然发生了震动和下降，我想着"有情况"。在空中飞行，最重要的就是要"没情况"！好在，没有任何事。完全醒来后，我披上拉链服，穿过这架大飞机的中央走廊，然后登上通往驾驶室的梯子，最后在副驾驶员的位置上坐下。这是一个有月色的美丽夜晚。我过了一会儿才询问驾驶员突然下降的原因。他说："被闪电击中了，但没出什么状况。"这是个好消息。飞机没有着火或被击碎，我们也无需被迫降落——要知道，那时候我们外围一千英里内根本无地方可降落。一直以来，我都纳闷飞机为何不谨慎对待电击。而对地面勤务人员来说，遭受电击是十分危险的。我之后得知，飞机上的大家当时也是很焦虑的。

从七千英尺的上空俯瞰，感觉大海总是保持着平静状态。看到大海上出现一艘小型货船，它不时出现在我们的视野下，这让我有一种奇特的舒适感。就是在这种舒服而又奇妙的感觉中，我又产生了睡意，然后一觉睡到了天亮。

我非常欣赏黎明的到来，于是又到飞机前面去。在时速一百六十英里的向东航行过程中，你可以早早地就看到太阳并发现它升起的速度也很快。漫长的飞行之旅中，我保持着看胃口决定开饭时间的惯例。天亮就要起床和吃早餐，五个小时后吃午餐，再六个小时后吃晚餐，如此就不受太阳的影响，若不然诸多事情就得看着太阳来办，工作习惯就会被打乱。马歇尔将军和我畅谈，他问了我一个问题：美国宪法中的"弹劾"和英国议院仍保留的"褫夺公权"有什么分别。回答这个问题并没有费我多大劲，我还使马歇尔相信了保全这种庄严的法律程序是有必要的。闲暇之时，我和他清理了一些积压文件。在飞近直布罗陀时，我们想找找看周围有没有护航机，结果一架也没有找到，倒是有一架来路不明的飞机，它吸引了所有人的注意。一开始，我们以为它对我们有兴趣。鉴于它之后和我们保持距离，我们断言它是西班牙的飞机。然后，这架飞机不见了，直到这时他们才不再那么关注它。大概下午五点，我们降落了，总督在降落地点欢迎我们。由于天色太晚了，已不适合再飞往阿尔及尔，他用车把我们载到了他的住所，一个"修道院"——这里的修女们在两个世纪前就搬走了。

关于"修道院"这个名字有一段故事。总督的官邸直到 1908 年都是被称作"修道院"的，不过在这年发生了一件事：国王爱德华七世的御前秘书亨利·庞森比爵士给总督写了一封信，信上说国王认为改名叫"官邸"更好，其中的缘由是：

当乔治·怀特爵士任总督时，国王曾视察直布罗陀，而当时英国报纸报道了此事，其中一段的大意是，国王曾在"修道院"进行午膳。十天后，国王陛下收到了来自新教联合会的一封报告，上面说对于国王的做法表示遗憾——做法指的是国王竟视察了罗马天主教的一处机构，甚至还在那里用午餐。

不过，当国王乔治六世 1943 年 6 月视察北非时，他表示想要仍以"修道院"命名总督官邸。因此,这个名字就这样保留下来了。

第二天,我们是下午才离开直布罗陀飞往阿尔及尔的,因此还有时间带马歇尔将军参观这里。在几个小时的巡视中,我们视察了保证永远向要塞供应淡水的新蒸馏厂、各种重要的炮垒以及很多部队、几处医院,最后我们到了总督尤其喜欢的一个地方。那是在石头深处开辟出来的直布罗陀的一个新地道,它的炮台装置了八门急速发射的大炮,用以控制地峡和英国与西班牙之间的中立地区。当在这个务必投入大工程才能打造成的地道里行走时,我产生了一个念头:不管直布罗陀会发生多大的危险,来自大陆的攻击都不值一提。总督非常自豪这一浩大的工程项目,并向他的英国参观者分享。在我们还没有登上水上飞机前,马歇尔将军略带犹豫地说:"我非常佩服你们造了这么个地道,不过,我们在科雷希多也有一个一样的。日本人的大炮轰炸它几百英尺之上的岩石,两三天后,它就被一大堆碎石给堵住了。"感谢他的警告,总督脸上的笑容顿时换成了惊呆之色。

我们在下午起飞,那时还比较早,我们上方很高的空中有十二架"勇士"战斗机在巡逻。抵达阿尔及尔飞机场时已是黄昏,艾森豪威尔将军、比德尔·史密斯将军、安德鲁·坎宁安海军上将、亚历山大将军以及其他许多朋友在机场迎接我们。我乘车直趋艾森豪威尔将军给我准备的住处,即挨着他住所的坎宁安的别墅。

*   *   *

在阿尔及尔和突尼斯的这八天,是我在战时最快乐的时光。我致电邀请艾登和我一起参加我们计划的吉罗和戴高乐间的会面,以及共同决定我们所有的其他事情。我向内阁解释了邀请他来这里的重要性和必要性。

首相致副首相和自治领事务大臣   1943 年 5 月 29 日

……我认为,艾登到此几天进行周旋是非常重要的。他比我更适合担任吉罗和戴高乐的"婚礼"主持。他应该更容易掌控气氛,并可

以在容易变为一部严肃喜剧的这种情景中，维持和演员的沟通。刚刚
拜访我的乔治将军看起来精神矍铄，他现在正密切地同吉罗工作。鉴
于经过华盛顿的繁忙之旅后，我急需在一个阳光惬意的地方休个假，
所以我打算在这里逗留到下个月 6 号为止。对于正在讨论中的军事问
题，这边的意见是顺其自然。我们英国人都同意：耐心可以解决所有
问题。在华盛顿时，我们正是这么迎来所希望的解决之道的。

　　既然觉得应该攻占西西里，我决心，在离开非洲前，必须就攻打意大
利这个问题做出决定。布鲁克将军和我将我们的想法说给了亚历山大将军、
安德鲁·坎宁安海军上将和特德空军中将听，后来又说给蒙哥马利将军。
他们这些人都倾向认为，应该在最近的战斗中进行大规模作战，并认为，
从阿拉曼战役以来我们所取得的一系列胜利来看，征服意大利是自然而然
的。只是，我们伟大的同盟国同不同意是关键。艾森豪威尔将军非常谨慎
地倾听了我们所有的论点，我百分百地肯定他是同意我们的意见的。马歇
尔的意思就难猜透了，他一直保持沉默，直到最后一刻也是如此。

　　会议进行中时，把我们的各方面情况放在整个环境中来看，英国是
占据优势的。和美国人相比的话，军力我们是他们的三倍，战舰我们是
他们的四倍，实际作战的飞机几乎和他们持平。且不说更早些的情况，
而就从阿拉曼战役说起：在地中海的损失上，我们的人数是他们的八倍，
船只是他们的三倍。然而，虽然在力量上占据优势，我们还是接受艾森
豪威尔作为最高指挥官，并且在整个战役中用美式作战的战术。我们之
所以做到这样，是为了保证美国领袖们会以最公正的态度周详地考虑到
这些无可辩驳的事实。美国领袖们不喜欢别人比他们更慷慨，他们比所
有人都对有关公平正义的事情更敏感。美国人就是这样：你对他好，他
就想着更好地对你。总之我认为，从道理上看，我们说服美国人的那些
论点让他们无话可说。

*　　*　　*

5 月 29 日下午五点，在艾森豪威尔将军的阿尔及尔别墅中，我们召开了第一次会议。艾森豪威尔将军以我们的主人身份担任主持，马歇尔和比德尔·史密斯这位重要人物也出席了。此外，还有我、布鲁克、亚历山大、坎宁安、特德、伊斯梅及其他一些人，我们坐在艾森豪威尔的对面。

第一项讨论内容是名为"小鬼"的作战计划。艾森豪威尔将军解释说这个代号指的是攻打潘泰莱利亚岛，该行动日期暂定为 6 月 11 日。从地图上一眼就可以看到这次战役具有有利的军事条件。为了袭击西西里的南部，攻占该岛的飞机场是必须的，而整个进攻也是为了肃清西西里海峡。可见，假设这种攻击会妨碍到突袭西西里岛是不成立的。安德鲁·坎宁安海军上将说，他的最近计划是利用具备六英寸大炮的巡洋舰支援空军的袭击活动，如有必要的话，他还打算派出一艘拥有十四英寸大炮的战列舰参战。我说："这种军事行动可以作为一种实验，以便验证海岸防御工事遭到突袭后会被破坏到何种程度。联合王国内就有一些人认为，光靠空军就可以摧毁海岸防御，从而使登陆行动不会遭遇任何抵抗。"布鲁克说，在空袭停止和攻击部队到达间有时间差，而敌人可能在这个时间差中恢复作战，这是一大难题。海军上将说，可以派八艘驱逐舰一直护卫登陆艇，当在近距离射程内时它们也可以作战。我相信攻击部队中应该有十九辆"谢尔曼"坦克。意大利大概有一万军力，其中包括海岸防御部队以及大概一百辆坦克。

应我的请求，艾森豪威尔将军简短说明了一下进攻西西里的计划。他提到，应该可以及时运送所有人力物力并且保证数量。之后我们就谈到非常重要的问题。艾森豪威尔说，在他和艾伦·布鲁克爵士进行过的一次长谈中，布鲁克特别指出：苏联陆军是唯一可以在 1943 年取得决定性成果的地面部队，所以我们陆军的行动应该都围绕着一个宗旨——使得德军不得不撤出他们在苏联战线上的兵力；如此，苏联军队才可以让德军遭到决定性的失败。谈到 1944 年时，艾森豪威尔将军的看法是：要是我们拥有制空权，那么，举例来说，在陆地作战中，我们五十个师的英美兵力就可以牵制住敌人的七十五个师。要想击垮意大利，那么，在攻占西西里后，我们就应该立刻利用一切可用的方法来攻打意大利，因为这两个地方的抵抗方式可能是一样的。攻占西西里的行动若是顺利，我们就不如直接攻入意大利本土。如此作战，我们的收获将比进攻任何岛屿所得到的收获都要多得多。

后来我提到，关键是，我们的确无法做到这样：给欧洲派遣一支数量不亚于苏军的英美联军。目前，在战场上的苏军牵制住的德军兵力有二百一十八个师之多。不过，无论如何，都必须在联合王国聚集我们最大的兵力，因此到 1944 年 5 月 1 日时，我们可以集结二十九个师的远征军在联合王国境内，其中有七个师是从北非抽调的。为了在击垮德军时可以随时执行大面积横渡海峡的作战计划，我们必须制订周详的计划。马歇尔将军曾多次强调，唯有在法国北部，才能让大规模的英国本土空军和在联合王国的美国空军，联合进行可以全力以赴的战斗。我认为马歇尔所说极为正确。我强调指出，英国陆军乃至所有英国人都迫切想渡过海峡作战。

马歇尔将军说，在横渡海峡的作战计划上，英美联合参谋长委员会不仅已决定了明确的行动日期，而且还计划好了要使用五个师发动袭击。艾森豪威尔将军问说，何时适合提出他的打垮意军的作战计划（地中海作战计划）。美国参谋长联席会议的意见是，唯有在明确进攻西西里的结果以及苏联那边的情况的前提下，才能做出决定。最好就是在两个不同的地方分别建立兵团，且这两个兵团都有各自的参谋人员，在都经过训练后，一个兵团用于对撒丁岛和科西嘉岛的作战，另一个则用于对意大利本土的作战。当能够看清局势并作出抉择时，由哪个兵团来负责完成选定计划，就派遣给它必要的空军和登陆艇。艾森豪威尔马上说，若能够轻而易举地拿下西西里岛，他更倾向于直接攻打意大利本土。亚历山大将军支持他的看法。

之后，帝国总参谋长报告了整体的国际形势。眼下马上就会在苏联人和德国人之间发生异常激烈的战斗，我们应该尽己所能援助苏联并分散德军。现在，很多地区的德军都在面临压力。我军进入北非以及巧妙调配部队，使敌军不得不分散兵力。攻夺西西里是遵循着这一正确方向的。摆在德国人面前的威胁不仅有苏联的抗战、在巴尔干可能出现的灾祸，还有意大利、法国和挪威带来的问题。由于兵力已经非常分散了，他们现在无论是在苏联还是法国都无法再削减用兵了。意大利是他们最可能削减用兵的地方。要是意大利的"脚部"①的驻军已饱和，我们就试试其他地方。德国在意大利被拉出战争的情况下，一定会调出兵力来顶替在巴尔干的二十六个意大利师。此外，他们还派部队到伯伦纳山口，不仅要沿着里维埃拉战线进行增援，也要增援在西班牙和意大利的边境上的守军。使他们如此分散兵力正符合我们横渡海峡的作战计划，我们应该争取他们的兵力更分散一些。除非法国海岸的防守十分牢固以及德国人在进行反攻的时候会派出机动型后援部队，否则，要攻打那里的防御工事还是很容易的。

艾森豪威尔这时宣称，他的问题现在看来已经十分清楚了。要是西西里的行动成功了，比如说不用一个星期就成功进军，他就须立马渡过海峡并建立一个桥头堡。相比西西里，或许更容易攻破意大利南部的海岸防御。

我发表意见说，或许在 8 月 15 日才能结束西西里的作战。马歇尔将军则表示应该做更乐观的猜测，比如 7 月底前就结束了。我表示，要是我们能以不多的损耗就能在 8 月份时攻克西西里，而且届时敌人调到那儿的德军也不多，那么，我们就应该立即进攻意大利的趾形地区。考虑到土耳其对我们的反应可能是有利的，可以认为，巴尔干对德国的威胁更严重过他们丧失意大利。

---

① 指意大利南部地区。——译注

布鲁克提出，在西西里的战斗进行中时，意大利内部或许会瓦解。考虑到这种情况，我们应该有所计划以便行动。他认为，艾森豪威尔将军可以思考这两个问题：一是，停战的话，会有什么条件被提出；二是，我们应该深入意大利到哪种程度。事态发展可能很快就会涉及这两个问题。我提到可供我们自由支配的兵力的问题：英国陆军是一部分，包括一个空运师的在北非的九个美国师是一部分，另外还有将于 11 月 1 日左右出发的兼有英美士兵的七个师、在波斯的两个半装备精良的波兰师——他们愿意参加攻打意大利的任何行动；此外，新西兰议会已同意分别在 9 月和 10 月派来一个师、一个装甲旅过来。如此，波兰人和新西兰人就有了四个师可用。

帝国总参谋长接着说明，我们在地中海的全部兵力是：英军加上受英国控制的部队共计二十七个师、九个美国师、四个法国师；若除去伤亡人员的话，总共就是三十六个师；准备调派回国参加横渡海峡战役的有七个师，承担起对土耳其的义务又需要两个英国师，要是将这九个师也减去，那么，在地中海地区可供同盟国使用的还有二十七个师。我接着说，从实力上说，我们一个师几乎等同两个德国师，而且，我们一个精锐的旅团也可以说差不多等同于德国的一个师。要是我们手中的这些部队自八九月份起至明年 5 月间都毫无作为，那也太令人失望了。

*　　　*　　　*

虽然还有很多问题都没有确切解决，但我还是很满意这次讨论，因为所有将领看起来都是勇猛无畏的。我觉得，这些莫名其妙遗留下来的问题，迟早随着我的愿望的实现而逐步解决。现在我拟好了一份名为"和背景有关的备忘录"的文件，里面概述了进攻意大利的所有情况，还附录能用来作战的部队列表。在 5 月 31 日即星期一前——我们计划这天再次会谈，我把这份文件发给大家传阅。

我详细说明了在地中海战场的部队情况——有的就是一个师，有的是相当于一个师：共计九个美军师，三又三分之一个法国师，二十七又三分之二个英国师，其中包括受英国控制的部队。在所有这些师里将抽调出包括三个英国师的七个师回英国参加"波莱罗"计划，在剩余的英军和受英国控制的部队中，受艾森豪威尔指挥的或者计划参加西西里战役的，只有十一又三分之一个师。经布鲁克同意，我现在提出，从其余的英军和英国控制的部队中，再拨出八又三分之二个师给艾森豪威尔将军。也就是说，英国总共出了二十个师，而其他各方面出了共十二又三分之一个师。说到这里后，我才说了下面一番话：

2.……英王陛下政府坚持认为，这支强大的部队无论如何都不能闲着。它是由我们最富有经验的最出色的师组成的，是英国的陆军主力。英国人无法容忍它的消极，作为我们盟国的苏联也不会容忍，它应该积极地投入战斗中去并尽可能出最大力。我们认为，我们有责任使敌人的部队尽可能多地从苏联前线抽出来。这种方法和其他的方法配合起来，将可以为1944年横渡海峡的远征行动创造最有利的条件。

3.要说在地中海地区进行一场备受关注的战役有什么意义，那就是强迫或诱使意大利从战争中退出，这也是这场战役的唯一目标。从现有的以及已在地中海地区集结起来的同盟国军队来看，这场战役是完全可以进行的。攻占西西里应该作为实现此目标的一种必要的初步措施，而显然，进攻意大利本土并攻克罗马也是为了此目标。这样才是最有利于同盟国的事业以及地中海与英吉利海峡这两个战区的战争行动。

4.我们现在还无法断定敌人会以何种程度来抵抗我们。为了防御西西里和意大利，德国方面可能会做出最大努力。我们听闻，德军每个星期运往西西里或意大利南部的部队有一个师。我希望核查这一情报的真实性，而且要结合最近的情报进行确切地汇报：敌人各师的实力是多少（毛数和净数），配备了多少大炮、坦克和车辆；在最近的十二周中，敌人最有可能被抽调部队的是哪些地区，运输方式是用铁路还是海路或者徒步行军。就现在来看，还没有迹象表明敌人进行了这种性质或者说这种规模的的调遣。敌人早就决定，在战斗打响前就派六个师驻扎在西西里，因此他们是早有准备的，现在可以明显地看到他们的动向了。另外，若果真进行这六个师的调派的话，意大利的整个南部一定仍然是空虚的。有人提议让参谋人员再次进行彻底地讨论研究，看看是德军的调遣是否有可能，以及他们是否有可能向着上文提到的方向移动。

5. 我们本就希望看到，敌人从我们的盟国苏联的战线上直接或间接调出兵力。要是德国人真决定调遣兵力到西西里和意大利，且可能不仅是六个师，而甚至可能是六个到十二个这么多，那么可以说，我们希望看到的部分已经实现了。敌人也可能并没有进行这么大规模的调遣，而只是调了一两个师给意大利作为增援和打气，即便在这种情况下，在未来的三四个月内，我们仍可以实现在第三点中提到的目标。另外也有可能：德国人决定在西西里或意大利的趾形地区大战一场，甚至可能在这两个地方都要打一次大仗。这样的话，我们的陆军就须和他们来一场各方面的较量了。激烈的空战是不可避免的，鉴于我们的实力相对来说日益强大，这样的空战可以大大地辅助我们作战。要是我们在意大利南部各地站稳了脚，而意大利仍继续抵抗，与此同时，德国人派遣姗姗来迟的大规模援军，我们也不用认为这种情况就是灾难。这么说是因为，我们这时候可能必须撤退到脚尖地区，而由于我们的所有阵地事前都已做好防御，且阵线非常长，敌人要想攻打我们就不得不付出巨大的代价。这种情况下，我们就牵制住了敌人并获得前文提到的空战的各种好处。总之，只要我们能和德国人甚至是意大利人大战一场，我们的作战就不会白费。

接着，我指出意大利军队的分布情况是，野战部队共计五十八个师，海防部队共计十四个师。

6. 可以看到，意军只有十一个师在意大利本土，大概四个师的兵力在西西里，沿着里维埃拉驻扎的部队有五个师，另外最少有二十八个师被牵制在南斯拉夫、阿尔巴尼亚和希腊。这二十八个师加上罗马尼亚的八个师和德军的十一个师，也就是说，被牵制在巴尔干半岛的总共有四十七个师。把他们牵制住的因素，包括米海洛维奇派在塞尔维亚的游击队活动、克罗地亚的游击队活动、希腊发生的混乱，以及这些被控制的国家的动荡局势。

7. 意大利被迫退出战争带给我们的切实好处是：德国人被迫在里维埃拉备好军队，维持波河或伯伦纳山口的新阵线；特别重要的是，因意大利各部队的复员和撤退，巴尔干地区就没有了防御力量，德国人必须抽取兵力去填补。游击队截至现在所得到的供应只有不到十二架的飞机用降落伞投掷小件包裹，不过，他们所取得的成果却是巨大的，哪怕敌人的四十七个师来都无法撼动这成果。哪怕只是占领个意大利的脚趾地区或踵形地区，且不说占领它的整个南部，我们就可以进入亚得里亚海并让装载军火的船只驶入亚得里亚各港；此外，间谍以及小型突击队也都可能运送过去。我们没有必要派遣军队到那里展开任何强势的军事活动。英王陛下政府不准备——也不想——提供任何有组织的部队给巴尔干战场，无论是在今年还是在我们目前预测的任何时期里，他都坚持这个立场。不过，只要和计划不冲突，非常重要而有必要做的几项措施是：援助南斯拉夫的爱国团体以及促使希腊和阿尔巴尼亚起来反抗。所有这些和我们的主要作战行动配合起来，就可以让土耳其的态度有所动摇。然后，我们就可以尽最大的力量援助苏联和"波莱罗"计划。唯有在事态发展不利于我们的时候，我们才应该考虑制订一些次要的或小规模的计划来在地中海开展行动。

8.当然，关于德国人在地中海将会采取什么行动，我们目前的很多想法都只是推测而已。二十五万以上的大部队全部被歼的惨痛过往，一定给德国最高统帅部留下了惨痛的印象，所以一定要重视这个问题。我们据此可以怀疑：即便是在军队规模较小的情况下，他们还会在西西里重蹈覆辙吗？

我们的情况得到了很大的改善：第一，同盟军最近作战获胜，我们的士气大受鼓舞；第二，只有几百名敌兵从突尼斯逃到了西西里；第三，在西班牙、葡萄牙、法国本土、意大利和土耳其——甚至可以说是在整个战区——所产生的心理变化，使德国人的形势实际上发生了比较严重的恶化。此外，由于苏联战场将会开展一系列大战，敌人的主要力量将会发生损耗，哪怕他们不发动攻势，苏联人也一定会主动攻击，甚至有可能先发制人。虽然不知这些战斗的结果如何，但是不应该认为，苏联人今年的处境比去年还糟。所以说，这两种猜想是没有理由的：一是德国人打算在西西里进行一次大规模的战斗；二是他们准备派遣大批军队驻扎在意大利的腿形地区。德国人更聪明的做法应该是打延时战以便激励那里的意大利军队，撤退时就令他们退到波河战线上，以便保存他们的实力，守驻里维埃拉和可以作为供应基地的巴尔干。当苏联方面的战斗不利于德国人，而且我们获得了针对意大利或在意大利境内的军事行动的胜利，德国人就会被迫撤退到阿尔卑斯山和多瑙河，同时也会从苏联战线上进一步撤退，可能也要从挪威线上撤退。只要我们敢于冒险并尽全力发动军队作战，我们能够在今年内取得这些成果，这也是我们今年可以在欧洲进行的最具有意义的行动。

＊　　　＊　　　＊

我们在 5 月 31 日又召开了会议，地点是艾森豪威尔的别墅，艾登先生也出席了。我极力抓住事情的核心。在我提交传阅的文件被提及之后，我指出，我一心关注着在意大利南部的进攻，但是我们的选择可能会因为战争的命运而改变。不管怎样，选择意大利南部等于选择了一场伟大的战斗，而选择撒丁岛等于是选择了一条省时省力的道路。马歇尔将军也很赞成这些想法，不过，他想在我们进攻西西里之后再作出选择。他认为有必要先考察德国人的反应，以此判断在意大利南部会不会遇到确实的抵抗，另外还须考察这些问题：德国人会不会退向波河；他们还能用什么样的方法操纵和召集意大利人；在巴尔干或者撒丁岛、科西嘉岛上，他们的准备情况如何；他们会怎样重新部署苏联战场等等。我们在确定"后哈士奇"的战斗计划时，以上这些都是要考虑到的因素。意大利可能有两三种崩溃方式。很多事情将会发生在从现在到 7 月之间。我想要进攻意大利的态度，马歇尔、艾森豪威尔以及联合参谋长都充分理解。但是，"后哈士奇"的战斗计划能够取得最好的结果，所以他们想选择的只有这个计划。

我又指出，在上次会议中，我的所有想法并未在结论中全部提出来。意大利从战争中退出以及我们拿下罗马，是我所希望的；我还表明，可以从中东的一些地区抽出英军的八个师——如有这个需要。我们已经很多次讨论关于这些增援部队和运送他们的船只的问题。我觉得很为难的是，还得要求再度减少英国人民的生活补给。可是，由于这次战役有可能获得巨大胜利，所以我又乐意提出这个要求。我实在受不了一支强大的部队无所事事地待在那里，他们本应该进行战斗将意大利从战争中拉出去。人民和议会是绝不允许陆军消极战斗的，所以，我会尽我所有能力不让这种糟糕的事情发生。

马歇尔将军回答说，华盛顿方面制订了为攻陷意大利而设计的特别计划，他的辩论并非在反驳这个计划。他只是想特别指出，我们一定要非常慎重考虑在西西里被征服之后我们到底要做什么。

*　　　*　　　*

我在这里要说到一件事，它涉及一些在战争结束后成为争议的事情，这件事就发生在现在。我恳请艾登先生就土耳其的情况进行评论，他认为，把意大利拉出战争，将非常有利于使土耳其卷入战争。这样，"当我们抵达巴尔干地区时"，土耳其人对我们会有更好的态度。他这种对战争策略的想法和我一模一样，但他的讲话方式让我担心美国朋友会产生误会。记录上写着："这时首相插话强调，他并没有立刻或者在不久之后向巴尔干调派部队的意思。"艾登先生赞成我的解释，因为只要我们可以直接威胁到巴尔干，那么土耳其人就会对我们示好。

我在会议结束前让亚历山大将军谈谈他的看法。他做了一场非常感人的演讲。他非常看好我们的前景。我们或许要用两个星期来持续激烈地战斗，但是我们有非常多胜利机会，因为我们有非凡的战斗能力和部队。一旦我们开始行动，可能在十天到两周，甚至是三周的时间里，我们都需要不断地进行猛烈的进攻。不久我们就会知道结果。位于西西里东南角的飞机场和港口，是该岛最重要的据点，如果我们可以非常稳妥地占领这里，那这个岛的其他地点都可以先不用管。我们也许还可以渡过墨西拿海峡——它是西西里的咽喉，然后在对岸占据一个落脚点。他把 5 月 29 日会议上做过的报告内容又重提了一次。他说，他觉得计划的一部分应该包括在意大利本土建立一个桥头堡。我们想取得巨大的成功，就必须乘胜追击，甚至进入意大利的腹部。当然，在进行西西里的军事行动时，就能够知道所有的事情了。我们在意大利的趾形地带可能会遇到强大的抵抗，以致我们必须全面调整军事计划，当然也有可能不会这样。一旦展开进攻西西里的行动，我们就要做好马不停蹄向前进军的准备。广大地区内的安全工作和物资供应由空军负责，另外，阵线很长的部队可以用无线电指挥，所以说，在现代战争中，我们是能够极速进军的。我们的进军可能在踏进意大利本土的时候变得非常艰难，但我们无论如何要贯彻"在西西里作战时一定要乘胜追击"的原则。他认为，出乎意料的事情经常在战争中发生，他也不能确定他说过的可能发生的事情一定会实现。比如，他在几个月之前绝对不会相信隆美尔及其非洲军团的变故；三十万德军在一周之内分崩离析，这也是他几周来都难以相信的事情。假如现在我们想要将北非的所有部队都集结在突尼斯的原野上并进行检阅的话，敌人的飞机也不会带给我们任何危险，因为他们的空军已被我们歼灭了。

坎宁安海军上将立刻支持他说，如果西西里的战斗进行得非常顺利，我们应当直接渡过海峡。会议结束时，艾森豪威尔对丘吉尔先生和马歇尔将军表达了谢意，因为他们两位的到来让他对联合参谋长委员会做的事情有了深刻的认识。他很清楚，为了让联合参谋长委员会顺利展开后续计划的制订工作，他必须搜集进攻西西里初期的所有情报并及时上报给他们，这也是他的责任。他在上报情报的同时，也要根据不断变化的形势给出有建设性的意见。对于他的三位高级指挥官（亚历山大、坎宁安和特德）之前说的所有事情，他都表示赞同。但是，他希望他们仍能有机会发表对这些事的正式意见。

＊　　＊　　＊

后来的两天我们是这么度过的：乘飞机或坐汽车参观一些著名地方，它们之所以著名是因为在一个月前发生的战斗。马歇尔将军一个人对美国部队进行了短暂的视察，之后又与亚历山大将军和我同行，会见了全部指挥官，巡视了部队。我们十分高兴地看到胜利的气氛无处不在，士气令人振奋。在整个北非的敌人已经被肃清了，监狱里有二十五万被俘虏的敌兵。自不必说，胜利让人心情大好，每个人都感到自豪和快乐。鉴于环境和时间都非常适宜演说，在迦太基的一个巨大竞技场的废墟上，我对数千士兵发表了演讲。说什么我已经记不清了，但是我记得当时全体人员的鼓掌喝彩，那种场面就像他们两千年前的祖先看到竞技者的精彩搏斗时一样。

*　　　*　　　*

6月3日，我们举行了最后一次会议，主要围绕有关轰炸罗马的火车货运的集结场地的问题展开讨论。大家一致认为，对那些结集场地进行轰炸是必然的，它们太重要了，因此，当在白天进行不会损害到其他地方的袭击时，一定要轰炸这些集结场地。马歇尔将军和我都清楚使各自政府授权批准这一行动的重要性。

现在，我请刚加入会议的蒙哥马利将军谈谈他是如何考虑进攻西西里的计划的。已命令他来负责执行该计划。蒙哥马利说，他的所有指挥官都坚信目前的计划会获得成功，他的部队一旦登陆开始就会积极地投入。虽然后勤方面存在危险，但他认真研究并找到了解决这些危险的方法。他说，虽然他有两个空降师，可是他的飞机只够用来运输一个师的兵力；他在一开始的阶段中只能使用大概三分之一的空运力量，其余的要等发动进攻后的第二天或第三天才能使用。要是再多一百四十架飞机，他就能派遣另一空降旅加入初期战斗中。然而，大家都知道现在无法再多出这么些飞机了。尽管有这样的限制，他的所有军官对整个形势还是非常乐观的。对"后哈士奇"的作战计划，他的意见是，最重要的是决定我们要朝着哪个方向前进，一旦决定了就在这个方向上运用我们的军事力量。

我认为，讨论进展到此显然可知大家的意见倾向于攻打意大利。我最后以比较柔和的语气进行了总结，同时向艾森豪威尔将军表达我的敬意。我说，当我回国的时候，这种足以象征我们在这一战场上互相信任的伙伴情谊也带回国内的。这一次访问中的协作上的默契给我留下了最深刻的印象，这种契合对于一项任务的进行来说无疑是最好的兆头。我说，我必须再次表示我充分相信艾森豪威尔将军，以及十分佩服他处理许多重大问题的方式——在离开这里前我必须重申这点。艾森豪威尔将军说，赞誉之词属于在座的所有军官。他又说，即便他的总部也有提出异议的时候，但所有的意见分歧都无碍于国家的方针。马歇尔将军和布鲁克将军都表示极度赞成。我们就是在这种非常友好和睦的气氛中分别的。

*　　　*　　　*

艾登和我一起飞回国，途径直布罗陀。由于报纸上刊登了我去北非一事，德国人分外用心，于是就发生了一个让我苦恼至极的悲剧。一架商用飞机按照每日规定好的行程将要从里斯本飞机场起飞，一个又矮又胖的男人衔着雪茄走近飞机并被视为旅客。然后，德国间谍就报告说飞机上有我。这些客机在几个月来都安全无恙地穿梭于葡萄牙和英国之间，但是这次，这架毫无防备的飞机被一架奉命立刻行动的德国战斗机给击毁了。这个悲剧导致十三名无辜旅客死亡，其中包括著名的英国电影演员莱斯利·霍华德。在莱斯利参演的很多令人喜欢的电影中，我们可以看到他是一个多么具有风度和才华的人。德国人的残忍和他们间谍的愚蠢真是难分高下。可以自如利用大不列颠的资源的我，居然要乘一架既无武装又无护卫的飞机，并且是在大白天里，从里斯本飞回英国？真难以置信有人会这样想。夜晚时，我们从直布罗陀起飞，在大洋上绕了一个大圈后安全在本国降落。虽说命运无常，但有些人的命运居然遭受这样的摆布，这让我十分震惊而且痛苦。

*　　　*　　　*

在此要结束着重讲述第二次世界大战转折点的这一卷书了。在日本突袭珍珠港后，美国参战了，人们都可以确信他们同样会为自由而战了。不过，还必须经历好几个阶段的战斗，我们才可能从苟且残存走向胜利。我们眼前是还有将近两年的激烈而残酷的战争生活。在之后不会有毁灭性的危险了，僵持是主要的局面。美国还未建设好陆军力量，也没有实现他们大规模造船的目标，唯有在这之后，伟大共和国才可能投入所有力量到战斗中。不过，接下来的成功近在眼前：意大利就要崩溃了，更确切地说是得到解放。

希特勒为了征服苏联而不断发动进攻，这个策略已被证明是他致命的错误，现在他还要为这个错误埋单：他必须将德国剩余力量的大部分分散到那些无关紧要的各个战场上。不久之后，德国在欧洲将会面临被孤立的局面，并遭到全世界武装人民的怒火围攻。日本的领导人觉察到他们的进攻已经从巅峰下滑了。而这个时候，英国和美国很快就会将制海权和制空权拿到手里。形势已经大为不同。

附　录

一、缩略语

A.A.guns	Anti-aircraft guns, or ack-ack guns	高射炮
A.D.G.B.	Air Defence of Great Britain	英国防空委员会
A.F.V.s	Armoured Fighting Vehicles	装甲战车
A.T.rifles	Anti-tank rifles	反坦克步枪
A.T.S.	（Women's）Auxiliary Territorial Service	（女子）地方辅助服务队
C.A.S.	Chief of the Air Staff	空军参谋长
C.I.G.S.	Chief of the Imperial General Staff	帝国总参谋长
C.-in-C.	Commander-in-Chief	总司令
C.O.S.	Chief of Staff	参谋长
F.O.	Foreign Office	外交部
G.H.Q.	General Headquarters	总部
G.O.C.	General Officer Commanding	总指挥官
H.M.G.	His Majesty's Government	英王陛下政府
M.A.P.	Ministry of Aircraft Production	飞机制造部
M.E.W.	Ministry of Economic Warfare	经济作战部
M.O.I.	Ministry of Information	新闻部

M.of L.	Ministry of Labour	劳工部
M.of S.	Ministry of Supply	军需部
P.M.	Prime Minister	首相
V.C.A.S.	Vice-Chief of the Air Staff	空军副参谋长
V.C.I.G.S.	Vice-Chief of the Imperial General Staff	帝国副总参谋长
V.C.N.S.	Vice-Chief of the Naval Staff	海军副参谋长
W.A.A.F.	Women's Auxiliary Air Force	空军妇女辅助工作队
W.R.N.S.	Women's Royal Naval Service（"Wrens"）	皇家海军妇女服务队

二、密码代号表

密码	汉译（包括音译）	暗指的人或事物
Accolade	武士爵位授予式	爱琴海战斗计划
Admiral Q	Q 海军上将	罗斯福总统
Anakim	安纳吉姆	收复缅甸战斗计划
Anvil	铁砧	1944 年盟军登陆法国南部的战斗计划
Avalanche	雪崩	以两栖战夺取那不勒斯（萨勒诺）的战斗计划
Baytown	湾城	横渡墨西拿海峡发起攻击的战斗计划
Bombardon	喇叭	人工港中用的钢制外防波堤
Buccaneer	海盗	攻打安达曼群岛的战斗计划
CairoThree	开罗三	1943 年德黑兰会议
Caliph	哈里发	为支援"霸王"对法国南部和中部发起攻击的战斗计划
ColonelWarden	沃顿上校	丘吉尔首相
Culverin	长炮	攻打苏门答腊北部的战斗计划
Eureka	尤里卡	1943 年德黑兰会议
Gee	前进	为轰炸机锁定目标的方位探测器
Gooseberry	醋栗	人工港中用的防波堤
Habbakkuk	哈巴库克	用冰制成的漂浮飞机场

密码	汉译（包括音译）	暗指的人或事物
Hercules	赫尔克里士	夺取罗得岛的战斗计划
Husky	哈斯基	夺取西西里的战斗计划
Jupiter	朱庇特	在挪威北部的战斗计划
Lilo	利洛	人工港中用的防波堤
Mulberry	桑葚	人工港
Oboe	欧波	无目标轰炸
Overlord	霸王	1944 年解放法国的战斗计划
Penitent	忏悔	攻占达尔马提亚海岸的战斗计划
Phoenix	不死鸟	人工港中用的混凝土潜水箱
Pigstick	猎野猪	自日军在缅甸阿拉干沿岸梅宇半岛南部阵地的后方登陆的战斗计划
PloughForce	耕种部队	特种联合战斗部队
Pluto	冥王	从英吉利海峡穿过的海底石油管
Pointblank	直截了当	针对改进卡萨布兰卡会议决议，联合参谋长委员会下达的训令
Quadrant	四分仪	1943 年魁北克会议
Round-up	围歼	1943 年解放法国计划
Saturn：	土星	1943 年在土耳其召集一支盟军
Sextant	六分仪	1943 年开罗会议
Shingle	海滨沙石	在罗马南部安齐奥的两栖战斗计划
Sledgehammer	痛击	1942 年夺取布雷斯特或者瑟堡的战斗计划
Strangle	绞杀	对意大利北边的铁路运输线发动空袭
Tentacle	触角	主要用混凝土建造的漂浮飞机场
Torch	火炬	1942 年盟军攻打法属北非的战斗计划
Trident	三叉戟	1943 年华盛顿会议
Tube Alloys	合金管	原子弹的研制工作
Whale	鲸鱼	人工港中用的浮动码头
Window	窗户	用以扰乱德国雷达而散发的锡箔片
Zip	齐普	总司令发的开战信号

三、首相以个人名义发出的文件和电报

（1942 年 1 月—1943 年 5 月）

1 月

首相致伊斯梅将军，转参谋长委员会　　　　　　　1942 年 1 月 18 日

　　意大利人在亚历山大港已有所成就，我们正采取什么样的措施追赶他们在这一方面以及其他方面的成就呢？请写一份报告进行说明。在这个问题上，杰弗里斯上校在战争开始时提出了很多有见地的想法，但当时几乎无人鼓励他。意大利人都已经开始了技术高超的进取行动，我们为何不也这样做呢？我们必须清楚我们应该领先一步。

　　请交来确切无误的详情。

首相致空军大臣　　　　　　　　　　　　　　　　1942 年 1 月 18 日

　　我听说，你 12 月份给苏联的支援飞机少了四十五架，且在 1 月 25 日前无法将这四十五架补过去，此外，该 1 月份交的，也须等到 2 月才能交齐全。

　　这些飞机放在你这里，也几乎无助于解决你的主要问题，而就交付苏联应有数量的飞机这件事来说，缺少它们确实是令人非常遗憾的。

　　我们也只能给予苏联这样的援助了，因此我在此必须强调，按时按数量运送飞机给苏联的意义非常重大。

致空军部和陆军部的一份有关飞机场的防卫问题的备忘录

1942 年 1 月 22 日

1. 非常重要的一点是，让各项安排都简单清晰。机场的防卫是首要目的，必须统一指挥进行这一防卫的准备工作以及一旦有情况发生时的安排。

2. 皇家空军有大量人员在机场，因此应由他们负责起直接的局部防卫工作。另外，考虑到这种防卫工作毕竟是不必有所行动的，所以应该尽量让更多的青年军官和其他军事人员脱离这种工作，转而加入机动的野战军中去。

3. 皇家空军现有的地勤人员是六万六千，要想负责起现在所有机场的管理工作，还需增加一万三千人。可以从分派给陆军的专门用来防卫机场的人中抽调出这一万三千人，这样不会给国家增加额外的人力负担。

4. 上面所述不会和陆军部的常规性责任有冲突。陆军部的常规职责主要是，就地袭击任何侵犯者，尤其要对飞机场予以及时的保卫和救援。为了履行好职责，本土部队总司令将会进行必要的各方面的筹划，如有必要，他还会协调好本土部队和机场防卫人员的行动。此外，他可以自由进行独立视察，负责协助空军站制订他们的局部防卫计划，随时向陆军部报告该计划符不符合实效性这一标准然后转告空军部。

首相致伊斯梅将军，转参谋长委员会 　　　　1942 年 1 月 23 日

有报告说对苏联的供应不足，这个报告所反映的问题是非常严重的。如果数字真实可信，那这就是不信守承诺的问题了。务必告诉我原因以及准确无误的数字，还有已经给苏联交付的数量。在这个问题

上，后勤部门哪怕是有一丁点的缺漏，那都等于直接违背内阁的命令。

首相致帝国总参谋长和陆军情报局局长　　　　1942 年 1 月 23 日

我在前不久获知，土耳其从色雷斯调走了大部分兵力到亚洲海岸，他们之所以这么做，一定是受了约翰·蒂尔爵士的提醒。我已经转告了美国总统我的这一想法，不过现在看来，若非我得到了错误的情报，那就是那里调整了计划。

我必须向总统解释这个问题，所以请务必告诉我事情的真相。

首相致空军大臣　　　　　　　　　　　　　　1942 月 1 月 23 日

可能是在星期日晚上，也可能是在星期一早晨，总共有四千多人马的美国先锋部队将会抵达贝尔法斯特。我正邀请以下三位人员去欢迎他们：美国大使、北爱尔兰的总督和总理。我希望三军大臣中也派一位前往欢迎，要是你愿意不辞劳苦前往，我将非常感激。你或许该联系一下内政大臣，商讨如何安排。

首相致空军参谋长　　　　　　　　　　　　　1942 年 1 月 24 日

这样的（飞机消耗）总数令人震惊，要知道，这一周飞机并没有多少次出动。我必须要求你告诉我将会如何大幅削减消耗，希望你能保证办到这一点。

届时请一同汇报在战斗中被敌人击落的数字以及其他各方面的损失数字。

首相致飞机制造大臣　　　　　　　　　　　　1942 年 1 月 24 日

这周并没有哪天是节日，请务必解释这一周的生产为何非常糟糕。你的 1 月份数字和原定目标差一大截，这是非常令人失望的。

首相致空军参谋长   1942 年 1 月 25 日

我提议从中东调拨出四个中队的"旋风"飞机，让第二次驶往马来半岛的"无畏"号运载过去。至于中东调出飞机的空缺，应尽快用飞往马耳他的战斗机来补好。

（特德空军中将所发的）报告说，目前已明确在东方的飞机遇到了加油和保养的难题。昨天，我收到一份和塔科拉迪航线有关的报告，上面说很多"旋风"飞机和"伯伦翰"飞机拥堵在塔科拉迪。"无畏"号运载的第一批飞机还没有起飞，所以现在也没有急需用机的地方。即便如此，国防委员会在这个星期内也必须做出决定并制订一个时间表出来。

首相致海军大臣   1942 年 1 月 27 日

真有必要在每次电报中都将"提尔皮茨"号写成"冯·提尔皮茨海军上将"号吗？这么做一定会导致信号员、电报翻译员和打字员更费时间和精力。而"提尔皮茨"这个代号足以代表这头猛兽了。

首相致伊斯梅将军，转参谋长委员会   1942 年 1 月 30 日

西北非旅已从东非调回原地，能否让该旅做好准备以便更有效地援助在远东的韦维尔将军负责的战区？请考虑这个意见。

我听说这一战区的准备工作已经落实了一半，请拟一份最快完成工作的时间表并交上来。

首相致伊斯梅将军   1942 年 1 月 30 日

请交上一份列表，上面说明每一个印度师（包括训练中的师）的人员和大炮的大概实力以及该师的驻防地点。

首相致陆军大臣和新闻大臣   1942 年 1 月 30 日

我非常关注所有见报的有关新加坡形势的消息。举例而言，有则报道说，为了进行防御而在这个岛的北部地区撤退了一英里。有必要报道此类消息吗？现在正是敌人展开包围的重要时期，我们如此天真地透露我们的此类观点显然是错的。参谋人员应该好好研究研究约翰·沃得罗－弥尔恩爵士在下院所做的报告。我在不久前令韦维尔将军对新加坡的新闻报道进行更严格的审查，这件事落实得怎样了？看起来，他们非常热情而急切地广而告之自己的内部情况。应该让他们清楚，他们在做的是防御一个要塞的工作，而非领导一次布克曼的宗教复兴运动。

首相致空军参谋长   1942 年 1 月 31 日

在几乎无战事的一个星期内，战斗机司令部让一千五百五十架可飞行的飞机中的一百二十六架遭受了损坏，这等于每十二架中就有一架受损。请禀告这支飞机纵队出去的次数，以及战斗机司令部在那一周出现这种情况的详细原因，最少要列出十几条。

在我们的储备量最低，而另一方面我们又应该为春季战斗保存实力时，却发生了这些莫名其妙的损耗。这个问题必须得到重视！

2 月

首相致帝国总参谋长   1942 年 2 月 22 日

1. 国务大臣利特尔顿先生如今就要离开开罗。我想到的两种不一样的安排：一是任命奥金莱克将军为该战区海、陆、空三军的最高司令官；二是让一位驻开罗的内阁大臣承担利特尔顿先生留下的所有工作以及后勤方面的大部分工作。

2. 和敌人相比，为何我们前方的勤务工作更差劲？又为何，我们只有占很小比例的坦克可以参与作战？有必要找出其中的原因来。

3. 请这几天内告知我你的个人想法。

首相致空军大臣和空军参谋长   1942 年 2 月 26 日

普遍认为，宣传空军的消息以及频繁地广播战斗日常是一种失败的做法。很多人一从收音机中听到空军消息就关掉它。之所以如此，或者是因为机械化的报道——这是完全可以避免的，或者报道只看到局部看不到全局。只是可惜了那些卓越的成就和重要事件，它们本该被赞誉和受到关注。

我在此应提醒你们：发布公告也好，广播宣传也好，或者是向内阁汇报情况，都应该在事前进行非常严格的内容上的审查。从来不会有人觉得，在敌我大军即将展开厮杀时还有必要一一报道那些普通的壕沟袭击战或小型干扰战。应该以每周一次的频率，总结一下各战场上的普通战役。比如，马耳他岛上空曾进行过持续一周的激烈战斗（或者这一周频频交战），这就不必每天都罗列说明进行了多少次突击，击落了多少敌机等，而应该在一周后再总结。这么做的话，公众才会对击落敌机二十架或三十架的这样的事情留有一定的印象。而现在是这样：空军部所做的一些鼓舞人心的好事经过报道后却令人反感。要设法避免千篇一律的报道。

首相致空军大臣   1942 年 2 月 28 日

我做了一个图表说明我们空军的飞机在 1941 年的受损情况：被敌人击伤击毁的飞机有多少架，飞机事故导致损失的飞机有多少架。以下就是我做的表：

类型	遭受敌人攻击而损坏的作战飞机	因飞行事故而损坏的飞机	
		作战飞机	教练机
无法修好的破损数	1900	2500	1100
只能给承包工厂修理的数量	300	2900	1500
可由承包工厂派人去修理的数量	—	3300	1300
可让地勤人员修理的数量	—	1800	1900

虽说几乎每一架受损飞机在得到修理后都能重新使用，但是必须考虑到这耗费了很多熟练技工的时间。另外，虽然缺乏精准数字来说明，但可以肯定：由于要修理或者拼接那些并非遭到敌人攻击而是因飞机事故而损坏的飞机，飞机制造部的精力被大大消耗掉了。现在请你告诉我，为了改变这种无法容忍的状况，你打算采取的解决方法。

3月

首相致伊斯梅将军，转参谋长委员会   1942年3月2日

1. 在我们的先行制度中，海、陆、空三军军官无论是在委员会还是在司令部中，都可以平等地发表对一切问题的看法。我越来越觉得这个制度的弊端非常大：三军军官（高级军官除外）每一次聚头都是说一些困难啊忧虑啊，这会大大打击到进攻的士气。

2. 我觉得可以这样做：给特定地区和特殊的任务指派一个最高司令。特种部队的司令可以从海、陆、空任意一种部队中抽选出来，这是一种新颖的做法，它也适用于参谋工作和制订联合计划的工作。在研究制订计划时，根据作战性质、最需要哪一军种以及有关人员的情

况，从三军的某一方面军中选出一名军官来负责制订计划，其余两方面的军官则从旁协助。

3.希望你们可以详细考虑这些意见。万分感激。

首相致自治领事务大臣　　　　　　　　　1942年3月4日

（请转交掌玺大臣阅览）

我不知道将各种消极悲观的思想（对远东局势的看法）散播到国家各个角落有什么好处，我认为，这类消沉的情绪到哪儿都是一种祸害。然而这种散播在这里已经蔚然成风。会不会已经传播到国外去了？不管怎样，大家的议论纷纷已经够了。我们或许可以希望在未来的几个月会有截然不同的局面和心境。

首相致雅各布上校　　　　　　　　　　　1942年3月5日

远东有很多空军地勤人员（他们的机队已被击毁），这个情况准确无误吗？这些人是否都被列入新的计划中了？现在，空军那里为地勤人员所准备的护航舱位数量，最多不过一个战斗师之多而已。

首相致帝国总参谋长　　　　　　　　　　1942年3月5日

"没有把机枪阵地变成哑巴"似乎是关乎作战的一个怪异表述，它是在表达什么？很明显，所发生的不过是一次小冲突而已。当然，用几门大炮来轰炸阵地就可以把机枪阵地变成哑巴。

首相致掌玺大臣　　　　　　　　　　　　1942年3月8日

我去年举行的几次"坦克会议"，所有师长都参加了。他们看起来都非常出色。我们应该在前线得到教训并不断改善自身。我不敢苟同"速度是坦克的最主要条件"这种说法，我认为，并非所有坦克的最主要条件都是速度。无论何时，在坦克之间的作战中，装甲和炮火的威力才起到决定作用。反坦克武器在力量方面进步很快，皮肤薄鹏的动物越来越危险。

首相致彻韦尔勋爵　　　　　　　　　　1942 年 3 月 10 日

我赞成你的文件纲要（有关进一步限制民间消费的办法）。对娱乐业征收重税这种方法，我是尤其反对的。适度配给面包，然后通过租借法案获得营养价值更丰富的食品，这是极好的办法。所谓聊胜于无，实行配给制以避免消耗完储备物资总是好的。目前发现浪费面包的不良现象，还经常发现它们被用来喂给猪和鸡。为了让哪怕最穷困的人也能买到供应给他们的各种食品，应该压低这些食品的价格，这是最首要的事情。

我不赞成"艰苦第一"的这种口号。喜欢喊这种口号的，往往是那些巴不得看到厌战情绪蔓延并最终等来投降的人。

各种自愿承受艰苦的提议到底有没有实际效用，应该根据进口吨数来估测。在条件允许范围内，我们当尽力节约使用各类物品。但我认为这种做法是愚蠢的：实行没必要的限制政策，而这么做仅仅是为了满足舰队街上那些不用服役、一身轻松的新闻记者。他们每天的任务就是在河滨马路的大饭馆里尽管吃饱喝足。

你应该以更严肃的态度向我提出一些办法。

首相致空军参谋长　　　　　　　　　　1942 年 3 月 13 日

给陆军调拨的那些俯冲轰炸机怎么样了？想想，比弗布鲁克勋爵是在一年多前订购这种飞机的。请告诉我订购日期。国防委员会讨论的日期也请告诉我。那些飞机现在在哪儿？已交货的是多少？预计之后三个月能交多少货？空军部如何评价这些飞机？

首相致第一海务大臣 　　　　　　　　　　　　　　　　1942 年 3 月 13 日

据我所知，当我方鱼雷飞机对"提尔皮茨"号的袭击失败后，"提尔皮茨"号就以烟幕为遮掩逃跑了。菲利普斯海军上将怎么就没想到这种策略呢？他有制造烟幕的设备吗？是因为他的驱逐舰放不出烟幕，还是因为担心会干扰驱逐舰上高射炮的射击？

首相致陆军大臣、莱瑟斯勋爵和彻韦尔勋爵 　　　　1942 年 3 月 13 日

希望你们方便时能尽早集合讨论这份文件提出的问题。[①] 澳大利亚并没有敌前登录的情况，而据悉，陆军部给这个地区运去了两个师的澳大利亚部队以及他们所有未拆卸的车辆。这种做法是犯罪的，的确存在这回事吗？而又因此浪费了多少船舶运输力？从将来的总方针出发的话，我们应该对此发出什么样的指示？请你们提出你们的看法。

首相致新闻大臣 　　　　　　　　　　　　　　　　　1942 年 3 月 22 日

提到我们要采取什么特殊行动或提到我们警告人们注意特定地区的报纸文章，在刊登之前应由信息部的军事顾问审核并给出指导意见。我们有权向报馆的社长或编辑指出这一点。劳森将军有权力进行指导。比如说，假设我们决定攻占熊岛或斯皮茨伯根群岛而这个消息被报纸刊登并表示支持，这样的报道就会导致我们军队面临更大的威胁。又比如，有些文章说我们应该全力守住星期四岛或圣诞岛，因为它们是非常重要的战略据点。这也是要不得的。再如，"当地人惊惶不安""已采取特殊措施实行灯火管制"这类观点被刊登在报纸上，都会促使敌人更加留意这些地方，以致我们面临更大的危险。所以必须进行审查，

---

① 有关为了节省船只的舱位而拆卸车辆的问题。——原注

这不是说我们将严格管控新闻，不允许舆论有任何猜测。在刊登前进行审查是合理的，也是非常必要的。没有哪个国家会在行动前就告诉敌人自己要做什么，或者自己的哪个部位最薄弱。

另一个更重要的问题是关于进攻大陆的事情，英国报纸在整个春季中都鼓吹这个行动。在这种情况下，不难想象敌人一定会做好各种准备并加强防御以应对我们的进攻。所以，我们要是在这样的鼓吹下还实行这个行动，很多英国人一定会为此丧命。我理解报纸的极度不满。但是，那些在行动中丧命的人及其家属会更难受。类似这样的问题，你有充分的权力和影响力对报馆社长和编辑提出。

当正策划或者正进行某个军事行动时，对它的推测就是一种泄密，会带来很大的危害。因为，在敌人看来，所臆测的就是真实的。一些军事作战计划本来是很好的，但由于报纸上讨论了这个议题，它们最后只能被放弃了。我认为，假设我们打算执行一个进攻型作战计划，首先必须解决这个严重的问题。有种理论说，报道得越多，越能模糊乃至蒙蔽重要的思想宗旨。我并没有因这一理论而感到宽慰。敌人是非常狡猾的。这些报纸传到里斯本后再经过几天就会落入他们手中。他们会仔细研究这些消息，并结合其他情报来判断是真是假。

首相致伊斯梅将军　　　　　　　　　　　　　　**1942 年 3 月 29 日**

你应该写一封信给海基勋爵，信件大意是：

首相已经调查了你在上议院提的问题，即有关最近召开了多少次国防会议。回答是"过去的半年总计开了十九次会，等同于每月大概开三次。至少半数的会议是在午夜前开完的"。

首相致帝国总参谋长和本土部队总司令　　　　　　**1942 年 3 月 30 日**

最近，联合情报中心对德国人所拥有的坦克登陆艇数量做了估测。

如果我们相信该部门所估测的数字，曾经的传言——有八百艘特制船舶，以及以这个为基础推测规模有多大——就都是毫无价值的老传说。事实上，我一直对有关八百艘船舶的传言抱有怀疑，并多次询问这个情报的真假。

我希望我们所做的推测都必须是及时有效的。

4 月

首相致海军大臣　　　　　　　　　　　　　　　　1942 年 4 月 2 日

1. 有关新造船计划，我急切想知道，你关于建造两千二两百五十吨驱逐舰的建议落实得如何了。我的疑惑有几点：和从航空母舰起飞的战斗机所起到的掩护作用相比，这些驱逐舰在防备鱼雷飞机方面所起的掩护作用有多大？这些问题都是在"威尔士亲王"号和"击退"号遭受灾祸后才出现的吗？负责掩护的驱逐舰到底要和被保护的战列舰队相距多远？请告知你的观点。

2. 考虑到现在正急需提升潜艇制造速度以及增加数量，我自然反对建造要耗时二十一个月才能完成的驱逐舰。通常而言，从海军造船的整个工作原则来说，建造一艘两千两百五十吨的非装甲舰艇——它等同于一艘"侦察"号级的巡洋舰——是不允许的。你造出这么一架既非巡洋舰又非驱逐舰的舰只，非但不能追逐潜艇，还反倒会被潜艇追猎。依我所见，这种没有任何装甲设备的舰艇只要被任何轻巡洋舰打击碰到，它就会连同舰上一百八十名官兵沉落海底。

3. 要是放弃建造这两个舰队的大型驱逐舰，改成建造同等级的且在一年内就能建好的更多驱逐舰，估计能建造多少？

4. 一种严重错误的做法是起那种容易让人混淆的舰艇型号。增加旧式"快速"号级舰只这种诱惑，被我们的海军拒绝了。

5. 从战争任务来考虑，即便是出于保护战列舰的目的，你要建造这类威猛的驱逐舰也会造成太多的损耗，这是违背战列舰的全部原则的。

首相致制造部大臣、军需大臣，以及伊斯梅将军，转参谋长委员会

1942 年 4 月 3 日

1. "丘吉尔"坦克。必须监督我们的方针策略的执行情况。已交付了一千一百八十五辆坦克，其中九百辆已拨给军队。请认真研究一下在未来的六个月中我们应该进行哪一种建造：（1）造出最新样式的一千辆坦克，它们装有能发六磅炮弹的大炮；（2）造出五百辆新坦克以及在一千一百八十五辆坦克中改装出五百辆。

2. 要是在和平时期，就商业竞争角度而言，人们不会关心这一千一百八十五辆坦克而只管尽快更新换代，生产出更好的产品。要是我们采取这种方式，除了这一千一百八十五辆——它们能发射两磅炮弹的大炮，之外，我们还会有一千辆新的坦克，且它们都能发射六磅炮弹的大炮。也就是说，我们将会有两千一百八十五辆坦克。要是我们不顾会妨碍生产任务而选择改造这一千一百八十五辆，我们最终所得是：改装坦克五百辆、新坦克五百辆，另外还有未经改装的六百八十五辆。总共是一千六百八十五辆。

3. 实行第二种办法的话，我们不仅少了五百辆坦克，而且还必须放弃五百辆二磅大炮的炮塔——它们基本没有任何用途了。这样的损失似乎是净损失。当然，得根据这一千一百八十五辆坦克的质量才能做决定。没有改进过的坦克还有用吗？不能说它们一无是处。两辆上到战场，最后只需要修一辆，这个比例和"马蒂尔德"坦克的一样，都是二比一。而其他类型的巡逻坦克在这一方面的比例则是三比一。所以说，更好的做法不是生产出一千辆具有六磅大炮的新型"丘吉尔"坦克，同时充分发挥那一千一百八十五辆的用途吗？我会考虑如何利用起这一千一百八十五辆坦克。或许，可以用最坏的两三百辆用于防

卫飞机场；剩下的可以在不影响新生产任务的情况慢慢改装。

4.当然，可以认真考虑如何处理这一千一百八十五辆中的其余坦克。有的可以用来做教练设备。加拿大反坦克旅就给予了这些坦克高度赞誉，他们说，让开过拖拉机的人来操纵这些坦克可以使它们的受损程度大大降低。能让英国的驾驶员水平也这么高超吗？可以实行奖金鼓励等方法，以及使他们有更多的练习机会。务必请指挥官注重这个问题。需要向他们提出的另一个问题是：受损的"丘吉尔"坦克是不是给战地修理工厂造成了不合时宜的拥堵？若果真如此，那在具有六磅大炮的新型"丘吉尔"到达时，就可以不用修理其中的一部分了。可以适度地推迟充分装备装甲部队的工作，因为现在没有那么大的立遭侵犯的危险了。同时也该好好安排这一千一百八十五辆坦克，保证在本国之外没有人使用它们中的任何一辆。

5.从头到尾看看对这个问题的分析，想必大多数人会认同，不必再改进这一千一百八十五辆坦克，但要充分发挥它们的用途以及利用它们能发二磅炮弹的大炮；同时要尽快生产出新型坦克。星期一将会在伊斯特本举行会议，请军需部和总参谋部在这个会议前研究探讨这个问题。

首相致空军参谋长　　　　　　　　　**1942 年 4 月 4 日**

1.阿瑟·斯特里特爵士曾交我一个表，该表对双方在这次战争中飞机生产的实际数量和预期数量进行了比较。你见过这个比较表了吗？阿瑟说，他以空军参谋的威信保证，如果这些数字可信的话，我们就可以彻底改善飞行人员过剩的情况。我认为，果真可信的话，那么你编组新的中队就是合情合理的了，新的数量在满足替换那些派往国外的数量基础上，还可以有剩余。

2.极具意义的是在未来的半年迫使敌人日渐衰竭的空军力量最终

枯竭。有没有一些估测数字说明双方消耗量？若有请告知。德国须在苏联、马耳他岛前部以及在利比亚境内进行战斗，因此，和同盟国相比起来，轴心国家的战线太广了，交战的次数也更多。如今，英美空军还未派上战场的力量还有很多。至于日本，它的空军也分散在了各条战线上，须同时作战。无论何时何地我们都可以进行战斗，这是我们的优势，而劣势是，在广阔的战场上进击的困难大，准确说来就是运输方面有困难。

3. 你是怎么看在伯恩茅斯旅馆聚集那么多飞行员这事的？我指的是安全方面。要是美国履行诺言进行生产，这一大批人马上就会被调用到。

首相致陆军大臣　　　　　　　　　　　　　　　　**1942 年 4 月 4 日**

1. 要是你决定切实削减车辆，你必须——打比方——定下削减百分之三十五这个目标后，就要注意离这个目标还有多远。你必须不折不扣地执行。要是一周内可以交来一个临时报告，我会非常高兴。

2. 最好下一道清晰的命令：除非得到参谋长委员会的特准，否则不允许船只载运任何未拆卸的运输工具；只有在可能进行登陆作战时才会有这种特许。

从中东运送澳大利亚部队的车辆回澳大利亚时，没有拆卸这些车辆的车轮，这大大浪费了运输力量。

首相致伊斯梅将军，转参谋长委员会　　　　　　**1942 年 4 月 7 日**

1. 从现有的以及有可能得到的资源数量来看，总参谋部替陆军提出的要求是非常不现实的。满足这个要求，一个独立的皇家空军的原则问题就会被怀疑。空军部对这个问题给出的意见，应该经过总参谋部认真的斟酌考虑。意见中可取的地方就采纳，尽量减少分歧。

2. 让我们的大部分空军受陆军部队的控制，这是非常危险的，因为大多数在几个月甚至几年内都无法上战场。

3. 总参谋部似乎提了一个不切实际的要求：需要特殊设计的运输飞机两千四百八十四架。不过，我是非常希望尽快尽可能多地增加空降部队。应该做做计划，把所有老旧的轰炸机改装成运送兵员的飞机，空降部队和普通部队都可以从中受益。现在进行飞机生产过程中不是非要弄个新式的分隔室不可。可以成立一个改装处。应该制订一个完备的计划。

4. 飞机制造部说，"至少还需要四年，才能完成作为运输用的新飞机的批量生产"。我对这个说法有怀疑。这种飞机在性能上标准很低也很简单，因此它所需要的零件应该都是大家清楚易懂的。而且，废弃引擎和其他材料的有效利用，也可以建造出各类型飞机。唯一有所要求的是载客运输飞机，统一型式是次要问题，确保安全才是主要的。做一种长远打算，美国或许也准备制造一种经过特殊设计的运输机，并分享建造过程。现在他们这方面的进展如何？

5. 这期间，要是我们能就增加空降运输计划提出一些建议，那是很好的。但是，计划不必花俏得如同妇女的化妆匣子。空军部这时所提的建议，非常适合他们将要载运的战术部队的要求。除了这些建议，我们另外增一条要求：首先必须保证这种飞机能够载运人、物。我希望了解计划中的一个空降师的编制情况。我相信大家都会争取简单完成这项工作，避免搞花拳绣腿。非常有必要时刻关注德国人的动向。

首相致枢密院长　　　　　　　　　　　　　**1942 年 4 月 11 日**

1. 你的文件中提到各种关于煤的建议，其中一条是：从野战军中抽调受过训练的七千兵士到矿井工作。除了这一条，我们没有不同意的。这七千人如果以矿工的身份去工作，他们一年内的确可以挖二百万吨煤。但是，鉴于现在正是紧要关头，我认为把我们的军人用在这种地方是不适合的，且会导致严重后果，因此我希望另寻他计挖这二百万吨煤。我认为方法还是很多的，而且它们更加无害于我们的普遍的战争任务，比如这十种：从一千二百万吨储备煤中抽出；采取对其他原料所采取的节约办法，实行分配制度，让各类家庭有限度地用煤的；战时制造部门更节约一些；减少军火工厂之外的工业用煤；尽量减少煤的对外输出量；给矿工资金补贴而换取他们的部分例行煤贴；下令大批没受过军事训练的十八九岁青年去矿井干活；劝服或者允许一些已满退休年龄的人多工作一年；尽量鼓动众人露天采煤；设法让矿工每周的工作多延长十五分钟。

仔细想想，上述任何一种方法都可以让每年多得到将近一百万吨煤，看来弄出二百万吨也不会太难，这样还不至于使陆军受到影响。

2. 你制订的各种计划也是可以加大煤的生产量的，比如让超额利润税和采掘吨数挂钩的一些财政规定。

3. 陆军部这期间也将会列出一个详细的数据，说明参加本土野战军的人员中，矿工数是多少，采掘工人又是多少，加入战斗部队的人又是多少。也就是计算看看，除去运输部、皇家陆军兵站部、皇家海军军械部以及其他辅助部门的工作人员之外，我们还有多少人力。陆军部要求得到的一万两千人中，自然可以给它五千人。我们打算从英国防空委员会和野战军的其他机构中抽调出这五千人。。

4. 在这种重要关头，我不希望采取那些会妨碍陆军团结的方法。但愿上述方法能让我们渡过当前的难关。

首相致第一海务大臣　　　　　　　　　　　**1942 年 4 月 12 日**

我只知道，拿走潜艇上的一些大炮可以大大提高它的运输能力，你可否告诉我用潜艇给马耳他输送供应的具体办法？我会将你的方法转告美国当局，在为科雷希多供应物资时就可以使用这个方法。

首相致第一海务大臣　　　　　　　　　　　　1942 年 4 月 14 日

1. 修理"纳尔逊"号和重新装配"罗德尼"号的工作截止日期是何时？请告知。是否有遵循战时内阁四个月前所下达的命令，昼夜赶工地落实关于这两艘军舰和两艘"岸森"号级军舰的工作？

2. 目前这种关键时刻，你确定不会提议将"英王乔治五世"号送去重新装配吗？

3. 萨默维尔海军上将不同意使用的"马来亚"号在速度上怎么样？和"勇敢"号相比，它的续航力差在哪儿？大炮能否随时发射？它的整体缺点是什么？

4. 坎宁安海军上将跟我说，他不理解为何还要"勇敢"号舰上的全体人员用那么长的时间去熟悉工作，因为他们已经做得非常好了。我告诉他说，你觉得到 6 月末才可以做好准备，他听后似乎有些震惊。

首相致外交大臣并致伊斯梅将军转参谋长委员会

1942 年 4 月 19 日

1. 埃及和印度都有一大批德意战俘。留在埃及的俘虏不仅是陆军的一个负担，对当地安全来说还是一种危险。为了看住那里的八千德国俘虏，必须派大部队去守住他们。

2. 霍普金斯先生曾说，要是向美国提出请求说把这些俘虏交给美国的话，美国是会欣然答应的。务必要开始运走那八千德国俘虏的工作，可以用很多从红海港口返航的美国空船。不必要专门派人护送。

3. 请和奥金莱克将军研究考虑这个问题并提出具体行动的建议。

首相致伊斯梅将军   1942 年 4 月 25 日

自日本人在 4 月初开始进攻后，锡兰的驻军、空军有什么改善？在防御上又做了什么改进？请告知我这些方面的详情。此外还有：已到达科伦坡的增援部队是哪些？还在途中的是哪些？在 5 月份或者 6 月份抵达又是哪些？

请交给我一份报告说明，我们需要多少空军及其他多少军力，才能攻下并守住马达加斯加。应该在基林蒂尼的行动前就拿下马达加斯加，但这个行动不能在科伦坡的行动前。我是这么认为的，不过参谋长委员会一定反对这个意见。

首相致伊斯梅将军   1942 年 4 月 26 日

令我觉得不可思议的一件事：许多份电报上面写有"高度机密、亲启"这样的字眼。是哪个官员负责这方面的工作？关于规定这种文件的管理和分发的条陈，请交给我看看。我打算在内阁会议上说说这件事。

首相致空军参谋长   1942 年 4 月 27 日

请制订一个有关如何增加一些作废的轰炸机给空降军团，并让他们快速用上这些轰炸机的计划。最近三个月最少要给他们一百架。这一万名能干的士兵不能仅有三十二架飞机可用。

首相致陆军大臣   1942 年 4 月 28 日

1. 对装甲师以及现在拟议中的步兵师，我认真研究了它们的新编制。不用说，我非常赞成这种编制，仅从我常提到的意见中也可以知道我现在的态度。要想重新让步兵作为战场上的主要兵种，就十分有必要对装甲部队和步兵进行这种紧密、协调的混合组编。我也非常认同这个猜测：德国人在装甲师内更注重利用炮兵。

简单地说就是，装甲师和炮兵师将会越来越重要并成为优胜者。依我看，要是在现行的步兵师和具有装甲力量的新编师之间做选择的话，任意一位将军都会选择后一项。以前，我们会从骑兵旅或骑兵师组成骑兵军，如同这个道理，现在我们可以从装甲师组编一个更大规模的装甲部队。因战役或战场的情况特殊而自然而然产生的这种编制，不需要按常规设定干部或固定的编制。

2. 本土野战军以下列各方面的力量和组成，在改组前后分别是什么状况？

（1）步兵营；

（2）野战炮兵的大炮数量（包括榴弹炮）；

（3）高射炮和反坦克部队；

（4）各类型机关枪；

（5）各类型装甲战车；

（6）各类型非作战用的车辆；

（7）各种参谋人员；

（8）供应、运输，以及后勤工作机构这些方面的数目；

（9）各级官兵总数。

3. 比较一下这些新编制的部队和德国整个军中的各部队后，我们有必要根据师旅军官和一师士兵人数的百分比，来检查我们的新编制。同样，对通信、邮政等单位，也可以进行这种比较。这并不是说德国人的方式就是对的，我觉得最起码可以看到，他们能够做到用更少的资金来供应更多的战斗人员。

5月

首相致制造部大臣　　　　　　　　　　　　　　　1942年5月1日

　　根据3月份的《每月进度报告》，我注意到，飞机的产量和计划中的数字差了一大截。重轰炸机落后五分之一，轻轰炸机几乎落后一半。你在一个月前曾向我们保证一定会完成预定计划。现在这种状况令人非常失望。我希望你能找出妨碍计划实行的根本原因并加以改善。

　　直到现在我还没有收到：1. 一直没有做出来的、有关要求派给你劳工的一个计划——而你在上次会议中再次提过此事；2. 和特殊机床有关的一份报告；3. 对所附两班制和各种机器供应不足的一个说明。

　　在本年下半年，我们对镁的需求是否确信可依靠美国的供应？我们的需求量是一万四千九百吨，而从这份报告来看，供应给我们的只有一万零六百吨，

　　我还注意到，这个月的报告中没有提到去年秋天时令人担忧的螺旋桨难题，而现在似乎也并没有解决这个困难。这个问题是非常非常重要的，应该努力设法攻克它。

首相致空军参谋长　　　　　　　　　　　　　　　1942年5月1日

　　1. 请你明天交上5月份的轰炸计划以及一个列出主要袭击目标的图表。我十分理解气候影响着我们每天的行动，但我要的是一份不将气候因素列入在内的计划。

　　2. 你八成已经见到多比将军的那份文件——要求轰炸机司令部对西西里出击。可以猜测他之所以提出这个要求可能是因为，我们必须制服敌人的抵抗，以使我们的一批"喷火"飞机成功着陆。你打算做什么样的安排？"韦林顿"飞机能从英国飞去轰炸西西里吗？让该机队在马耳他岛飞机场——它可能被炸出了很多大坑——着陆，然后第

二天晚上返回国内再进行另一次轰炸，这有可能吗？要是不出动"韦林顿"，你准备派什么飞机？这么做的话，肯定会消耗巨大资金。请拟一份最好的计划交上了来。

3. 今天能派出摄影侦察机队到"提尔皮茨"号的上空，勘察它周围的战斗情况吗？情报至关重要。

首相致海军大臣和第一海务大臣　　　　　　1942 年 5 月 4 日

1. 三个月内我们可能都无法使用"英王乔治五世"号。我认为，等三个月后，要想熟悉它的使用也需要很长一段时间。那么，我们如何度过最危急的这一时期呢？请认真考虑下面这个计划。

2. 用两周或一段合适的时间来进行这种交换：让"英王乔治五世"号和"岸森"号互换船员，即将"英王乔治五世"号的全部船员作为一个高度完整、训练过的单位转移到"岸森"号上，同时"岸森"号也进行这种转移。鉴于这两艘军舰的各方面几乎是一样的，所以只要熟悉"岸森"号，就几乎可以熟练使用"英王乔治五世"号。实行这个方法的话，这艘备战中的船只起码可以提前一个月或六周投入战斗。

首相致伊斯梅将军　　　　　　　　　　　1942 年 5 月 6 日

差强人意。我们提供物资（马勃菌炸弹①）的的确确是为了应对在中东可能出现的任何战事。但是，当真正发生战争时，它们作用是不大的。我已经想办法在 11 月战役进行前从两处给中东运过去更多的炸弹，不过无法保证能有很大的数量投入战斗中。

---

① 杰弗里斯上校发明的一种炸弹，可以从空中扔下对付坦克。——原注

首相致海军大臣和第一海务大臣　　　　　　　　**1942 年 5 月 6 日**

你们要是能帮忙转发以下几封信件，我是很高兴的：

首相致东方舰队总司令

1. 我非常希望你可以研究以下三个点：（1）三艘航空母舰联合进行防御和一艘进行防御，前者的好处在哪里？（2）如何最好地应对敌机在天亮前发动的袭击或者说这种特殊危险？（3）最好采取什么样的比例给每艘航空母舰装配战斗机和鱼雷飞机，以及你那三艘航空母舰届时又会用什么比例？

2. 我们现在还没有搞清楚的几个重要问题，在 6 月 1 日时都会明朗可见了。我们那时候一定要关照全局，看看每一种方法的损失率和危险性有多高。

3. 祝你成功。

首相致制造部大臣　　　　　　　　　　　　　　**1942 年 5 月 8 日**

请看看所附的农业大臣文件（有关美国农业履带拖拉机的报告）。很多人有这种看法：要是明年有七十五万美国军队在这里，那就意味着我们必须生产更多的粮食，当大西洋上的形势越来越紧张时更有这个必要。这些大型履带拖拉机会直接影响到生产数据，不过我没有得到具体数字。要是以吨计算的，大概会是多少？

请和农业大臣讨论这个问题，并考虑如何协调这个问题和美国的其他要求。要是你们准备了这些，我就给霍普金斯发电报说明。

首相致飞机制造大臣　　　　　　　　　　　　　**1942 年 5 月 8 日**

感谢你交来关于 4 月份飞机生产的报告。根据所附的表格，我们的重轰炸机产量似乎比预计指标落后一个月，和原定的"几乎不可能实现的高目标"更是差了一大截。而且，要是连最近一次降低指标也算在内的话，一共已经降低三四次了。我非常高兴工作已经得到了改进，但是也必须清楚我们的需求比之前更紧迫了。

飞机生产

日期	实际数字	计划数字
1941 年 12 月	55	79
1942 年 1 月	81	91
2 月	81	103
3 月	104	130
4 月	127	149

首相致陆军大臣、帝国总参谋长和制造部大臣　　　1942 年 5 月 8 日

1. 应该在 6 月中旬前做到：在训练中，让每支步枪的子弹从六十发提高到一百发。这件事非常重要，应该尽快实现目标。现在的情况令人不满，必须设法改善。

2. 现在做了什么安排以便于部队的训练？国民自卫军能用的弹药有多少？在当前的艰难处境中，比训练他们更重要的事情是建立后备。请一并告知现在的工作以及将来改进情况后的计划。

3. 按规定，国民自卫军应有一百七十万人。我最近得知，它的目前人数是一百四十五万，其中只有八十四万人配备有步枪。所有人都应该受训练，所以应该换下有枪的，让没枪的上，不过应该注意：有多少进行了射击训练，就应该发出多少枪支。请你说说有关这个问题的计划。

4. 美国 3 月份生产出了三亿一千九百万发 0.30 英寸步枪子弹，这个数字虽然很大，但我认为可以进行更大量的生产，比如在这个数字上再增加一亿。保证国民自卫军的子弹库更充实以便训练之用，这总是好的。我乐于想办法加大这方面的生产。

请给我一份图表，上面说明国民自卫军的装备情况：步枪、美国造的机关枪和冲锋枪、可能会获得的英国造的这一类武器，都各有多少。两三人共用一架机关枪，一人用一支步枪，是这样的吧？另外，国民自卫军所拥有的运动步枪和鸟枪是多少？没有任何军火武器的人又是多少？虽然现在没有显著的入侵威胁，但我们也不能因此就不管不顾防务上的所有重要问题。

首相致陆军大臣   **1942 年 5 月 10 日**

1. 防空司令部目前的最大问题是有关人员方面的。要是我们可以设法找到人来使用这些武器，那就不应该让这二十八万人一直就这么等着，因为袭击可能发生，也可能永远不会出现。据我所知，国民自卫军不可能在常规工作之外，派人来管理他们所需的武器。所以说，必须由职业士兵来使用这些轻高射炮。至于火箭炮和重型防空探照灯，我认为，可以从国民自卫军和女子地方支援队中抽调人员来，全部或部分使用（有各种不同的比例）它们。混合炮队的计划现在进展如何？我听说，自愿效力的妇女人数不足。

2. 从国民自卫军和女子地方支援队最高能抽出多少人员？应该请派尔将军说清这个数字。另外，请他估计，当获这批人员后，他能从中调出多少人来给野战军。届时可以考虑这种交换人员的方法。他曾在调出和减少人员方面起到很大的作用。

首相致海军大臣、第一海务大臣和第五海务大臣   **1942 年 5 月 12 日**

尽快将最多的"燕子"和"海上旋风"送交给萨默维尔海军上将，让他在合适的时候使用，这是当务之急。请告诉我你们在这件事情上所能做的，并附上时间表。

首相致外交大臣   1942 年 5 月 13 日

在对土耳其将要采取何种军火政策这个问题上，我是这么想的：

1. 在今年夏天前——或者说，在苏联战场的战争形势更清晰可见前——我们只有较少的事情可做。在土耳其问题上，我们所能做的，也只能是努力不让敌人攻打土耳其。不过，当苏联的军事行动在冬季暂停之后，我们即应该立刻行动，设法运送大量坦克、反坦克炮和高射炮到土耳其。美国届时要运出大批军火，我们也将必须提高自己的产量。美国那批军火是非常多的，他们给土耳其运去一千辆坦克、一千门反坦克炮和高射炮不会有困难。当然，这些军火大多数是旧式的。

2. 我们若能照这种规模做好准备，并自 11 月份开始按计划分给土耳其武器，那么，夏季时，得到我们承诺的土耳其人就会保持中立。而他们在冬天时就可以用这些全部交付到手的武器训练军队，然后在第二年春天时，他们就可以加入我们。

3. 你若是也认为此提议切实可行，我们就向我们的制造部门和美国方面提出它。

首相致飞机制造大臣   1942 年 5 月 13 日

1. 根据你最近交来的报表，你"正准备"一千七百九十七架飞机，而它们并非属于四天内要完成的那六百四十九架飞机中的一部分。目前，飞机数量不足是一个严重问题。是时候弄好这一千七百九十七架缺少各种零件的后备飞机了，一切就看你了。

比弗布鲁克勋爵曾在 1940 年时，彻底检查并分析了空军后勤部队所保存的飞机，这给我们节省了很多时间。让更多的飞机到前线去是我们的当务之急。请尽快落实此事。

2. 所以，请你就以下问题向我报告：

（1）要想计算出过去两年每周的生产数字，从六百四十九这个数字可以算出什么结果，从一千七百九十七这个数字又可以算出什么结果。

（2）要想提前在 7 月 15 日从一千七百九十七架飞机中抽去五百架组成机队，应做什么样的安排？请你交给我一个计划。国内的皇家空军有很多他们当前很可能用不上的零件，充分利用这些零件，应该能让好几架飞机飞起来。"勇士"战斗机是目前急需的，尤其应该提前完成这种飞机的制造，而我所知的是，你现有的这种飞机数是二百八十架。请向我报告说明，是由于什么原因才造成这一百架最有希望的"勇士"战斗机的延误。

3. 我料想你应该有一份明确的关于这些飞机每一种类型的记录，上面还清楚说明这些飞机缺少什么而不能提前作战。要是有这样的记录，请给我看。要是没有，请做一份出来。我已清楚关于那三百六十三架"韦林顿"的情况了，你不必再说明。

首相致外交大臣　　　　　　　　　　　**1942 年 5 月 15 日**

1. 不必推翻我们说过的事情。但这是事实：我们根本不可能派出军队去支援可能在 1942 年春天或者夏天遭受攻击的土耳其。即便我们有大批军队，也无法使用叙利亚的交通线来调动这批军队。不过要是被逼急了，我们一定不会坐视不管。

2. 我们应该尽可能履行我们的诺言，在夏秋两季时调拨少量军资给他们。

3. 我认为，应该从 11 月份开始大力给予土耳其人纯粹的支援。但是，我曾通过联合分配委员会提出来的那项政策，我现在不建议执行。我的想法是，说服美国总统与我一起对土耳其承诺：如若土耳其和其他国家安然度过这个夏天，我们就很有可能保证到 1943 年春的时候巩固加强他们的地位。今后几个月的形势虽然令人担忧，但是，如果我们在那些地区的工作开展顺利，我所提的一些方针就可能在很大程度上影响土耳其，使其参加 1943 年的战役。

首相致外交大臣和军事运输大臣　　　　　1942 年 5 月 17 日

同样遭受了损失的美国给我们调拨了七十艘油船，我们有对他们这种慷慨的行为表示适当的感谢吗？我认为各部门都应该感谢他们。那么，在我致总统的电报中要不要也表示一下感谢？如有必要，请交给我相关资料。

首相致海军大臣和第一海务大臣　　　　　1942 年 5 月 17 日

1. 埃瓦特博士已经向我发出最强烈的请求，请我派出一艘航空母舰。我们自然答应了这一请求，但是，在将承诺的"赫尔米兹"号送给他们前，该舰却在执行任务中被击沉了。你现在告诉我，他们无意要这艘军舰并且表示过这层意思。但是，埃瓦特博士收到卡廷先生所发的一封长电报，后者在电报中强调要两艘航空母舰。你有看过这封电报吗？我尽量不做承诺，哪怕是最基本的那种，但是我一直想着要不要给他们拨出"暴虐"号。请告知你打算如何安排使用这艘舰只。

2. 现在为何要重新装配"胜利"号？它加入舰队有多久了？我记得不到一年。是哪一种类型的缺陷促使我们在这种危机关头必须辞退它？据我所知，美国人已调走了"黄蜂"号——当然是调去支援太平洋的。不过这样一来，我们的处境就更加艰难了。必须注重和澳大利亚保持长远关系，要是我们没有采取任何形式来支援它的防务方面的工作，这将会为帝国前景带来严重影响。

首相致海军大臣和第一海务大臣　　　　　　　1942 年 5 月 17 日

加勒比海方面现在什么情况？有无按计划在 15 日开始实行护航制度？

首相致伊斯梅将军　　　　　　　　　　　　　1942 年 5 月 18 日

1. 除了应提供一个中队的即十六架战斗机外——可以用旧式的——还应该调拨更多的 3.7 英寸口径大炮和双筒自动高射炮。在非洲中部的传统作战中，也可以用一些旧式的轻坦克。我们肯定有这类坦克。请告知你手头现有的坦克数量。此前不久，反坦克步枪肯定是充足的，不足的是子弹。能保证搞到超过六十支的这种步枪吗？

2. 另外，如果比利时方面明确告诉我他们不会建立军队，我绝不可能将这些武器拨给他们。我的儿子曾在利昂伯德维尔度过了一个星期并写了封信给我，下面附上他的信件摘要。似乎有必要给刚果调去一些比利时军官。那里最起码要建立四个旅，让这些旅在非洲西海岸、东海岸、马达加斯加服役，或者要是战争转移到更东侧的地区，就让他们在那服役。

1942 年 4 月 28 日伦道夫·丘吉尔致首相的信件摘要：

"对于所有比利时军队都留在英国这种情况，所有最关心战争的比利时人都感到非常疑惑。他们说，他们用几百名军官就可以建立起一支有一定规模的土著部队。他们强烈感到，后勤和战时工业方面缺少白皮肤的职员。他们认为，比利时政府仅仅是为了增强自身威信度，而努力要在英国建立一支大规模的军队——在刚果有一些比利时的自愿从军的青年，政府甚至迫不及待地要立即遣送这些人到英国。"

首相致伊斯梅将军，转参谋长委员会　　　　　　**1942 年 5 月 18 日**

1942 年印度洋上的秋季战役

1. 最迟在 7 月 7 日，我们就应该在基林尼迪集结好东方舰队，然后争取在 7 月 15 日时已在科伦坡或亭可马里（也可同时在这两个地方）建立好这支舰队的根据地。应以应急的速度在防空、战斗机、鱼雷飞机、停船设备等方面采取积极措施，以便保护和供应该舰队使它成功到达该地。

2. 不能因为四艘现代化军舰和三艘航空母舰有四艘是"皇家"号级的，就阻止它们开往锡兰港口。否则，我们只是再次见证了这样一个例子：这些性能过时、战斗力不足的武器非但无法帮助我们作战，反而会成为我们的负担。而如果不阻止它们的话，它们就能把根据地设在迭哥苏瓦雷斯，由于远离敌人，而且锡兰有强大的海军，它们便可以为运输船队提供沿途保护。当允许进入锡兰后，它们可以根据情况开航，想去哪里都可以。

3. 一定不要上敌人的当而分散我们部署在科伦坡和亭可马里间的防空力量。必须用到的设备应该集中在一个港口，有待改进的可做临时之用的那些设备则供另一个港口使用。我们必须决定出到底使用哪一个港口。要想给阿杜岛提供物资，必须等到我们在锡兰建立一个坚不可摧的防御基地后。苏格兰有句谚语："好的房子，配备也必须良好。"请记住这句谚语。

4. 至于基林蒂尼和迭哥苏瓦雷斯，基林蒂尼应优先使用防空设备，因为必须使这个作为要塞的港口能够抵御所有攻击。在宣传时，应该尽力夸大这个港口坚不可摧的程度。日本人基本不可能袭击迭哥苏瓦雷斯或马达加斯加岛的任何地方，所以，应该按照参谋长委员会所提议的，以第二等的水平来对这些地方进行军队和设备的部署。

5. 在海军部的训令有明确规定东方舰队总司令的任务，这项任务就是"除非日本的兵力占据十足的优势，否则一定要阻止日本人到孟加拉湾活动"。我们应该坚持贯彻这个任务，并使所有意见都没有脱离这个任务宗旨。

6. 日本人不太可能派遣一支比东方舰队（四艘"皇家"号级军舰不算在内）还强大的舰队到印度洋。他们必须谨慎行事，因为他们在主力舰和正规航空母舰方面的实力有限。如果我们满足这两个条件——也只是假设而已：（1）我们用"燕子"或其他高速战斗机装备航空母舰；（2）我们尽量不脱离以海岸为基地的鱼雷飞机的航程，那么，日本人也不太可能迫切地寻找一支和东方舰队（即便不算四艘"皇家"号级军舰在内，它仍是十分强大的）一样强大的舰只来和我们交战。因为，要是战斗导致双方舰队的损失同等的话，日本的损失就是不可弥补的。根据日本人一直以来实行的战略，他们不可能愿意用他们任何战列舰队的力量来冒险行动。他们在进攻孟加拉湾时可以说是小心翼翼。他们在珊瑚海的战役结束后没有再进行远征，这说明，他们在航空母舰方面出了很大的问题。所以，日本也只会对印度洋派出一个从舰队抽出的分遣队，我们不必觉得他们有和我们较量一番的意图。对他们说，派出主要舰队是一种最危险的举动。

7. 至于以海岸为基地的飞机（包括侦察机、轰炸机和鱼雷飞机），我们应该设法争取它们的数量是最大的，以便在孟加拉湾有军事活动时，用它们来给予东方舰队充分的保卫。考虑到敌人必定有此打算：在孟加拉湾他们所占领的区域内建立海岸基地并派驻飞机，我们前面所提到的飞机数量还必须压倒敌人这个计划中的飞机数量。我们应该争取在9月底时在那里建立一支海空联合力量，这支力量要强大到这个程度：可以打压来自海上的对印度的袭击，还能让我们可以进行海外活动。无论何时，迫使敌人和我们进行空战总是划算的，哪怕双方的飞机损失是一对一的。所以，在这个战场上也要尽力争取空战。

8. 不用说，要根据在利比亚、高加索和澳大利亚的战争进行情况，来决定对印度的军事增援。如果事情的发展过程不会损害到我们，我们除了派遣第二师和第五师到印度，还应该增派第八装甲师和至少一个英国步兵师，同时要求后两个师在 9 月底到达印度。这样的话，韦维尔将军会获得共计九个师，其中包括：第七十师、第二师、第五师、第四十五师以及第八（装甲）师，此外还有英印集团军和（打比方）驻防军的四个师。可见，他在 10 月份的时候可能有机会对在缅甸的日军采取总攻。

9. 应该从现在就开始对这次攻势做好计划，而且，有必要根据形势的变化竭力实行这个计划。要在当地准备一些登陆艇，另一部分则由本国派出。在其他战场的需要得到满足的情况下，应该逐渐增大英国和美国的空军增援。袭击日本的交通线也许会对中国产生重大作用，使中国能够继续作战。在所有必要条件都保留的前提下，使蒋介石相信这种袭击有益于中国并继续作战下去，是非常重要的。我们曾判断日本人的第一个目标是攻打重庆（苏联自然更重要）——但他们会根据西方战争形势的发展而转移目标。后来的形势发展表明我们做出了正确的判断。在 1942 年秋冬两季，我们的目标应该是：让毛淡棉至阿萨姆间的英国空陆军联合发起总攻。

首相致外交大臣　　　　　　　　　　　　　　　　　　**1942 年 5 月 19 日**

电报看起来一天比一天长。你进行警告后，情况得到暂时的改善。翻译这些长长的电报一定会耗费非常多的时间和精力。我非常理解他们为了对战争有所帮助而想做更多的工作，但这实际上是在添麻烦。

首相致外交大臣　　　　　　　　　　　　　　　1942 年 5 月 19 日

我非常理解：鉴于目前形势令人不快，所以法国人自然会抵抗我们在奥兰、达喀尔、叙利亚和马达加斯加对他们的攻击。但是，他们在海上对我们的飞机展开远距离攻击，看起来根本不是一回事。这样的攻击是毫无根据的。一直以来，我们都没有对他们颁布的二十英里领海的通告给予认可。再说了，我们这一次的行动范围或许是在他们的限制之外的。有解决这个问题的办法吗？

首相致彻韦尔勋爵　　　　　　　　　　　　　1942 年 5 月 22 日

请把我在以往几个月内接收的所有一周报表中，有关本土空军的损失数量与每个星期制造和修复的飞机数量，并列为两栏。如果清楚调往苏联和东方及其他国家的飞机总数，那么请另加第三栏并列上这个数字；要是可以计算出来的话，请用制造出的总数（包括新造的和修理好的）减去消耗的数量和输出的数量，最后告诉我本国还有多少飞机。

首相致制造部大臣和工程与建筑大臣　　　　1942 年 5 月 25 日

今天，我乘车经过伦敦南部，我发现很多个人住宅因遭受空袭而破损了。看起来，这些房屋还保留完整的结构，但由于还没修葺好，所以无法住人。我认为应该采取有效的办法修理这些房屋，改善我们的住房，特别是考虑到我们要接收来自国外的一些人员，需要更多可住人的房子。请交给我一份报告说明这样的房屋有多少，同时说明你是否可以拟订一项更节省人力和物资的行动计划。

首相致经济作战大臣　　　　　　　　　　　　1942 年 5 月 27 日

纽约瓦伊金出版社今年出版了《月亮落下去了》这本书，它是约翰·斯坦贝克最近著作的。这本书对故事的叙述非常精彩，此外，作者还特别强调了一点：对被征服的国家应该提供简单武器，比如说手榴弹，因为这类武器使用方便且容易藏匿。我认为这一见解十分正确。

首相致陆军大臣和帝国总参谋长　　　　　　　1942 年 5 月 27 日

1. 这个周末，我巡视了恰特威尔，东肯特步兵团直属部队青年军营派了一个连来护卫巡视中的我。理所当然地，我检阅了这个连，询问他们的装备情况。他们回答说，他们缺乏配备有轻机关枪的装甲车，在轻机关枪方面尤其觉得数量不足。据我所知，在一段时间内，轻机关枪和配备轻机关枪的装甲车的产量是不用担忧的。我没想到这两项武器居然出现供应不足的问题。

2. 我还注意到青年军营使用两种不同型号的利－梅特福德步枪，这种情况也出现在一些排中，而且两种型号的枪各占一半。虽然所用的子弹是一样的，但这两种型号的枪配备的瞄准器是不同的。其他部队也存在这种情况吗？希望你们能交给我一份有关备忘录。

3. 我提问在先，而回答我的问题是他们的职责。所以请你们不要找这个连或这个营的麻烦。

6 月

首相致伊斯梅将军，转参谋长委员会　　　　　1942 年 6 月 1 日

1. 关于西方战场和袭击日本的关系，我并未见你们在最后一段中有所提及。我不曾提出过这样的建议：除了原计划派出的军队——有的正在海上，有的准备出发——还要增派更多的部队到东方。将来对飞机的需求才是最大的，也会要求一定数量的登陆艇，此外可能还有各种特定的船只。

要是我们获得了利比亚行动的胜利，那就有必要审视一下整个形势，到那个时候，我希望知道韦维尔将军的想法：他想要开展什么行

动以及打算如何开展。现在不需要对第八装甲师和第四十四步兵师作出什么决定，我们将根据它们绕过好望角时的情况再作安排。

我们没有这个义务：在今年内通过缅甸袭击日本交通线。不过，考虑到中国崩溃会带来非常可怕的灾难，因此看来有必要根据战事的发展给予中国适度的救援。要是苏联南方战线被击溃了，我们自然就必须考虑向远东推进。我再次强调一下：将来要用到军队的话，也只能从目前分配到东方战场的军队中抽调出来。

2. 妨碍东方舰队集结的各种拖延问题，应该引起我们的重视。萨姆维尔海军上将在发来的电报中提出了很多想法，看来他主张消极应对以避免他的力量被"浪费"在孟加拉湾或者……一旦他的舰队集结好并以锡兰港口作为根据地后，他应该做的就是阻止任何来自海上的对印度东部的袭击。除非日本派出占据优势的军队掩护他们的进攻，否则他必须履行这个责任。当我们把基地设在海岸的空军在印度东海岸做好部署后，他理所当然地应该为我们的一支两栖远征队做好掩护。空军对那里的行动起到最主要的决定作用，我非常赞成这一点。鉴于此，我们必须等看利比亚战争的结果以及韦维尔的看法。

3. 当日本人向前推进时，他们的力量将会分散并且要同中国军队展开较量。在缅甸和中国南部的辽阔荒野上，他们只有五六个师，但供应确实是一个严重的难题，虽说他们可以受得了艰苦的环境。无论我们的军队在哪里，他们都不能毫无作为，飞机也不能闲置；随着夏天的逐渐结束，我们或许会在阿恰布重建基地。为了让他们的空军力量消耗殆尽，还将在离他们越来越近的地方进行作战。至于发动两栖攻击有无可能，还得视条件决定，而现在谁不知道能否等来这个条件。即便如此，还是应该在行动前做好所有准备。否则，等时机到来时才临时抱佛脚那就太愚蠢了。我们将会在 8 月份见证我们现在无法预测的很多事情发生。

首相致陆军情报局局长　　　　　　　　　1942 年 6 月 2 日

请把有关南斯拉夫的爱国运动，以及在那里的德意侵略者处于什么地位的情况，做成一份不超过两页内容的报告给我。

首相致空军参谋长　　　　　　　　　　　1942 年 6 月 2 日

我估计，派尔将军和另一些相关人员都十分紧张，因为预计德国会针对我们的千架飞机的轰炸实施复仇吧。

首相致劳工大臣　　　　　　　　　　　　1942 年 6 月 2 日

（给制造部大臣和枢密院长送去副本）

我对你 5 月 14 日所做的备忘录（关于对比现在和战前人员情况）表示感谢。民间事业转向服务于部队和其他政府事务的人非常多，这件事情做得非常不错。我们所征集的人员已经达到 200 万，他们有的参军，有的在民防、工业和各种服务于部队的方面工作。尤其令人满意的是，加入工作的还有失业人员。我们很快就要面临能直接作战的人员达到上限的局面。从今往后，制造部大臣和每个供应部门必须尽力加强管理效率；此外，在政府的每个部门之间，比如建设部和制造部之间，海陆空三军和各个兵种之间，都要做到合理分派人员。这种人力状况在美国加入战斗的时期还会有一定的更改。

首相致伊斯梅将军，转参谋长委员会　　　1942 年 6 月 3 日

这份发自中东各位总司令的电报，是一个非常不错的事例。从它可以看到，在看不见尽头、士气低落的防御中，人员和物资是如何被挥霍和分散的。对于敌人的进攻部队不时会在没有防御措施的地区出现的事情，我们没有必要因为害怕而导致我们遭遇困境。据点设在锡

兰港口的海军是唯一可以维护这些地区防御工作的部队，而对这些海军的保卫，则由一部分海上空军以及将基地设在海岸的空军提供。应当让埃及战区筹备、召集和维持一支拥有水陆两栖装备的机动部队，防止敌人从海军防御中找到缺口攻入进来。这种部队在发现敌人侵入时——打比方说派出有适当装备的一个旅——进行反击并有效地处置他们。虽然这种作战力量不过是表面上组织起来的，但是——如果有机会的话——能把它当成一支战术部队利用，就应把它算为现在中东的战斗力的一部分，并且它应该在有需要的时候立刻加入到所有作战中。我觉得各位总司令由此总该清楚了：别妄想在各个地方能安稳太平了。这种愿望，不管再多的兵力也实现不了。

首相致伊斯梅将军，转参谋长委员会　　　　　　1942 年 6 月 3 日

　　1. 自打皇家海军陆战队各个旅随着达喀尔远征军被调出后，关于皇家海军陆战师的情况，我就没有再得知过。将怎样利用这个师的军队，计划了一些什么任务？打算将它用在"痛击"和"围歼"这两个战斗计划的哪一个？假如两个都不是，我们能不能让韦维尔将军使用它？不久之后，在他所指挥的地区内，肯定会有非常不错的作战机会给这支精良的轻装两栖部队。

　　2. 请送来一份针对这件事的报告。

首相致自治领事务大臣　　　　　　　　　　　　1942 年 6 月 6 日

　　在上回商讨了对南爱尔兰的支援问题之后，情况的变化开始向有益于我们的一方转变。美国部队正在大批地向爱尔兰开进。东线上的德国人已经被牢牢牵制在那里。目前我们正要准备去进攻大陆。所以，一旦我们需要南爱尔兰的基地，那么，目前考虑供应给南爱尔兰的武器就几乎不可能用来对抗别人，而只能是用来对付我们。

这件事我觉得不是那么着急。我希望在苏联战场的战斗进行情况传来之后，我们再探讨这个事情。

首相致陆军大臣、空军大臣和工程与建筑大臣　　　1942 年 6 月 11 日

你们所了解到政府的政策是对的，政府的确是这么打算的：假如能用任何办法平衡煤的生产和消费需求，就不会实施针对国内燃料的分配制度。

新设立的燃料与动力部已经接受战时内阁的命令，对煤矿现存煤的合理使用进行监管。这是为弥补生产和消耗间的差距而采取的一种方法。现有存储煤有一部分质量比较差，而各个工业企业和其他大消耗量的单位习惯了用好煤炭，燃料与动力部便强行要求这些企业单位接受这些差等煤。

希望每一个用煤量比较大的政府部门都能够与这个新设立的部门通力协作。为了支持这个部门的工作，你们部门下辖的相关单位一定要接收一批差煤，假如你们可以跟他们做一下解释，我会非常高兴。

首相致海军大臣　　　　　　　　　　　　　1942 年 6 月 11 日

为了建设新工程，你们海军部将材料随便堆在近卫骑兵操场上，搞得这个操场乱七八糟的，这情况已经持续了几个月。我觉得现在该移走这些碍眼的东西了，希望你们立刻实施，而且我相信你们是绝不会拖拉的。彻底清扫那个操场需要多少时间？你们想用什么办法？请告诉我。

首相致伊斯梅将军　　　　　　　　　　　　1942 年 6 月 12 日

请把所有将在 6 月和 7 月登陆或开到苏伊士运河的坦克，以及它们详尽的类型，做成一份列表报上来。

首相致第一海务大臣　　　　　　　　　　　1942 年 6 月 14 日

有关沉没在莫桑比克海峡的船舶情况，请做一份报告给我。日本潜艇或德国潜艇在何处设置的据点？你将会用什么样的办法？

首相致枢密院长　　　　　　　　　　　1942 年 6 月 14 日

在我看来，你这个文件中（有关已受损房子维修问题）的措施和计划，不太符合我们的期望。假如我们要获得一千五六百万镑的资金来搞定十五万八千所新房，那么，大批涌入的美国人引发的住房危机就不难解决了。并且，从价钱上可以看出，也没有耗费太多的资金和人力。然而，在这个问题上的有关工作几乎都没有落实，这令我疑惑。

另外，也应该着重说明一下各个政府部门搬回伦敦之事。撤走的儿童已经返回了多少？他们应该不会再面临危险，毕竟，和乡下的防御措施相比，伦敦方面强多了。

首相致海军大臣、第一海务大臣和伊斯梅将军　　　1942 年 6 月 15 日

有必要在 6 月份挑选一个有月光的夜晚，再次进行一千架轰炸机的袭击。我必须明确要求你们同意空军海防总队也加入这个计划。

请告诉我你们将会如何行动。

首相致空军参谋长　　　　　　　　　　　1942 年 6 月 15 日

我很高兴在上周六和哈利斯空军中将的交谈中得知，他十分期盼能在 6 月份的某一个月光之夜再次出版《天方夜谭》。①除非有极其重

---

① 指一千架轰炸机空袭德国的行动。——译注

要的反对意见，我希望这个方案你能同意。

同时，我已经命令海军部保证允许空军海防总队的加入。我得知，海军部不让朱伯特已备的 250 架飞机加入计划。

要是我可以做什么协助你的话，请告知。

首相致伊斯梅将军，转参谋长委员会   1942 年 6 月 16 日

所有这些都非常清楚地表明，一定要尽早制订缅甸计划。我觉得可以请联合情报参谋部做一份计划，更可以和联合计划委员会共同研究，让他们对这次计划的必要性有深刻的认识。过去我多次谈过，目前我们必须要面对的最大危险之一是蒋介石的失败。

首相致飞机制造大臣   1942 年 6 月 27 日

我听说有美国人提出了一个将战斗机的飞行里程延长的建议：用机翼当油箱，或者造一个备用油箱在机翼内。关于这个提议的可能性的分析以及我们这已经有怎样进展的情况，做成一份报告并请在下周一交给我。

7 月

首相致海军大臣   1942 年 7 月 6 日

（请将此件抄送给工程与计划大臣）近卫骑兵操场非海军部私有财产，应在获得内阁批准的前提下再建筑占地面积如此之大的自行车棚。至于你想为海军部堡垒（你准备防守这个堡垒）建筑一个大楼的想法，除了应请求工程与计划大臣制订一个计划，还应该向战时内阁阐述理由以便他们讨论。

首相致外交大臣　　　　　　　　　　　　　　**1942 年 7 月 6 日**

（抄送莫顿少校）

如果布鲁姆想要逃走，我一定尽力帮助他。对芒代尔以及雷诺，如果他们愿意，我也都同样想助他们一臂之力。我觉得我应该对这些人负责。

首相致军事运输大臣　　　　　　　　　　　　**1942 年 7 月 7 日**

应与红十字会接洽，保证它向苏联运送物资时务必做到，使每一批运输船队的物资至少分装在六只船上。同时应注意，一件东西的各部分应该都装在一起。请告诉我，在下次运输船队出发前已经做了什么安排。

首相致军需大臣　　　　　　　　　　　　　　**1942 年 7 月 8 日**

我无法相信国王昨天告诉我的情况是真的。他说，制作维多利亚勋章和其他勋章要用到的丝不够。这样几乎微不足道的要求难道都无法满足吗？请告诉我是怎么回事。我认为应该优先考虑满足这方面的用途。

首相致陆军大臣和军事运输大臣　　　　　　　**1942 年 7 月 10 日**

1. 我了解到车辆的装箱工作已在进行中，在 5 月份，从本国运往国外的七千五百一十七辆中已有一千一百二十六辆（不是指原来说的一千四百五十三辆）已装。我相信已完成的装箱比例会越来越大，相信你们一定正在设法改进方法、提高速度，尽快将未装的装好并运走。

2. 目前，腾出船舶来是一件非常重要的事情，因为得用它们来运输进口物资。所以说，那一千多辆车辆就不该还不装箱。装好它们完全可以就按这种包装方法，而你提出的不装理由是它们"一运到目的地就要投入战斗"。我认为，除非情况特殊而紧迫，否则这个理由难以让人接受。聚少可以成多，很小的节省也是有帮助的。因为无法提高多大的船舶空位而不让那八百五十辆以上的小型车辆装箱，实在不是明智之举。

3. 想想，半数的车辆装箱意味着每月可以节约八万吨进口物资。通过提高磨粉率、实行配给制分发衣服和肥皂以及取消基本汽油供应制，每个月能节省的总量也就这么多。所以说，在英美两国彻底使用这种方法是能够产生重要的积极作用的。

4. 我相信你们这两个部门一定能够配合协作，积极落实。

首相致空军参谋长　　　　　　　　　　　　　1942 年 7 月 11 日

非常重要的一件事：不能让敌人利用班加西和图卜鲁格，将这两个地方作为供应港口。所以，必须不断大肆轰炸这两个地方。特德手头的实力会有多强以及他对使用这些力量有何安排？请你告诉我。破坏这些港口的意义重大，有必要让他清楚这一点。

首相致财政大臣　　　　　　　　　　　　　　1942 年 7 月 13 日

请告诉我下面提到的问题或者事情的情况。各个地区的英国士兵的年薪与美国驻英士兵的年薪，差距在哪里？你应该把各类津贴都算上。告诉我一个大致的总数便可。

假如美国那边为了和我们的情况相协调而减少美军酬薪，然后将减少的部分储存在他们本国，而我们这边同时却想将英军的酬薪（各种津贴也考虑在内）提至美军水平的一半，那么，这意味着财政部要额外开出多少资金？

我十分担心将要在这里出现的麻烦，并恐怕我或许会向你提出提高酬薪这一要求。正因此，我愿意考虑有无可能向下找平。我们的处境很困难，这是大家都知道的。所以，你目前也不必费劲多加解释。

但还是得告诉我数字，虽然它可能令人骇然。

首相致粮食大臣　　　　　　　　　　　　1942 年 7 月 16 日

一直以来，养母鸡是农民的重要生计之一。据我所知，农村老百姓对你的配给鸡食的新计划颇有怨言，因为这个计划影响到了他们的生活。城里人要想弥补他们在配给上的不足，只需在外面点个餐。有必要限制农民一人只能养一只母鸡吗？这样大幅度地缩减限制，不管怎样都应该先让内阁批准同意。

首相致伊斯梅将军，转参谋长委员会　　　1942 年 7 月 18 日

我想要先了解坦克的情况，再批准将两个南非师改为装甲部队这个要求。就当前的战争形势而言，积存大批的后备坦克在英国国内的装甲部队里，是不正当的做法。敌人的入侵或许并不会发生。在时间上我们完全不用担心：当我们 1943 年做任何出击时还无法使用到这些后备坦克。三百辆"谢尔曼"坦克纯属意外所得；此外，目前的两个情况还必定会让我们多拥有二百五十辆坦克，这两个情况是：（1）决定了不派遣 PQ 第十八号运输船队；（2）在北极白夜期间或许不再往苏联运送物资。坦克生产量日益加大也是有利于我们的一个因素。预计 1943 年将会有大批坦克可供使用。综上，我认为，我们曾许诺给南非那两个师的坦克，无论如何都是要交付给它们的。

不过，请务必先告诉我这两个师是以何种规模编制的。新的编制比例要求一个装甲旅配备一个摩托化旅，它们是这样的吗？如果是的话，就意味着它们的每个师只需二百辆坦克。或者，它们是按照旧比例编制？那每个师可就需要三百五十辆坦克。我认为应该是按照新比例，也就是说它们一共只需四百辆坦克。

我有意识到，我们目前不能撤出南非师让他们进行另一种任务的

训练。虽然理解这一点的重要性，但在其他增援到达的前提下，可以根据战斗的进展情况来安排在（比如说）两个月内进行这一调动。所以我希望就照已批准的日期和既定计划行事。

对于战局的回顾

首相提出的备忘录

1942 年 7 月 21 日

1. 是时候回头全面梳理一下战争的各方面情况了，还要给它的特殊情况以及普通情况分出个恰当的比例。

2. 首先来看看德国军事方面所拥有的强大火器武力。在很长的一段时间里，德国陆军因为对苏战争而分身乏术，我恐怕我们已经忘了他们的火器武力有多强大。在北非，虽然我们的兵力雄厚，物资基础也牢固，但是，一想到德国有两个装甲师和第九十轻装甲师在那里准备对付我们，我们就无法低估在 1943 年和 1944 年可能遭到的德军抵抗。他们随时可能这么做：部署一支军队在前线牵制住苏联后，将五六十个师甚至更多的部队撤回到西方。他们可以通过欧洲的铁路干线尽快完成这一调动。寄希望于德国的军队会在欧洲大陆瓦解是不切实际的。纳粹政府要是垮台，德国陆军的最高军官们多半就会掌权，而他们在将来不可能接受英美提出的有关未来世界安全的必要条件。

3. 第二个要提到的海运吨位的问题。看来我们今年只能动用我们的大量储备了。"勒紧裤腰带"的话，我们倒是可以省下一百万吨，但这代价是内部产生冲突以及动荡。动员动员大家或许可以采取这种方法，不妨好好想想看如何执行。这个问题基本不会影响到我们的战争力量，无论是在国内外，我们都会尽力维持这种力量。不要认为我们无法度过今年，也不要认为：美国大量造船之后，我们在 1943 年的吨位情况还将保持现在这种状况。不过，在我们和美国对未来有明确的协议前，我们必须慎重行事以免我们的地位处在一个不可扭转的不利位置上。也正是因为考虑到这点，这几周之内，我们必须和美国签订一个郑重的合同或者说定下一条协约，以明确我们在1943年、1944年将会获得的美国新造船舶的数量。在此期间，我们可以自由支配一些国家的船舶——主要是被敌人征服的那些大陆国家。而一旦美国参战，我们所有的损失就可以在一定程度上得到弥补。当然，我们不能奢望从那些大陆国家可以得到意外收获。唯一最好的办法就是提高造船产量同时充分使用我们的战争力量。我们应该保证所制订的最低输入量得到满足，不能在这个最低吨位数字上做任何大调整了，这是首先要做到的。所以说我们大可以向美国提出这一要求：在1943年的时候，他们必须交付足够安置我们现有商船船员的吨位。这个要求或者说愿望合情合理，它避免了这种愚蠢的做法：让大批有多年受训经验的英国船员由于无船可用而无所事事，同时美国这边对他们的船员进行特训。

4. 绝不要这么做：不顾将来1943年会怎么样，就为了度过1942年而肆意消耗我们的储备，乃至使它缩减到一个危险的水平上。不应该随随便便就规定出最少的储备数字。一旦我们的港口被严重轰炸，我们的进口在很长一个时期内可能无法实现，这就意味着我们届时将会面临一些食物的紧缺问题。另外，务必保证英国人在战斗打响前的生活水平，确保这个水平不会低于美国人。应该指出这点：要是打算进一步减少我们1942年和1943年的总输入数字，只能在军需品方面减少。英国和英国支配的船舶所输入的物资，用于战争的占将近四分之三，用于本岛生活方面的仅四分之一。

5. 要不就是希特勒的潜艇袭击同盟国船只，要不就是盟国空军充分利用并扩大他们的优势和率先取得的成果。战争的结局也就取决于这两种情况，这是无可置疑的。可以预测，敌人的潜艇战事会加速向远洋扩张，潜艇设计也将日趋完善。如何应对这种惊人的变化呢？只有改进同盟的反潜艇武器并投入更多的这类武器。我们在这一方面还必须付出更多的努力。

6. 不要忘了我们同盟国的空军力量。当我们还是独自战斗时，有人问过我们："你们打算如何赢得战争？"我们说："我们的炸弹可以撕碎德国。"如今，我们有了更大的获胜几率：在苏军的打击下，德国的陆军和人力遭受了重大损失；此外还有美国在人力和军资方面的支持。我们迫不及待要看到军队大举进犯大陆，期望全世界人站起来反抗希特勒暴政。应该坚定原来的政策——美国人也是非常赞成这一政策的，那就是：对德国进行越来越大规模的无情轰炸，将可以摧毁德国的一切战争能量，其中包括消弱他们的潜艇和飞机生产力量，直至最后会让德国大多数老百姓都无法容忍。

放弃这种政策将会是一种严重的错误。

7. 我们增加轰炸机的计划在这时却被限制了执行上的力度，这自然让我们无奈、遗憾，同时还有担忧。影响到这个计划的因素很多，比如：海军、中东和印度方面有需求，英国自己在生产计划方面的不足，美国人想要亲自驾驶他们的飞机和敌人作战这一合情合理的愿望，这些飞机在行动中有必然的延误等。反正现在看来，我们无法实现今年夏季和秋季的愿望了。用轰炸机对付德国这种手段仅次于这种行动——（一个军队或国家）陷入绝望时发动的歇斯底里的最猛烈的陆地进攻。最起码我们必须认同：使用这种特殊手段，我们可以挫伤德国的战争意志。一旦进入冬季以及包括在冬季之后，同盟国就应该设法重新加强对德国的轰炸，力求更准确，航程更远，规模更大。唯有这么做，我们才能为我们决定进行的主要战斗打好基础。无论怎样必须持续轰炸德国，为此要做好各种准备。当然，出于支援问题而暂停轰炸的情况可以另当别论。目前，在飞机制造方面，同盟国和轴心国的比例是二比一或三比一，所以说前面所提的要求可以做到。

8.的确，对扩充民间空防部队的这个方法，我们是反对的，而且还认为应该继续适度裁减。但是，由此认为英国应该不会再遭受猛烈轰炸的话，那则是大错特错。德国轰炸机现在投入了大部分力量来对付苏联，但是，一旦他们向西方转移，他们在这几个月内就可以使用同等数量的轰炸机袭击我们。经过努力组建，我们现在有了这么一个严谨、科学的防御体系。这个体系带给我们的不仅是惊叹，还有信心：当此前那种"闪电"袭击来临时，它完全可以对付。要是这个防御体系出了问题，而同时敌人也受了相同的影响，那就意味着：敌我双方将于1942年和1943年的冬季，在同样的条件下互相轰炸。要真是这样的话，我们比德国更优胜的方面将会发挥得更加淋漓尽致，届时从我们日益增多的轰炸机数量以及我们的投弹数量就可以看出来。

首相致伊斯梅将军，转参谋长委员会   1942年7月22日

必须是在参谋长委员会特批的前提下，才允许有机动车辆在运输时不用装箱的情况。为方便参谋长委员会，可将特批工作转交副参谋长委员会处理，或者由副参谋长委员会专门选出其中一位副参谋长来办理此事。

原则上，所有机动运输工具都必须装箱运输，唯一例外的是为实际登陆作战而准备的车辆。和在粮食及国内生活的其他方面上进行限制相比，节约运输船舶的空间收到的效果更好。因此，我请你们积极在这个方面上努力并从旁进行协助。①

---

① 见7月10日的备忘录。——原注

首相致爱德华·布瑞奇斯爵士　　　　　　　　　1942 年 7 月 25 日

　　现有的每个部门的科学研究机构以及部门外的这种机构有哪些？在各大军事部门、各发明机构以及研究机构工作的科学家有多少人？请你列出来。

首相致第一海务大臣　　　　　　　　　　　　　1942 年 7 月 25 日

　　我们从来没表示过打算让反潜艇舰艇在池塘中闲置着。我们的意思是，将整批新造成的船舰送到英军或者美军手中。我们是在估测大炮装备和其他配件的问题都能解决之后，才做出的这个决定。"池塘"这个字眼的确不恰当。请替我拟一份解释清楚这个问题的电报，我将发给总统。

首相致伊斯梅将军，转参谋长委员会　　　　　1942 年 7 月 26 日

　　落实"火炬"作战计划可能会影响到"安纳吉姆"作战计划，但我认为不应该舍弃后者或者调整它，这是非常重要的。你们认为有两全其美的办法吗？要是没有的话，韦维尔将军就要暂停手头的准备工作了。除非有非常重要的原因，否则无法让韦维尔将军获得"铁甲舰"作战计划所需的登陆艇装备。请告诉我这些原因到底是什么。

首相致制造部大臣、陆军大臣、帝国总参谋长、军需大臣和爱德华·布瑞奇斯爵士　　　　　　　　　　　　　　1942 年 7 月 27 日

　　我们目前已造成的、快造成的二点四磅炮坦克及反坦克炮，共有大概两万辆。之后一年还打算造出两万辆。这种过时武器不宜再大量生产，如果再这么做那就该被严厉批评了。我理解原来是为了普遍给步兵配置这些坦克，以便让每个营都觉得可以应对敌人的坦克袭击。但是，即便是出于这个目的，也不该再造这种两磅炮的坦克，

因为它只有在最有利的条件才能阻止敌军坦克。炮轰的效果不错，用"杰弗里斯"步枪火箭也可以有很好的效果，制造更容易。实际上，哪怕是六磅炮都是过时的了。考虑这些问题后，有必要检查二点四磅炮的计划，因此，在本周，即7月30日的国防（供应）委员会上将会就此讨论。会议在上午十一点半召开，将由我主持，届时还可能一并讨论坦克的供应情况以及对"丘吉尔"坦克的改进情况。

首相致陆军情报处处长   1942 年 7 月 27 日

我知道，在最近的攻击之前，我们在中东的"格兰特"坦克原本是九十一辆，而现在是六十一辆。而在这两个时间点前，有很多"格兰特"已经运到了。那么，我们因战争而损失的"格兰特"坦克是多少，各种类型坦克的总损失又是多少？

首相致制造部大臣   1942 年 7 月 28 日

燃烧弹缺乏的情况极其严重，以致皇家空军必须限制原计划在今后几个月内实施的火袭击的规模。我不清楚你是否了解到这个问题了。

我们今年保证可以从美国获得足够的镁吗？你在 5 月 5 日的汇报中跟我说，如果这个问题无法确定，你将向最高当局提出它。

是否在尽快开发可代替镁的物质？

请你告诉我，皇家空军可以在今年的秋冬两季里得到什么样的供给？

首相致海军大臣   1942 年 7 月 29 日

（抄送军事运输大臣）

美国的最近一次报告提到了一件他们认为是"非常不幸的事"：7 月 12 日后的一周里，我们的船舶损失情况创战争爆发以来之最严重。

假若美国当局是按照我们给他们发的通知来这么说的，那么，对此的唯一解释是：我们因为某种疏忽，将几周内的损失当成这一周的损失通知给了他们。海战的真实情况当然不能据此判断。

我们应该和美国方面设法拟定一个有关发表船舶损失这个问题的一致政策，或者，由你来与他们的当局商讨——如果你还没如此行事的话——这个问题：应该公布这个事情吗，如果公布，应该针对哪些方面的内容？

请告诉我你打算怎么办。

8月

首相致罗斯福总统　　　　　　　　　　　　　**1942 年 8 月 9 日**

8 月 14 日是《大西洋宪章》周年纪念日，在这天之前，我希望可以先看看你将在这日发表什么样的贺词，烦请发来原稿。我们曾一起认真斟酌那篇著名宣言，对那些不成熟的措辞，我们当时进行了最恰当的修改。应该非常谨慎地看待每一种想法，即认为它同样适用于对待亚洲和非洲。战时情报局预先透露出去的说法，会给目前的印度防务方面带来巨大的难题。或许，中东地区的大多数阿拉伯人是站在这种立场上的：他们有权利将犹太人赶出巴勒斯坦，或者不允许犹太人再进城。作为犹太复国主义政策的创始人之一，我自然是非常支持这一政策的。这种情况，不过是其他新宣言会带来的各种出乎意料的情况之一。

回顾这一年中令人难忘的事情，是不是谈谈同盟国的进展情况、苏联如何不断勇猛反抗、美国在太平洋战役获得胜利以及我们的联合空军的成长，就足矣？我最后再强调一下我们的原则并指出一点：在克服初期那些出人意料的烦人困难并取得令人满意的结果后，希望一个更美好的世界就在前方。我深信，你会一如既往地友好地替我考虑，设法帮我解决困难。

首相致第一海务大臣   1942 年 8 月 9 日

1. 我非常失望"谢尔曼"坦克无法在 9 月 5 日前到达。我昨天用了一整天来检阅正在等待这些坦克的那四个出色的装甲旅。有了这些坦克，它们将会成为非洲最威猛的装甲部队。这几个旅正在进行装备以及加速训练中，我们非常关心它们这方面的进展；而现在我恐怕，若非紧急关头时逼不得已，它们将无法在 9 月的第三周前参加作战。"谢尔曼"坦克到达这里要用四十五天，我本指望着它们将于 9 月 1 日到达。

2. 击败隆美尔是为实行"火炬"作战计划做好铺垫，它作为序幕具有重要作用。鉴于此，请你设法解决耽搁五天这个问题。请告诉我船队的目前速度以及你将要采取的帮助措施。

定于 8 月 13 日到达的第五十一师现在位于哪个位置？它能否准时到达？

首相致空军大臣和空军参谋长   1942 年 8 月 9 日

我对特德和科宁厄姆曾跟我说的一番话印象深刻，他们说，运到这里的一部分——哪怕比例很小——最新式战斗机具有非常重要的作用。科宁厄姆说他可以让它们的作用充分发挥出来，使敌人对这些飞机"见影"丧胆，恐惧遇到它们，这将大大有利于沙漠作战。设计和质量上如此领先，而送达的数量令人遗憾。请提出你有什么好办法改善这种情况。

首相致伊斯梅将军和其他有关人员   1942 年 8 月 28 日

坦克名称

德国最优秀的坦克就叫"谢尔曼 M3"，因此我认为我们不宜把"谢尔曼"坦克改成这个名字，以免引起混乱。"谢尔曼""李"和"斯图尔特"这几个比较特殊的别名应该永久使用。为了避免有人把它们

附　录 / 493

当成将军，它们的名称的前面也不用冠"将军"的头衔。

请给我一份记录所有英美坦克现在的正式名称列表，并将我们所知的德国坦克的别名也列上。我看看有没有必要对我们的坦克名称再做修正。

首相致伊斯梅将军和爱德华·布瑞奇斯爵士　　1942 年 8 月 28 日
给海军航空兵部队使用的战斗机

这不是明智之举：皇家空军里本应用来作战的飞机却被海军部拿去用来作为后备机，以保证它的后备规模的庞大。必须制止海军部这种想要成为比赛赢家还想当空中英雄的心理。海军只是在后备方面缺少少量的飞机，但现在它的后备实力已远在皇家空军的后备之上，且它后备后面还有后备。

星期一晚上可能会召开一次国防委员会会议，届时的讨论可以就说说这个问题。我已经让彻韦尔勋爵准备一份供会议传阅的文件。

首相致伊斯梅将军，转参谋长委员会　　1942 年 8 月 28 日

1. 我应内阁之请求在今天上午接见了土耳其大使。一直以来，我都非常关注土耳其方面，这位大使刚好给了我一份有关土耳其情况的文件。

2. 假设西部沙漠的战役 10 月中旬时可以获得决定性的胜利，我们现在就该着手拟定一份计划，有关如何运送更多物资给土耳其。应该可能做到抽调出二百辆"瓦伦丁"或其他旧式坦克。得到改进的坦克可以弥补埃及让出这些旧式坦克后的空缺，目前，正定期运来改进的坦克。同时应该准备好一百门双炮自动高射炮以及三百门反坦克炮——二点四英寸口径，装有两磅弹头的那种。如果这些都准备好了并随时可运往土耳其——前提是它那时已做出有利于我们的决定——那么土耳其人在 10 月末时将能得到这些大炮。如果苏联丧失了黑海

的制海权以及轴心国对土耳其施加巨大压力，我们的援助将可以让土耳其人产生截然不同的抵抗决心。

3. 我们送给土耳其人一些雷达设备的这个秘密，德国人肯定是知道的，但他们有因此对土耳其施压吗？他们或许有同样很好的各种设备。

4. 我个人的态度就是：我们必须相信土耳其并在这个基础上对它给予援助。要是土耳其逼不得已向我们的敌人屈服了，整个尼罗河的形势将会面临很大的困难。

5. 请依据以上论点拟定一份计划给我，届时好做讨论。

首相致飞机制造大臣   1942 年 8 月 30 日

你的《7 月份进度报表》说明，重轰炸机的生产现状比原计划落后了一大截。你在 1941 年 12 月跟我们说，在今年的 7 月份将生产出二百六十七架重轰炸机，并计划在 7 月 1 日给我们二百二十九架。现实却是，到我们手中的只有一百七十九架，这个数字是 12 月份计划的三分之二，7 月份计划的五分之四。原计划生产七十九架"斯特林"轰炸机，而现在也只生产出了四十四架，这个情况也引起我的关注。你将采取什么办法来改善这种情况？

首相致陆军大臣   1942 年 8 月 30 日

1. 不难理解陆军对报纸的愤怒，因为报道中对突击队的强调——说袭击迪耶普是"突击队的袭击"——是不恰当的。你们部门中负责新闻事务的官员应该向报纸说明事实——加拿大军队也参与突击迪耶普，并指出这种报道对军队和突击队来说都不公平，所造成的影响是恶劣的。

2. 同时应该明确英王陛下政府的政策：尽可能维持和发展突击队这一组织，并保证用优秀的人才来填充伤亡造成的空缺。想想，当年还做了这个决定：将突击队制度列入我们军队的一部分。两年多前我的一份文件中就提到这个问题，你应该看看这份文件，如果你没看到过的话。我不赞成否定或者压制突击队。请给我一份有关此事的说明。

首相致殖民地事务大臣　　　　　　　　　　　1942 年 8 月 31 日

我认为，要想袭击巴哈马群岛，派一队人乘一艘潜艇登陆这种方法是唯一可行的。不知道我的意见对不对。要是它可行，总督官邸显然会成为攻击目标。如果温莎公爵不在那儿或者行踪不定，那么一艘潜艇应该无法找到温莎公爵。一般说来，一个人总是愿活动活动而不愿成为一个"木头人"。因此，我认为不应干涉亲王殿下的行动自由；可以在总督官邸及其周围架设电网，通知他可能遇到的危险。应该多派几个排去保卫，以免那里被潜艇袭击，毕竟保护政府的所在地是非常重要的一件事。

9 月

首相致新闻大臣　　　　　　　　　　　　1942 年 9 月 2 日

在广播这件事上，有什么措施来管理在英帝国海外领地的英国军官这方面的工作？我附上了韦维尔将军的一则广播摘要，你可以看看。在联合王国内，不属于战时内阁成员的一个人做这个主题的演说必须提前通知我。我不认同这种观点：在本土以外的广播管理可以不用那么严格。请你和相关的国务大臣商讨对策，保证此后不会有这类的广播出现。一切广播都必须符合你所核准的规定。最高级的军官要广播的话，事前要亲自与我沟通。

首相致制造部大臣　　　　　　　　　　　1942 年 9 月 2 日

已经对原计划的目标数字进行了几次下调，而现在的飞机生产情况还落后于下调后的指标。在这个问题上，重轰炸机方面又是极其严重的。计划之前已经将某些月份内有节日考虑在内了，所以有节日不能作为推诿的借口。

你打算采取什么措施改善飞机制造部的效率低问题，这个问题的确很严重。

首相致新闻大臣 　　　　　　　　　　　　　1942 年 9 月 4 日

来自加拿大的这封电报提到了《渥太华日报》。这份报纸转载了伦敦报纸中的一则消息，然后发表了大意如下的言论：看来，美国和维希的关系不久后将可能破裂；英国人则更加坚定不移地相信，有了美国的帮助，轴心国在北非的力量迟早会被肃清。前一个谣言和后一个信念放在一起说，是极其不恰当的。也应该要求达夫·库伯先生对这个问题进行说明。是哪位检察官通过这条新闻的？进行这种紧急的追根调查时千万不要虚张声势，以免会造成更严重的泄密。

同时问问他"某些外交方面"这样的表达意义何在。我认为，这件事是我向你提过的问题中最严重的一个，必须紧迫解决这个重要的问题。

首相致陆军大臣 　　　　　　　　　　　　　1942 年 9 月 4 日

免除霍巴特将军的师长职位的理由何在？我从（医务委员会对霍巴特将军诊断的）这些报告中也没发现。况且，他的一个师的人马上就要参加作战了。

无论是在军队中还是在军外，霍巴特将军的声望都是极高的。的确，他和其他人不容易相处得来，但他足智多谋且具有顽强意志。而遗憾的是，在我们的军中少有这样的将才。我很惊诧居然有人攻击他。或许，一开始我就不该把他从国民自卫军的一个伍长一跃升为新装甲师的一个师长，而应该让他作为坦克发展事业的总管并使他在参议院中有一定地位。我相信，要是我当时这么做的话，现在就不会有人犯下这个严重的错误，致使我们感觉到挫败。

陆军的最高统帅部不是一个俱乐部。我的责任包括：确保那些优秀人才有机会为国王效力，哪怕他们不为他们的军事同僚所欢迎。这也是英王陛下政府的责任。

首相致制造部大臣　　　　　　　　　　　　1942 年 9 月 5 日

我非常重视这个问题。在造出了两万门二点四磅弹头的反坦克炮后，我们还在打算为步兵造另外的一万一千门。这些炮的名声已经不如以前了。最重要的是要恢复它的威力，而解决这个问题只能是制成新弹药并分发给部队。请你关注这个问题，并告诉我你认为可以办成的事。①

首相致第一海务大臣和空军参谋长　　　　　1942 年 9 月 6 日

敌人显然是下了最大的功夫来完成这一特别行动（派一支护航船队从意大利开到北非），他们甚至不管他们的海空军会付出多大的代价。请于今晚告诉我你打算采取什么行动应对。②

首相致枢密院长　　　　　　　　　　　　　1942 年 9 月 6 日

感谢你的劳苦工作。首都自来水供应局的所做所为让整个英国蒙羞，这是不争的事实。对一个因觉得战争不正当而拒绝服兵役的人，该局给他的待遇竟然比给一个自愿参加陆军的青年还要好。这件事对

---

① 见 7 月 27 日的电报。——原注

② 由四艘商船组成的这一运输队在航行中得到强大的海空军保护，不过我皇家空军在 9 月 6 日和 9 月 7 日对它进行了严重的打击，击沉或者击伤了它的三艘商船和一艘驱逐舰。——原注

所有英国人造成的伤害，不亚于战前那种败坏我国名誉并使世界蒙受灾难的行为所造成的伤害。

我认为，你的"偷偷抢先同志们一步"这句话更准确的说法是："在靠近敌人方面偷偷抢先同志们一步。"

起草好我的演说稿后，我就这个问题亲自写信给首都自来水供应局。若是他们的答复不令人满意，我就发表这封信。

首相致空军参谋长　　　　　　　　　　1942 年 9 月 10 日

哈利斯空军中将在前几天的某个晚上跟我说，派往中东的很多轰炸机已移交完毕，但机上成员还没有回到本国。

加强本土轰炸机司令部的实力是非常重要的一件事。因此请你调查此事，并给特德草拟一个方案。

首相致穆尔海军上将　　　　　　　　　1942 年 9 月 10 日

1. 关于用八天时间对驱逐舰的锅炉进行清洗修理这件事，有几个问题：驱逐舰数量是多少？让几个人负责一艘驱逐舰？总共需要的清洗修理人员是多少？是否需要专门的技工才能胜任这一特殊工作？或者出色的水手也可以胜任？海军内部现在有可以上手的其他这类清洗人员吗？我希望你认真研究这些问题。

比如说，如果一艘驱逐舰需要五十个人来清洗修理，而需要清洗的驱逐舰共有二十艘，那就需要一千人。这一千人自然可以从兵站、待修的已破损舰船等方面抽调出来，并由专车送到港口。有了这些专门人员后，驱逐舰上的船员就可以休息了，而不是一进港还得去做锅炉的清洗工作。当然，各驱逐舰需要派出最起码数量的人员去检查修理工作。这么做的话，一个八天的期限就能腾出三天用来休息，用五天进行清洗方面的工作，两个期限就可以腾出六天。

2. 大家都认为，抄近路航行后，速度慢的运输船队也可以少花三天时间在路上。请每日汇报那些运输船队在每条航线上的航行速度，并说明，气候因素导致的意外会浪费你们多少时间。我非常重视可以抄近道这个说法及其论据。你可以做一个应急计划出来。

3. 我不认为我们无法缩减装货时间，我觉得可以十天中能减掉两天，也就是说一共能十一天。这样的话，我们或许就可以使 PQ 第十九号运输船队成行并在 11 月 4 日执行"火炬"计划。10 月 20 日出发的美国分遣舰队最早到达时间是 11 月 4 日，要是其他因素导致它们最后确定是在 11 月 8 日到达，我也是可以接受的，这就意味着有四天机动时间。

首相致制造部大臣   1942 年 9 月 13 日

1. 国内的坦克生产方面，所预计的数字少得可怜。1943 年的第四季度都做不到每月完成一千辆。请交给我说明我们同一时期有望从美国获得的物资数量的表格。我迫切想要在本国制造机车①以减少船舶的消耗，但又不得不考虑九百辆"半人马"坦克遭受非常严重的损失。

2. 也可能，你已经照决定执行制造机车一事了。我当然支持你这么做，不过我想了解数字。

首相致空军大臣   1942 年 9 月 13 日

1. 感谢你发来的有关扩充轰炸机司令部的报告。我非常高兴你和空军参谋部都努力改变局面。你以中队为单位的扩充计划能交来一份吗？

2. 我另外还想了解：我们从 1942 年 5 月 1 日起到现在，共给中东运

---

① 用来执行"波莱罗"和"围歼"作战计划。——原注

去了多少轰炸机？这些轰炸机上的机组成员已返回的是多少？把所有或者将近全部的机组成员留下来进行空运，是特德惯有的做法。必须制止这种事情。我本想亲自给他发个电报，不过还是先等等看你对此问题的答复。

首相致帝国总参谋长   1942年9月13日

从其他文件上你将会知道亚历山大将军的这个通知：近期的那次战争导致"先机"攻势延后发动。

那次战争还导致敌人的实力大大减弱。如果推迟到10月再发动"先机"，我们必须注意，马耳他方面这个时候不能承担太多的义务，同时，不能暂停对马耳他的供应，特别是汽油方面的。应该通知亚历山大将军注意上述问题。

首相致空军大臣和空军参谋长   1942年9月17日

1. 国内轰炸机司令部的目前实力包括三十二个具有足够作战力的作战中队，这个数字在本年年底时应该增加到五十个。正在逐步进行这种扩充，但不将美国的中队列在内。你将会采取什么最好的措施来完成这一个首要军事目标？请就此进行报告。我认为，你应该重新检查以下各方面的力量，以便从中抽取出一些轰炸机中队：

来源	获得的中队数量
从空军海防总队抽取	2
从空降师抽取	1
限制分配给中东和印度的重轰炸机后腾出	2
改进轰炸机司令部内部的工作安排后腾出	2
从飞机生产部现承诺增加的飞机中抽取	9
从飞机生产部努力改变局面而增加的飞机中抽取	2
总计	18

2. 假如证明这些扩充方法是有效的而且可以取得更好的效果，你自然可以改变上述数字。一旦最后计划出炉，我就把它递交给战时内阁进行讨论并批准，使之成为一种具有强制性的规定。

首相致霍利斯准将 　　　　　　　　　　　　　　1942 年 9 月 18 日

我想要获得一份有关"丘吉尔"坦克的报告，这份报告最好是来自拥有最多这种坦克的两个师或三个师。我只是想知道部队对这种坦克的看法而已，因此不要让别人知道是我要的这份报告。

首相致霍利斯准将，转参谋长委员会和本土部队总司令

　　　　　　　　　　　　　　　　　　　　　1942 年 9 月 18 日

1. 由一千二百九十多个优秀人才组成的这一营 [国民自卫军伦敦郡第五十八（文官）营] 是非常出色的，它被配置在我们防御的中心位置上，但它拥有的武器却少得令人愤慨：冲锋枪只五百四十六支，是"斯登"式的；步枪是"通过私人关系从海军部和陆军部借来"的，0.300 英寸口径的有七十二支，0.303 英寸的有三百七十支。该营不仅缺乏武器，还存在武器和子弹混杂的现象，这实在令人堪忧。

另外，陆军部有一个连本该在伦敦军区司令部的，现在却调出来安排给了帝国总参谋长自己，这是什么情况？

2. 鉴于国民自卫军出现这个情况，我想了解其他的装备情况。1940 年 7 月，美国运给我们八十万支以上 0.300 英寸口径的步枪，它们是如何分配的？国民自卫军有多少支这种步枪？他们有多少个营是配备两种步枪和不同子弹的？他们是否有其他武器？没有武器的人员是多少？

首相致空军参谋长 　　　　　　　　　　　　　　1942 年 9 月 19 日

应将你所列的论点转告给西非大臣。我们必须等到他的答复之后，再安排（为保护西非的飞机场）进一步调派任何白种人员。你建立了八万人的非正式军队并为他们物色雇主，这是我第一次得知的事情。这支非正式军队必须最少减掉三万人，请你想办法。

首相致新闻大臣（或总监）和霍利斯准将　　　1942 年 9 月 19 日

任何对未来作战计划做了揣测的报道，检察官员都不应该放过。但凡有疑问的电讯，就先将它扣留下来，待新闻大臣亲自核准之后才放行。要是新闻大臣这么办我会很高兴：再和各报社长沟通一次，使他们深刻意识到那种报道的危险性。

不刊登这类报道是非常光荣的。你不必担心流传开的谣言，它们迟早会被证实。不管谣传是真是假，违法之行都是令人厌恶不耻的。

之前引用的那条电讯已经传出去了吗？我认为，应按照保密法案或第十八号 B 字法案逮捕发送消息的人，或者凭借紧急特殊情况下的权能规定进行逮捕。抓回此人之后要对他进行一段时间的隔离审查。请告诉我，在这方面我们有什么权力。

应在星期一时把整个问题的有关报告提交给战时内阁。①

首相致劳工大臣　　　　　　　　　　　　　　1942 年 9 月 20 日

我听说首批挑选进来的新兵将加入了皇家空军团，这个消息真实可靠吗？

首相致空军大臣　　　　　　　　　　　　　　1942 年 9 月 20 日

请按照所列日期列出每次可派去作战的飞机数字。不用列轻轰炸机中队的数字……

---

① 见 9 月 4 日给新闻大臣的电报。——原注

这实在有些丢脸：三百一十六架轰炸机的机组人员只有六组回到了国内。你积存大批力量在中东，在本土这边的工作却受到了影响。请做出一个表格说明，在 1941 年 9 月 1 日和 1942 年 9 月 1 日，在中东有皇家空军的多少中队、多少人员以及多少飞机实力。[①]

首相致制造部大臣　　　　　　　　　　　　　1942 年 9 月 20 日

今天所看到的国家支出特别委员会那份有关坦克和大炮的报告，可以说是一份高水平的控诉状，它不仅控诉了陆军部和军需部的所有相关人员，还控诉了作为政府首脑人物的我乃至整个政府部门。

目前送到约翰·沃得罗－弥尔恩爵士手中及其委员会的正式答复，只有一份。必须准备一份更详细的合理答复，在 9 月 29 日议会开会前，将这一份送到委员会手。你将如何策划这份答复？打算如何落实？你能对委员会的批判进行何种程度的答辩？这些，请在下星期三前告知我，同时，请将我能用来答复委员会的一些资料也交上来。他们所做的事并非没有意义和价值，最起码使我关注到这种低能无效的工作上的混乱。

这份报告是在两个多星期前就交到你们和军需部的手中的，我必须认为它是最严重的事情，并觉得，你本人、陆军大臣和军需大臣应立即采取对应措施。如此才能确保未来的安全。

首相致粮食大臣　　　　　　　　　　　　　1942 年 9 月 22 日

关于制作和售卖冰激凌，这是不被允许的。

在还没得到有关节省运输和人力的明确的报告之前，我不能肯定

---

① 见 9 月 13 日给空军大臣的电报。——原注

该不该禁止制作和售卖这种美食。

我认为在我们国家的那么多美国军队是有打算的。他们对冰激凌十分喜爱，听闻它和酒不相伯仲。

除非内阁发表了意见，否则任何措施都不实行。

首相致陆军大臣和其他大臣　　　　　1942 年 9 月 23 日

关于卡车装柜

我十分开心地从八月份的数据中看到了让人欣喜的改善，号称"非专用"的大部分陆军部队也打算装柜了。我确信你们会尽量将"专用"车辆、小汽车和皇家空军车辆装柜运送，目前的装柜方式也会得到改善。

首相致劳工大臣　　　　　　　　　　1942 年 9 月 23 日

空军部选拔人才的方法是错的：他们选人给皇家空军团，但是这个团执行的任务都是固定在机场四周的。假如他们有权力的话，他们会从野战军中调出这些人——这些人无论何时都须作战。可想而知，这种做法就更是大错特错。

我打算彻查至少有八万人的皇家空军团，并要求调出不少于三万人加入陆军。[①]

首相致枢密院长和燃料与动力大臣　　1942 年 9 月 24 日

我知道现在又要考虑从陆军调回更多矿工的问题了，可现在陆军是不可以拆分的。我坚信通过努力，能找到其他方法增产。

我们将矿工调到效率更高的矿场这事，进度怎样了？5 月份的时

---

① 见 9 月 20 日发给劳工大臣的电报。——原注

候，我们听说，调动最少的人去获得最大产值。

我们采取了什么措施以吸收更多青少年并防止中年人离开工矿产业？

我们的工资制度是否有利于增加产量？

露天煤矿的挖掘工作发展得怎样了？最近有很多报道提出这方面的建议。

各个消费部门做了哪些安排去减少分配工业煤？

我希望通过推行这些措施，有助于我们克服眼前的困难。

首相致劳工大臣　　　　　　　　　　　　　　1942 年 9 月 24 日

我对你的备忘录十分感兴趣并且阅读了。它叙述了关于我们从 6 月份之前的一年中的人员分配问题，并且提到了这方面的成绩。我看到近百万的男女人员被你分配到三军中，使它们的极大需求得到了满足；同时，军需工业也得到了八十万人劳动力的增加。恭喜你获得如此大的成就。

首相致爱德华·布瑞奇斯爵士　　　　　　　　1942 年 9 月 25 日

请发布以下通告：

"各位大臣与外国大使的交流应慎重，不得随意提及公事。如果该情况已经出现了，他们应该向外交大臣汇报经过，否则，在与外交使节正式会面时，外交大臣的说辞有可能不相一致。"

首相致伊斯梅将军　　　　　　　　　　　　　1942 年 9 月 25 日

请你提交一份报告，内容是关于联合国的突击队实力如何、怎样招募突击队以及他们人数是否足够、是否得到了优秀的人才。

首相致空军参谋长　　　　　　　　　　　　1942 年 9 月 25 日

在准备或者进行"火炬"作战计划时，如果有时机的话，我们或许要对维希政权发动直接的猛烈轰炸，也就是要恐吓它。如果的确有这个必要的话，请告诉我在 11 月份能采取哪些行动。

首相致海军大臣和第一海务大臣　　　　　　1942 年 9 月 25 日

我相信非常有必要以十足强大的兵力威慑敌人，尤其是维希政权的法国人，所以，不仅要给"火炬"作战计划派出"威慑"号，还要给它派遣一艘"英王乔治五世"号级军舰。鉴于停泊在斯科帕湾的三艘"英王乔治五世"号级军舰是供你们使用的，因此你们的力量是充足的。

首相致伊斯梅将军转参谋长委员会和制造大臣　　1942 年 9 月 25 日

我认为我们应该有（可在地势平坦的海滩上使用的）大概长三四英里的活动码头装备。在很多地方，可以将这种码头装备分成几段来用。请坚持着手这方面的工作。同时必须知道，我们应该放手哪些方面的事情。

首相致枢密院长　　　　　　　　　　　　　1942 年 9 月 26 日

我希望你清楚这种情况：目前国内正努力节省燃料和劳力，但是这些事情倒可能导致劳工效率降低。举例而言，限制了公共汽车的使用，步行就会消耗时间和劳工的体力，导致他们到达上班地点时已经感到劳累。当然，职工有收拾自己住处的权利，有迟到的权利，哪怕他要开展的是一项目很重要的工作，他还有其他各种权利。我不愿恪守陈规，但我认为应该牢记这点。

首相致掌玺大臣　　　　　　　　　　　　　　1942 年 9 月 26 日

先了解轰炸机司令部总司令的想法，再进行有关飞机损失的报道，我认为这样做比较好。内阁必须先了解他的想法再另做决定。依我看，若不是愚蠢至极，就不会将这方面的情报透露给敌人。而最让人不解的是，不说明参加袭击的飞机数量反倒说明损失的数量。这不是多此一举吗？而且只会给我们带来不幸。当向下院解释这件事时，我自是有说法的。

首相致杰弗里·劳埃德先生　　　　　　　　　　1942 年 9 月 26 日

必须重视飞机场上有雾这个问题，应努力驱散它们以保证飞机的降落安全。负责此事的石油作战局要尽快落实这个工作，进行试验看看采取何种措施。要对他们给予一切可能的协助。

首相致海军大臣和第一海务大臣　　　　　　　1942 年 9 月 27 日

这份报告说，救回了"拉科尼亚"号和另一艘船上的六百五十名幸存者。由此看来，所发生的惨剧是十分严重的。被救的意大利俘虏所占比例已经清楚，但是，所有英国人所占比例还未知，这个数字会是多少呢？以船上大概是三千人这个情况来推测的话，一定有超过两千人遇难了。

首相致陆军大臣和帝国总参谋长　　　　　　　1942 年 9 月 28 日

1. 对于这个建议：将百分之九十的储备坦克分给特定的一些装甲师，而不顾其他部队根本无坦克使用——我不打算核准通过。我们现在正应当给陆军增加装甲力量，这个时候，应该尽可能优先考虑那些只有基本装备的部队；要想增加后备，前提也必须是先满足这些需求。当然，无论怎样，都要以较大的比例将坦克给那些正和敌人作战的部队以支持。

2. 中东那里，应在最前沿地区配置全部"谢尔曼"坦克；至于"格兰特"坦克应作为后备坦克使用。有少数战场存在几种部队几乎用同一种坦克的情况，在这种战场上，不应该采取给每一种部队分派一定数量后备坦克的这种做法，更好的做法是设立一个总的储备中心。在国内，我们有大批的"丘吉尔""十字军战士"和"瓦伦丁"坦克，这里尤其适合使用这种办法。这么说是因为，这样一个小岛上所有部队离它们的总储备中心处都很近，故而，后备的标准可以降低，肯定比中东或印度部队的要低很多。总之，我们不允许有这样的情况：有的部队有坦克而不用，有的部队却缺乏坦克。

3. 我非常希望得到一份报告，报告上说明国内外所有装甲部队的情况：在编制中的有哪些？已编成的有哪些？它们的初步装备如何？切实获得了多少坦克？已在部队中使用的坦克是多少？编入后备的坦克又有多少？

首相致海军大臣和第一海务大臣　　　　　　　1942 年 9 月 28 日

要想使敌人被 PQ 第十九号运输船队造成的假象迷惑住，使他们相信我们有再派遣运输船队出航一次的打算，我们该怎么做呢？请想想这个问题。要是我们能将德军诱导到北方，使他们的潜艇、飞机和水面舰只在这个冬天都不能有所作为，那将大大有利于"火炬"作战计划以及给我们带来其他好处。基于此，要是有办法制造我们将在 10 月派出船队的假象，那么不管是什么办法，都要试一下。

首相致空军参谋长　　　　　　　　　　　　　1942 年 9 月 28 日

所有迹象都表明，敌人现在对班加西的依赖减弱了，而越来越需要图卜鲁格。我非常奇怪我们为何还无法摧毁图卜鲁格港口的敌军防御工事，从英美双方在埃及所拥有的空军力量来看，以及从我们和图卜鲁格的距离如此之近来看，这种状况不应该有。

首相致空军参谋长 1942 年 9 月 29 日

我们交付埃瓦特先生的三个"喷火"空军中队发生了什么状况吗？它们加入战斗了吗？

首相致伊斯梅将军，转参谋长委员会 1942 年 9 月 30 日

从手头现有的可作为调查分析的资料可以看出：要击落一架飞机的话，对比用地面炮火和用空中战斗机这两种方式，用前一种方式会使一个人在一小时内的工作损耗更大。当然，不可否认，我们目前利用的无线电操纵方法可能会被干扰。但是，大致而言，我们仍是不该在今冬削减使用高射炮。我们可以寄希望于明年会克服被干扰的难题，届时一定能够拥有更多的战斗机，如此也才可能更多地依赖飞机。诚然，高射炮总有发挥之地，在防御那些重要的小目标时尤其少不了它。不过，考虑到人力紧缺的问题来越严重，还是应该想想是否有可能在 1943 年进一步削减防空司令部。

首相致帝国总参谋长和空军参谋长 1942 年 9 月 30 日

听说"怀特里"飞机不适合用来拖运滑翔机，但我在内瑟鲁旺视察时看到那里的空降师用这种飞机拖运，可见该师的指挥官没有适合用来拖运滑翔机的飞机。你将采取什么办法处理这个问题？[①]

---

① 见 11 月 12 日的电报。——原注

10 月

首相致外交大臣   1942 年 10 月 2 日

关于你的"叶兰"①的电报。

1. 请交给我一份简短的报告，说明这种设备的实际作用。另外，做出一个如何在"火炬"作战计划中使用这种设备的可行方案。当艾森豪威尔将军觉得时候恰当时，它可以播送总统——我认为他给我们送来——的一些录音片子。只要这件事情开了个好头，我会根据形势所需，尝试对法国进行法语广播或英语广播。

2. 请拟一份有关我想向总统多要一些"真空管"的电报并交上来。

首相致伊斯梅将军，转参谋长委员会   1942 年 10 月 2 日

1. 我料想已经开始准备为配合"火炬"作战计划的那个计划——发动大规模空军以便将德国空军牵制在法国海岸的行动。不知道我的猜测是否正确。

2. 在英国的分舰队和从土伦出击的维希舰队之间很可能发生一次交战。让一些美国舰只也参与这次战斗——无需很威猛的那种舰只——会不会更好？

3. 有关法国派遣潜艇到达喀尔的报道，到底是谣言还是真的？

首相致帝国总参谋长   1942 年 10 月 4 日

这份文件中有关德国坦克的信息很少，我无法了解详情，请告诉我他们每一种坦克的重量、速度以及它们所发射的炮弹的重量。另外告诉我他们有哪些坦克和英国坦克的名称相近。

---

① 叶兰 (Aspidistra)，一种专门设立的无线电台，用来传播消息给敌人占领的国家。——原注

首相致伊斯梅将军，转参谋长委员会　　　　　1942 年 10 月 7 日

1. 自不必说，我是赞同在中东组建一支两栖攻击部队的。我们用攻击舰运送过去的三支突击队未能被海军陆战队充分利用就已经损耗殆尽了，这令我十分遗憾。一直以来，我都认为两栖部队在作战中能够发挥重要作用，当要进攻一个岛屿或者要在敌人阵地后方行动时，更应利用这种部队，鉴于目前我们有更大的获胜希望，看来更有必要发展这么一种部队。

2. 目前，我唯一担心的是韦维尔的阿恰布计划以及其他计划的进展。他那边什么情况？你能否研究一下：如何既可以保证在海军基地集中机动保卫队，又可以保证韦维尔那边不会为难？要是可以做到此事，那将是一份很厉害的成果。可以就此问题做一个方案交给我吗？

首相致陆军大臣和空军大臣　　　　　　　　1942 年 10 月 7 日

1. 西部沙漠中实行的一种组织制度已经被证明是成功的，这种制度是：由一位空军总司令总指挥整个空军，这位总司令将按照我所规定过的——见我在 1941 年 10 月 7 日发出的那个指令中的第四段和第五段——和陆军总司令保持一种适当的关系。我认为，一旦我们的陆军在陆地稳定下来并对敌人展开军事活动，皇家空军就应该执行西部沙漠的那个制度。然后，在这个前提上，我们再来研究：在大陆作战中，以联合王国为基地的皇家空军能发挥什么样的作用。一言蔽之，我希望在法国的战场运用起西部沙漠的那个制度。我希望能准备有关此制度落实的文件，并且，在我从北方回来前大家都一致通过它。

2. 第二阶段的安排是个棘手问题，它包括在春季渡过海峡的计划。我认为，法国那边的战事有结果是前提，只有在这个前提上，我们根

据结果进行筹划，才能很好地决定在第二阶段采取什么样的安排是最好的。最后我们应该注意，准备训练阶段的安排也是非常重要的。只有这个阶段安排好了，才能确保三个阶段的连贯。

3. 帝国总参谋长和空军参谋长已同意支援陆军，并下令在协同陆军作战司令部内组织十二个空军中队。这项工作应该马上落实，保证最后的决定得到执行。

首相致爱德华·布瑞奇斯爵士　　　　　　　　**1942 年 10 月 8 日**

如何判断一个人有无资格对有关战争的任意问题发表意见呢？我提出的下面三个判断标准仅供你个人参考：一是此人的能力和勇气如何；二是此人有无实际作战经验；三是在和平时期，他在军事谋略方面的研究如何以及他在例行的升职方面是什么情况。

首相致外交大臣　　　　　　　　　　　　　**1942 年 10 月 8 日**

我认为不应该如此处理此事。一直以来，我都认为土耳其是一个重视友谊的、热情大方的民族。关于对他们提供物资等军事援助的问题，我是分得很清的：这种赠予和任何有关铬的谈判无关，一是一，二是二。我理解他们在铬的问题上也觉得很为难。所以，我们那位认为可以趁机"试着要挟"的大使显然完全歪解了政府的意思。我只是表达，为了得到这些坦克和其他武器，我费了很大的劲。我需要的是土耳其人而非他们的铬。我要特别强调，这两个问题一定要分开而论。

我认为发生这样的事情是非常令人遗憾的。请你站在正确的立场上去想想这件事，我希望你能理解我的意思。我们提供了珍贵的礼物给伊诺努，他却对此感到"非常不安"。我打算给他发如下一封电报：

"10 月 1 日，我国大使向你报告了英国都送了哪些武器给土耳其。

我认为，他只是想表达友好并促进双方的了解，这个举动无关乎我们两国政府之间的其他任何谈判。"

首相致海军大臣和第一海务大臣　　　　　　1942 年 10 月 8 日

　　了解到下面所述的情况后我深感不安：德军的快速鱼雷艇重新占据了优势，而且东海岸的航运严重受到了他们所放置的鱼雷的威胁。此前，我认为你已经解除了敌军鱼雷艇所带来的危胁。我们绝不能在鱼雷艇交战中败给敌人，请你交上一份报告说明现在的情况以及你将如何应对。

首相致空军大臣和劳工大臣　　　　　　　　1942 年 10 月 8 日

　　1. 我不赞成让不满二十五岁的青年到这些有很大局限性的岗位上工作，应该停止为扩充皇家空军团征募人员了。有些人已经入了这个团，他们的服役期限是多久？我们有权把他们调到陆军部去吗？请回答这些问题。应该逐步调动，避免大幅度影响到编制。用四个月去处理这件事情应该合适吧？

　　2. 自然，应该从征募的人员中选择那些年龄较大的去代替二十五岁以下的人。我们应该尽力给皇家空军团提供这些大龄人员，以确保该团的实力。要是——打个比方说——整体从七万九千人减到了七万人，那就是不错的。

　　3. 把这些没有飞行经验也不打算飞行的地面部队的军官叫做空军少尉或者空军中尉合适吗？我认为，不能允许这种情况发生。且不说不能称这些无飞行经验或者现在也不担任飞机驾驶任务的人为空军少尉，就是将那些实际上从事地勤工作的人员称作皇家空军的飞行员，都是不允许的，且令人羞耻。这种名不符其实的、只是借别人威望的人愈发地多，真正的飞行员不觉得这是种侮辱吗？我觉得这是个奇怪的现象。

首相致外交大臣　　　　　　　　　　　　　　**1942 年 10 月 12 日**

目前存在这种现象：任何人都可以随便使用对美国或对苏联的无线电话。我觉得这种现象隐藏危险。我赞成应采取措施，保证对苏联通电的技术安全。无论如何，绝不允许低级人员使用对这两个国家的电话。必须是先得到邮政大臣的书面批准后，才能对某个国家通电话；另外，邮政大臣要深刻意识到通信潜在的危险性，毕竟，用过电话的人都曾充分注意到这种危险，不然他们不会有时用电报而有时不用。至于一定数量的高级官员，则给他们发放常规许可证。

在我们采取更好的方法之前，请报告这方面的计划安排。

首相致空军大臣和空军参谋长　　　　　　　**1942 年 10 月 14 日**

从有关中东空军增援的这个图表来看，这样的分配真是糟糕透顶，可谓极其的失败。埃及急需各种飞机时，有什么理由却在塔科拉迪集合了诸多飞机？看看这些数字："旋风"九十八架、"勇士"战斗机六十一架、"喷火"三十六架以及"小鹰"三十七架。

我严重要求必须立刻采取调整措施。

首相致外交大臣　　　　　　　　　　　　　　**1942 年 10 月 14 日**

关于马达加斯加的局势，请考虑下面所列方法及在时间上的规定：

我们赞成，大概在下个星期三时告诉德让：我们愿意看到，同时作为戴高乐和战斗法国的代表的勒·让迪奥姆，担任马达加斯加总督。

甚至，最好广泛报道勒·让迪奥姆任总督的消息，并表示这得到了英国的极力支持。毕竟，我们不希望马达加斯加发生不必要的动乱。

如果各方面都顺利的话，勒·让迪奥姆的正式任职可以等几天，让局势先稳定下来。一开始时不用急于成立新的行政机构。我们会在他一就职时就转移职权给他，如此可尽量避免那些不可缺少的法国行政人员辞职。经我们批准后，大概是在 11 月中旬时，戴高乐也可以宣布他已任命勒·让迪奥姆为总督……

有必要对戴高乐表明：我们之所以选择勒·让迪奥姆，是因为我们看中他这个人；我们是不会让那些不讨我们喜欢和信任的人担任总督的。

首相致陆军大臣　　　　　　　　　　　　　　　　1942 年 10 月 14 日

从洛瓦特侦察队的发展起源、组织形式以及该队保持的传统等方面考虑，我认为，将它并入现有的突击队中去或许有好处。1940 年时，派到中东的三支突击队解散了；洛瓦特侦察队并入后便可弥补这三支突击队的空缺。请和联合作战部司令官——我还没有和他讨论此建议——商量这个想法后，把你们的意见告诉我。

首相致第一海务大臣　　　　　　　　　　　　　　1942 年 10 月 15 日

哈弗得海军上将的电报中提到的亚历山大港内法国舰队的情况，你可以了解下。占据优势的武力比任何东西都更有说服力。因此，在执行"先机"和"火炬"这两个作战计划时，我们要争取将这些舰队弄到我们这边来。

在"火炬"作战计划的前几天或者某个最好的时机，请务必派遣"沃斯派特"号或"勇敢"号从基林蒂尼开到亚历山大港。哈弗得的实力虽然薄弱，但他或许也可以派遣几艘驱逐舰到红海——可能的话就开往亚丁湾，迎接那艘不用其他保卫力量就可以自己到达亚丁湾的快速军舰。我不希望看到我们的军舰在关键时刻闲置不用，以我之见，应该出动包括航空母舰在内的所有舰队。只要这一舰队在亚历山大港现身，有关克里特岛和意大利的各种揣测就会骤然而起，这更利于我们执行"火炬"作战计划。哈弗得可以派几艘驱逐舰？它们要是及时出发的话，需向南航行多远？

首相致陆军大臣　　　　　　　　　　　　　　　1942 年 10 月 15 日

目前服役于爱尔兰皇家空军部队的一位军官向我报告说，美国军官们的饮食起居是独立的，他们自己管自己，而我们也从未邀请他们到食堂里和英国陆军军官或皇家空军军官共同进餐。这个问题严重反映出了我们缺乏团结意识，在礼仪上也做得不好。

请务必交给我一份有关此事的报告。

11 月

首相致联合作战部司令官和雅各布准将　　　　1942 年 11 月 1 日

我们务必在给登陆艇配备人员这项工作上谨慎行事，以免出现麻烦。自不必说，我们一定要保证给这些登陆艇配备一定数量的老练的技术人员，让他们作为核心组成，以确保登陆艇正常运作。不过，鉴于它们只有在作战时才会临时用到——若顺利的话，只是在最初阶段才会用上它们——因此就不必像维持一支舰队或分遣队那样维持他们。如果确定了即将进行登陆作战，海军和陆军就都要在最初阶段——一般而言是三个星期到一个月间——准备好这类人员。我们不能允许这种情况出现：让大批人一直眼巴巴地干等着大规模横渡海峡作战机会的到来。一步就想要准备完美的话，反倒会让整个事情变糟，应该一步步来：首先准备登陆艇并做出计划，扩充它们，使它们初具规模，且使它们的实力随着时机渐近而越来越强。

首相致海军大臣   1942 年 11 月 5 日

1. 请列图表说明截至 1943 年 12 月 31 日所有参加现役的潜艇的类型；在役中有一些潜艇是没有名称的，这些潜艇也列成一表。

2. 我认为，无论如何都该给它们取个名字。我将提出一些建议，权当抛砖引玉。

首相致伊斯梅将军，转参谋长委员会   1942 年 11 月 12 日

1. 我曾要彻韦尔勋爵提出一份（有关滑翔机的拖引机）的报告，他后来交上的报告让我深感不安。掌玺大臣最近曾指出滑翔机存在产量过剩的问题，你或许对此还有印象。我的观点也你应该清楚：我觉得，在我们的士气低迷时，这些滑翔机能够发挥应有的作用。然而我担心在这些木制机器的储存问题上会有困难，而这个问题会造成轰炸机的攻势被大大消耗。解决这个冲突，关键在于分清孰轻孰重以及哪方面更紧要。

2. 我确信需要审视一下滑翔机的制造计划。当前正是作战进入决定成败的关键时刻，我不希望参谋长们在这件事情上花太多精力和心力。让副参谋长们专门进行一次检查即可，而且，最多为这种检查召开两次会议。等他们的报告交上来后，我们再看怎么办。要是存在这种情况——大量滑翔机任由风吹雨打地闲置着，而没有参加战斗，它们虽然最后也损坏了，却不是因为用于发动攻势而损坏——我认为这或许可以表明我们是多么的愚蠢。

我现在认为应该削减"霍萨"计划。

首相致参谋长委员会   1942 年 11 月 12 日

1. 我们还需使从东方到马耳他的运输船队继续履行责任。假若船队在 15 日启程，已经做好了安排以确保它不会遭到意大利舰队的

水面攻击吗？它是在白天还是黑夜靠近马耳他？将采取何种防御来对付来自克里特的轰炸机？通常而言，真正的安全意味着已经得到马耳他的空军的保护。无论如何，现在不该放弃这四艘载重货的高速船只。当船队抵达德尔纳时，德尔纳的飞机场能否使用？要是那时不能，那我们就该等到它能用后再继续前行。当前，昔兰尼加的形势非常好，我们甚至不用拼死作战了。哈弗得海军上将应该做一个计划，详细说清他完成任务的整个措施以及他在白天和晚上都走哪些航线。

2.在突尼斯的戈特勋爵应派空军参加作战，不过我觉得，我们不应该将耗尽汽油的责任交给他。参谋长认为他现在应保存多少汽油？

3.这么说来，真正起算的时间应该是在实际占领德尔纳飞机场时。

首相致伊斯梅将军　　　　　　　　　　1942 年 11 月 13 日

上星期，我看到了一种好像很威猛的武器——"杰弗里斯"式步枪，步兵使用它能与坦克抗衡。

我很期望能在很短的时间内，让中东和印度获得一些这种武器。现在预定制造的有多少支？完成期是哪天？它们的分拨安排是怎样的？请交一份报告给我。

首相致陆军大臣　　　　　　　　　　　1942 年 11 月 21 日

我昨天视察了第五十三师，过程中听到一件令我震惊的事情：军事参议院在三天前颁布一项命令，要求所有人立即摘下团一级发的肩章。当然，告诉我此事的该师师长和本土部队总司令也都觉得震惊和不可理喻。这件事显然做得令人失望，而且很容易损伤各个团的集体精神和荣誉，而这种精神和荣誉是建立整个军队的荣誉的前提。我还听说，军事参议院在发出这个命令后又发出了严禁讨论此事的另一个通知。这件事的主要负责人是谁？在它还没有造成大危害前，我希望你下令撤销军事参议院的那个指令。[①]

首相致粮食大臣   1942 年 11 月 21 日

我希望我们不是如人们所说：强行禁止人们交换配给食品，而且制定令人厌恶的条例并强硬执行。一个人用他得到的配给物品和另一个比他更需要该物品的人交换，这难道不合乎情理吗？所以说，那样的规定在根本上是违背情理的，而且非常粗鲁，严重伤害了人与人之间的友好交往。我非常遗憾你被一些官员带上了歧途，这些官员不停自夸他们的职能有多重要并意图扩充下属，我觉得你的工作就是因为这些人而蒙上了污名。

你要是无法解除我对此事的忧虑，我将会在下星期向内阁会议提交有关此事的报告。

首相致帝国总参谋长   1942 年 11 月 23 日

再次武装西北非的法国人，或许会有利于我们。能分配给他们一些"七五"炮和炮弹吗？毕竟，在我们的军队中几乎不用这些炮了，而只用我们自己的炮。不过，要是得到它们，法国人会非常高兴。只要艾森豪威尔将军赞成这个建议，我们可能很快就会送去二十个炮兵中队的炮。

---

① 见 12 月 4 日和 16 日的文件。——原注

首相致帝国总参谋长   1942 年 11 月 25 日

  分散沙漠集团军这个措施是不是采取得过早了？澳大利亚第九师和新西兰第二师如果要调走，现在，南非军的两个师又要走，那么这支队伍就是随便拼凑起来的一支散队了。我认为，应该从之后半年的整个形势出发考虑这个问题。我为此十分焦虑。请交上一份报告说明你将如何打算。

首相致军事运输大臣   1942 年 11 月 28 日

  "火炬"作战计划取得了成功，这离不开你部所有为之做出贡献的人员。在如此大规模的运输船队的整个工作中，包括准备阶段和航行阶段，他们发挥了重要作用。请向他们转达我衷心的感谢和热烈的祝贺。他们技能娴熟，同时具有无私的奉献精神，伟大的成就有他们的一份荣耀。

12 月

首相致帝国总参谋长   1942 年 12 月 1 日

  1. 应根据在高加索的苏军的防御情况，来决定第十集团军的任务。自我们 8 月组建这支军队以来，形势的变化是有利于我们的。现在可以保证地说，对波斯和伊拉克的全部威胁在年底前就移到远远的西侧去了。

  2. 按照我们对土耳其的政策，第十集团军的大部分实力可能得用来帮助土耳其人。在土耳其的南北两面，同盟国的作战行动都获得了胜利。鉴于此，看来土耳其也不用再有这种念头——自愿开放一条道路给德国人。

  3. 你将采取什么样的措施，保证可以将第十集团军的四到六个师调到西面的叙利亚和土耳其？或许你可以做一份有关计划的报告交给我？这份计划预定日期应该为 5 月 1 日，计划中开往土耳其西部的师要有六个。计划不必太着重细节，但要让我知道：这些师能在叙利亚得到供给吗？足够供应多少人？要是打算用铁路运输的话，它们将用多久进入土耳其？

首相致贸易大臣　　　　　　　　　　　　　**1942 年 12 月 4 日**

我听说全体陆军被命令摘下他们团的肩章，这无疑会严重打击到他们的集体精神。另外，由于很多士兵为这些肩章付了钱，这还会引发很多麻烦。陆军部说，他们得到贸易部这样的说法：鉴于我们目前的处境艰难而形势紧迫，无法提供相应的劳工和物资用于这些肩章（绝大多数早已制成）的制造。

这到底是怎么回事？你可以明确跟我说清楚吗？你应该想到，大部分肩章可以由各团和地方进行安排制造。而且我相信，这个工作占陆军服装方面的很小的比例。所以，陆军部到底得到了贸易部的什么指示才采取这种举动的？我需要你明确无误地告诉我。

首相致伊斯梅将军，转参谋长委员会　　　　**1942 年 12 月 6 日**

这封电报（谈到从迪耶普战役中得到了和登陆舰艇方面有关的教训）中关于先头部队的进攻和登陆舰艇的关系的观点，我认为是正确的。并非所有的海岸活动都适应这些具有高要求的条件，如果一味地统一要求不同海岸也都运用这个方法，结果只能是根本不可能开展这类性质的战役。常言道："完美主义反而导致一切落空"，换句话说：欲速则不达。

首相致第一海务大臣　　　　　　　　　　　**1942 年 12 月 6 日**

1. 根据你所附上的电报，哈弗得海军上将明显是这么打算的：派"猎户座"号和七艘驱逐舰护送从马耳他返回亚历山大港的空商船，护航舰完成任务后即刻返回马耳他。

目前，马耳他的海面部队（K舰队）马上就要发动攻势，目标是轴心国部队在突尼斯的交通线。这种时候，所有其他舰只在一周内都必须到马耳他来。一周或者十天才来到，那就非常晚了，会给整个战役带来非常严重的后果。

2.同时，坎宁安海军上将这时也正在和敌人激战，他的巡洋舰和驱逐舰正以不惜一切代价的精神攻击敌人船队，并起到了有史以来最有成效地阻止敌人增援的作用。海军在之后的十天内的第一个紧要任务，就是阻止敌人对突尼斯增援。为此目的，即便大家损失惨重，也一定要义不容辞。

首相致伊斯梅将军，转参谋长委员会　　　　　1942年12月7日

1.我认为，尽快审查这些设想（有关"哈巴谷书"①）是非常重要的一件事。联合作战司令应该给与一切可能的支持，以促成这种设想落地。他每周还要向我报告有关建立组织和准备工作的情况。

2.诚然，我不清楚的情况很多，诸如：一个长五千英尺宽两千英尺厚一百英尺的菱形大冰块有什么特性？它在抗特殊压力方面是怎样的？大西洋风雪交加，在这样恶劣的气候中，这座大冰山会发生什么意外吗？又或者，在不同的季节和海域，它会在多少时间内融化掉？即使只是作为飞机的加油站用，这么一座或几座浮岛也具有一眼可见的无比优越性。在我们目前所考虑的计划中，给这样一个"踏脚石"找一个立足之处看来并不难。

3.除非能让大自然听凭我们任意使用，使我们利用大海和低温环境时就像使用自己所拥有的物品，这个计划才能获得成功。而要是这

---

　　①　关于让大西洋中的飞机在人造冰山上起落的建议。——原注

个计划要求我们运送大量人员和钢铁或者混凝土等到北极黑夜的边远地区，那么就只能放弃它了。

4. 我联想到一种方法。我们先乘破冰船到具有六七尺厚的冰层的北极地区，然后在一块冰上敲出一艘船的模型，将一定数量的抽水机器放置在冰甲板四周，让它们不断向四周喷水，增加周围冰层的厚度和光滑度。在这个过程中，冰山会逐渐下沉。每逢工作进行到中间阶段时，我们就放一层纵横交错的钢缆，用以使它更牢固，并使它下沉更快。同时，由于冰山更厚更重了，四周的冰层分离也更快。看来，冰山最后可能最少有一百英尺厚。接着，在适当的时候再建好油质燃料仓库以及安置好必要动力方面的设备。同时，在某个大陆地点建立临时兵站，准备设备、车间等。当冰山开始离开大浮冰区域向南移动时，我们的船只就可以驶到它旁边，把高射炮等所有装备放到冰山上。

首相致飞机制造大臣（斯塔福德·克里普斯爵士）

1942 年 12 月 12 日

你在 11 月 30 日提到的有关指挥反潜艇战的报告，我认真考虑过了。我觉得你在计划中提的这个建议是不恰当的：让一位受第一海务大臣领导的高级海军军官独自承担起这些作战责任。

海上战役具有整体性，我们认为应该统一指挥海上战役。在多年累积的经验中，我们进行了思考和研究，在深思熟虑后，组织并整顿了我们的海军部和海军参谋部。我相信，在海战上搞特殊并以各种名义而采取分别指挥的方式，这一定会引发矛盾和混乱。

开展反潜艇战时，海面舰队、海岸指挥部和海军部等几乎所有部门都有参与。而你所提出的那种组织形式将会打乱所有既定的组织安排，并在各部门的职责上造成混乱。届时，在海军部内部必定会出现分邦划界的现象，从而导致各种内部分歧。在特殊时期建立一种有局限的专制制度这个想法总是诱人的，但这么做容易导致整个组织的分崩离析。你要是坚持在反潜艇战方面主张这种见解，最后会发现你会阻碍到快速成长的指导机构。你还会发现，你所提到的那位像萨默维尔一样的军官，并不会比达德里·庞德爵士更能吸引大多数人的注意。所以说，我们倒损失了我们的影响力。

当然，我们要留心指导机构的工作、海军部队和空军部队间的联络效率，另外，也要注意根据形势发展判断是否需在人事、战略和计划各方面进行调整。我也正是出于这个理由才组建了反潜艇委员会。该委员会可以讨论所有上述问题，并拥有其他部门所没有的特权，即可单独采取行动。

首相致外交大臣 1942 年 12 月 13 日

如果在使奥地利成为一个独立单位的过程中不会遇到太多麻烦，这样的变动当然是好的。事实上，我很喜欢奥地利，我还希望看到维也纳成为多瑙河大联邦的首府。奥地利在 1938 年陷入无力状态时，欧洲各国当时对它不管不顾，这是确切的事实。但是，要想重建欧洲的和谐，就必须从普鲁士人中分出奥地利人和南部日耳曼人。

首相致帝国总参谋长，并致伊斯梅将军转参谋长委员会

1942 年 12 月 13 日

虽然得到了本用于"火炬"作战计划的这两支运输船队分配的三万四千多人，但是，东方特别部队（它是唯一参加或将要参加战斗的部队）的战斗力量还没到九千人，其中还算上了一支新部队和一些援军。目前正是突尼斯战役的危急关头。我甚至怀疑，在二十五万敌军正在登陆或即将登陆的此刻，英美两方的实际作战人员加起来是否在一万五千之上。

K.M.S.5（运输船队）已经驶离我们的控制区了。再弄来两三只船调出第四十六师的一个旅的兵力可以吗？使这个旅在圣诞节时随着运输船队前进可好？我们该不该再补充进来两三千援军？现在，敌人部署在战场或战场附近的人马有二三十万，而我们只有作为东方特种部队的突击先锋队，这个队的人员还很少。这种情况下，我们完全是在听凭战争命运摆布，真是令人担忧。我并非建议削减K.M.S.5 和 K.M.S.6 运输船队中的很多非战斗随行人员，我只是想明确上面到底有多少真正的作战力量。不管我们在供应、通信以及医院等方面有多少人才，以及有多优秀的工兵和皇家机械工程队，我们必须有一定数量的人员在前线，他们将担负起拿起武器和敌人拼杀的责任。然而，我们常常感到，这些人员或者说这种真正的力量才是我们所欠缺的。

首相致第一海务大臣　　　　　　　　　　1942 年 12 月 14 日

1. 在本月下旬派出两批开往苏联的运输船队后，接下来打算怎么办？我希望计划一下船队运输工作，可以拟定一两个方案；在接下来的 1—3 月份中，每月至少有一次航行，每次出航的船只要有三四十艘。

2. 延迟执行"硫黄""哈士奇"等作战计划后，苏联护航船队所面临的压力似乎有所减轻。同时应看到，假设放弃"硫磺"作战计划，但决定进行"围歼"作战计划——只有等到 8 月份才可以实行——这也是有利于 PQ 运输船队的航行的，并使得它可以继续履行责任。如你所知，我目前在权衡"硫黄"和"围歼"这两个作战计划，最后必须在两者间做出选择。如果在尽最大力后我们最终也无法在 1943 年施行"围歼"作战计划，那么我只有选择"硫磺"等计划了。

首相致陆军大臣　　　　　　　　　　　　　　　　**1942 年 12 月 14 日**

　　1. 本土防卫部队，尤其是各营、各炮兵中队和装甲部队，在缺少军官这个问题上具体是什么情况？请交给我一份有关这个问题的报告。我听说选拔委员会拒绝任用挑选上来的大部分候补人员，这些人带着沮丧的心情回了队伍中。我认为，最合适的鉴定人应该是营部或坦克部队的指挥官，否则的话，那说明这个指挥官名不符其实。由此看来，最恰当的解决军官不足的方法应该是这样的：先由指挥官推荐人员，然后由各旅呈报陆军部批准。凡被批准了的人，选拔委员会若没有特殊理由就不能否决。

　　2. 本土防卫部队中各级军官的定额人员是多少？除去在本土防卫部队内的军官人员，在英国的军官人数又是多少？请给我一份报表说明这两个数字。在联合王国境内的于 1942 年任军官的人员又是多少？我也要这个总数字——不管这些军官被派到了何处。

首相致陆军大臣　　　　　　　　　　　　　　　　**1942 年 12 月 16 日**

　　1. 在你的 12 月 14 日的电报中，你在第一段中提到了外套上刺绣的圆形徽章。请送来这个徽章的图样。

　　2. 另请送来两样东西：你的上一任所发指令的原文，记录他采取这一决定的陆军部有关档案。

　　3. 帕吉特将军在他 1942 年 7 月发出命令以前，对于不要执行这一指令是怎么解释的？

　　4. 军事参议院是基于何种理由在上月发出这个命令的？有关这个问题的陆军部档案，请交上来给我看看。在发出这一命令前有和帕吉特将军商讨吗？

　　5. 当我对第五十三师进行巡视时，帕吉特将军自然告诉我这个命令在军队引起了消极影响，并且，他的表现也让我相信他十分后悔发布了那项命令。

6. 你所提及的这种命令在很多个月份中都被破坏了，对于这种情况，我认为，如果总司令总是拿出既往不咎的态度的话，那以后在有关部队中实行这种突然做出调整的政策便是很困难的……

7. 在这件事情上，国民自卫军受到特别优待的原因是什么呢？你要是能向我说明，我会非常高兴。是否特例允许他们如此？如果是，是基于什么理由？我一贯觉得，常备军各团，尤其是像威尔士军或苏格兰军的各团，由于他们需要表明自己的特殊身份，因此更需要有集体荣誉感并佩戴他们的特殊标记。

8. 我非常地清楚，你是由于错把执行错误的命令当成树立威信的一种方式，才导致自己深陷困境中。我愿意准许用较长的时间来处理此事，前提是最后一定保证士兵们都佩戴上徽章。

首相致财政大臣、外交大臣、主计大臣和贸易大臣

（抄送枢密院长）　　　　　　　　　　　　　1942 年 12 月 17 日

在你们研究有关社会改革、土地开垦等问题时，我希望你们要考虑到我们在战后的财政状况。在制订有关这些问题的计划时，不仅要考虑到它们之间的复杂关系，还要考虑到我们为了维持武装部队所需要的费用，以及恢复我们出口贸易后的情况将会是怎样的。让人民有上当受骗的感觉无疑是最危险的一件事：他们曾被人说服相信未来是美好的，没想到由于经济原因，这种美好变成了痴心妄想。

和美国人的谈判有何进展？谈判结果决定着我们的出口贸易是否将迅速得到恢复。另外我相信，你们一定正在寻求在所有可能的市场上合作。这样的工作总归是有意义的，什么样的国际贸易协定都有助于我们。在合适的时候，请你们考虑这些问题。

首相致伊斯梅将军和雅各布准将，转参谋长委员会

1942 年 12 月 18 日

我认为我们（在下次开往北非的装甲师中）不应该将装备着两磅大炮的"十字军战士"坦克也调过去，因为我们也只是有很少的装甲师将参加作战。况且，在加柴拉战役中，这些坦克的炮火也不够威猛，且给我们的运输造成了更大的困难，以致我们被严重批评。要是我们这回还这么做，结果只能是再次被严厉指责。若不是将最好的送过去，那就是浪费了我们的运输力，不值得。看来，进行调换的话，时间上是绰绰有余的。请制订一个六磅炮代替两磅炮的计划并交上来给我。

首相致伊斯梅将军和雅各布准将　　　　　　1942 年 12 月 19 日

1. 请告诉，将如何分配在 10 月和 11 月时造成的这些步枪：十五万支新的 0.303 英寸口径步枪和三十三万两千支"斯登"式冲锋枪。

2. 国民自卫军中，拥有单人使用武器的人员是多少？没有这类武器的是多少？

3. 应要求中东方面做一份比较完整的报告，说明我们在阿盖拉西边作战前，在昔兰尼加缴获的所有武器的情况：步枪、迫击炮、大炮、卡车、坦克、飞机等都各有多少？包括所有完好无损的以及可修理的。

首相致雅各布准将　　　　　　　　　　　1942 年 12 月 19 日

当送过去那二百门两磅炮和三十二门双筒自动高射炮时，那一百二十门口径为七十五毫米的大炮和装备也该一起送过去。我认为，尽快在摩洛哥建立一支受吉罗领导的精锐的法国陆军具有重要意义，这意味着，英美军队不用整个夏天都待在那里。着手准备所有工作吧。

首相致海军大臣和第一海务大臣　　　　　　　　　1942 年 12 月 19 日

1. 在中东和印度，不计其数的英国士兵已经三四年没有回家了，他们无疑都想家心切。我非常想让他们在担当起新任务之前有一次休假机会。为何对海军就要特别关心却不关心陆军士兵呢？要知道，相比于海军，陆军士兵有很多人进行了更多次的战斗。如果仅是为了让士兵休假而命令"勇敢"号在本土和防守地区之间来回，它将会消耗多少汽油？我们有权进行这次调动吗？

2. 这是聪明之举：调回那些旧式"皇家"级军舰，让它们在安全的港口内停泊，然后给它们的船员配备新的舰只。这些破旧的船只，无法应对任何敌人的舰只，使用它们只会使人们在面临危险的时候感觉恐惧。要是决定逐只调回所有这些船只，那么，当它们返回时，可以载上那些因船只失事而滞留的船员以及那些长期在外的船员。

3. 我非常高兴"岸森"号或"壕"号将在地中海发挥它们的作用。

首相致外交大臣和总督导员　　　　　　　　　　1942 年 12 月 19 日

1. 有人建议，为了避免侵占工作时间并提高工作效率，当内阁人员在下院对一些报告进行质询时，他们应该尽可能简短清晰地表达自己的辩驳意见，并在会后尽可能做出精短的有关讨论的报告。以下院的一个老议员身份来说，我对这个意见还有很多不同的想法。从行政部门听取工作报告是议院的特权和职责，而且这件事情在战争时期比和平时期更加重要。议院的这种特权，少数议员是无权撼动的。如果内阁阁员这么做：在质询完毕后，未将作出的报告提交给议会，便让各种报告发表之——必须是这样做才算完成整个讨论——那么，下议院就会有不被尊重感并有所不满。我个人坚定地认为，要是下议院充分考虑过这个问题，便绝不会提出这个要求。在我看来，为了可以发表其他更多的意见——它们还未被采取或者传到内阁那里，行政部门应该向议员进行充分的报告。而事实上，当听到这样的报告时，下议院总是坐满了人；反之则会出现报告完毕时已无人在座的情况，而这种情况，正是平常那些惜言如金的议员经常看到的。当然，不用说，只允许内阁阁员在报告中透露一些大概情况。

2. 如果大臣们在质询时间里宣读很长的答辩内容，导致议员无法进一步提出质询，那则是非常不公平的。所以，这种做法是不恰当的。质询是议会的显著特色，也是议会日常中最显活力的一项工作。

3. 我希望先经过内阁的商讨再发表这个建议。

首相致枢密院长　　　　　　　　　　　　1942 年 12 月 19 日

1942 年 8 月 4 日，内阁成立了一个名为内阁委员会的组织，当时的掌玺大臣斯塔福德·克里普斯爵士任该委员会主席，三军大臣也是委员会的成员。之所以成立这个委员会，是为了监督专家委员会的工作，看作战部队中的这些心理学家和精神病学家是如何发挥作用的。斯塔福德·克里普斯爵士曾说，就现在的形势而言，将他的主席职位转交给其他大臣更适当。我批准了他的建议。如果你愿意接替他的主席一职，我会非常感谢你。

鉴于那些先生们①可能做出很多有害的行为，从而很容易出现欺诈的情况，我认为，尽量限制他们在工作中的作为是明智的。必须严格审查这些人，不允许大量这类人员寄居在作战部队里而浪费公家经费。

另外，一些易辨识的典型精神病例可能有利于治疗这种疾病。不过，这种做法是严重错误的：用精神病医生擅自提出的一些奇怪问题，来祸害大多数精神正常的健康人。目前，有很多闲散的食客和随军人员在部队中。

---

① 指上文提到的心理学家和精神病学家。——译注

首相致第一海务大臣　　　　　　　　　　　1942 年 12 月 19 日

在日报表中看到有潜艇标号为"P.212"之类，这令我十分心痛。我记得你跟我说过你会给它们起个名称。这么做既是军队传统所需，也是给在这些潜艇中不顾性命的官兵一个感情交代——没有一个正式的名字，对不起这些忠诚之士的牺牲。

首相致伊斯梅将军，转参谋长委员会　　　　1942 年 12 月 21 日

英国各个师的装备简直是胡乱拼凑起来的，同时，原本在第八集团军中的澳大利亚部队和南非部队被抽调了出来。考虑到这些情况后，我认为当务之急是考虑波兰军的装备。请准备一个计划说明各个师能在具体哪一天装备各种武器，包括步枪、机关枪、发射二十五磅炮弹的炮、反坦克炮、高射炮、迫击炮以及轻机枪战车和坦克。目前无需完全按照英国的标准，以后再照它来。最早在哪天，这些优秀的军队在装备方面可以拥有达到实际作战标准的最低实力？我来提议几个日期：1 月 31 日，2 月 28 日，3 月 31 日。

首相致陆军大臣和帝国总参谋长　　　　　　1942 年 12 月 23 日

安德森将军埋怨说，和德国坦克相比，他的坦克如同废物。一年前在加柴拉战役中，我们也遇到了这样的情况。你们现在给的说法是，最好的计划就是你们附文件所提到的计划。也就是说，随同第十一师前往参战的坦克，有八十九辆是装备二磅炮的过时坦克，装备六磅炮的坦克仅仅八十辆。我无法认同这个安排是对的。为了适应指挥的编制，各装甲师的实力不断被缩减，以至于只包括区区一个旅，然而现在甚至不到半个这样的旅了。将在 2 月份参加作战的一个英国装甲师，现在居然只有八十辆有实际威力的坦克。攻击力量进行这种程度的削减是不能容忍的，我希望重新审视这个事情。要是二位明天中午十二

点能前来，我将十分高兴。你们可随自己喜欢偕同任何军官前来。

首相致陆军大臣和帝国总参谋长　　　　**1942 年 12 月 26 日**

第十一装甲师

1. 这一师将要和其他部队一起在突尼斯的尖端地区作战，该地区和广阔的西部沙漠并不相似：它纵深大概为三十五英里，宽大概是五十五英里。在突尼斯周围，这个师可能会碰到强大的野外阵地，在比塞大，它或许会面临一个永久性的防守堡垒。因此，可能要以步兵支援它，帮助它进行突破。另外，还需要支援以重型武器和厚厚的装甲。自然不用说，常规装备也是需要的。必须强调，必须备好供特殊任务使用的特殊武器。

2. 你们增加了三十六辆六磅炮的坦克，这么做令人很满意。如此，每个中队的坦克部队都多了三四辆坦克。要是再能增加一个装备六磅炮的第四坦克团就更好了，它可以作为这个师的后备力量的独立部队。我希望你们尽快研究一下这个可能。更好的是，这个后备独立部队能拥有"丘吉尔"坦克。这类坦克所拥有的装甲，对整个作战——穿过比塞大、突破突尼斯的防御以及进行巷战——是非常必要的。莱瑟斯勋爵向我汇报说，最多只能给船队增加两三艘船只，绝不会超过三艘。我们的攻击力量看来可以大大增加。不过，必须考虑到：阿尔及利亚的登陆设备可能难以应对四十吨重的坦克，博尼的登陆设备可能更不行。所以说，无路如何，这场战争都无法缺少这个武器。除了所需的修理工厂和零件，新增的这个团无需不在师部编制中的任何其他物资。

3. 必须把这个师当成是反坦克部队和高射炮部队中的一个特例：由于它肩负十分重要的任务，允许暂且从本土防卫军的其他部队中抽调一些人员给它。在我的要求下，这个师的师长将他写给陆军部的电报给我看。我的确觉得，他的全部反坦克武器最起码应该是六磅炮的。

随着战争的进行，德国人一定会将他们更多的"虎"式坦克送上战场。想到这点，我希望考虑一下增加十几门发射十七磅炮弹的炮。

4. 可以预料，在2月——最迟是3月，这个师可能会承担起非常重要的任务。鉴于此，我认为有必要着重地特别装备它，其中自然应该加入一个连的迫击炮支援部队。请按照上述方法做一套可行方案出来，或者告诉我能落实的方法有哪些。以上提到的各点要是有任何调整的话，必须通知我，特别是这个师的出发日期，未经我批准不准推迟。

5. 除了上面提到的装备外，我还请总统拨给二百辆或三百辆"谢尔曼"坦克。这些坦克将被调到阿尔及利亚，等我们的第六装甲师从前线撤下来，它们将以团为单位编入该师。如果继续使用那些造成加柴拉行动失败的装备，议会一定会严厉责怪我们。

首相致枢密院长　　　　　　　　　　　**1942年12月26日**

疾　病

来自健康保险促进协会呈报给政府统计部门的一份数字表明，相比于去年，今年的工作人员因小病而不到岗的平均人数增加了四分之一。如果这是一个普遍性的数字，那就是说，实际上少了八万工作人员。这样的缺勤现象中或许多少有一些人是真的身体不适，但这类人如此显著地增多意味着老百姓要承担起更多工作，并更加艰苦。

首相致军事运输大臣　　　　　　　　　　　**1942年12月26日**

我们必须立刻采取措施，改善明年上半年预定输入联合王国的进口货物非常之少的这种状况。考虑到中东方面的局势有所改善，看来有可能决定每月以最高限额向陆军部和空军部提供船只，这些船只将从联合王国和美国运送军资到东方的各战场。

请向我说明，要是军事部门每月拨出四十或者五十艘船给东方战场，这两种情况下，本国的进口量分别会增加多少。

首相致伊斯梅将军   1942 年 12 月 27 日

关于《德国陆军的作战序列和分布情况》，联合情报委员会交上来的一份文件估计德国师有三百二十万，但是，在其他文件中则显示该委员会估计的是三百万。请你调查这种出入。

在另一有关德国 1943 年的战略的文件中，联合情报委员会估测他们有六百二十五万作战人员。根据这个数字，德国每个师有两万人——我们的是四万一千人。假设他们的军、集团军和补给线部队的比例和我们的相同，说明那两万人中只有不到一万的正规人员，从而可以看出它们陆军部派出了非常多的随军人员。对于这种情况，他们如何解释？我要保留有关报告。

首相致海军大臣   1942 年 12 月 27 日

自不必说，这些潜艇的名称好过之前它们的代号。我的建议请参考下。我认为还可以起更好的名字，不妨查找下词典。这一任务要继续进行，争取两周内都给它们起名。①

首相致陆军大臣、军事运输大臣和帝国总参谋长

                                   1942 年 12 月 31 日

我不赞成所规定的调遣出"丘吉尔"坦克旅的日期。当前战争的形势危急，我们必须尽最大力让这个旅在 1 月 17 日登上起航的运输队船只，前往突尼斯。军事运输部已经拨出了船只，要是陆军部做不到将这个旅及时送上船，那就是陆军部的重大失责了。

---

① 见 12 月 19 日致第一海务大臣的电报。——原注

首相致陆军大臣   1942 年 12 月 31 日

　　1. 在候补军官进军官训练团之前就拒绝他们，总好过让他们进来最后却不任用他们——浪费了对他们的训练。而且，现在本土防卫部队的作战单位缺少军官，要是不用这些候补人员的话，又无法应一时之需。正是考虑到这些，我才注意到拒收候补军官这一问题。

　　你的报表很清楚地显示缺少两千名以上军官，仅仅是步兵方面就有七百人。这种空缺，你计划如何弥补？何时弥补？我注意到，在八万七千六百三十三名英国军官中至少有四万零九百七十九人，既不是本土野战军的军官，也不是英国防空部队的军官或者第一集团军的国内部队中的军官。而且，这四万零九百七十九人中大部分没有参加作战部队。我猜想，你一定可以从这大批的人员中挑选出野战军需要的两千人。表中第四栏列出了"所有其他在国内的"少校、上尉、中尉和少尉等人员，这些人员的工作状态是怎样的？请对此分析并交给我一份报告。显而易见，这是一个刺眼的反差：一方面，战斗部队缺少两千人，另一方面，却有可用的四万零九百七十九人在担任非战斗职务。[①]

首相致财政大臣   1942 年 12 月 31 日

　　各部次官的酬薪只有一千五百镑，有的人甚至比这个数字还少。这种情况令人心痛，我希望得到改善。你有什么方法吗？

　　依我看，可将他们的薪金分为两部分，一部分是大臣薪金，一部分是议员薪金，即他们现得薪金的第一部分——六百镑。我们有许多次官属于工党议员，我觉得他们会认为日子很难过——实际上，如果不担任行政职务的话，他们在经济方面感到的困难都没那么大。让他

---

　　①　见 12 月 14 日致陆军大臣的电报。——原注

们觉得得不到相应的工作报酬，是不恰当的。我认为，下议院肯定会十分支持我所计划的这种做法：将这些大臣们所得的六百镑作为他们的议员薪金后，另给他们其他补贴，使他们的薪资在一千五百镑以上。这样做可以改善工党中那些较穷苦的人员的生活，下议院更没有理由拒绝。需要指出：必须照旧发给他们从选区到伦敦的旅费及其他活动费用。

或许你有其他的办法。如有请告之。

1月

首相致伊斯梅将军　　　　　　　　　　　　1943 年 1 月 1 日

加拿大部队为什么多要一万三千支步枪？他们的力量是不是已经加强？以前他们的损耗情况是怎样的？从合并的两个师的人数上看，中东方面为什么会要六万三千五百支步枪？中东有多少步枪储备？在近期的战斗中损毁了多少支英国步枪？现在波兰部队已经拿到了多少支？东非战区的军队已经减少很多了，为什么还要送去一万八千支枪？根据内阁的商议，已采取什么样的措施应对国民自卫军的精简问题？

首相致海军大臣　　　　　　　　　　　　　1943 年 1 月 1 日

对于去年商船运输的卓越表现，我致以诚挚的祝贺，这确实是所有相关方面都值得自豪的成绩。

首相致外交大臣　　　　　　　　　　　　　1943 年 1 月 2 日

你必须解释一下我们的处境：虽然我们遵循现行宪法和战时办事程序做事，但始终遭受着一种指责——"个人感情影响政治决策的狭隘意见"；而要是完全禁止这种舆论批评，陛下政府就会遭受诸如"限制议院和报纸的言论自由"这类的直接言论攻击。我国群众非常痛恨私自联系达尔朗和维希政权的行为，情绪特别强烈的是工人阶层，他们认为这件事背离了联合全世界对抗共同敌人的远大质朴的忠诚意志。因为这件事，首相在秘密会议中为宽慰下院的情绪而绞尽脑汁。这个问题在我国已经引起了几乎愤怒的情绪，一旦这种愤怒爆发，肯定会导致美国发生和我们意见矛盾和争执，所以你应该对赫尔发出警告。

我们已经尽力在达尔朗的事情上给予协助，同时我们还会和以前一样协助有关与维希联系并建立关系的问题。不过，在情感上，人们已经觉得光荣的军事行动蒙上了污点。在这个问题上，必须充分认识到它所隐藏的危险。美国国务院可以随意限制美国人的言论，但即便是在我国被美国人的言论严重羞辱这种时候，首相也不可以采取这种有效的措施来禁止舆论和议院发声。唯有更改政策，并使人们从有关法国的这个说不清理还乱的问题中抽身回来，恢复理智，才可能补救。

首相致伊斯梅将军，转参谋长委员会　　　　　　1943年1月4日

1. 非常重要的一件事：以3月1日为期限，对在突尼斯的德、意的最大可能军力做正确的估计。

2. 在登陆后的两个月内，轴心国已经召集总数为四万三千人的战斗力，其中有两万九千德国人和一万四千意大利人。每天他们增加的人数不会超过七百人，因为在总数中有从的黎波里达尼亚过来的一千五百名意大利人。所以说，没法假设未来每天增加的人数可以超过一千人。可以猜测，截至到3月1日，最多会有十万人。现有的四千三百人中，包括了空军的三四千人、一些德国第九十军团的后勤部队以及参谋、高射炮的人员等。听说一共要二十一万一千人作为后备，才能保持我们第一集团军四个师的力量。假定德意军队和我们有

着同样的准备基础，甚至他们还有着比较短的补给通道，他们也不一定做到这点：利用突尼斯的人员和物资，组建和维持两个师以上、最多三个师的德国部队，以及两个实力单薄的意大利师——往往，这种意大利师的战斗力不会强于一个旅。所以可以说，它们与四个师的战斗力相等。

3.没有正常的机动装备是这支四万三千人的部队面临的问题，它欠缺大炮和运输工具，支援工作由飞机或驱逐舰负责，还无法运输车辆。一定要禁止船只驶入比塞大和突尼斯，我们已经击毁了曾试图驶入这两个港口的所有船只的大概三分之一。我们空袭的力量如此强大，隆美尔的部队想从苏塞、斯法克斯和加贝斯得到配给好像是无法实现了。总的来说，由于这四个师的部队不能配备很多大炮以及运输的能力也很差，我们能够预想到它们无法进行长距离的战斗。

4.要是隆美尔部队会向突尼斯范围内撤退，亚历山大将军和蒙哥马利将军会对他们紧追不舍。绝不要坚决认为：在马上开始的战斗以及防御的黎波里的战役中，隆美尔肯定会对严重的伤亡进行预防；假如在2月初的时候的黎波里让我们攻占了，那时他会先撤到边境，然后撤到突尼斯范围内。但可以假设这样的军事行动是可能的，并且应该提交一份有关交通情况的报告。还有，东方特殊部队的行动也许会切断他们的交通，我们的空袭也一定会对隆美尔部队造成重重阻碍。不过，要是假设隆美尔能退到突尼斯，那必须先弄清楚他的主力部队一共会有多少人。

5.我们很清楚，截至12月中旬，德国部队大概有七万配给人员，但这些人大部分都是在进行沙漠战争的那两年召集起来的，其中有空军地勤、供应人员和后勤部队。德军的第十五和第二十一装甲师、第十六摩托化师和拉姆克旅这几个师的总战斗力还没有阿拉曼战役时期的三分之一，可能只有四分之一。也就是说，不可能有两万两千以上的人员随同隆美尔在前线战斗。

6. 也一定要预估意军在的黎波里达尼亚的部队有七万人。但这些部队能够使用的运输工具非常少，甚至可能没有。我们的攻击也许会将他们在前线的第二十军和第二十一军斩断和消灭，这两个军是隆美尔时刻担忧的包袱。目前有两支总人数不会高于两万两千人的意大利军队跟随着隆美尔。另外，长住在的黎波里的路上还分散着一些几乎没有战力、我们甚至能够无视它们的后勤部队和空军地勤等人员。可以设想，在阿拉曼战役之前，意大利师的战斗力甚至都不如我们一个旅团。

7. 所以，如果地中海的对面没有给隆美尔进行支援，当3月1日进入突尼斯范围内时他也没有遭到重创，那他可以带走的军队实力最多仅限于这样：一个装甲师、一个摩托化德国师以及两个羸弱的意大利师。

8. 好像可以根据上述的分析做出一个论断：截至到3月1日，在突尼斯的敌人会有六七个师，全部人员不会多于二十万，其中作战部队可以说是四五个德国师或者十二万人员，里面又包括两个装甲师以及相当于两三个满额的意大利师的军队。另外，它们在运输和大炮装备方面都很糟糕。

首相致空军大臣　　　　　　　　　　　　　　**1943 年 1 月 4 日**

1. 我对没有达成轰炸机的扩充计划感到十分沮丧，我觉得应该尽早告诉我这点。

2. 我发现，迄今为止，美国人还没有向德国成功地扔下任意一颗炸弹。

首相致陆军大臣和帝国总参谋长　　　1943 年 1 月 4 日

1.我在昨天和维克斯将军与盖洛韦将军进行了一次长时间的谈话，我目前在研究他们给我的多个统计表。

2.我发现有着二十一万一千人编制的第一集团军，其中步兵只有二万七千人。最新的一次关于西北非方面的数据显示，占总伤亡率百分之五十一的人数都出自这个集团军的第八部分。很明显，这个集团军的所有兵种中，步兵遭遇的危险要比炮兵、装甲兵以及其他作战部队要多出七倍。我们好像应该合理地增强步兵在这个集团军的比例，因为我们要考虑一下步兵在西北非都肩负着什么样的责任：大约从登陆的二万二千八百名士兵中挑选出一万五千名精兵，让他们坚守在一条长达六十英里的战线上，他们将发动奋不顾身的猛攻或者会进行白刃战，还要加入到前线的任务以及各种其他工作。

3.另外，我得知目前有人建议用更强实力的三个连代替现在每个营的四个连。依照我的想法，还是保留四个连的配置更好，而且还要增强每个连的战斗力——按照那个建议改为三个连后的每个连的实力强度。我觉得可以为每个营再加入一百人的步兵战斗力。现代化给各专业兵种带来的极大进步，这一点我有认识到，我也是支持兵种现代化的。很早之前就有个说法："陆军的主力是步兵，其他兵种都是辅助。"这涉及到如何分配比例。按照第一集团军的配置，那就是：二万七千名士兵需要四千二百名军官和各级司令部的参谋，或者说每六名步兵就需要一位司令部的参谋。

4.根据第八集团军的进军情况以及它攻进突尼斯的几率来看，不用再研究向突尼斯调派多于整整四个师的兵力这件事了。只要两个步兵师中的步兵数量很多就行了，关键是，可以随意调拨步兵，有越多的可调拨之处越好。

5.需要在筹备"围歼"战斗计划战斗力的时候，详细地考虑步兵和其他兵种的比例问题。应该请二十名负责领导各营部的杰出上校，对每个营战斗力和配置问题各自都提一下建议。

首相致伊斯梅将军，转参谋长委员会国防委员会和军事运输大臣

1943 年 1 月 5 日

1. 大家一定都很担心我们 1943 年上半年的物资输入计划。核算之后，3 月 31 日之前的五个月内的输入量好像只有一千七百万吨。根据目前已经上交的报告中，到 12 月份也就只有一千三百万吨的物资调入。根据目前所采取的办法以及美国人的承诺——他们从 12 月开始每个月供应三十万吨——那么，1 月底时也只有五万吨。而现在的情况是：仓库中的粮食和原料都已经快用光了；由于缺少原料，军需工业生产几乎无法进行；这一系列将会严重损伤英王陛下政府的信用。务必采取措施解决这个困难，目前还赶得及。

2. 假如从 1943 年 1 月开始，截至到 6 月底的半年内，限定每个月从联合王国和美国驶向中东和印度的运输船舶不能多于四十艘，就能改善输入状况，能够获得三千三百万吨的物资。如此一来，我们就不用陷入物资断裂的可怕困境，不用在今年下半年全部依仗美国对我们的援助，得过且过地混日子。我希望相关部门立刻对这个提议制订计划。

3. 应该看到，中东八月之后的形势得到了彻底改善。在西部沙漠，我们获得了决定性胜利；在苏联战场上，苏联人夺回了苏联南部和高加索的大部分地区。我们此前所面临的严重危机，可以说是因为这两大战果而永久解除了。此外，我们还歼灭了隆美尔的部队。除了巴尔干各个地区和有敌人驻军的各个岛外，不用多久，敌人的身影将在开罗周边的一千英里内消失。第十集团军的成立是为了波斯和伊拉克的防御工作，现在这一方面的防御必要性没那么强了，不过产生了其他

形式的需要。在东地中海或者土耳其的军事任务中，现在第一集团军能够全部或者分一部分去进行支援。第八集团军和埃及的英国部队都进行了精简调整：调走了澳大利亚师但留下了它的装备；解散英国第四十四步兵师和第八装甲师之后，将它们的士兵都调去充实保存下来的部队。需要根据这些事情清查一次全部的后备物资。

4. 最起码能够节省出三个师的装备。从上述的各个师以及后方的各个部队中抽调出九万一千人，如此便能将过去的支援需要做一些减少。有四十万吨之多的弹药在中东地区；印度方面的弹药数是二十二万吨，有的已运达，有的正运输途中；阿拉曼方面，战役开始的第一个月只使用了二万五千吨弹药。常规上讲，第八、九、十集团军和印度要想维持他们自己，一定要充分利用他们的剩余物资以及储备还有每月四十艘船只的运输量。一定要制作一个报告，进一步验证这种方法能不能实现，以及假如可以的话该进一步实行什么样的精简方法。但是，应该最优先处理两个半波兰师的装备问题，在之后的六个月中，我们能给东方战场提供支援的只有这些部队，那时候的形势我们还需要再次进行研究。

5. 我们应该研究一下，第八集团军中的第四、五印度师是不是应当和第十集团军中的英国第五、第五十六步兵师进行互换。也请你们考虑一下有关双方两个师或者一个师的互换问题。

首相致内政大臣   1943 年 1 月 7 日

对于你能让我看你的关于殖民政策的演讲草稿，我十分感谢。我在阅读时随意记录了几点我的看法。

我觉得你的演讲语气可以再自信一些。下议院对殖民地进步的作用是有目共睹的，我们在这一百多年里对待土著居民的态度和行为，可以作为一个标准的道德典范展示给全世界。实际上，正是由于我们坚持以正确的方式对待班图人，在我们和波尔人之间才出现了矛盾，直到今天，我们依然不会让土著居民的领土受到他们的支配。我们过去制止印度开展商业，这也许在一定程度上伤害了它的人民。

有种想法是不正确的——若非是基于大公无私，所有帮助都没有价值。这个世界的进步与和平，是基于每个社会团体之间物资和劳动的等价互换。反对英帝国主义的那些维多利亚时期的英国人争辩说，所有殖民地带来的只有沉重的包袱和义务。狄斯雷利在年轻的时候说过的话我很赞同：殖民地在收获季节会像"成熟的李子一样掉落"。

除了纯粹的仁慈，我们不可能从我们的殖民地中获取任何好处——假如这样的说法是真理，很多人就会提出，我们将资金用在改善工人的健康和社会事业上，才是最佳的做法。在这七八十年里，我们坚持让我们的殖民地参与全世界的贸易往来，我们没有给自己留有任何的优先权利或者要求只征收正常税种；将世界带向歪路的是制定高额关税政策的美国人。从这些事实来看，美国人现在可真是脸皮厚，竟然来教训我们，警告我们多行善事。不过，我不是建议你用那种特别的词眼。

首相致空军大臣和空军参谋长　　　　　　　　　1943 年 1 月 7 日

上个月，轰炸机司令部没有做出任意一件有效的工作，最让人诧异的是，在八百零八架飞机的配备中，只有五百四十七架飞机适合战斗与合作使用。一千零一十架飞机的配备和现有可以使用的九百零九架的战斗力中，只有五百五十七个机组能够使用，这是为什么？

我非常清楚飞机是不能在极端恶劣的天气条件下起飞的，要是这样，应该是大幅度地积累实力，而不应该是现在这种战备条件持续减少的情况。

首相致爱德华·布瑞奇斯爵士　　　　　　　　**1943 年 1 月 9 日**

各个研究部门的三军联络委员会应该针对下面的计划展开讨论。他们应该对这个计划能在多大的程度上帮助他们的工作，或者会有什么样的修正建议进行说明。

虽然对希特勒的战争无人能够预测在什么时间终结，但是如果可以说是在 1944 年年底之前，那这个日期还比较靠谱。每三个月应该再推敲一次这个时间。不过，对抗日本的战争估计要直到 1946 年底才能结束，此间，联合国家的三大国和中国还必须付出很多很多。所以，考虑并计划在 1944 年年底之前该做些什么才是最重要的。同时，也应该开始讨论对今后两年不会造成太大压力的计划，虽然这些计划不会在 1946 年年底之前获得结果。定个大概原则吧，九成心思用在研究与今后两年相关的问题上，另一成用在这之后的问题上。如果出现难以确定的情况，应该各自分析优缺点，找到引导方法。

首相致外交大臣、海军大臣和第一海务大臣　　**1943 年 1 月 9 日**

关于斯大林希望在 1 月和 2 月组建一支拥有三十艘船的运输船队的事，麦斯基先生说我已经答应了斯大林，这不是实情。我记在 12 月 29 日电报中的第三段中的内容，是我唯一做的承诺，这是经过海军部批准的。现在我才得知，只有二十艘船在 1 月 17 日开航，另有三十艘在 2 月 11 日起航。海军部没办法凑成三十艘船，我为该部的食言感到非常遗憾。另外，他们已经承担了 2 月份的船队工作。

应该对麦斯基说，我已经再也不能忍受苏联人的多次指责。他们即便强迫我再多运送一些，情况也没有任何改变。因为在全世界的范围内，我们的护航舰在持续性地减少，导致一些不应该发生的损失出现在英国商船身上。就拿今早传来的事情讲，因为我们只派出了一艘驱逐舰和很少的几艘驱潜快艇进行护送，结果我们一支重要的船队——九艘装满汽油（急需的）的大型油轮被敌人摧毁了六艘。海军部曾清清楚楚表明过：假如我们从美国人那借不到更多的驱逐舰，那么我们无法在 2 月 W.S. 运输船队之后至 3 月中旬之前，将任何物品送过去。我们只能以三十六天为一个周期来进行船队安排。

首相致海军大臣和军事运输大臣　　　　　　　　　　1943 年 1 月 9 日

请交给我一个表单，上面说明各种特种小型船只的数量，包括疏浚船、拖轮、打捞船以及海底电缆铺设船等。不能延迟对这些船只的供应。所有受过的教训都说明，由于海军造船厂的负责人递交的需求文件全都被积存着，就造成了这种情况：在制订战斗计划时，为了提供不重要的各种小艇和配件，真正的需求被压缩了。在我批准有关减少制造商船的这一建议前，必须严格审查这个提议。

首相致陆军大臣　　　　　　　　　　　　　　　　1943 年 1 月 9 日

1. 我非常高兴看到你让士兵练习操作战车防御炮。我了解到，现在已经处理好了信管的事情，不会阻碍到试炮了。

2. 本来我应该想到，假如反坦克枪能够用战车防御炮代替，那反坦克枪及其弹药就没有必要生产了。现在拥有四万二千支枪和一千万发弹药的武器储量，看来，西南太平洋的战斗和侦察部队的军事行动不用发愁武器是否足够的问题了。在这样的情况下，我们的确不应该不停地快速制造这种弹药。

3. "杰弗里斯步枪"为什么要更名为战车防御炮？虽然以"博伊"这个古怪的名词命名一把步枪，但是它没有受到人们批评。

首相致伊斯梅将军　　　　　　　　　　　　　　1943 年 1 月 11 日

关于突尼斯南部边界上的马雷斯防线，喀特鲁将军的确同联合计划委员会或者联合情报委员会谈过它的地形和防御工事方面的情况吗？请确认此事。应该通过这位将军获取现成的有针对性的情报，他在那里任过指挥，清楚那条防线的所有情况。请交上来附有最大比例的地图的报告，我好转交给亚历山大将军和蒙哥马利将军。

首相致农业与渔业大臣　　　　　　　　1943 年 1 月 12 日

请交给我一份有关如何获得更多的鸡蛋的计划。据我了解，对所有家庭恢复原有的饲养母鸡的饲料配给并不难。农场生产了数百万吨燕麦和大麦，只需从中分出六万七千吨即可。如此，鸡蛋生产的数量就可以比原来增很多。我不否认你在其他方面所取得的成就，但这一方面的失责似乎令人遗憾。

首相致伊斯梅将军，转参谋长委员会　　　1943 年 1 月 19 日

当务之急是设法配备一些 9.2 英寸口径的长射程大炮，可有采取的措施办理此事吗？如果没有，也应该立即将这些大炮送到，以便我们的人员可以用它们在远处控制比塞大和突尼斯的飞机场。在这件事上的疏忽是非常严重的。

首相致帝国总参谋长　　　　　　　　　1943 年 1 月 21 日

以下建议得到了战时内阁的十分支持：

1. 在这次会议结束时召开一次记者招待会，我和总统届时将回答所有提问，不过，必须等总统离开非洲海岸之后，才允许发布任何新闻。

2. 任命亚历山大将军为艾森豪威尔将军的副总司令，指挥整个北非地区。

3. 将在 1943 年执行"痛击"或"围歼"作战计划，让英国人担任战役指挥官。

4. 在军需和外交这两项事务上，联合王国负责对接土耳其，美国负责对接中国和法属北非。

5. 梅特兰·威尔逊将军接替亚历山大将军，任中东总司令，同时再次恢复该总司令总指挥波斯—伊拉克战区的权力（尽可能避免安排引起的麻烦，不过我建议就地讨论如何安排）。

2月

首相致空军参谋长　　　　　　　　　　　　1943年2月9日

1. 我或许可以对这种飞机提些能够改进它的小建议，因此，在最后完成它之前请给我看看它。我希望在下个星期能将该机送到诺索尔特机场，请同时派遣一位可以向我解说该机的人员。

2. 我最近没有任何出行计划。不过，要是有一架压力舱式的飞机能让我这个老头儿直飞苏联，那倒也不错。

首相致伊斯梅将军，转参谋长委员会　　　　1943年2月10日

冯·阿尼姆指挥下的七万五千四百人的轴心国军队中，有六万两千一百名是战斗人员，只有一万零一百人是非战斗人员，即各种勤务人员。而且，德国空军有三千二百人之多。也就是说，德国战斗人员和非战斗人员呈7：1的比例，而我们的情况正好相反。他们是如何做到这种比例的？

首相致外交大臣，伊斯梅将军并转参谋长委员会

1943年2月10日

我正在想是否可能在六七个月内召开另一次会议，我希望可以说服斯大林参加。要是可行的话，塞浦路斯适合作为会议地点。对斯大林来说，到这个地方的路程难道不是很短吗？在它的港口还可停泊一艘合适的船只作为通信用。可以拨出一笔恰当的经费来修建临时别墅。

要是你也赞成此提议，请和殖民地事务大臣进行商讨并提出落实方法。

首相致莫顿少校 1943 年 2 月 12 日

1. 负责处理南斯拉夫事务的特种军事行动执行局，提交了一份报告给我。请将这份报告给塞尔伯恩勋爵看看。我基本上同意这份报告所说。我认为，和南斯拉夫的领袖们建立密切的联系，是具有重大意义的，它有望改善局势。最该注意的是，被控制在这些地区的敌军有多少师团。

2. 当阿诺德将军在开罗做停留时，我向他提了个可以说是命令的要求：另拨给我们八架"解放者"飞机，以便让更多的降落伞空投物资或者窥探敌方军情。虽然他第二日便离开开罗，但他对斯帕茨将军下了指示。我相信，关于这个问题，你一定和特种军事行动执行局有关人员商讨过，你们间应该召开过一次会议。这件事，我还和艾森豪威尔将军提过。

3. 现在是什么情况？我们要另外做些什么来促成此事吗？如果你将困难告诉我，我大概可以处理它们。

首相致外交大臣 1943 年 2 月 13 日

有关在意大利的各种反法西斯分子的问题，我完全赞成你所说的。只要我们不负有任何责任义务，了解一下他们的想法也无害。我希望你在内阁会议上提出此事。当然我也会通知总统。我相信，要是"哈士奇"作战计划在最初阶段就斩获成果，美国将会在恰当的时候抱有这种坚定的想法：有必要缔结一个使意大利退出战争的协定。正因此，我十分支持这一运动。为了争取早日获得全面彻底的胜利，我不愿意多浪费一天在可以避免的战斗上。

首相致联合作战部队司令、主计大臣、第一海务大臣空军参谋长，以及轰炸机司令部总司令　　　　　　　　　　　　　1943年2月16日

关于"提尔皮茨"号，我们在五个月前还听到对这艘敌舰的各种谈论，但这种谈论越来越少了。我想知道，当它在特隆赫姆时，你们还在坚持对付这艘军舰的所有计划吗？当时至少有四五个计划是在考虑中。

令人难以置信的是：意大利人看起来比我们更擅长在港湾内攻击船只。

汽车和深水水雷突发了什么意外？

可能的话，请你们分析报告当时的情况——最好是整个情况，然后交给我，我会非常高兴。竟然没有人想到获取近在眼前的这么一个战利品，实在可惜。

首相致伊斯梅将军，转参谋长委员会　　　　　　　　　1943年2月17日

在使"哈士奇"作战计划顺利进行的工作中，参谋长们和联合作战部司令表现了顽强的精神并努力做了很多工作，首相希望对他们表示衷心的感谢。他还让总统注意与此有关的那封电报，以获得他的批准。

首相致伊斯梅将军，转参谋长委员会　　　　　　　　　1943年2月19日

1.目前，有些美国人以拖延应付的态度对待"哈士奇"作战计划。鉴于这种情况，我希望联合计划委抽出人员成立专门小组，让该小组和联合作战部的司令共同认真拟定一项研究计划。这项计划将完全由我们的人在6月份时执行，届时我们可能只是借助美国的登陆艇和护航舰，至于其他的军力还有：在突尼斯的四个师，在路上或正准备出

发的另外两个师，如此便有六个师了。此外，让第八集团军从的黎波里派给六个师，再从波斯抽调两个英国师。如此一共就有十四个师，而按照原设想的话，这一作战只需要九个半师。总之，这完全是我们的独立行动。

2. 在登陆时让美国的空军协助我们，其他方面的行动则完全由英国部队负责，这么做的好处是：美国人不必进行突击登陆训练，他们届时可以直接进入已被我方攻占的港口并参加作战。总之要好好拟定这个计划，哪怕只是提出建议执行该计划的想法，也是一种鼓励，莫大的鼓励。

首相致伊斯梅将军、爱德华·布瑞奇斯爵士以及其他有关人员

1943 年 2 月 26 日

我恳请艾森豪威尔将军下达这样一个命令：将每一架美国飞机的序号标在它们名称的后面，并监督美国司令部执行这项命令的情况。我们也要完全保证按照这项命令做。必须向我汇报所有违背这项命令的事情，届时随同送来违背规定的文件和发出这份文件的负责部门的有关说明。

首相致公共工程大臣

1943 年 2 月 27 日

你刚刚发表的关于建筑行业人员培训问题的白皮书，让人非常感动，请允许我对这件事表示诚挚的祝贺。战争结束之后，更紧要的的确是建筑的问题，所有人多少都会受到影响。我非常高兴地看到你对这件事的重视以及在筹划它的过程中所具有的高瞻远瞩和勇敢精神，祝你成功完成所有筹划。

我正在给劳工与兵役大臣送去相同的电报。

首相致内政大臣　　　　　　　　　　　　　　1943 年 2 月 28 日

让我出乎意料的是，从你前不久给我的罪犯人数报告表来看，社会治安情况还算不错，虽然在战争期间罪案数量上升很多，但监狱罪犯人数却增长很小。假如你能给我一份对照现在（截至到目前）和战争开始前一年的新报告，我会非常感谢你。

首相致农业大臣　　　　　　　　　　　　　　1943 年 2 月 28 日

对于在全国范围内增加鸡蛋供应量会带来很大损失的这种说法，让我很不高兴。让人担心的是，听说新的生产方案还要再次减少本来就稀少的供给。你有理有据地阐述了你的想法——与其设法提供饲料以便增加国内的鲜蛋生产量，不如进口蛋粉。你的这种想法是非常具有诱惑性的，但更符合实际的是我原先就提过的想法，即进口更多的粮食以便增加鸡蛋的生产。

我心里想的是这种可能性——在用于饲养肉牛的几百万吨配给中，划拨出几十万吨来作为我们饲养鸡的饲料。有人向我报告过，这是一种不会导致牛肉产量过分减少的方法。而且我听说，食用混合饲料后的鸡比牛会转化更多的蛋白质。

显然有依据可以让我们确信，增加鸡蛋产量的确不会导致很明显损失。假如从农场摄取粮食，只会导致冬季养成的肥牛会更少，而在夏天，吃草料长肥壮的牛会更多。我们可以小幅度调整一下国产牛的屠宰日期，但只要将我们输入计划的时间进行微调，或者我们将存货发放出去，那就不会有任何影响。我认为，急剧减少鲜蛋供应量不仅会影响到人们的营养，还会影响到精神，所以我非常关心这个问题。

我曾经对你卓越的工作给予过赞赏，我希望你同样做好这一方面的工作，不要有任何的闪失，哪怕是在局部范围内。因为，我会非常痛心这件事情的失败及其会带来的损害。我期望我能帮你找到战胜困难的方法，而不是让你走入无法脱离的困境。假如你愿意和我谈一谈，那请你到我这里来吧。

3月

首相致帝国总参谋长和陆军情报处处长　　　　　　1943年3月1日

1. 我已经向主计大臣（彻韦尔勋爵）要来了关于德国陆军实力估算所做的分析，并附在信中。好像我们的想法都很相同，但我想知道你们是不是还有很多建议。

2. 目前我们考虑，如何使这些极其重要的资料中的观点和美国人的意见是一致的。我们也应该对苏联人阐述我们的看法。

3. 不能再把"师"作为尺度标准来衡量不同国家之间的军事单位，它现在成了一种阻碍。按照我的看法，不仅要说明师的数量，同样要说明参加战役的人数和总数。

首相致陆军大臣　　　　　　1943年3月2日

我赞同副首相关于军人安葬费用的文件，也就是赞成：无论是士兵还是军官出身，他都应该有一个符合他作为军人的尊严和荣耀的葬礼。我认为你也会赞成这个意见。请将更契合这种战争时期所需要的精神的修正后的文件交给我。我会让你得到财政部的协助支持。

首相致伊斯梅将军，转参谋长委员会　　　　　　1943年3月3日

请按照拟定的事项处理，但应该认识到，军事当局也必须有收缩的动作。太过于要求稳定导致我们全部的军事策略都被打破了。"安纳吉姆"战斗计划的要求的确提得过头。像修建一座大桥一样简单地制订一项战斗计划绝对不行；我们不应该要求一定要有十足把握才行，而应该要求让有才华的人发挥作用，要学会随机应变以及要有谋略。

印度方面的战斗所表现出来的军风军貌令我失望。所有司令官都渐渐感染了东方人骨子里特有的消极悲观。"哈士奇"作战计划也是在同样的基础上进行的，即首先提出了非常过分的要求。

应该让那些司令官们认识到，他们必须通过自身做出对胜利的贡献，才能从胜利中获得荣誉。只要是英美军队过度考虑了安全问题的战斗计划，那么这样的战役就无法具备任何的攻击性。我们居然羸弱到了这种程度：在之后半年或者8个月中，英美两国的部队只和大概为六个师的德军较量。你们应该积极努力地纠正这种情况。

首相致军事运输大臣　　　　　　　　　　1943年3月3日

你的部门给我的这份有关禁止铁路运输花草的报告，的确与我的期望不符。我想用花草让战争中的人们放松一下，你们应该配合我，但你的部门认为这件事有待商议。结果——去年你们采取什么行动了吗？现在又有何不同？

首相致伊斯梅将军，转参谋长委员会　　　1943年3月4日

在今年，苏联人有大半年的时间都在与德军的一百八十五个师进行战斗，而英美陆军只在和德国的十几个师作战，我深切感觉到我们所做的微不足道。所以，为了避免受到斯大林的责怪，我不打算要求他提供给我们他的战斗计划。

首相致制造部大臣　　　　　　　　　　　1943年3月4日

在1943年的上半年，在每月减少原料消耗二十万吨的情况下，你还做到了不至于使作战行动受到严重影响。我为此感到高兴。在一开始的三个月，美国的物资支援出现非常大的短缺，导致我们的后备物资大幅减少，让我们的消耗被迫减少到理论上的最小限度之内。所

以，我期望你能深入进行你承诺的关于增加这些削减可能性的调查，并请给我一份研究报告。

首相致海军大臣和第一海务大臣   1943 年 3 月 5 日

我认为，在好望角海域上，你们应该进行了细致的全面研究，并已经做出了安排。所以，当我听闻我们在该海域上的运输船队又遇难时，我非常震惊。我们现在失去了四万吨的船舶。在这条航线上的这种损失已经超出了我们所能承受的范围。我得知，来自加拿大的十五六艘驱潜快艇和扫雷拖捞船已经到达。另外还有东方舰队管辖的驱逐舰。它们都一样地什么也不做吗？这实在是太不幸了。

首相致陆军大臣、枢密院长、劳工大臣和内政大臣

1943 年 3 月 5 日

国民自卫军的未来

为了让大家和陆军继续对入侵危机保持应有的警惕，需要这一百八十万人每月训练和巡逻时间达到四十八小时以上。这样的任务无疑是沉重的，我的同事们不应该低估它所消耗的人力：一百八十万人的每月四十八个小时相当于三十五万个整工。无论人们怎么议论，人们的生产量的确因为这种附加的义务而减小了。

所以，过多的使人筋疲力尽的演习是不必要的，那些从事工农业的、业务非常娴熟的人们尤其不应该参加演习。应当给司令官们发出上述指示。只要等到战争形势产生了改变，就可以比较自如地增加演习时间。

首相致军事运输大臣   1943 年 3 月 5 日

对于你在运输花草事情上的帮助，我非常感谢。

首相致陆军大臣、空军大臣和国内安全大臣　　　　**1943年3月6日**

烟　幕

现在有种言论——是我从国内安全大臣那里得知的：为了节省人力，将在国内减少使用烟幕。要是这种相对实惠的防御措施被缩减，感觉是一件比较遗憾的事情，因为这种措施是为了英国防空委员会能够保持一支强大力量，以防备敌人夜间的轰炸机空袭。但是我也觉得，因为能够使用所有装置，烟幕的管理可能不会用到很多人。目前被雇用的整工，陆军部统计为九千人。我清楚，平均计算的话，每个月大概只有六个晚上在做放烟幕的工作。单独指派几千人为这项工作是没有必要的。也许，还能让几乎所有的人兼职其他职务，当然，进行这项工作的一些核心人员除外。请告诉我意见。

首相致枢密院长　　　　　　　　　　　　　**1943年3月6日**

花草运输[①]

我非常沮丧地看到，对所有解除禁止火车运输花草的方法，你们的委员会竟然都不予批准。在现在的形势下，拿出任何理由无法用专车运输花草的，我承认这个现实；但肯定能在用专车和绝对禁运之间找到中间方法。

希望你们委员会能够立刻考虑一种办法，利用这种方法可以从有限的运输空间中挪出一个位置给花草，而同时不会影响到有关的作战行动，并且要考虑乘客是否会提出异议，最后还要公平分配这些花草给所有养花人。这样的话，就可以合法地运输这些花草了，届时我们的大城市将拥有非常多的花，还可以减少黑市的诱惑。

我确信，可以一起研究这种方法和改进我们运输情况的其他方面

---

① 见1943年3月3日和3月5日的电报。——原注

的办法（这个冬季的气候偏暖，所以这是有可能的）。

首相致第一海务大臣　　　　　　　　　　　1943 年 3 月 7 日

我非常感谢你上次的协助——将一批红十字会必需品用驱逐舰运到摩尔曼斯克的好意。这是怎么办到的？会不会带来危险？还能再运一批吗？

首相致伊斯梅将军，转参谋长委员会并致联合作战部司令以及运输总监　　　　　　　　　　　　　　　1943 年 3 月 10 日

制作用在地势平缓的海滩边上的移动码头这件事，确实是没有被重视。我们最终在各类的拖拉实验中毫无成果。差不多是在六个月前，我就敦促建造一个数英里长的码头，但你们杰弗里斯准将有对此事探讨过吗？假如和横渡英吉利海峡的作战计划相比，"哈士奇"战斗计划条件更容易实现，那么对于这些，你们又有何意见？我对这件事非常失望。很早我就期望快些制造这种码头，让登陆舰的紧缺压力减少一些。

请在保证"痛击"作战计划所需用的码头建筑不受影响的前提下，马上将长达四英里的码头建设计划交上来，以便作为"哈士奇"战斗计划中的一部分。

首相致海军大臣　　　　　　　　　　　　1943 年 3 月 10 日

船舶沉没事件又一次在好望角的海域中上演，这一不幸当然令我非常伤心[①]。我非常清楚海军部和往常一样正在不遗余力地做好本职。

我希望除了运输部队的船舶之外，在 3 月底能对所有船舶开放地

---

① 见 1943 年 3 月 5 日的备忘录。——原注

中海，将绕道好望角的运输比例降至最低。

首相致空军大臣和空军参谋长　　　　　　　　1943 年 3 月 13 日

在阿尔及尔，我和艾森豪威尔将军下令将美国飞机的名字写在它
们代号的后面；我的解释是，因为代号很难记，而且很容易在电报中和
其他数字混合使用时出现错误，在实际工作中，这类不方便的代号终究
会被名字代替。艾森豪威尔将军依照这个解释马上下达了命令；美国的
全部通信中将会严格实施这项命令，届时你们可以看到这个情况。

我也已指示我们这里执行同样的命令了。但大家不重视这个命令，
也不重视关于代号的问题，请你们采取措施，避免再有这样的束缚。
现在，请你们告诉我，B.25 和 P.40 都是些什么[①]。

首相致陆军大臣　　　　　　　　　　　　　　1943 年 3 月 13 日

霍德勋爵前几天对我说起有关精神病学家的工作。我当时问他，
目前有多少这方面的专家，陆军又要用多少经费聘用他们。霍德勋爵
和我说，现在任职于陆军部的高级副官在负责指挥北部战区时，那里
比陆军的所有其他地区出现更多的因神经功能疾病而退役的人。他还
说到，这位高级副官——认为就是在他指挥北部战斗的时期——让每
一个新兵都要回答"你自愿参军的想法有几分"这样一个问题。

确有此事么？鉴于现在我们实施的兵役制度，这种问题无疑是最
会打击到士气的一种问题。

首相致陆军大臣　　　　　　　　　　　　　　1943 年 3 月 13 日

我准备在原则上同意你关于团番号的提议，并且应该马上下达有

---

① 见 1943 年 2 月 6 日的电报。——原注

关命令，以便尽快公布团的番号——不必等待全部番号都定好之后。应该优先解决作战的步兵部队的番号。

首相致空军大臣和空军参谋长　　　　　　　　1943 年 3 月 15 日

在这个星期，飞机制造部交付了包括"斯特林""哈利法克斯"和"兰开斯特"三种机型的九十五架重型轰炸机，在出产量上能够称得上是创造了记录。请你详细地告诉我将怎样安排这九十五架飞机？把它们派去哪里？人们将在这种现实的例子中看出，虽然飞机产量在逐步加大，但为何我们的轰炸机中队却没有更快增加。

首相致伊斯梅将军，转参谋长委员会并致奥姆·萨金特爵士

1943 年 3 月 16 日

因为在南大西洋的船只遇难一事，亚速尔群岛的问题又被提到日程上。你们清楚，总统想要同盟国能够掌控那里。当前，这么一件事可能不太容易将德国人吸引到西班牙去。恰好艾登先生现在就在距离你们较近的华盛顿，不如跟他商量下这件事。

首相致伊斯梅将军，转参谋长委员会　　　　　1943 年 3 月 22 日

我正想让总统派马歇尔将军去北非。我还想和帝国总参谋长也前往那里，当然前提是总统同意，而且参谋长也恢复了健康。我还是盼望能在四月底之前攻占比塞大，所以可以等到这愿望实现后再进行这次旅行。

关于艾森豪威尔将军的电报和亚历山大将军的建议，我的看法是：最好是将英国和美国的军队分开，然后派往不同的地区，因为将它们混合在一起是场灾难。只要美国将军担任最高统帅，相互为难的事情应该不会发生。按照常识："彼此最好保持一个恰当的距离才能维持

关系。"

关于让新西兰师加入"哈士奇"战斗计划，我相信我可以劝导新西兰政府同意。我们对他们说过关于"哈士奇"战斗计划的内容吗？就这个疑问我想给弗雷泽先生发一份电报，请替我拟好这封电报。

首相致内政大臣   1943 年 3 月 22 日

我在两年前问过你有关普利斯亲王的情况，那时他已被关押在布里克斯顿监狱。现在他被关在那里已有三年了。我清楚，他的母亲是英国人，但在法律上讲他属于波兰国籍，他没有犯反叛罪。有关他的所有历史资料，假如你能让我看一下的话，我是非常感谢的，之后我们可以谈谈。

首相致农业与渔业大臣   1943 年 3 月 22 日

1. 我认为我们都已经这么做了：关于鸡和鸡蛋的数量问题，你和主计大臣一起协定好，或者，你们若有不同意见的话，清楚陈述各自理由。但是，这件事我却再也没有听说过。请在这个星期内告诉我你们讨论的结果，因为我非常关注这个问题，而且想找一个合适的时间在内阁会议上讨论这件事情。

2. 对于下面的建议，假如你和粮食大臣向我拟出一份报告，我也会非常满意的。如果我们允许将不到百分之五的马铃薯粉掺入到不到百分之十的面包面粉中，到底能在多大程度有助于节约船只吨位？现在，掺入我们面包中的麸皮和其他渣滓，可以用作鸡饲料的有多少？我很可惜放弃了将马铃薯粉掺入面包的实验。可以肯定的是，要是那样做的话，生产出的面包相对于目前贩卖的普通面包好像还更好吃。我希望更认真深入地研究这件事。

3. 目前乡村中还有人在用非配给的面包饲养很多小鸡，这显然是一种让人一听就觉得"很浪费"的方法。我一直都觉得，不应该继续用那些应供人类食用的贵重粮食喂鸡，更好的办法是再次进行对鸡的饲料配给机制。

首相致制造部大臣和公共工程大臣　　　　　1943 年 3 月 22 日

关于那些遭受雷电袭击的房屋，你正在进行的修复工作进展如何？请报告。

首相致亚历山大·卡多根爵士　　　　　　　1943 年 3 月 22 日

我不想签这样的声明，因为，中国没法和英国、美国或苏联这三个强国具有同等地位。假如在那里发生什么困难，外交大臣肯定会让我们得知的。所以我觉得不需要向他发这个电报。我不想对我的演讲再做什么解释，它已经说得非常清楚了。

首相致伊斯梅将军转参谋长委员会　　　　　1943 年 3 月 25 日

"哈士奇"战斗计划的实行时间，要依照月亮圆缺的变化而定，这使得计划有了很大的变动。并没有延迟一个月的时间，只是延期到两个星期后的 7 月 10 日。如果能很好地解释决定新时间的理由，也许我们就必须接受。说一句题外话，假如确定的时间是 7 月 10 日，那么 W.J. 运输船队就有机会多运送一次——5 月 7 日不再为最后一次运输，5 月 22 日可以再运输一次。

目前除了要等待艾森豪威尔将军说明实行时间为什么要用月亮计算以外，不需要有其他行动。

首相致财政大臣　　　　　　　　　　　　　1943 年 3 月 27 日

1. 假如以现行规定为基础，实行一种刚性规定——无论所得税和特别附加税的税率是怎么样的，必须要让纳税人保留一半的收入。请一定要告诉我，这样的话，税收损失会有多少。我没有在战争期间实施行动的想法，询问这件事只是为了搜集情报。

2. 我在前几天的报纸上看见一条新闻说，目前军人的储金只有十一镑四先令。实际情况到底是怎样的？我记得你告诉我，你曾在计划中承诺他们的薪资和工资比较高的军工厂工人是一样的。

4 月

首相致财政大臣　　　　　　　　　　　　　　　1943 年 4 月 1 日

一千五百万镑这个数目实在太少了。原先我觉得它会有一亿镑上下。

按照和军火工人相同的标准，军人的储金也就只有十一镑七先令六便士，而且储金的累积是在这么低的一个比率上施行的，我得知这件事后非常惊讶。我曾经对三军将士承诺过，他们肯定会以某种方式得到与付税的兵工厂工人的储金平均数相等的数额。我曾三番五次地在公众面前提起你的承诺，但我完全没想到：按照你的承诺，这个数额竟然缩减到这么微小的程度。我无法赞成这个数字。[①]

首相致飞机制造大臣　　　　　　　　　　　　　1943 年 4 月 1 日

关于你交来的 3 月份的飞机制造预估数目，我应该对你说句谢谢。这些飞机的制造数量已经超过了计划，我衷心地对你表示祝贺。特别让人高兴的是"重型"的增多。

首相致伊斯梅将军，转参谋长委员会　　　　　　1943 年 4 月 2 日

1. 第一，假设在 4 月底，最迟在 5 月 15 日，完成"火神"（攻占突尼斯）战斗计划，而且不会让德军或意军中出现大量有组织性的逃

---

① 见 1943 您 3 月 27 日电报。——原注

亡。第二，假设在 7 月 10 日进行"哈士奇"战斗计划。第三，假设在"哈士奇"战斗计划地区，意军和德军的部队最大兵力共七万人：德军不会超过两个师，共两万名士兵；意军不会超过五个师，共五万名士兵。而我们这边，派出的英美部队和当作支援的部队总兵力为十三万五千人，其中英美部队会有七八个师，平均每个师的战斗力为一万五千人，共十万零五百人，支援部队为三万英军。第四，假设在上岸时发生的猛烈战斗中，我们最终取得了胜利，那还需要多少时间击败在"哈士奇"战斗计划地区的敌军？

2. 当这种战斗进行中时，假设形势的改变以战斗的最初阶段的时长——比如说一周——为周期，那么人们在这之后就会有理由期望，将敌人的大量兵力歼灭、俘虏或者赶入山间。这个地区的面积小，人员物资也非常少，如果我们攻占了港口和飞机场，肯定会卓有成效地控制"哈士奇"战斗计划地区，并利用空军和海军的力量，彻底阻止敌人重新占领该地——他们连想都不要想。

3. 截至到目前，攻占"哈士奇"战斗计划地区的目标已经完成；可是，如果把我军 1943 年的战斗目标就定为是这场微不足道的战役，不会有人感到满足的。现在我们必须计划一下，怎样将占领"哈士奇"战斗计划地区当作基础进行下一步。在这方面我们有行动了吗？应当寻找所有可以实现的办法。目前，"安纳吉姆"因为运输上的缺失已经没有那么重要了，取代它的是地中海的军事行动。假如我们将占领"哈士奇"战斗计划地区的时间定为 7 月末，还有怎样的可行计划进行其他战斗？当然，敌人的行动决定着我们的下一步计划。假如意大利的气势和意志会因为大批的德军支援而增强，那我们的战斗力也许不足以攻占罗马和那不勒斯。如果真是这样，有关东地中海的方案我们一定要事前就搞好，尽全力让土耳其加入到我们这方。我们一定要做好进攻多德卡尼斯群岛的准备；假如土耳其陷入困境，我们要帮它。

4. 假如德国不支援意大利、意大利在被我们征服后也许就会不得已从战争中退出，那么我们不用战斗就可以占有撒丁岛，也许还能解放科西嘉。我们将会随意奔驰在意大利的领土上。我们会动用一切能够使用的战斗力，甚至那些身在非洲但没有参加"哈士奇"战斗计划的各个师，都会一起向北进军意大利，直到在伯伦纳或者法属里维埃拉与德军相遇。这些也许会进行的军事行动，已经计划到什么地步了？

5. 哪怕部分德军支援了意大利，帮助它继续战斗，我们也要在控制"哈士奇"战斗计划地区时，在意大利的趾形地区和踵形地区想办法攻占一个根据地。对我们最有利的就是占领塔兰托湾和对趾形地区的地峡形成支配。到那时，意大利舰队无论往哪个方向撤，都肯定要选择逃向意大利。至于它会在"哈士奇"战斗计划中处于何种地位和面对什么样的形势，我们还不能确定。它要想退至亚得里亚海的话，必须是在我们完全控制"哈士奇"战斗计划地区以及我们在该地区组建空军之前，否则它只剩下斯佩西亚和热那亚可以选择。不管怎样，应该把这当成一个很重要的目的——将一个据点设在达尔马提亚海岸。为此，我们可以给阿尔巴尼亚和南斯拉夫的起义者提供武器、供给，哪怕突击队都可以。米海洛维奇虽然天性狡诈，但我相信，只要我们可以给他任意现实的支援时，他一定会不遗余力地和意大利人进行战斗。很明显，在这个战场上可能会获得很多巨大的成果。

6. 这些问题必须要最优先地全力加紧商议，并且在"什么事情能做，做什么事情最好"的问题上，能够征求一下参谋长们的建议。这是发出这么一份文件的目的。攻占"哈士奇"战斗计划地区只是在1943年的战斗中很微小的成果，仅凭考虑到这点，我就非常希望能用最快的速度进行这个文件所提出的各项工作。

首相致伊斯梅将军，转参谋长委员会　　　　　　**1943 年 4 月 2 日**

目前有一个问题极其重要，就是在突尼斯的最上面对敌人进行阻拦，不能让他们大批地从海路脱逃。北非最高统帅部的各个部门已经留意到这件事了，但只是注意是不行的。他们每天忙于繁杂的战事，可能顾不上这个重要问题，认为它是次要的。我们要专门研究一下敌人可能有什么样的逃走机会，并考虑采取什么措施彻底击溃敌人。下星期早些时候就应当将准备好做这件事。还有，是不是应该将我们讨论的最终结果送交给艾森豪威尔将军？应该用哪种方式送交给他？参谋长委员会应该商讨一下这方面的问题。我倒是觉得让联合参谋长委员会做一份正式文件送去是最合适的。但我还在等参谋长委员会的建议。

首相致陆军大臣　　　　　　　　　　　　**1943 年 4 月 4 日**

1. 国民自卫军感觉到了愈发严重的不安，因为战争变得越来越持久，而那种会被侵犯的紧迫危机也在慢慢地消逝。我们是不是充分发挥了他们的作用？是不是应当举办一个国民自卫军周或者国民自卫军日？是不是应该采取什么方法，让忠心耿耿的他们聆听到大众的称赞，感受到整个国家对他们的谢意。在我们抵御来自海上的侵犯以及敌人的空降兵时，他们是我们最靠得住的后盾。我请你来处理这个问题。

2. 他们有很大的训练热情，我觉得将更多的子弹送给他们用于练习可以鼓励到他们，因为这说明了他们的工作是有意义的。现在的子弹已经很充足了。把 0.300 步枪弹药的储量情况告诉我。我感觉目前的储量应该特别高，因为美国提供给我们很多。实际上，因为战争情况大有好转，我已经有数月没看有关子弹的统计数据了。对于练习子弹成倍（打个比方）分发的事情，我等着你的意见。

3. 我期望你会考虑到一些其他办法，对国民自卫军进行帮助。在他们处于这个阶段的时候，我们应该给予他们鼓励并设法使他们更加强大。

首相致亚历山大·卡多根爵士　　　　　　　1943 年 4 月 4 日

　　1. 第二战场终究是无害的，所以不要彻底禁止关于这个话题的讨论。换个角度看这件事：假如能将德军束缚在西方，不仅能够对"哈士奇"战斗计划起到掩护作用，还能够让苏联的压力减少一些。

　　2. 我们要利用现在可用的所有方法对欧洲人民讲，在他们接收到我们的指引之前，他们应该悄然做好准备，不能有所行动。

首相致财政大臣　　　　　　　　　　　　　1943 年 4 月 6 日

　　一定要由内阁再次研究军人储金的问题。另外，1942 年至 1943 年财政年度末，有交个人所得税的领薪阶级所积攒的个人储金平均数是多少？请将这个数字告诉我。①

首相致帝国总参谋长　　　　　　　　　　　1943 年 4 月 6 日

　　突尼斯的轴心国兵力计算为一百四十一营，这是怎么算的？请将计算的详细数目告诉我。比如，有多少营分派给"半人马"师？这件事实在是太奇怪了，他们有二十二万五千人，从标准配置上看，他们的营数应该和我们几乎相同才对，但我们的营数差不多是他们的三倍。

首相致枢密院长、城乡计划大臣、不管部大臣、财政大臣，以及其他与城乡计划法案的准备有关者　　　　　　1943 年 4 月 6 日

　　我从今早的讨论中确定了这种决心——现在必须要赋予城乡计划部法律规定的权力。为了完成必要的工作进而获得较大利益，该部必须用这些权力驱使那些与之对抗、阻挠它或者只是纯粹无能的各个郡

---

　　① 见 1943 年 3 月 27 日和 4 月 1 日的电报。——原注

的政府。请拟一份有关授予这种权力的条款草稿，并将审查的工作交给原本筹备法案的各位大臣。如果意见有分歧，那就在周五的战时内阁会议中重议这件事。

首相致伊斯梅将军，转参谋长委员会　　　　1943年4月8日

在缅甸的这场战斗越来越糟糕，日本人在战斗中和战略上彻底地将我们击败。庆幸的是，公众舆论被一些小型的军事行动和其他事情引导过去了，并没有留意到这种让人痛心的形势。但是我们不能总是寄望于他们永远不关注到这件事。

韦维尔将军何时返国？

首相致外交大臣　　　　1943年4月9日

应该叮嘱麦斯基：如果阿尔及尔那里遭到了塔斯社从伦敦传播的这类毒素，我们就必须驱离他们的记者。基于此，我认为你应该会一会麦斯基，跟他说这件事。我从新闻大臣那里得知，我们有权立刻查封所有这些机构。苏联人在我们用尽全力的时候如此对待，这无论如何不可能原谅。他们可能比戈培尔还要恶劣。今天我去乡下之前会见麦斯基，你同意么？

首相致陆军大臣　　　　1943年4月9日

为了对一个规范的步兵营中每个士兵的参军情况进行详细的考察，我愿意花费半天的时间和这个步兵营在一起。选定和我距离合适的步兵营，我要检查它在编制上是否符合标准，亲自稽查都各有多少人在进行机关枪、迫击炮、防御坦克以及通信、后厨、文稿书写等方面的工作。

我假设一个营的实际战斗力为七百七十人，请不要在它准备接受

我的稽查时对它做任何变动。当然，也绝对不能在事前告诉他们我的此行计划。我可以在下星期的某个下午实现此行。假如你可以和我一起去，我会非常高兴。

首相致空军大臣和空军参谋长　　　　　　　　　1943 年 4 月 10 日

1. 看了杰弗里·劳埃德先生给我的照片[①]，我蠢蠢欲动——我觉得应该在我国各个地区都要装置这种设备，最少装六个。假如我们安装了这种设备，就可以防止轰炸机在有雾天气返航时发生悲剧，这是多好的一件事。有了这种设备，即便是在阴晴不定的晚上，我们也可以有更大的行动的自由。你们和轰炸机司令部司令研究研究这个事情，他有什么看法请告诉我。

2. 关于红外线降落方式的方案，你们的进展怎么样了？

首相致陆军大臣　　　　　　　　　　　　　　　1943 年 4 月 10 日

1. 关于子弹的事情我非常高兴，但其他一些事没有让我满意。目前应该对国民自卫军进行激励和宣传的工作了，因为在很多精锐师团近期离开之后，他们将肩负起重要的工作。要尽量让他们有这种感觉：他们的责任极其重大，人们都十分看重他们的工作。应该让各地领导亲自进行检阅——士兵配备着武器的那种，还应该借给他们军部乐队。

我感到有些奇怪，这种运动是具有号召力的，但你表现出来的不是热情地支持，由此可见你是用怎样的思想和态度领导陆军部。

我从来没有用过"气势宏伟"这个词来表现海德公园的阅兵，而且也没必要用这种有失偏颇的词语。

2. 你应当和新闻大臣探讨一下，怎样在报纸上大范围宣传国民自

---

① 照片展示了点燃消雾器前后的环境对比。——原注

卫军周或者国民自卫军日。我肯定可以为此写一篇贺词，或者通过广播致辞予以支持——假如有这个需要的话。

3. 我迫切想让敌人见识一下我们国民自卫军的战斗力。他们肯定会收到有关检阅相片传达的信息，这样也会威吓到他们的空降部队或者海上的袭击。

4. 我现在把手里的一些信作为附件给你。要是此事引起什么问题，责任将全部由我承担，因为是我要求送来这些信的。也正因此，你不能对一些相关人员或者信中提到的人采取任何行动。我们每个月能生产七万支枪，那么为什么要从国民自卫军那里拿走步枪？这是没有道理的。

5. 我已经让爱德华·布瑞奇斯爵士将国民自卫军的事情列在议程上，在周一的内阁会议上，我将会提出这个问题。①

首相致塞尔伯恩勋爵　　　　　　　　　　　1943 年 4 月 14 日

应该授予这些英雄什么样的奖励？②

---

①　见 1943 年 4 月 4 日的电报。——原注

②　1942 年 10 月 18 日，特种军事行动执行局对挪威维尔摩克的德国重水工厂行动，当日空降了四人在该厂附近。第二日，战斗部队欲乘滑翔机进入该地，但由于天气恶劣，他们的滑翔机坠毁了，他们有的在着陆时即被德国人杀死，有的是在过后被杀。1943 年 2 月 16 日，再次空降六名挪威人。一个星期后，这六个人找到了在初次登陆行动中幸存下来的四个人，这四个人饥寒交迫，奄奄一息。挪威人滑雪前进了很长的一段路程，之后攀过悬崖峭壁，渡过半结冰的一条湍流，最后在 2 月 27 日和 28 日间袭击了重水工厂。德国警卫队没有想到会有危险从这条艰险的道路向他们靠近，当工厂发生爆炸时，在临时兵房内的他们全然不知是什么情况。于是，这六个挪威人便有了逃跑的时间，他们中除了一人带着他的无线电设备留在了挪威，另外五个人都安全返回瑞典。他们后来仍在挪威地区从事作战，并安全度过了战争时期。敌人持续运行一年的重水工厂，终于被捣毁了。（参阅《日本的猛攻》第二十二章，"第二次访问华盛顿"。）——原注

首相致伊斯梅将军，转参谋长委员会　　　　　1943 年 4 月 14 日

1. 有什么理由禁止教堂像往常一样在周日敲钟以召集人们做礼拜吗？我的意见是，应该适时批准在今年复活节仪式上的敲钟。

2. 现在比起 1940 年时，我们遭到侵犯的几率要小多了，因为我们拥有占据优势的空军和极其强大陆军，另外我们国内还有装备精良的国民自卫军。假如出现入侵这种事，侵入的敌军可能是从海上进犯的大批派遣军，或者在内地降落空降部队。假设是前一种情况，且假设是敌人的规模很小，那我们的海岸防御部队会对他进行抵御；而如果他们的规模很大，我们肯定会在敌人行动前就注意到他们。而假设是后一种情况，鉴于敌人的飞机供应很吃紧，所以在 1943 年或者 1944 年，空降部队进犯的力度应该不会太大。

不管怎样，我们的雷达一定会发现他们的运输机，而且我们的战斗机将会日夜对他们展开袭击。总而言之，我们有足够的威慑力量来来阻止这种入侵，所以不必觉得这种危险非常紧要。

3. 我曾给战时内阁发过电报分析形势，当时我说，敌人有可能通过海上和空运发动小规模袭击，不能完全忽略入侵危险。但是我发现，参谋长委员会的报告中说今年没有被侵犯的危险。

4. 假如我们遭到小型的攻击，任意人员在发生事件的地点周边看到了敌人后，会告知距离出事地点最近的战斗部队，然后这个部队会通过电话或者传令兵向上级报告情况，紧接着采取可行的应急措施对敌人进行火力阻击。如何利用一些教区的教堂钟声加快上述步骤的进行？我很难看出有可行的方法。如果制订好了行动计划且该计划已得到批准，那么，只要所有责任人员按计划行事，在这个地区的所有人都将可以迅速了解情况。按照我的看法，不再用教堂的钟声作为被袭击的警报并将此消息告知大众，这么做是不会带来危险的，也不会

让我们的正规军中产生某种程度的松懈或者打击我们的国民自卫军的斗志。

首相致伊斯梅将军　　　　　　　　　　　　　**1943 年 4 月 15 日**

我在前几天看见杰弗里斯准将提议的一幅草图，图上的这种船配有登陆用的架桥，借助这种船，坦克能在防卫薄弱的矮小峭壁地带上岸。我希望这种诱惑人的提议可以得到我们应有的考虑以及落实。

首相致陆军大臣、帝国总参谋长和参谋长委员会　　**1943 年 4 月 15 日**

1. 我们一定要清楚，在今年不可能进行横渡海峡的重大方案，这是因为：第一，我们要向"哈士奇"战斗计划地区送去所有的登陆艇；第二，美国部队基本不会在今年抵达；第三，我们要在天气改变之前进行训练。这些现实都影响着行动的开展。

2. 但是，不要将这样的现实传播出去，这也是很重要的。为了继续将法国海岸上的敌人牵制在那儿，不让他们导致我们的同盟者苏联产生失望情绪，我们应该继续伪装，掩饰我们的真实状况。也就是因为考虑到这些，我们不应该骤然中断对"波莱罗"战斗计划的筹备。

3. 另外，我们不能把资金和力量不恰当地消耗在 1943 年不会完成的计划以及还没确定在 1944 年执行的计划上。我们应当为了 1944 年的海外战斗，在我国持续地集结美国部队。应该在避免"波莱罗"计划停滞的情况下，适当地改变一下它的进行速度——使它稳定进行，但将它的真正执行日期定为 1944 年而不是 1943 年，为它制订一个延缓进展速度的严密计划。

4. 本土部队的每个分支部队也要遵照这个原则，进而有必要挑选一支远征军。很明显的是，不用像原来那么紧急地去做这件事。不过，在本土最少留一支部队还是很明智的，如此以做好海外战斗的准备；

这件事在秋天之前就应该着手进行。我觉得可以让六个师组建成这支部队，并更名为第二集团军。很有可能会将这个集团军派往地中海。另外的方法：同时落实每个部队的各自的整个计划，并且，不必要太早进行这种调整。这种方法也许会不错。

5. 无论出现什么情况，一定要设法造成这种印象：大批美国部队即将陆续抵达。防止出现任何会拆穿我们的这种伪装的说法和行为。

首相致新闻大臣   1943 年 4 月 16 日

德国在 1940 年初制作的《火的洗礼》是一部关于摧毁华沙的旧影片，这部影片主要是为了炫耀德国空军的强大力量，对中立国家形成威吓作用。在我看来，假如将这部影片进行大幅度删减并附上英语点评，就能够变成非常好的宣传素材。它可以展现德国人暴虐的程度以及他们企图使用空中力量征服控制所有国家的野心。

请研究一下，能不能将他们目前所正在做的一些事情作为事实例子加入影片中，重新编辑利用一下。片名最好能改为"灾难的一幕"。

首相致陆军大臣和帝国总参谋长   1943 年 4 月 17 日

1. 弗赖伯格将军功勋卓越，经验丰富，我认为应该授予他军长职务，而不是让他担任现在的职务。然而有人评价他说"他是这个世界上最杰出的师长，但是他的能力也只有这样"，我对这种评价绝不赞同。他这种能靠自身努力获得这样地位的人，拥有尝试更高领导地位的权利，而且以他的功绩，国家也有义务让他尝试一下。

2. 在第十军参加新西兰军的时候，在哈马侧翼的迁回行动中发生了什么事情？到底是弗赖伯格指挥这个行动还是第十军军长代他指挥？不管怎样，弗赖伯格用新西兰军指挥官的名义，写了一份报告交给了新西兰政府。按照他在报告中所说的话——他说很多部队都是在他的领导之下的——这次行动的真正指挥官似乎就是他。要真是这样，他已经证明了他的能力适合拥有一个比师长高很多的职位。所以我就非常奇怪为什么他还是现在这种职位。这次具有极其重要性的迂回行动不能证明他可以胜任更高的职位吗？我将在给下院的报告中提到有关他的这个问题。

3. 当然，新西兰政府和国防部长琼斯先生那里也会给你们传达有关意见。就算先不管弗赖伯格的职位问题而只是就事论事的话，弗赖伯格本来也应该获得升迁。你们还是让他维持在新西兰师师长的职位上不动，这是一种妨碍这个师所有人升职的行为——从他们所进行的工作上就知道，肯定会有一部分旅长有资格升为师长。我很愿意跟弗雷泽先生说，假如新西兰师还会和我们在一起，我们期望将第三十军的指挥工作交给弗赖伯格。

首相致陆军大臣　　　　　　　　　　　　　　　　1943 年 4 月 17 日

你执行了内阁关于国民自卫军欢庆活动的决定，对于你这种实干精神，我除了高兴，还有感谢。你应该尽快印出来并派发给内阁。

首相致陆军大臣　　　　　　　　　　　　　　　　1943 年 4 月 17 日

1. 附件中陆军时事处派发的宣传画及其上面由贝文先生所提的评论，请你看一下。这幅画上的内容诋毁了英国在战争开始前的情况。我们的确有不足之处，各方面做得不到位，但在欧洲和美国很多地区，我国的情况还是可以作为一个榜样。然而，这些宣传不仅夸大其词而且还曲解真相，说这个责任该由陆军部承担也是不恰当的。将士们所了解的祖国并不是宣传的那种情况。作为一位国务大臣，你自己应该留意到这种政治性质的事情。我很乐意看到你将如何解释此事。必须立刻撤销宣传画。

2. 常规上讲，内阁也许有必要对陆军时事处进行调查。同时请交给我一份调查表，包括陆军时事处的军官人员数量、雇用其他人员的情况——包括数量、他们的工资和其他所有费用。

首相致劳工大臣　　　　　　　　　　　　　　1943 年 4 月 17 日

你对于陆军时事处派发的宣传画所做的指责，我完全赞同，而且我已经让陆军大臣关注这件事了。

首相致帝国总参谋长和雅各布准将　　　　　　1943 年 4 月 17 日

西非师的装备

好像这种决策非常有问题——对一个有着两万两千人以上师，却只将十二门 3.7 英寸口径榴弹炮装备给它的野战炮兵。假如确定这种师只配备了山炮和驮载炮，那就应该该师所有人得到完全配给。除非这样的师配有炮兵或者在其他方面有炮兵作为支援，不然一些战线的战术部队绝不会让它来进行掩护工作。步兵没有炮就像骑兵没有马，换作现在就是坦克兵没有坦克。炮兵和步兵在战术上是相辅相成的，在一个整体上它们不可分割。当然，具有很大发展潜质的迫击炮或者短射程炮，也可以作为代替品。

假如西非军队加入战斗，我迫切希望他们会为自身取得荣誉。

首相致伊斯梅将军，转参谋长委员会　　　　　1943 年 4 月 18 日

1. 不要再指望今年德国会崩溃，已确定那是不可能的了；在 1943 年我们无法进行"痛击"战斗计划，因为没有美国给予增援的希望，而且还缺少登陆艇。所以，摩根将军应该肩负的责任如下：

（1）为了能激起敌人和我们进行空战，以便本土空军部队发挥他们自身的作用，战斗机司令部和联合作战司令部必须配合行动，佯装要进行一次两栖战斗。

（2）为了协助"（1）"中所述的佯攻，同时将敌人牵制在西方并一直保持会被袭击的警备状态，要最小规模地进行伪装行动并作好掩护。

（3）在1944年不断加强"波莱罗"计划和长期推敲"围歼"战斗计划。

（4）安排好每个月的工作，一旦德国真的崩溃时能有立刻行动的准备。

2. 没有必要让摩根将军的组织太过庞大，还应使该组织大幅减少对参谋人员的任命，因为它作为一个特别计划参谋处，只是代替了在诺福克大厅的各个总司令而已。对于参谋人员的精简情况，我希望知道能做到怎样的程度。

3. 在1944年1月或者今年冬天最合适的某个月，也许能够再次考虑将"朱庇特"作为可以实现的战斗计划。我要求在联合作战部司令生病期间，每个星期都对"哈巴谷书"的进展进行汇报，并且同时进行关于清雪部队和装备的报告。这件事进行得怎么样了？

4. 德国进攻西班牙半岛的可能还是有的，我们不能忽略这点。所以，如果出现德国人遭到西班牙和葡萄牙抵抗的情况——现在这几乎是确切无疑的——那么应该迅速将英美进行干涉的安排放在日程上。

5. 应该按照"符合上述目的"这个标准，而不是单纯为了考虑"痛击"战斗计划或者"围歼"战斗计划，来对英国国内的军事力量进行重新安排。我们应当为了西班牙半岛、"朱庇特"战斗计划或深入进行"哈士奇"战斗计划而做好准备，比如说，第二集团军拥有的六个师兵力。关于在今年内是不是一定要最大限度地进行陆军的重新布置，我倒是很想听听你仔细考虑斟酌之后的想法。我们抵御攻击的计划不应当被太早或过分地破坏。无论如何决定，都必须遵循这个原则：只能任命更少的参谋人员，不能更多地任命。

6. 应该制订一个宏大的掩护和伪装计划，将上列所有方法都纳入进去。我曾担心，不管怎样，在本年内也不会进行"痛击"战斗计划；假如真延迟了它，我的担心就成真了。不过，有必要暗示这是我们掩护计划中的一部分以及我们正切实准备中。应该在登船港口开展超大规模的筹备工作；争取在七月和八月成功调集最大数量的驳船和攻击舰艇。应当让第二集团军做好和"痛击"战斗计划有直接关系的准备工作。全部这些将成为虚假攻击的因素，就是为了激起一场像第一节（1）中所描述的空战。

7. 或许更适合由三军参谋长来作出这么一份报告——按照上面提到的重点来阐述他们的意见的一份报告。内阁会对这份报告进行审核。

首相致掌玺大臣和殖民地事务大臣　　　　　　1943 年 4 月 18 日

附件中的信是韦茨曼博士有关犹太人方面的内容，请看一看。有些人认为1939年的《白皮书》代表着目前英王陛下政府的"坚决不动摇的政策"，我不赞同这种观点。虽然我有参与这件事情并承担有责任，但我一直觉得，《白皮书》说明了张伯伦政府在这件事上的言而无信。我们的立场是，现在正处于战争的紧要时期，我们一直都在实施我们前一届政府的政策，而且我们对这个问题没有做任何新的规定。我在下院讨论《白皮书》时的谈话，现在依然代表我的态度。我很清楚，目前要对《白皮书》作出一切确定的承诺，战时内阁的大部分人绝对不会赞同。但是在它被废除之前它的效力仍在。

首相致农业大臣和粮食大臣　　　　　　　　1943 年 4 月 19 日

在春季的几个月中，分配给蜜蜂所必需的少量糖会对它们一整年的工作起到非常重要的作用，我了解到你已经停止了这种配给。

之前按什么标准配给？目前分配给专业养蜂人的糖有多少？不管这些人养的蜜蜂的死活，又会省下多少糖？请告诉我这些情况。

首相致爱德华·布瑞奇斯爵士，转一切有关人员　1943 年 4 月 20 日

教堂的鸣钟问题

今天，我在议院回答有关鸣钟的问题，我说，同意做礼拜的时候可以鸣钟并不等于也同意在婚丧仪式上也可以鸣钟。这就是我目前的观点。无论如何，现在还不能进行后一种鸣钟，或许最近几个月内会允许。这是因为考虑到，鸣钟这种代表着敌人来袭的观念已经深刻地印在普通人的脑海中，虽然现在不再拥有这样的意义，但是突然鸣钟也许会在非普通的时期里导致恐慌。我觉得可以修正相应的现行规定，毕竟在比较重要的方法中也可以找到比较次要的方法。假如有必要，不妨制定一种特别规定。

首相致爱德华·布瑞奇斯爵士，并致雅各布准将转国防委员会（主管军需的）以及其他人员　　　　　　　　　　1943 年 4 月 23 日

坦克供应的原则

第一部分

1. 既然计划数字已提出，我们就同意吧，毕竟，我们实际上也控制不了所有在 1943 年生产的坦克和运到的数量。

2. 不过或许有必要将比较厚的甲板装在我们的一些坦克上，这么做会起到很重要的作用。将最厚的甲板装在至少二百辆、最好是四百辆的"丘吉尔"坦克上，哪怕让速度下降到每小时八英里或者六英里甚至更低。将改装这种坦克的详细方案给我一份，并说明几点问题：一、有什么作用；二、要降低多少速度；三、将改装多少坦克；四、什么时候能完成。这是紧要的任务，应该赶快进行最少一百辆的改装工作。

3. 目前，虽然我们有很多坦克，但它们都是中型薄甲坦克，而且，其中任何一辆坦克都无法在 1943 年抵挡德国大炮的火力，更不要提未来的 1944 年。我想，要是这样一个情况泄露出去了，我们肯定会受到指责。要是我们这么做的话——用改装后的厚甲坦克的重型火力撕开敌人的防线，创造出突破口，让轻型坦克从突破口前进——肯定会产生重大的军事意义。应该让每个战场上的各个集团军甚至各军都配备一些这样的坦克。瞪羚能发挥所长，疣猪也必须发挥所长。

4. 不要搁置这些六七十吨甚至八十吨的重型坦克的实验进展。当遇到特殊问题需要它来处理的时候，它就能派上用场。要是需要到它时我们却落后于敌人，我们会被严厉谴责。我需要一份报告——有关"斯特恩"坦克或者可以设计成功的任意一种型号坦克的。有什么关于两栖坦克的新情况？一旦成功在海滩登陆，较大型坦克肯定能够在良好条件下，利用做好的浮舟或者橡皮浮囊渡过海峡。

第二部分

5. 有关普遍使用 75 毫米口径大炮的建议，需要再召开一次国防委员会进行讨论，然后再决定是否同意它。事实上，我也不是很确信赞成它。我们认为这种炮是一种新式武器，就像"谢尔曼"坦克上装备的武器一样。我得知这种炮的制作筹备已经开始，请作一份关于筹备工作已经到达何种程度的报告。依照商议的坦克装备标准，怎样处理弹药的问题？联合王国在 1943 和 1944 两年中的产量有多少？是不是我们全部的需要都要美国提供？他们真的已将 75 毫米口径的中速大炮升级成 76 毫米口径的高速大炮了吗？假如真是这样，是否表明他们认为这类弹药过气了？

6. 另外，这里已经制造了 95 毫米口径的坦克榴弹炮。75 毫米口径("谢尔曼"坦克)和95毫米口径(英式的)的特点和性能各是什么？请写一篇一页纸长的关于这个问题的精确报告。而且，假如在本月底之前给出决议，军需部应该给出一个预估数量，即估测在1943年和1944年实际可以制造出多少这些武器和弹药。应该准备好这些数字，以便可尽早举行国防委员会会议。

7. 从中东陆军发来的报告看，他们对在沙漠的战术行动和一般行动都很感兴趣。想想，他们要是看到取代75毫米口径大炮的新型产物会是怎样，更不要谈95毫米口径的坦克榴弹炮会如何使他们惊喜。事实上，他们目前所拥有的一些六磅重炮弹使用的烈性炸药，也只是他们近期才得到的。我们必须要清楚，应该从所有方面考虑这个问题，不然，我们会因为运用老旧武器而造成自己行动缓慢，进而将遭受严厉的责难。

首相致第一海务大臣 　　　　　　　　　　1943年4月23日

我们的航空母舰在和太平洋上的美国舰队汇合时出现了什么问题？此舰向我们报告过什么情况吗？

首相致年金大臣 　　　　　　　　　　1943年4月23日

有关"士兵在休假期间丧生，其遗孀应得多少恤金"的问题

给多少抚恤金才是恰当的？我个人觉得，除非证实是因为士兵的品行不端而造成他的意外身亡，不然，我们确实应该关照士兵遗孀。就算没有任何一条军役条例规定士兵假期的具体日期，这也无法改变休假也算是士兵生活的一部分这个事实。

对于普通遗孀的恤金，可能这笔钱的数量是杯水车薪，但这种让人气愤的差距会带来很多麻烦，所以我理解你的苦恼。

首相致帝国总参谋长　　　　　　　　　　　　　**1943 年 4 月 24 日**

　　请在军长位置有空缺的时候任命弗赖伯格将军。

　　我很高兴你能这么做，我认为这么做才彰显公平。

首相致陆军大臣和公共工程大臣　　　　　　　　**1943 年 4 月 25 日**

　　我听说，在牛津大学的贝利奥尔学院为自治领和美国的军队开设了课程——每个星期一次以及周末课程；通过这种大学院校中的学习，这些来自国外的盟友将士将会更深入地了解英国的生活和历史。这是具有特殊的意义的事情。但是，我了解到：陆军部为了办成此事，提议要接管贝利奥尔学院。看来，这件有意义的事出现了一定的阻碍。

　　我非常清楚，这么一件事情，让贝利奥尔学院来主持还更有意义一些。陆军部不能变通一下，找到其他方法来促成此事吗？我很相信能有解决之道。给我交一份有关解决方法的报告。

5 月

首相致空军参谋长　　　　　　　　　　　　　　**1943 年 5 月 1 日**

　　按照"天鹅绒"战斗计划，苏方应该安排收编我们的二十个空军中队及人员，但他们并没有这么做。我在上周请麦斯基先生说明这是怎么回事，他回答的大意是：苏联人知道，安排这些中队需要两万五千人的后勤人员才能达到英美的标准，相对于给他们带来的援助，他们好像在人员和物资上的压力太大了。更别说目前我从空军部得到的数字——假设总人数为两万——这就意味着当一个空军中队需要一千人时，同时还有一万一千七百五十名英国人。

　　组建十四个空军中队为什么一定需要一万一千七百五十名英国人员？谁规定的这个算法？又是谁批准通过的？相比其他的空军编制，这种配置如何？请一一跟我说明这些问题。

首相致爱德华·布瑞奇斯爵士和伊斯梅将军　　　　　1943 年 5 月 2 日

1. 现在又到了需要加大安全手段的时期。请帮我做一份文件；在所有的政府部门可传阅这个文件，但尽可能在更保密的条件下。文件中将强调下列几点：

（1）通常，在重要官员办公桌上的"收文"或者"发文"的文件盒中放有机密文件，另外，有些大臣习惯把秘密文件存在他的私人秘书办公室里。经验表明，这些做法容易导致机密泄漏。应该让所有接收机密文件的人，时常准备一个配备弹簧锁的平面柜放在他的办公桌上，并应当在不使用文件的时候，养成随手锁上柜子的习惯。

（2）应该使用那些配有弹簧锁的柜子。也应该杜绝将机密文件放进衣服口袋的习惯。

（3）应该尽早将弹簧锁装配到现在所有用于装机密文件的柜子上。应该准备妥当实施这个工作的计划。

2. 与之相关的工作也应该进行——对于每一份带有保密性质的特别传阅文件，你们应该对有权浏览的人数进行精简。拟一份将人数降低四分之一的计划给我。

3. 大概在三月前，我发了一份准备精简委员会数量的文件。关于此事的计划，你们制订得怎么样了？我们一定要对委员会进行全面精简。

首相致海军大臣、第一海务大臣和伊斯梅将军　　　　1943 年 5 月 2 日

我们能不能采取措施，使摩托鱼雷艇行动——该行动将基地设在马耳他和苏塞——更顺利地进行吗？要知道，这个行动现在变得极其重要。在马耳他和亚历山大港分别有多少船只？能向马耳他、的黎波里或者苏塞适当地派出更多的船只吗？所有这些事情的处理工作都可以交给坎宁安，没有必要再讨论这些事。不过，我想了解他目前忙于哪一项工作，请就此进行汇报。

我准备写封信给貌似正冒着风险进行着某种战斗的摩托鱼雷艇队。

另外一个问题：能不能给全部小型高速舰只取一个统一的名称？过去我觉得应该用"蚊式舰队"来称呼它们，可是现在我认为"黄蜂舰队"这个名字让它们看起来更尊贵，或者用"鲨鱼舰队"称呼它们，可简称"鲨鱼"。

首相致帝国总参谋长　　　　　　　　　　1943 年 5 月 3 日

第一集团军在战斗中的伤亡

近期在近卫步兵和步枪步兵方面的伤亡数字，占到全部数字的百分之七十五，而确实没有受到损失的是后勤部队，你应当留意到这件事。

如果将以前的这项数字加起来，在近卫步兵和步枪步兵方面伤亡的人数，约占全部人数的百分之六十四。其他的所有兵种合计损失只有一千四百四十三名官兵。

假如你对比这些数字和部队增援——已经在 4 月派出和将会在 5 月派出的——可以明显发现两者间的显著差距。

负责派遣这些挑选出来的人是谁？下达过什么样的指令给这些人？

我们目前面临的情况是：技术部队和后勤部队本身就有着过度人数配备，而且敌人的火力几乎从来没有波及到他们，这种情况下，还要往这些部队塞入大批挑选出来的人，而倒一直没有给予战斗部队实际性的实力补充。维持步枪步兵力量应该是陆军部的优先职责。

首相致飞机制造大臣 1943 年 5 月 4 日

我听说了个让我很意外的事情：在两个星期之前，你邀请我观看飞机表演，但是却没有邀请空军大臣参加。他本人并没有说什么，我也是从别人那里得知的这件事。当然，他早就清楚所有关于"喷射"喷气机的事情。这种表演邀请了空军参谋长而没有邀请空军大臣，这在现行体系中是不恰当的。因为空军参谋长和空军大臣在工作上相互信任，所以，参谋长肯定会在事前对他提出这件事。假如邀请了第一海务大臣，那也应该邀请海军大臣。

首相致制造部大臣 1943 年 5 月 5 日

请在研究建筑劳动力分配的时候，一定要记住最重要的是将美国空军所必需的飞机场建成。

首相致伊斯梅将军 1943 年 5 月 11 日

帝国总参谋长是不是已经批准了陆军大臣的意见？假如已经批准了，我将给陆军大臣发电报，告诉他要将步兵营的步枪力量从原来的三十六人增加到七十二人，并要持续地实行这种编制。

首相（在华盛顿）致伊斯梅将军转参谋长委员会，并致莱瑟斯勋爵

1943 年 5 月 12 日

运输船队已经进行什么工作以便准备横渡地中海？船队从英国驶出在什么时候？坎宁安海军上将规定船队出发时间定为比塞大被占领之后的第十四日。按照这个日期的话，船队路过直布罗陀的时间应该在 5 月底。船队最快从英国起航的时间是哪天？一些特别的物品是不是都装上了那些船？我已经同意将一千吨高级药品送给红十字会援助俄罗斯基金会。全部飞机都已装箱并都搬到船上去了吗？给土耳其送

去的货物现在是什么情况？为了催促他们快速落实所有工作，今天我要向英国发一封电报。我们不能浪费对我们极其有益的这段时间中的任何一分一秒。

首相致伊斯梅将军，转参谋长委员会　　　　　　1943 年 5 月 21 日

我将补充如下声明：

"将（或许由总统和首相联合）公开宣布，鉴于意大利在欧洲历史上曾是显赫的一分子，我们允许意大利人民独立、自由地生活。所以，我们希望意大利摆脱法西斯暴君的控制，实行民主制度，以此重获它在欧洲的地位。在这几个月内，意大利还有最后的机会避免更大的劫难，失去这机会的话，所有意大利人将承受那种劫难。"

陆军进行宣传的时候应当以上述意思为宗旨。

四、942 年，敌人的打击给英国、盟国及中立国造成的船舶损失的每月数据

于 1951 年 1 月订正

月份	英国		同盟国		中立国		总计	
	船只数	总吨数	船只数	总吨数	船只数	总吨数	船只数	总吨数
1 月	38	146,274	65	259,135	3	14,498	106	419,907
2 月	79	341,271	69	304,804	6	33,557	154	679,532
3 月	107	276,312	158	531,214	8	26,638	273	834,164
4 月	53	293,083	76	372,284	3	9,090	132	674,457
5 月	58	258,273	86	410,382	7	36,395	151	705,050
6 月	50	233,740	110	571,254	13	29,202	173	834,196
7 月	43	232,718	74	350,473	11	34,922	128	618,113
8 月	58	344,763	53	281,262	13	39,608	124	665,633
9 月	50	274,952	52	266,265	12	26,110	114	567,327
10 月	60	409,519	40	224,537	1	3,777	101	637,833
11 月	75	469,493	57	329,308	2	8,953	134	807,754
12 月	46	226,581	24	113,074	3	9,247	73	348,902
日期不明	—	—	2	2,229	—	—	2	2,229
总计	717	3,506,979	866	4,016,221	82	271,997	1,665	7,795,097

五、关于战后情况的保证

首相提交内阁传阅的备忘录

1943 年 1 月 12 日

1. 乐观估测战后情况是危险的，但越来越多的人怀有这种危险的乐观。要解决失业和工资低的问题，要改善教育状况并延长个人受教育时间，要大力发展住房事业、保健事业等，要保证农业发展最起码维持新的最高水平上；而同时却不会提高生活费用。贝弗里奇的社会保险计划或类似这样的计划，将能够改变贫穷的面貌。工薪阶级在战时存储的钱或者积累的战时储蓄券，都应该仍具有原有价值。

2. 我们在外国的投资事业几乎都废了。美国将变成英国航运的强大竞争对手。出口贸易是我们不能断的事业，而我们以后将需要克服各种巨大困难，才能在这一方面做有利的安排。同时，我们在之后很长一段时间内还将实行配给制度，并拿出我们现有储备的很大一部分，以便支援欧洲。另外，对热带殖民地的开发也是任务之一，我们还要为那里的居民改善生活条件。为了阻止德国人的再度袭击，我们还必须保持确实强大的空军和海军。在敌人的国家中，我们必须保持强大的军事力量，防止他们重新武装起来报复我们。

3. 我有时会担心：我们是否让我们的四千五百万人民遭受了超过他们能力的压力？是否让他们承担着他们能力之外的任务？我认为，大臣们应该注意：在说明情况的不利一面时不要让我们的老百姓感到灰心失望；而诸如上次所用的"英雄们的家园"这种说法，也应该谨慎避免，因为它代表的希望是很虚幻的。广大老百姓可以忍受生活的艰辛，但他们绝对无法容忍对他们的欺骗，要是感觉上当他们会发怒的。举例说说什么会让他们感觉受骗：我们将养老金提高到两镑，同时按比例提高了其他种类的保险救济金，然而，货币的购买力下降却导致他们手头上的钱贬值了——过去十先令能买到的东西都要多于现在两镑多能买的。换句话说，他们辛苦积蓄的钱或战时储蓄券的价值变成了原来的四分之一。如此种种必定导致他们产生不满，而这种情绪完全不同于他们之前所承受的痛苦——为生存而战的过程中不得不忍受的一种痛苦。我尽可能不做出对未来的保证，这恰是因为我不愿欺骗人民——许以他们虚幻的希望或者乌托邦一样的大好前程。

4. 当然，努力做好一切事情是必须的。然而，在严峻的现实面前，为了宽慰人们的希望而做出的各种善意的承诺，没有任何用处。我觉得，没有这样的诺言，我们反倒可以做出更好的成绩来。

关于贝弗里奇的报告

首相提交内阁传阅的备忘录

1943 年 2 月 14 日

我根据所得到的报告想到用下面的方法来处理这件事，我认为我的同僚们也希望采取这样的方法。

1. 在所有的战后计划中，将分化海损的方法，应用到拯救数以百万人的社会保险上，是非常重要的一个办法。

2. 这个办法含有不容易被接受的成分，在落实的时候可能会遇到些障碍。但是，制订措施时不可以只依据批判者们的批评，留下些许他们能够接受的东西，而应该在有了系统的、全面的考量之后再制订。这样做才是正确的。

3. 应该有一个机构来专门润色、修订所必须提出的方案，而且还为它们进行准备工作。我认为可以设立这样一个机构，如有必要甚至可以设立一个委员会。

4. 不过，我们现在不能主动提出这个方案或者给它提供经费。这些事情，应该由以下两个部门去做：一是在政治上属于立法部门的责任方的政府，二是密切和人民群众保持联系的一个崭新的下院。

战争结束时的情况是怎样的？届时肯定需要发展各项社会事业，那么如何协调这些事业所需要的经费和社会保险的经费？此外，届时还要考虑到必须保持海军、空军的强大力量或者说维持某种军事水平，那么，又如何保证在照顾这个方面的需求时不至于影响到用来改善状况的经费。这些都是我们无法知道的。我们也不知道，战后的执政政府是一个什么样的政府，新任首相是什么样的人。纵然如此，我们现在也应该准备一个计划，将来则由他们自主决定是否采用这个自然会逐渐完善的计划。

5. 这八年来，我们在议会中的地位是可见的。从现在的战争形势以及战争的终极目标考虑，我们也应该有理由继续掌握议会。但是，在未来，我们是无权限制议会在社会事业方面做什么决定的，那是未来议会的内务了。我的未来继任者目前不知道他将是在什么情况下继任我的职位，作为首相，我自然也不能约束他——无论他是谁。

六、1942年各部大臣任命名单

（姓名之下有黑点的是战时内阁成员）

首相兼第一财政大臣及国防大臣	温斯顿·丘吉尔先生
海军大臣	亚历山大先生
农业与渔业大臣	赫德森先生
空军大臣	阿齐博尔德·辛克莱爵士
飞机生产大臣	（1）穆尔－布勒勃宗上校 （2）卢埃林上校（2月22日任职） （3）斯塔福德·克里普斯爵士 　　（11月22日任职）
缅甸事务大臣	埃默里先生
兰开斯特公爵郡大臣	达夫·库伯先生
财政大臣	金斯利·伍德爵士 （自2月19日起辞去战时内阁成员职务）
殖民地事务大臣	（1）默因勋爵 （2）克兰伯恩子爵（2月22日任职） （3）奥利弗·史丹利上校（11月22日任职）
自治领事务大臣	（1）克兰伯恩子爵 （2）克莱门特·艾德礼先生 　　（2月19日任职；兼为副首相）
经济作战大臣	（1）休·道尔顿先生 （2）沃尔默子爵（后来继承塞尔伯恩伯爵衔； 　　2月22日任职）
教育委员会主席	巴特勒先生
粮食大臣	伍尔顿勋爵
外交大臣	安东尼·艾登先生
燃料与动力大臣	劳埃德·乔治少校（6月3日任职） （成立于1942年6月3日的燃料与动力部吸 吸收了原从属于贸易部的矿业局和石油局，同 时包括原本是贸易部负责的煤气、电力方面的 工作。）

卫生大臣	欧内斯特·布朗先生
内政大臣兼国内安全大臣	赫伯特·莫里森先生 （1942 年 11 月 22 日成为战时内阁阁员）
印度事务大臣	埃默里先生
新闻大臣	布伦丹·布雷肯先生
劳工与兵役大臣	欧内斯特·贝文先生

检察官员：
  检察总长
  苏格兰检察总长
  副检察总长
 	
  苏格兰副检察总长
	唐纳德·萨默维尔爵士
	里德先生
	（1）威廉·乔伊特
	（2）戴维·马克思维尔·法伊弗爵士
	  （3 月 4 日任职）
	戴维·金·默里爵士

大法官	西蒙子爵
枢密院长	约翰·安德森爵士
掌玺大臣	（1）克莱门特·艾德礼先生 （2）斯塔福德·克里普斯爵士 （2 月 19 日任职） （3）克兰伯恩子爵（11 月 22 日任职）

不管部大臣	（1）阿瑟·格林伍德先生（2 月 19 日辞职）
	  （2 月 19 日至 12 月 30 日这段时间还没有设置不管部大臣。格林伍德辞职后，他的原职由主计大臣接替，有关战后建设问题的工作也由后者接管。）
	（2）威廉·乔伊特爵士（12 月 30 日任职）
	  （威廉·乔伊特爵士在任职主计大臣时兼管战后建设问题的工作，12 月 30 日起担任此职。）

主计大臣	（1）海基勋爵 （2）威廉·乔伊特爵士（3 月 4 日任职） （见不管部大臣条目的注释。） （3）彻韦尔勋爵（12 月 20 日任职）
年金大臣	瓦尔特·沃莫斯里爵士

邮政大臣	莫里森先生
生产大臣	（1）比弗布鲁克勋爵（2月4日任职） 　　（最初任命比弗布鲁克勋爵时，他的职务名称为"战时生产大臣"。他辞职以后，此职务改名为"生产大臣"） （2）奥利弗·利特尔顿先生 　　（2月19日任职）
苏格兰事务大臣	托马斯·约翰斯顿先生
军需大臣	（1）比弗布鲁克勋爵 （2）安德鲁·邓肯爵士（2月4日任职）
贸易大臣	（1）安德鲁·邓肯爵士 （2）卢埃林上校（2月4日任职） （3）休·道尔顿先生（2月22日任职）
陆军大臣	（1）玛杰森上尉 （2）詹姆斯·格里格爵士（2月22日任职）
军事运输大臣	莱瑟斯勋爵
工程与规划大臣	（1）里斯勋爵 （2）波特尔勋爵（2月22日任职） 　　（之前由卫生大臣负责有关城乡规划的工作，2月11日，这方面的工作转交给工程与建筑大臣，当时将名称改为"工程与规划大臣"。）
驻中东国务大臣	（1）奥利弗·利特尔顿先生 （2）凯西先生（3月18日任职） 　　（在奥利弗·利特尔顿先生改任生产大臣和凯西先生继任其职之间，即2月19日至3月18日间，这个职位暂时空缺。）
驻华盛顿供应大臣	卢埃林上校（11月22日任职） （11月22日设立了这一职务，1945年5月26日由于政府变更，该职务撤销。）
驻地中海战区盟军司令部大臣	哈罗德·麦克米伦先生 （12月30日任职） （1942年12月30日设立驻西北非盟军司令部大臣一职，1945年5月26日由于政府变更，该职务撤销。）

驻西非大臣	斯温顿子爵（6月8日任职） （1942年6月8日设立的驻西非大臣一职，1945年7月27日由于政府变更，该职务撤销。）
驻中东副国务大臣	默因勋爵（8月28日任职） （1942年8月28日设立这个国务副大臣一职，1943年9月25日任命劳先生担任该职务时将其名改为"驻中东副国务大臣"。1944年1月29日任命默因勋爵为驻中东大臣时，撤销副国务大臣一职。）
上议院领袖	（1）默因勋爵 （2）克兰伯恩子爵（2月22日任职）
下议院领袖	（1）温斯顿·丘吉尔先生 （2）斯塔福德·克里普斯爵士 　　（2月19日任职） （3）安东尼·艾登先生（11月22日任职）

七、1943 年各部大臣任命名单

（姓名下有黑点的是战时内阁成员）

首相兼第一财政大臣及国防大臣	温斯顿·丘吉尔先生
海军大臣	亚历山大先生
农业与渔业大臣	赫德森先生
空军大臣	阿齐博尔德·辛克莱爵士
飞机生产大臣	斯塔福德·克里普斯爵士
缅甸事务大臣	埃默里先生
兰开斯特公爵郡大臣	（1）达夫·库伯先生 （2）欧内斯特·布朗先生（11 月 17 日任职）
财政大臣	（1）金斯利·伍德爵士 （2）约翰·安德森爵士（9 月 28 日任职）
殖民地事务大臣	奥利弗·史丹利上校
自治领事务大臣	（1）克莱门特·艾德礼先生（兼任副首相） （2）克兰伯恩子爵（9 月 28 日任职）
经济作战大臣	塞尔伯恩伯爵
教育委员会主席	巴特勒先生
粮食大臣	（1）伍尔顿勋爵 （2）卢埃林上校（11 月 12 日任职）
外交大臣	安东尼·艾登先生
燃料与动力大臣	劳埃德·乔治少校
卫生大臣	（1）欧内斯特·布朗先生 （2）威林克先生（11 月 17 日任职）
内政大臣兼国内安全大臣	赫伯特·莫里森先生
印度事务大臣	埃默里先生
新闻大臣	布伦丹·布雷肯先生
劳工与兵役大臣	欧内斯特·贝文先生

检察总长 苏格兰检察总长 副检察总长 苏格兰副检察总长	唐纳德·萨默维尔爵士 里德先生 戴维·马克思维尔·法伊弗爵士 戴维·金·默里爵士
大法官	西蒙子爵
枢密院长	（1）约翰·安德森爵士 （2）克莱门特·艾德礼先生 　　（9月28日任职，兼副首相）
掌玺大臣	（1）克兰伯恩子爵 （2）比弗布鲁克勋爵（9月28日任职）
国务大臣	劳先生（9月25日任职） （1941年6月29日，原中东国务大臣比弗布鲁克勋爵离任；同年7月1日，奥利弗·利特尔顿先生接任此职，之后由凯西继任，再之后是1943年9月25日由劳先生接任，这时将此职务名改为"驻中东国务大臣"。）
不管部大臣	威廉·乔伊特爵士 （1942年12月30日，威廉·乔伊特爵士任不管部大臣，同时继续负责他在任主计大臣时担负的有关战后建设问题的工作。1943年11月12日成立建设部时，他负责协助建设大臣的工作；1944年11月18日，他担任国民保险事业大臣，这时他才卸去不管部大臣一职。）
主计大臣	（1）威廉·乔伊特爵士 （2）彻韦尔勋爵（1942年12月20日任职）
年金大臣	瓦尔特·沃莫斯里爵士
邮政大臣	（1）莫里森先生 （2）克鲁克香克上尉（2月6日任职）
生产大臣	奥利弗·利特尔顿先生
建设大臣	伍尔顿勋爵（11月12日任职） （建设大臣一职设立于1943年11月12日。）

苏格兰事务大臣	托马斯·约翰斯顿先生
军需大臣	安德鲁·邓肯爵士
城乡计划大臣	莫里森先生（2月5日任职） （城乡计划大臣一职设立于1943年2月5日。之前由工程与计划大臣负责有关城乡规划的工作，设立"城乡计划大臣"后改由此大臣直接负责。）
贸易大臣	休·道尔顿先生
陆军大臣	詹姆斯·格里格爵士
军事运输大臣	莱瑟斯勋爵
公共工程大臣	波特尔勋爵 （1943年2月5日将有关城乡计划的工作移交给城乡计划大臣以后，"工程与规划大臣"的职衔又改为"公共工程大臣"。）
海外事务各大臣： 　驻中东国务大臣	凯西先生（任职至12月23日为止） （1943年9月25日任命劳先生为国务大臣时，一并将中东办事处改名为"驻中东国务大臣"。）
驻华盛顿供应大臣 　驻地中海战区盟军司令部大臣 　驻西非大臣 　驻中东副国务大臣	（1）卢埃林上校 （2）本·史密斯先生（11月12日任职） 哈罗德·麦克米伦先生（1942年12月30日任职） 斯温顿子爵 默因勋爵 （1942年8月28日设立驻中东副国务大臣一职。1943年9月25日任命劳先生为国务大臣时该职务为"驻中东副国务大臣"。）
上议院领袖	克兰伯恩子爵
下议院领袖	安东尼·艾登先生

八、1942—1943 年英美部队高级军官任命名单

所列个人的军衔及任命时段参照本书所提及的时期

皇家海军	
坎宁安海军元帅，爵士	地中海总司令； 驻华盛顿英国海军部代表团团长
弗雷泽海军上将，爵士	本土舰队总司令
哈弗得海军上将，爵士	地中海总司令； 地中海东部地区总司令
赫顿海军上将，爵士	西部海口总司令
莱顿海军上将，爵士	东方舰队总司令； 锡兰总司令
穆尔海军中将，爵士	海军副参谋长
路易斯·蒙巴顿海军中将，勋爵	联合作战部队司令官
诺布尔海军上将，爵士	西部海口总司令； 驻华盛顿英国海军部代表团团长
庞德海军元帅，爵士	第一海务大臣兼海军参谋长
萨默维尔海军上将，爵士	东方舰队总司令
希福来特海军中将，爵士	H 舰队司令官
托维海军上将，爵士	本土舰队总司令

皇家澳大利亚海军	
罗伊尔海军上将，爵士	澳大利亚海军委员会第一海军委员

皇家加拿大海军	
内尔斯海军中将	加拿大海军参谋长

美国海军	
哈尔西海军上将	美国驻南太平洋海军总司令
休伊特海军中将	美国驻地中海海军总司令
英格索尔海军上将	大西洋舰队总司令

金海军五星上将	美国舰队总司令兼海军作战司令官
莱希海军五星上将	总统府参谋长
尼米兹海军上将	太平洋舰队总司令
斯普伦斯海军上将	太平洋舰队总司令部参谋长
史塔克海军上将	美国驻欧洲海军司令官

英国及自治领陆军	
亚历山大上将，爵士	缅甸总指挥官； 中东总司令； 北非战场副总司令
安德森中将，爵士	第一集团军总指挥官
奥金莱克上将，爵士	中东总司令
布莱梅上将，爵士	帝国澳大利亚部队驻中东总指挥官
布鲁克上将，爵士	帝国总参谋长
蒂尔元帅，爵士	驻华盛顿英国联合参谋代表团团长
多比中将，爵士	马耳他总督
弗赖伯格少将	第二新西兰师师长
戈特元帅，子爵	直布罗陀总督； 马耳他总督
哈特列上将	印度总司令；印度副总司令
赫顿中将，爵士	缅甸总指挥官
伊斯梅中将，爵士	国防部参谋长
麦克诺顿上将	本土部队加拿大军军长
蒙哥马利上将，爵士	第八集团军总指挥官
奈中将，爵士	帝国副总参谋长
帕吉特上将，爵士	本土部队总司令
珀西瓦尔中将	马来亚总指挥官
普拉特中将，爵士	东非总指挥官
博纳尔中将，爵士	远东总司令； 美、英、荷、澳战区参谋长； 锡兰总指挥官； 波斯及伊拉克总司令
里奇中将	第八集团军总指挥官

韦维尔上将，爵士	美、英、荷、澳战区最高司令官； 印度总司令
威尔逊上将，爵士	波斯及伊拉克总司令； 中东总司令

美国陆军	
克拉克中将	美国第五集团军司令官
艾森豪威尔上将	盟军北非战场总司令
麦克阿瑟上将	菲律宾总司令； 西南太平洋最高司令官
马歇尔上将	美国陆军参谋长
巴顿中将	美国第七集团军司令官
比德尔·史密斯少将	北非战场参谋长

皇家空军	
阿瑟·科宁厄姆空军少将	西部沙漠地区空军总司令
道格拉斯空军上将，爵士	战斗机司令部总司令
哈利斯空军中将，爵士	轰炸机司令部总司令
朱伯特·德拉斐尔泰空军上将，爵士	空军海防总队总司令
利－马洛里空军中将，爵士	战斗机司令部总司令
劳埃德空军少将	马耳他空军司令
皮尔斯空军上将，爵士	美、英、荷、澳战区空军总司令； 印度空军总司令
波特尔空军上将，爵士	空军参谋长
斯莱塞空军中将，爵士	空军海防总队总司令
特德空军中将，爵士	地中海空军总司令

美国陆军的空军部队	
阿诺德上将	陆军的空军部队司令官
埃克上将	美军第八轰炸机司令部司令官
斯帕茨上将	美国第八集团军空军司令官； 西北非空军司令官